Hermann Beckh · Die Sprache der Tonart

Hermann Beckh

DIE SPRACHE DER TONART

In der Musik von Bach bis Bruckner

Einleitung von Lothar Reubke

Urachhaus

© 1977 Verlag Urachhaus Johannes M. Mayer GmbH & Co. KG Stuttgart
3. Auflage 4.–6. Tausend · Unveränderter photomechanischer Nachdruck
der ersten Auflage 1937 · Alle Rechte vorbehalten · Gesamtherstellung
Greiserdruck Rastatt · Einband Walter Krafft · ISBN 3 87838 215 4

Inhalt

Zur Neuausgabe von 1976   7

Die Sprache der Tonart und das
Musikleben der Gegenwart   9

    I. Musikalischer Intellektualismus und musikalischer Psychismus im 20. Jahrhundert   9
    II. Ton und Tonart   15
    III. Tonerleben und Zeiterleben Der Weg durch die sieben Töne   19
    IV. Vorgänge der Tonentstehung   21
    V. Von der Seelensprache der sieben Töne zur geistigen Sprache der zwölf Töne   28
    VI. Bemerkungen über die Bedeutung des Tonerlebens für neue musikalische Aufgaben   30

A. Der Tonartenkreis   35

B. Die einzelnen Tonarten   51

    I. Die Tonarten des C-dur-Kreuzes C-Fis-Es-A   51
       1. Einleitend   51
       2. C-dur, a-Moll   57
       3. Fis-dur, Ges-dur, Es-moll   85
       4. Es-dur, C-moll   105
       5. A-dur, Fis-moll   117

II. Die Tonarten des F-dur-Kreuzes
   F-H-D-As   129
   1. F-dur, D-moll   129
   2. H-dur, As-moll   150
   3. D-dur, H-moll   158
   4. As-dur, F-moll   173

III. Die Tonarten des G-dur-Kreuzes
   G-Des-B-E   191
   1. G-dur, E-moll   191
   2. Des-dur, B-moll   208
   3. B-dur, G-moll   220
   4. E-dur, Cis-moll   237

Zur Neuausgabe von 1976

Seit dem ersten Erscheinen der »Sprache der Tonart« sind fast 40 Jahre vergangen. Inzwischen haben sich die Ergebnisse dieser Arbeit Hermann Beckhs als nicht mehr wegzudenkende Grundlage auf allen Gebieten erwiesen, auf denen schöpferisch oder forschend ein geisteswissenschaftlich begründetes Verständnis musikalischer Phänomene angestrebt wurde. Dies gilt im besonderen Maße überall da, wo an einer Erhellung objektiver Zusammenhänge zwischen musikalischem Erleben und den Gesetzmäßigkeiten des menschlichen Daseins gearbeitet worden ist. Hier sind in erster Linie zu nennen die Beziehungen des Musikalischen zum Jahreslauf, zur menschlichen Biographie, insbesondere zur Kindheitsentwicklung, zum Bau der menschlichen Leibesgestalt, zu Gesundheit und Krankheit und zur Gestaltung menschlicher Lebensgemeinschaften. Früher durchzog die Musik in einer mehr unbewußten oder träumend-selbstverständlichen Weise die verschiedenen menschlichen Lebensgebiete: Abend und Morgen, die Jahresfeste, die Arbeitswelt, die Feieraugenblicke des Lebens, Geburt und Tod, alles war durchzogen und belebt durch Musik. Das hat sich geändert. Die Musik hat sich aus dem Menschenleben zurückgezogen. Wenn auch Pädagogen und Künstler sich bemühten, diesen Prozeß aufzuhalten oder rückgängig zu machen, so konnten sie doch die musikalische Austrocknung des Lebens nicht verhindern. Aus unbewußten, naiven Quellen strömt keine Musik mehr in das Menschenleben. Daher wächst die Zahl der Fragen, wie und auf welche Weise aus einem vollbewußten Eindringen in die Geistigkeit der Musik Impulse zur Belebung der Musik gefunden werden können. Daß dies möglich sei, lassen die ersten Ansätze dazu, die auf den oben erwähnten Gebieten in heilpädagogischen und therapeutischen Instituten, in Waldorfschulen, in den Gemeinden der Christengemeinschaft zu bemerken sind, hoffen. Nun haben allerdings seit Erscheinen dieses Buches so bedeutende Entwicklungen auf dem Felde des Tonerlebens und des Komponierens stattgefunden, daß es notwendig erscheint, einiges darüber voranzuschicken.

Dem heutigen Leser ist das Werk Richard Wagners nicht in gleicher Weise gegenwärtig wie dem Leser vor 40 Jahren. Wer sich die Mühe macht, die von Beckh zitierten Stellen im Opernwerk Wagners nachzulesen, wird allerdings mit Staunen bemerken können, in wie uneingeschränkter Weise das darin Gefundene auch heute gelten kann. Gerade weil der musikalische Stil unseres Jahrhunderts inzwischen zu einer eindeutigen und heilsamen Distanz zu Wagner gefunden hat, dürfte die Gefahr, die Anregungen Beckhs im Sinne einer Verherrlichung des Wagnerischen Musikstils zu verstehen, heute geringer sein als damals. Dagegen hat sich aber das Tonerleben schon so weit aus dem Zusammenhang des Tonartlichen herausgelöst und auf einzelne Töne konkretisiert, daß eine Ergänzung und Einführung in dieser Richtung notwendig ist.

Lothar Reubke

Die Sprache der Tonart
und das Musikleben der Gegenwart
Lothar Reubke

I. Musikalischer Intellektualismus
und musikalischer Psychismus im 20. Jahrhundert

In einem Kommentar zu seinem 1960 in Köln uraufgeführten Werk »Apparitions« bemerkt György Ligeti: »Beim Komponieren stand ich vor einer kritischen Situation. Mit der Verallgemeinerung der Reihentechnik trat eine Nivellierung in der Harmonik auf, der Charakter der einzelnen Intervalle wurde immer indifferenter. Zwei Möglichkeiten boten sich, diese Situation zu bewältigen: entweder zum Komponieren mit spezifischen Intervallen zurückzukehren oder die bereits fortschreitende Abstumpfung zur letzten Konsequenz zu treiben und die Intervallcharaktere einer vollständigen Destruktion zu unterwerfen.« Und er fuhr fort: »Ich wählte die zweite Möglichkeit.«

Diese Äußerung eines tätigen Musikers spiegelt eine Situation wider, wie sie nicht nur für eine bestimmte Komposition, sondern für die gesamte Lage des musikalischen Lebens im 20. Jahrhundert bezeichnend ist. Wenige haben mit solcher Deutlichkeit aussprechen können, daß sich die Musikentwicklung an einem Scheideweg angekommen sieht, aber es wird immer deutlicher von allen gefühlt, die versuchen, vor ihrem Bewußtsein Rechenschaft über ihr künstlerisches Tun abzulegen. Das, was in Tönen, Intervallen, Klängen, Rhythmen, Metren usw. als musikalisches Material vorhanden ist, hat sich alles einmal aus musikalischer Schöpferkraft von Menschen herangebildet. Die Materialien der Musik sind keine Stoffe, welche in der äußeren Welt gefunden werden können. So wie sie aus menschlicher Seelenkraft in jedem Augenblicke des komponierenden oder erklingenden Hervorbringens neu entstehen, so müssen sie auch wieder vergehen, um neu und auf andere Weise wieder zum Erklingen gebracht zu werden. In diesem Neu-Hervorbringen hat sich in der neueren Zeit ein Wandel vollzogen. Bis zum Beginn dieses Jahrhunderts knüpfte alles, was sich in einem musikalischen Werke aus den seelischen Gestaltungskräften von

Künstlern neu erformte, in irgendeiner Weise an die Taten und Errungenschaften der musikalischen Geschichte an. Töne, Tonordnungen, kurz alle Bausteine zu musikalischer Formung verwandelten sich zwar im Prozeß der Überlieferung, doch baute jede musikalische Epoche an einem Grunde, auf welchem die folgenden aufbauen konnten. Dieser Grund geriet im 20. Jahrhundert ins Wanken. Vorbereitet hat sich diese Entwicklung durch die Brechung der Tonalität bei Richard Wagner (Tristan). Im Werk Claude Debussys beschleunigt sich der harmonische Lösungsprozeß. Schließlich treten mit Arnold Schönberg und seinen großen Schülern Alban Berg und Anton Webern diejenigen Geister auf, welche den Zerfallsprozeß der musikalischen Elemente zum vollständigen Durchbruch kommen lassen. Dem Zerfall der Tonalität folgt der Zerfall melodischer, metrischer, rhythmischer, dynamischer und klanglicher Bindungen. Damit geraten die musikalischen Elemente ausschließlich unter die Herrschaft des organisierenden Intellekts. Es folgte schließlich am Ende des zweiten Weltkrieges die Lösung des Musizierens von der alten Bindung an die Leiblichkeit des Musikers, zum Beispiel an die Musikinstrumente und die menschliche Stimme in die »Leibfreiheit« des elektromagnetischen Schwingungskreises. So vollständig und gründlich hat sich dieser Zerfallsprozeß vollzogen, daß jedes musikalische Tun bereits vor seinem Beginn vor die Aufgabe gestellt ist, zu diesen Tatbeständen auf individuelle Weise Stellung zu beziehen. Die treibende Kraft, welche sich zerstörend gegen die Geschichtlichkeit der Elemente der europäischen Musik auswirkte, möchte ich den musikalischen Intellektualismus nennen. Denn durch das Vordringen des Intellekts in den musikalischen Schaffensvorgang lösen sich die Wertungen musikalischer Beziehungen (Grundton zu Terz, Auftakt zu Betonung und so weiter) vom unmittelbaren Erleben der Seele ab. Wert hat für den Intellekt, was in Gedanken Wert hat. Das Sinneserleben muß folgerichtig für künstlerisches Gestalten unmaßgeblich werden, wenn sich das Gedankenleben vom übrigen Seelenleben trennt. Der Intellektualismus interessiert sich nicht für unterschiedliche Erlebnisweisen. Die Frage, was spricht sich im klingenden Geschehen seelisch aus, ist für den Intellektualismus eine absurde Frage. Noch weiß der Komponist heute etwas davon, daß es einmal Töne gegeben hat, Klänge, Klangbeziehungen, Intervalle. Gewisse Reste dieses Wissens geistern noch durch die Disziplinen unserer musikalischen Bildung: Kontrapunkt, Harmonielehre, Formenlehre, Instrumentationskunde; aber dieses Wissen erlischt. Töne, Intervalle, Metren als Gegebenheiten, als materialimmanente Tatsachen von Musik erscheinen als etwas Altes. Man empfindet eine kritiklose Verwendung solcher Gegebenheiten und ihre kompositorische Berücksichtigung als einen

Schritt zurück. Die gesamte Ton-, Klang-, Intervall- und Bewegungswelt ist so gründlich zerschlagen worden, daß jeder Versuch eines Neuaufbaues restaurativen Charakter erhält. Im Zerschlagen, in der fortschreitenden Abstumpfung wird dagegen das Voran, das Zukünftige gesehen. Nun geht aber aus diesem Zerstörungsprozeß kein bloßes Nichts hervor. Wie bei jedem formzerbrechenden Vorgang bleiben auch auf dem musikalischen Felde auf der einen Seite etwas wie Trümmer, Bruchstücke, Staub, Gestank und Verwesung zurück; auf der anderen Seite vermag der beobachtende Blick tiefer in die Strukturen der zerfallenen Massen hineinzuschauen. Wie bei einem Geröllfeld findet sich auch hier noch manches Zusammenhängende, gelegentlich kommen sogar verborgene Kostbarkeiten zutage, Kristalle und seltene Mineralien, wenn man die Brocken aufschlägt. Was danach noch unterschieden werden kann, hat gestaltlosen Charakter, Härtegrade, Dichtigkeiten, Schweredifferenzierungen, Wärmestufen, kurz alles, was mit einem Berge keine Ähnlichkeit mehr hat. So liegen heute die musikalischen Elemente wie zerschlagene Geröllmassen und grauer Schutt vor dem musikalischen Bewußtsein da.

Eine der bedeutungsvollsten Anschauungen, die der Intellektualismus auf dem Felde der Musik hervorgebracht hat, ist diejenige, welche meint, die Phänomene der Tonphysiologie und der Akustik in ursächlichem Zusammenhang mit den künstlerischen Phänomenen des musikalischen Tonerlebens verstehen zu müssen. Differenziertes Tonerleben, qualitativ unterscheidendes Wahrnehmen und Erleben spezifischer Intervalle usw. sind in dieser Anschauungsweise nur die psychischen Folgen physikalischer Prozesse; einfach gesagt: Tonunterschiede sind Frequenzunterschiede im Tonhöhenbereich, Amplitudendifferenzen im Lautstärkenbereich und unterschiedliche Wellenstrukturen im Klangfarbenbereich. Es könnte sein, daß auch der Leser an dieser Stelle einwenden möchte, daß die Möglichkeit zur Unterscheidung zweier Töne von ihrer unterschiedlichen Frequenz abhänge, also von unterschiedlichen physikalischen Zuständen in der materiellen Außenwelt. Dies trifft zweifellos zu. Aber kein Gehör wäre in der Lage, aus der Wahrnehmung unterschiedlicher Frequenzen heraus unterschiedliche Töne zu *erleben*, wenn der Hörende nicht *in sich selbst* ein Maß hätte, an dem sich die Unterschiedlichkeit der Töne messen ließe. Denn das Erleben des Tones hat in keinem Falle auch nur die entfernteste Beziehung zum Erleben von Geschwindigkeiten. Wir hören keine Schwingungen, wir hören Töne. Die Vibration der resonierenden Materialteile ist ein Phänomen der Außenwelt, an dessen Zustandekommen wir nicht unmittelbar beteiligt sein müssen. Der Ton kann in dieser Welt nicht gefunden werden. Will man dies nicht bemerken, so beruht dies auf einem mangelnden

Unterscheidungsvermögen, welches eben durch den Intellektualismus bewirkt wird. Und es ist in der Tat beschämend, wie viele Musiker den naiven Vorstellungen unseres Jahrhunderts auf den Leim gehen, welche behaupten, Töne seien in Wahrheit Schwingungen. Die physikalischen Phänomene des Schalls sind Gegenstand der Akustik. Die Erlebnisweisen des Schalls sind dagegen die Elemente der musikalischen Kunst. Eine dem musikalischen Intellektualismus entgegengesetzte Tendenz arbeitet auf ihre Weise mit gleicher Gewalt an der Zerstörung der Voraussetzungen für ein differenziertes Erleben der Töne und Tonbeziehungen. Diese möchte ich den musikalischen Psychismus nennen. Auch in ihr spielt der Begriff der Schwingung eine bedeutende und tragische Rolle. Während dem Intellektualismus mehr die physikalische Seite der zerfallenen musikalischen Geröllmasse zur Beschäftigung dient, fühlt sich der Psychismus mehr von Begleit- und Folgeprozessen dieses Zerfalls angezogen, die gewissen chemischen Prozessen verglichen werden können.

»Spiele eine Schwingung im Rhythmus deines Körpers
Spiele eine Schwingung im Rhythmus deines Herzens
Spiele eine Schwingung im Rhythmus deines Atmens
Spiele eine Schwingung im Rhythmus deines Denkens
Spiele eine Schwingung im Rhythmus deiner Intuition
Spiele eine Schwingung im Rhythmus deiner Erleuchtung
Spiele eine Schwingung im Rhythmus des Universums«,

so lautet eine Passage aus der Komposition »Aus den sieben Tagen« von Karlheinz Stockhausen. Und an anderer Stelle desselben Werkes:

»Spiele eine Schwingung im Rhythmus deiner Glieder
Spiele eine Schwingung im Rhythmus deiner Zellen
Spiele eine Schwingung im Rhythmus deiner Moleküle
Spiele eine Schwingung im Rhythmus deiner Atome
Spiele eine Schwingung im Rhythmus deiner kleinsten Bestandteile, zu denen dein inneres Ohr noch reicht!«

Und in einem Kommentar zu diesem Werk bemerkt der Komponist: »Ich gebe Beispiele, und jeder wird dann versuchen zu meditieren, um das Bewußtsein dessen, was Musik sein kann, zu erweitern. Er wird also einen Prozeß planen, was geschehen kann zwischen Menschen, die horchen, sich auf die inneren Schwingungen konzentrieren und diese in Tönen verwirklichen. Er verlangt natürlich eine spirituelle Übung des Interpreten, die er gar nicht gewohnt ist.« Zu einer anderen musikalischen Arbeit äußert sich Stockhausen so: »Die letzte Erfahrung, die ich mit meinem Ensemble machen konnte, war ein Werk, das ›Kurzwellen‹ heißt. In diesem Werk ist uns etwas sehr Magisches begegnet. Wir haben eine Situation geschaffen, durch die das Überbewußtsein so stark wirken konnte und das Denken der Musiker während der Aufführung in einem solchen Maße ausgeschaltet werden konnte, daß wir eine äußerst überpersönliche Musik gefunden haben. ›Kurzwellen‹ heißt, daß außer den Instrumenten, nämlich Bratsche, Klavier, Tamtam, Elektronium (zusammen mit Transformationen, die ich selbst mit Filtern und Reglern und Verteilern für einen Ring von Lautsprechern mache) jeder Musiker noch einen Kurzwellenempfänger hat und auf Ereignisse, die mit den Kurzwellenempfängern empfangen werden, reagiert. Jeder kann außerdem noch auf Ereignisse der anderen Spieler reagieren. Dadurch entsteht ein Prozeß, in dem unerhört intensiv gehört wird. Die Musik wird sehr leer. Sie schafft – ich muß ein Bild gebrauchen – wunderbare Hohlräume, und in diese Hohlräume haben sich offensichtlich die Zuhörer mit äußerster Konzentration hineinbegeben.« Bezeichnend ist für die hier zitierten musikalischen Verfahrensweisen der Übergang aus Vorstellungen, die an Sinnliches anschließen, zu Abstraktionen solcher Vorstellungen, ohne daß gewisse Seelenstimmungen, die mit Worten wie »Schwingung« oder »Welle« zusammenhängen, unterbrochen werden. Physikalische Vorstellungen durchdringen sich mit Gefühlshaltungen. »Welle« kann ein Ausdruck der Radiotechnik, zugleich aber auch ein Ausdruck für mystische Seelenbewegung sein. Weitere Beispiele für musikalischen Psychismus findet man heute in der sogenannten Unterhaltungsmusik. Es gibt eine große Zahl meist aus asiatischen Quellen angeregter Strömungen rauschhafter Musikerzeugung. Auch der schon betagte Jazz erscheint mir als ein Phänomen, welches hierher gehört. Dieser Strom ergießt seine Gewässer von unterschiedlichster Duftnote durch die täglichen Unterhaltungsprogramme. Ob zum Zwecke geistiger Entrückung oder zur Stimulanz des Trieblebens, ob zur Anregung des Konsumwillens oder zum Einschläfern, jede gewünschte psychische Regung läßt sich auf diesem Wege aufstacheln. Aus den Tiefen des Unterbewußten, aus Rausch und Trieb, aus Trance und Traum, aus Sucht und Gewalt stößt da etwas ins Tönende, welches auch nicht eigentlich wahrgenommen werden möchte. Auch hier tauchen die spezifisch aufeinander bezogenen Töne und Intervalle in graue Gleichgültigkeit. Die Töne sind dem musikalischen Psychismus nur das gestammelte Mittel, das behelfsmäßige Fahrzeug seiner als real empfundenen Seelenbewegungen, wie sie dem Intellektualismus nur die sinnliche Nebenerscheinung einer »wirklichen« mechanischen Bewegungswelt sind. Zwar kenne ich keinen Komponisten, der die Lage der Musik angesichts der Wirkungen des musikalischen Psychismus mit ähnlicher Klarheit erkannt und formuliert hätte wie sie

Ligeti für den musikalischen Intellektualismus charakterisieren konnte. Das mag damit zusammenhängen, daß im Bereich von Rauschzuständen oder anderer Bewußtseinszustände, die dem nüchternen Tagesdenken nicht zugänglich sind, das Unterscheiden und Erkennen sowieso schwieriger und auch uninteressanter ist als in der Laboratoriumsatmosphäre synthetischer Schallexperimente. Aber es ließe sich doch eine solche Lagebeschreibung denken. Sie könnte etwa folgendermaßen lauten: »Beim Impulsieren neuer Musik befinde ich mich in einer kritischen Situation. Durch die globale Erkundung aller emotionaler Ausdrucksformen im 20. Jahrhundert trat eine nicht zu überbietende Nivellierung aller musikalischen Mittel ein. Es bieten sich mir zwei Möglichkeiten: entweder zurückkehren zu bestimmten emotional begrenzten Tönen, Klängen und Rhythmen oder fortschreiten zur schrankenlosen Lusterzeugung durch endgültigen Abbau überkommener Schamgrenzen.« Und wenn es sich bei diesem hypothetischen Zitat um einen mutigen Vertreter des musikalischen Psychismus handelte, würde er wohl fortfahren: Ich wähle die zweite Möglichkeit. – Dies ist der doppelte Aspekt der Musik am Scheidewege: zurück zu differenzierten Tönen oder vorwärts zur letzten Destruktion; zurück zu wachem Hören oder vorwärts ins Nirwana ewigen Rausches. Im Sinne beider Ansichten ist der Inhalt des vorliegenden Buches eine Lächerlichkeit, ein Dokument romantischer Rückschau. Insoweit sich die Musikentwicklung unseres Jahrhunderts über das Bewahren früherer Werke und Musizierweisen hinausbewegt hat, hat sie sich auch aus demjenigen Felde musikalischer Wirklichkeit entfernt, in welchem die Töne und ihre Beziehungen zueinander real erlebt und entsprechend hervorgebracht werden. So ist es auch begreiflich, daß dem Verständnis der geistigen Sprache der Tonarten die allergrößten Schwierigkeiten entgegenstehen. Diese Schwierigkeiten können nur überwunden werden, wenn man nicht *rückwärts* geht zum Komponieren und Erleben mit spezifischen Tönen und Intervallen und nicht *vorwärts* zu Destruktion und Rausch, sondern wenn man aufzuwachen beginnt in der Gegenwart des Tones, der in jedem Augenblick im eigenen Inneren neu ertönt. Musikalisches Erleben ist nicht Vergangenheitserleben und nicht Zukunftserleben, sondern es hat den Charakter *universeller Gegenwärtigkeit.* Ton ist nicht Bild von etwas und nicht Ziel oder Zweck zu etwas. Der musikalische Ton ist eine sinnliche Erscheinungsweise seelischer Gegenwärtigkeit im menschlichen Bewußtsein.

II. Ton und Tonart

Hermann Beckh geht in der Sprache der Tonart von dem Gesichtspunkt der geistigen Zwölfheit aus. Die Zwölfheit des Quintenkreises ist Ergebnis und Ausdruck eines bestimmten Entwicklungsstandes der Musik, welcher etwa mit dem Auftreten Johann Sebastian Bachs erreicht ist. Die wesentliche Voraussetzung dieser Zwölfordnung der Töne liegt nicht in der Einführung der temperierten Stimmung, sondern in der Beherrschung harmonischer Beziehungen begründet, welche aus dem Erleben der Quint hervorgegangen sind. Das erste Grundphänomen dieser harmonischen Ordnung ist der Dreiklang. Sein Charakter beruht auf der differenzierten Wirkungsweise, welche jedem seiner Töne zukommt. Über die Ursache dieser Differenzierung ist viel nachgesonnen worden. Hier mag es genügen, lediglich diese Differenzierung der Töne im Erlebnis zu beschreiben. Erster Bestandteil des Dreiklangs ist die Quint, deren unterer Ton eine gewisse Basisrolle im Augenblick des Erklingens übernimmt. Der obere Quintton erscheint hingegen als eine Art Freund des Grundtones, denn wie bei jedem Freundesdienst wird der Ton durch seinen mit ihm erklingenden Quintton gestärkt und gefördert. Der Quintton macht seinen Grundton größer. Die beiden Töne erklingen nicht in gleichberechtigter Größe, sondern sie gehorchen einer gliedernden Wertung; dadurch bildet sich jener Klangraum, den wir als Quinte erkennen können. Auch die Oktave bildet einen durchaus geordneten Klangraum. Der Unterschied zur Quinte besteht darin, daß in jedem der Oktavtöne der gleiche Ton gehört wird, wohingegen die Quinte der erste Klang ist, der von zwei Tönen erzeugt wird, die als verschieden erlebt werden. Erklingt nun die innerhalb der Quinttöne liegende Terz hinzu, so erscheint jene einzigartige Vervollkommnung des Quintenraumes, welche in ihrer elementaren Schönheit nicht genug bewundert werden kann. Die Wirkung der Terz innerhalb des Quintklanges reicht in solche Tiefen, daß sie außerordentlich schwer zu beschreiben ist. Die Terz trifft mit einer ähnlichen Gewalt in das Erleben der Quint hinein wie etwa ein Tropfen eines stark färbenden Konzentrats in ein Glas klaren Wassers. Der Vergleich mag sogar noch etwas weiter gelten, denn wenn es sich bei der Terz um denjenigen Ton handelt, der zum Grundton große Terz ist, so wirkt dies wie ein leuchtend roter Tropfen; ist die Terz hingegen zum Quintton große Terz, so ist die Tingierung des Quinterlebnisses ähnlich der Verwandlung, welche von einem blauen Tropfen bewirkt wird, der in klares Wasser fällt. Mit der Terz bekommt das Quinterlebnis einen farbigen Einschlag. Der Hörraum der Quinte wird durch die Wirkung der Terz mit einem von innen ausstrahlenden Leben erfüllt, welches die gesamte Klanggestalt ergreift und beherrscht. Daß das Musikerlebnis der europäischen Musik zu seinem hohen Grad von Innerlichkeit, von Herzlichkeit hat wachsen können, beruht in erster Linie auf der Wirkung der Terz im Dreiklang. Drei Komponenten sind es also, die das harmonische Phänomen des Dreiklangs bestimmen: erstens der Aufbau des Hörraumes, in welchem durch die Wirkung des oberen Quinttones dem unteren Quintton Grund und Führungsqualität verliehen wird; zweitens die Erfüllung und Färbung dieses harmonischen Raumes mit innerlich anrührendem Leben; drittens die Prägung des Ganzen durch den Charakter des Grundtones. Diese dritte Erlebniskomponente ist am schwersten zu bemerken.

Hier setzt Beckh in der Sprache der Tonart an. Das zweite Grundphänomen, auf welchem die geistige Zwölfheit der Töne basiert, sind die Quintbeziehungen, welche unter verschiedenen Dreiklängen wirken. Diese Beziehungen sind oft mit dem treffenden Ausdruck von Verwandtschaften bezeichnet worden. Unter den Begriff der Verwandtschaft fassen wir Beziehungen von Menschen zusammen, welche in unterschiedlicher Nähe durch Gemeinsamkeit ihrer Abstammung verbunden sind. Solche Beziehungen herrschen auch unter Dreiklängen. Jeder Ton eines Dreiklangs kann sich mit anderen Tönen zu anderen Dreiklängen vereinen. Erstens: ein Ton, der bisher Grundton war, kann mit dem unter ihm liegenden Quintton zusammenklingen und mit ihm eine neue Terz zeugen. Dadurch ertönt ein Klang der unteren Quintverwandtschaft (Subdominante). Zweitens: ein Ton, der in seinem ursprünglichen Dreiklang oberer Quintton war, kann dadurch, daß er mit dem über ihm ertönenden Quintton zusammenklingt, selbst Grundton eines Dreiklangs werden, der die obere Quintverwandtschaft bildet (Dominante). Drittens: auch die Terz eines ursprünglichen Dreiklangs kann sich in zweifacher Weise mit Quinten verbinden. Ist sie Grundton dieses neuen Dreiklanges, so wird der ursprüngliche Quintton zur Terz – ist sie Quintton, so wird der Grundton des ursprünglichen Dreiklangs zur Terz (Terzverwandtschaft). Wir haben also zwei Quintverwandtschaften ersten Grades (Dominante und Subdominante) und zwei Terzverwandtschaften ersten Grades (Dominantparallele, Tonikaparallele). Es ist leicht verständlich, daß Töne dieser Dreiklänge sich wiederum mit neuen Tönen zu entfernteren Verwandtschaften verbinden können. Die entscheidende Wirkung für das hier in Betracht kommende Phänomen geht von den gegensätzlichen Beziehungen aus, welche die Dreiklänge der oberen und unteren Quintklänge (Dominante, Subdominante) zu ihrem Stammdreiklang (Tonika) im Hörerlebnis eingehen. Diese müssen wir zu beschreiben versuchen. Im Dreiklang der Subdominante wird der ursprüngliche Grundton zur

Quinte. Dadurch wird eine Kraft wirksam, die nicht nur im Sinne der äußeren Tonhöhe nach unten führt, sondern die wie eine farbige, nach innen gerichtete Ablenkung gegenüber der Tonika erscheint. Die Subdominante und ihre weiteren Verwandten verlocken zum weitläufigen Modulieren in Bereiche hinein, in denen es immer dunkler und mystischer zugeht. Durch die vielen Eindrücke von harmonisch überfrachteter Musik sind die Ohren der heutigen Hörer oft so abgestumpft, daß die Verwandlungen der Erlebnisrichtung zur Subdominante hin nur schwer bemerkt werden. Mit dem Dreiklang der Oberquinte (Dominante) eröffnet sich dagegen ein ganz anderes Reich. Hier wird der Quintton der Tonika zum Grundton. Das ursprünglich Leuchtende, Befreundete, Klangraum-bildende dieses Tones wird nun befestigt und beginnt zu herrschen (dominare). Die Folge im Hörerlebnis ist eine deutliche Aufhellung, das Seelische wendet sich nach außen ins Tätige, ins sinnlich Wirksame mit einer kräftigen Tendenz zur schlüssigen Rückkehr in die neu befestigte Heimat der Tonika.

Die Sprache gerät bei der Beschreibung dieser Erlebnisse notgedrungen an eine Grenze, denn worauf hier verwiesen wird, kann, insofern es anschaulich erscheinen soll, nur im übertragenen Sinne gelten. Das eigentlich Musikalische des geschilderten Vorgangs bewegt sich nicht im Sinnlichen. Die Stoffe, welche sich hier bewegen und verwandeln, sind nicht die sinnlichen Gehörseindrücke, auch ist der Beweger nicht im Sinnlichen zu finden, die Gesetze, welche hier herrschen, sind nicht Gesetze der sinnlichen Außenwelt. Was hier geschildert wird und was vom Leser entsprechend nachvollzogen werden muß, ist rein seelischer Natur. Wie leicht ist dergleichen gesagt, aber wie schwer ist es, die Realität des Gesagten im eigenen Inneren lebendig zu bewahrheiten. Wer sich jedoch durch Schulung seiner inneren Regsamkeit beim Hören von Musik für diese Wirklichkeit öffnet, dem wird sich ein Lebensfeld eröffnen, auf welchem er vorher nur schlafend oder träumend wandelte. Die hier versuchte Schilderung der seelischen Prozesse, welche sich in den harmonischen Beziehungen der beiden Quintverwandtschaften Subdominante – Tonika und Tonika – Dominante niederschlagen, möchte eine Hilfe zum erwachenden Hören sein, zu einem Erwachen in jene der Musik im tiefsten Wesen innewohnende Gegensätzlichkeit, welche im Quintenkreis Beckhs als die nüchterne Tatsache von unterer und oberer Hälfte, von b-Tonarten und Kreuz-Tonarten erscheint. Hinter dieser zunächst formal anmutenden Gegensätzlichkeit steht die seelische Polarität der Wendung nach innen zum Selbsterleben und der Wendung nach außen zum Sinneserleben. Der Leser wird diese Polarität weiter unten noch auf andere Weise beschrieben finden. Hier kommt es zunächst darauf an, den Subdominantprozeß und den Dominantprozeß beim Hören wachend zu ergreifen und als die konstituierende Polarität der Tonalität vom Gesichtspunkt der geistigen Zwölfheit zu verstehen. Ohne das differenzierte und spezifische Wechselspiel dieser beiden harmonischen Quintverwandtschaften mit allen ihren Folgeprozessen kann sich innerhalb des Quintenkreises Tonalität nicht begründen. Tonalität ist ein Prozeß, der sich beim Hören eines musikalischen Werkes immer dann verwirklicht, wenn die Subdominantprozesse und die Dominantprozesse in ein Wechselspiel kommen, das zum Erleben eines Tones führt, dessen Erklingen im Hörer den in ihm selbst begründeten Kern seines Wesens als einer Mitte anrührt, so daß eine Identifikation des Hörers mit dem Gehörten zustande kommt. *Tonalitätserleben ist inneres Mitte-Erleben zwischen seelischem Inne-Sein und seelischem Außen-Sein.* Die europäische Musikentwicklung hat einmal zu dem Punkt geführt, der es ermöglichte, ein Musikstück so zu beenden, daß mit diesem Ende nicht ein bloßes Aufhören des Tönens, sondern das Ziel eines Weges erlebt werden kann, in dem das Ich des Hörers beim Erreichen seiner eigenen Mitte mit der Welt und in sich selbst zur Ruhe kommt. Asiatische Musikstücke finden ein Ende in diesem Sinne nicht. Auch die meisten Produkte der heutigen Unterhaltungsmusik haben keine Schlüsse, sie hören einfach auf, sie werden – wie man sich ausdrückt – »ausgeblendet«. In der Musikentwicklung unseres Jahrhunderts ist die Tonalität zerbrochen worden. Wird sie sich auf neue Weise begründen? Was zum Verständnis der eigentlichen Kreisbildung durch Fortschreiten in Quintschritten zum Problem der Enharmonik und zu den musikhistorischen Hintergründen der Zwölfheit der Töne gesagt werden kann, ist durch die Bücher Hermann Pfrogners in umfangreicher Weise geschehen. Es würde den Rahmen dieser Einleitung sprengen, die Arbeiten Pfrogners eingehend zu würdigen. Hier muß aber auf seine Bücher als Standardwerke zum Verständnis der Zwölfordnung der Töne hingewiesen werden. Wir haben im Vergangenen zwei tonalitätsbegründende Wirkungsweisen einer musikalischen Grundpolarität beschrieben und versucht, die darin tätige Erlebnispolarität aufzuzeigen. Beide, die Polarität der Terz im Dreiklang (Dur - Moll) und die Polarität der Subdominant-Dominante-Prozesse im Quintenkreis, sind Erscheinungsweisen einer Realität, die nicht auf akustischem Felde, sondern im Seelenleben gefunden wird. Versteht man dies, so werden alle materialistischen Theorien über Schwingungen als Ursachen von Musik und alle spekulativen, nicht im realen Seelenleben begründeten Schwärmereien über kosmische Hintergründe der Musik überflüssig und gegenstandslos. Es kann nun die Frage entstehen, ob es auch möglich sei, das Wesen des Tones selbst, unabhängig von Modalität

(Dur - Moll) und Tonalität im realen Seelenleben zu entdecken. Erst dann könnte der Mensch als wahrer Hervorbringer von Musik und nicht als Vollstrecker oder Teilhaber außermenschlicher musikalischer Prozesse im vollen Sinne erkannt werden. Auf das reine Tonwesen deutet Beckh an verschiedenen Stellen seines Buches hin. Wir wollen nun versuchen, dieser Frage nachzugehen.

III. Tonerleben und Zeiterleben
Der Weg durch die sieben Töne

Grundlage allen musikalischen Hervorbringens und Erlebens ist das Leben in der Zeit. Musikalische Form bildet sich in der Zeit. Musikalische Gestalten sind Zeitgestalten. Der Eindruck zeitlicher Gestalten tritt ins Bewußtsein, wenn Gleiches oder Ähnliches in den Verhältnissen unseres äußeren und inneren Lebens auftritt. Wenn Dunkelheit von Helligkeit abgelöst wird, Helligkeit wieder in Dunkelheit übergeht und dann schließlich das Licht wieder auftritt, so kann ein Umgrenztes zwischen dem ersten und dem zweiten Hellwerden als Gestalt begriffen werden, welches »Tag« heißt. Oder es kann ein Umgrenztes zwischen dem Hellwerden (Aufwachen) und dem Dunkelwerden (Einschlafen) als Zeit des Wachens, als Tag und ein Umgrenztes zwischen dem Verdunkeln (Einschlafen) und dem Erhellen (Erwachen) als Schlafenszeit, als Nacht erlebt werden. Schwieriger ist es schon, Differenzierungen innerhalb dieser Zeiträume zu bemerken, beziehungsweise zu erleben. Sonnenaufgang, Sonnenhöhe, Sonnenuntergang und was dazwischen an Aufstieg und Abstieg sich bewegt, das geht alles fließend ineinander über. Es ist eine Art träumendes Durchwandern, in welchem die Grenzüberschreitungen von einer Zeitgestalt zur anderen nur schwer wahrzunehmen sind. Es gehört ja zu den wunderbarsten Errungenschaften der Menschheit, solche zarten Grenzen durch tönende Zeichen ins Bewußtsein zu rufen, durch die Glocke vom Turm, durch den Schlag der Stunde. Schwierig ist es auch, die Grenzen größerer Zeitgestalten im wachen Erleben zu erfassen: Monate, Jahre, Jahrgruppen – »die Zeit eilt, die Zeit heilt«. Es ist ein Fließen, ein Verwehen, Wichtigkeiten verdämmern, gehen unter in einer Flut des Vergessens. Manchmal möchte man Grenzen der Zeiten gewaltsam ins Erleben rufen, dann macht man viel Lärm und feiert Sylvester. Um zu sagen, was Zeitgestalten sind, wie sie sich bilden, wie sie vergehen, müßte man Dichter sein. Um die Zeit schaffend, tätig zu ergreifen, muß man Musiker sein. Unter den erwähnten Zeitgestalten ist wohl der Tag die am deutlichsten wahrzunehmende. Seine Grenzen werden zwar auch nur wenig beachtet, doch ist das Überschreiten dieser Grenzen auch da, wo es dumpf geschieht, zumindest nachträglich spürbar. An der Linie des Horizonts erscheint im äußeren Raum ein Jetzt, wenn die Sonne sie schneidet. Im Inneren ist die Grenze des Erwachens ähnlich, die des Einschlafens weniger scharf. Auch die Stunden lassen sich am Sonnenstand verbildlichen. Sie beziehen sich, wenn sie auch real nur im seelischen Inneren als Dauern erlebt werden, auf ein Räumliches. Dieses zeigt am Himmel aber keine Begrenzungen, denn das Licht der Sonne verhüllt uns die Sicht für die Sternenorte, aus denen sie zu einer bestimmten Stunde herunterscheinen. Tag und Stunde sind von der Sonne in den Raum gestrahlte Zeitgestalten. Auch andere Himmelskörper strahlen Zeiten in den Erdenraum herein, welche aber noch viel weniger vom Bewußtsein des wachen Menschen mit vollzogen werden können. Wir wissen heute, daß vornehmlich die Gezeiten, die vom Monde ausgehen, im Flüssigkeitsleben der Erde sich manifestieren. In den großen ozeanischen Bewegungen, in den Geburtsvorgängen, im Pflanzenleben. Äußerlich bieten die Mondphasen ein immerhin wahrnehmbares Zeichen, welches in seiner Wiederkehr durchaus bei einiger Übung als Grenze erlebbarer Zeiträume wahrgenommen werden kann (Monate). Nun gibt es erstaunlicherweise auf der Erde einen Zeitorganismus, der, obwohl durch Jahrtausende beachtet, keine solche von Himmelskörpern in die Räumlichkeit der Erdenverhältnisse gestrahlten Begrenzungen hat: die Woche. Die Woche ist eine Lebens- und Seelenübung der Menschheit, in welcher die Wiederkehr bestimmter Feste als Grenze einer Zeitgestalt von sieben Tagen aufgerichtet ist. Daß diese Feste heute beim größten Teil unserer Menschheit zum bloßen Wochenende degradiert worden sind, braucht nicht in Betracht zu kommen, wichtig ist hier allein, daß ein Organismus von sieben Tagen als realer Zeitweg gepflegt und erhalten worden ist, dessen innere Dynamik und Gliederung von jedem Menschen in irgendeiner Weise mitgemacht wird. So wie bereits der biblische Schöpfungsbericht diesen siebengliedrigen Weg als Zeitgestalt eines Weltenwerdens darstellt, wie die Evangelien des Neuen Testaments das Erlösungswerk des Gottessohnes in den Zeitorganismus der Woche hineinstellen, so kann uns heute durch ein wacheres Erleben des musikalischen Weges durch sieben Töne ein neuer Sinn für reales Geisterleben des Tones erschlossen werden. In sieben Stufen vollzieht sich etwas wie eine Genesis des Tones. In sieben Stufen differenziert sich das Tonerleben, um auf einer achten Stufe im eigentlichen Sinne zu sich selbst zu finden. Davon soll im folgenden einiges angedeutet werden.

IV. Vorgänge der Tonentstehung

Jedes tönende Hervorbringen, insofern es menschlichen Ursprungs ist, geht aus der Stille hervor. Ohne die Fähigkeit still zu werden, kann der Mensch nichts eigentlich Menschliches tönend von sich geben. Wenn sich der Mensch beim Singen oder bei sonstigen tönenden Äußerungen dieses Stillewerdens auch selten bewußt wird, so findet der damit angedeutete Vorgang doch statt. Es ist das Erzeugen des aktiven Ruhezustandes, welchen wir als Lauschen bezeichnen, der eintreten muß, bevor man sich auf einen Ton besinnen kann. Der Lauschende ist aufmerksam auf die Möglichkeit eines Tönenden, sowohl von außerhalb als auch von innerhalb seiner Selbst. Jede Ungeduld oder sonstwie geartete Eigenbewegung hindert die Kraft des Lauschens. Es ist Lauschen im Atmen des allmöglichen Tönens. Ein Zulassen jedweden Lautens von außen und innen, ein Geneigtsein zum Tönenden überhaupt. Wie aber jeder weiß, der sich mit dem Hervorbringen von Tönen beschäftigt, bleibt es nicht bei dem lauschenden Atmen des Allmöglichen. So wie man in einer unbekannten Sprache gewisse Feinheiten fremder Laute nicht wahrnehmen kann, weil man nicht fähig ist, diese Laute hervorzubringen, so engt sich auch dem auf Töne Lauschenden der Kreis der Möglichkeiten alsbald ein. Wer sich in Tönen äußern will, schränkt sich ein in das ihm Mögliche, in die Begrenzung seiner Stimme, seines Hörvermögens. Damit tritt bereits eine leise Erwärmung ein, eine Sympathie zum Tönen. Wenn ich mich darauf einlasse, wirklich etwas Bestimmtes hervorbringen zu wollen, so zieht mich das mir Mögliche an. Es tritt eine Art Hunger ein, das zu hören, was man hervorbringen will. »Zufällig naht man sich, man fühlt, man bleibt.« Mit diesen Worten Goethes lassen sich die hier angedeuteten ersten drei Prozesse benennen, welche zum Hervorbringen eines menschlichen Tones in irgendeiner Weise stattfinden müssen. Der erste, das Lauschen, ist ein Geneigtsein allem Zufallenden; der zweite ist ein tastendes Erfühlen des Möglichen; durch den dritten Prozeß wird man genötigt, in dem also Bereiteten mit Bestimmtheit selbst hervorzutreten. Nun gibt es kein Schwanken mehr, man bleibt. Damit ist man nun allerdings an eine Art Krise herangekommen. Es muß etwas heraustreten ins Sinnliche, was vordem eine Folge rein seelischer, im Inneren ablaufender Prozesse war. Aus erwartungsvollem Lauschen, Hoffen, Wünschen, Verlangen muß sich etwas ablösen, muß herausgesondert werden und muß den Zusammenhang mit dem eigenen Innern aufgeben. Dieser Schwellenübertritt zum sinnlich erklingenden Ton geschieht ruckartig, es gibt da keinen fließenden Übergang. Im Augenblick des Eintritts in den Bereich des Hörbaren sind die Brücken zu allem vorbereitenden inneren

Tun abgebrochen und müssen nun im Gestalten des Erklingenden neu aufgebaut werden.

Damit gewinnen wir den Blick auf drei weitere Prozesse, welche sich an den vierten, den man die Absonderung des Tönenden ins Hörbare nennen könnte, anschließen. Diese sind dem Musiker bekannter als die drei ersten, weil er sich bewußter in ihrer Beherrschung zu schulen gewohnt ist. Zunächst muß ein klingender Ton erhalten werden. Er hat eine bestimmte Dauer, innerhalb derer sein Erklingen gepflegt und modifiziert werden muß. Dieser Prozeß ist das eigentliche Feld der musikalischen Formung. In ihm wirkt jene Kraft, die dafür sorgt, daß die Intentionen, welche einen Ton oder ein Musikstück hervorgebracht haben, auch wirklich hörbar, im Hörbaren erhalten werden und nicht im Fremdartigen untergehen, das nicht zum Wesen des Gewollten gehört. Formung und erhaltende Pflege könnte man diesen fünften Prozeß nennen. Wie jedes lebendige Wesen möchte auch alles seelisch Geformte weiter und weiter wachsen. An einen Ton schließen sich andere an, eine Erscheinung steigert die andere, Formen türmen sich auf Formen und bringen immer neue Formen hervor. Dieser sechste, der musikalische Wachstumsvorgang, ist das Feld, auf welchem sich die künstlerische Phantasie betätigt. Ohne die Belebung aus der Phantasie bleibt jedes erklingende Geschehen trocken und flügellahm. Das könnte nun ewig so weiterwachsen, damit würden schließlich alle Formen überwuchert und schließlich erstickt. Es tritt die Notwendigkeit auf, das Tönende wieder ins Unhörbare zurückzuführen. Dieser siebente Vorgang ist sicher ebenso geheimnisvoll wie der erste. Wie alles menschliche Tönen aus dem Atmen der Stille entkeimt, so kann nichts Hörbares zu einem Erhörbaren werden, wenn es nicht zu einer ihm gemäßen Ruhe zurückfindet. An den Schlüssen der Musikstücke zeigt sich erst, was man in ihnen gehört hat. Das Gehörte tritt erst in seine totale Wirklichkeit ein, wenn sinnlich nichts mehr klingt. Indem das Tönende zur Ruhe findet, offenbart es, was es eigentlich gewesen ist. So wie man von einem Menschen im Augenblicke seines Todes mit höherer Deutlichkeit und Gewißheit weiß, was er einem gewesen ist, so offenbart sich das eigentliche Tonwesen im Tönenden da, wo das sinnlich Tönende zur völligen Ruhe zurückgefunden hat.

Dieser siebengliederige Prozeß der Hervorbringung verläuft in allem musikalischem Geschehen und ist in gleicher Weise die Grundlage sowohl des musikalischen Produzierens als auch des musikalischen Genießens. Die hierbei waltenden Kräfte sind rein seelischer Art, hängen aber mit dem Weltganzen zusammen. Darauf deutet Hermann Beckh, indem er einzelne Töne mit Planeten in Beziehung stehend erwähnt. Es mag dem Leser eine Hilfe sein, mit der vorangegangenen Darstellung auf die Hintergründe dieser Beziehung hingewiesen zu werden. Den Vorgang des inneren Lauschens auf das Allmögliche kann man einen Saturnprozeß nennen. An diesen schließt sich die Erwärmung für das mir Mögliche, ein Sonnenprozeß. Aus diesem geht die Steigerung in den Wunsch zum Hervorbringen hervor, ein Mondprozeß. Mit der Krise der vierten Stufe, der Absonderung ins sinnlich Hörbare, ist ein Marsprozeß beschrieben. Dieser eröffnet die drei weiteren, im Hörbaren verlaufenden Vorgänge, den Merkurprozeß der erhaltenden Pflege (Formung), den Jupiterprozeß des artgemäßen Formenwachstums und schließlich den Venusprozeß des Hervorbringens des Tonwesens im Verklingen. Mit der Darstellung des vollständigen Vorgangs, welcher beim Erklingen jeden menschlichen Tönens geschieht, sind wir zu einer Gliederung gelangt, welche der Gliederung der Woche entspricht. Auch diese bewegt sich durch sieben Prozesse, welche als Saturntag, Sonnentag, Montag, Marstag, Merkurtag, Jupitertag, Venustag bezeichnet werden. Im Deutschen steht Tiu (Dienstag) für Mars, Donar (Donnerstag) für Jupiter und Freya (Freitag) für Venus. Nur der Mittwoch hat einen ungöttlichen Namen bekommen, wenn auch einen merkurialen, da ja das Ausgleichen der Gegensätze über die Mitte hin zu den besonderen Fähigkeiten Merkurs gehört. Auch in den Tönen, aus welchen die alten mittelalterlichen Skalen gebildet sind, läßt sich eine entsprechende Differenzierung entdecken. Ich muß hierbei zunächst einem häufig auftretenden Vorurteil entgegentreten, welches dadurch entsteht, daß man meint, es gebe Töne in der gleichen Weise wie es auch andere Dinge der Außenwelt gebe wie zum Beispiel ein Bild an der Wand oder einen Topf auf dem Regal. Aus der vorangehenden Darstellung, mehr noch aber durch unvoreingenommenes Beobachten wird deutlich, daß ein Ton in dieser Art nie als ein Ding der Außenwelt angesehen werden kann, das in dieser Weise vorhanden ist. Der Ton ist ein Geschehen, er ist in jeder Phase seines Erscheinens Prozeß. Will man also Töne beschreiben, muß man Prozesse beschreiben, beziehungsweise Kräfte, welche die Tonprozesse in Gang bringen. Die Musiklehre Europas hat hierfür keinen Namen gefunden, weder die Töne noch die Beziehungen der Töne untereinander sind mit qualitätsbezeichnenden Namen in unserer Sprache zu benennen. Sagen wir »rot« oder »blau«, so ist mit diesen Worten etwas angerührt, was in der Sprache selbst roten oder blauen Charakter hat. Dagegen haben wir für die Tonprozesse, Intervalle und Klänge, ja selbst für rhythmische Phänomene sprachliche Bezeichnungen, wie sie an Armseligkeit und Roheit einem Bürosystem oder einer statistischen Kartei in nichts nachstehen. Töne werden mit Buchstaben, ihre Verhältnisse zueinander mit Ordnungszahlen bezeichnet. Aus diesem Grunde sind Bücher über Musik so schwer lesbar. Ist der Leser dennoch bereit, in der Darstellung auf dem dornenvollen Wege solcher Sprachlosigkeit weiterzuschreiten, so wären nun die Prozesse zu beschreiben, in welchen unterschiedliche Töne gebildet werden. Das ist für den klaviergewohnten Menschen von heute zunächst eine Zumutung. Wenn man weiß, welche Taste zu drücken ist, um einen bestimmten Ton erklingen zu lassen, was muß da von Prozessen die Rede sein? Gemeint ist hier nicht, auf welche Weise durch Erschütterung gewisser Materialien (Holzkörper, Drähte, Metallröhren usw.) ein irgendwie gearteter Schall produziert werden kann, sondern es geht darum, bis dahin vorzudringen, wo ein Ton erlebt, erkannt und als solcher hervorgebracht wird. Jedes Instrument muß einmal gestimmt werden, und für die Beurteilung der Richtigkeit dieser Stimme ist die menschliche Seele einzig maßgebende Instanz. Wie wird ein »C«, ein »A« oder ein »F« hervorgebracht? Wie kommt es zustande, daß in jedem Oktavton derselbe Ton wiedererkannt wird? Welche seelischen Kräfte befähigen uns, einen Ton unabhängig von Tonhöhe, Klangfarbe, Lautstärke, Tondauer, also unabhängig von den wesentlichen akustischen Eigenschaften seines Erklingens als ein Etwas zu erkennen? Bei der Beschreibung der Hervorbringungsprozesse des Tönens im allgemeinen ergab sich ein siebengliedriger Weg. Bei diesem konnten die ersten drei Stufen als innere Prozesse, die letzten drei dagegen als im Sinnlichen gestaltende Vorgänge erfaßt werden. Die vierte Stufe zeigte das eigentliche Problem, den Schwellenübertritt vom seelischen ins sinnliche Musizieren. Versucht man sich mit Lebhaftigkeit und Hingabe in diesen Akt des sinnlichen Heraustretens in das Tönende immer wieder und wieder hineinzuleben, so wird man bald bemerken, daß man mit einem dergestalt gerichteten Willen zum Heraustreten ins Hörbare, zum Bejahen des Schalls, recht gut in diejenige Stimmung gelangt, aus welcher sich der Ton »C« erzeugen läßt. Natürlich kann man auch jeden anderen Ton mit einer ähnlichen Gesinnung hervorzubringen versuchen. Wenn man eine solche Übung mit Ausdauer immer wieder macht, wird man aber doch bald mit dem »C« zu immer größerer Sicherheit kommen. Dieser Ton stellt sich ein, wenn man sich seelisch straff auf den Boden der eigenen Existenz stellt und diese Standhaftigkeit in den Willen zum Tönen hineinschickt. Man kann durchaus sagen, daß die hier charakterisierte Haltung für den durch das klare Tagesbewußtsein unserer Zeit geprägten Menschen eine Art Grundhabitus ist. Daher ist »C« jener deutliche Toncharakter, welcher sich heute wohl am ehesten seelisch beschreiben und nachvollziehen läßt.

Wie wir gezeigt haben, ist jedes musikalische Tönen als eine Zeitgestalt in die

Polarität von Werden und Vergehen eingespannt. Jeder Ton bezieht seinen Wert, seinen Charakter, seine Bewegungsweise aus seiner ihm eigenen Art des Werdens, aber auch des für ihn charakteristischen Vergehens. So lebt in jedem Tonerlebnis eine melodische Urtatsache von Werden, Erschallen und Verklingen. Am Werden des Erschallenden konnten wir drei im Seelischen verlaufende Prozesse beobachten, ebenso drei Stufen am Verklingenden, welche vom sinnlich Hörbaren bis an die Grenze des Unhörbaren führen. Rudolf Steiner beschreibt diese melodische Urtatsache mit den Worten: »Jeder Ton ruft eigentlich Erinnerung und Erwartung als Nebentöne melodiös hervor.« Als Niederschlag einer seelischen Realität des Zeiterlebens haben wir die Woche mit ihren sieben Tagen beschrieben. Als Gesetzmäßigkeit des Ertönens fanden wir einen siebenstufigen Weg, welcher uns auf die Urerscheinung des Melodiösen führte. Als Ausdruck melodischer Entfaltung im sinnlich Tönenden erweist sich nun wiederum ein siebenfaches Gebilde: die Skala. Denn der Ton »C« ist nicht mit einem Schlage da. Will man in der Erinnerung die Spuren verfolgen, welche auf das Erschallen von »C« hinführen, und will man diese Spuren in klingenden Tönen zur Darstellung bringen, so ist dies sehr gut mit den Tönen »G«, »A«, »H« möglich. Verfolgt man dagegen vom erschallenden »C« aus die Spuren der Erweiterung auf die dem Charakter des »C« eigentümliche Weise seines Vergehens, so läßt sich in Tönen diese Vergängnisspur von »C« in der Linie »D-E-F« erleben.

Wir wenden uns zunächst der Erinnerungsmelodie von »C« zu. Da bildet sich »G« aus dem atmenden Lauschen auf das Allmögliche. Wir leben uns am besten in diese Tongeste hinein, indem wir uns mit der größtmöglichen Ruhe und Bejahung mit allem Werdenden in der Welt verbunden fühlen. Es ist heute nicht immer leicht, die eigenen Aktivitäten so weit zurückzunehmen, daß man, ohne zunächst einen konkreten Ton vorzustellen, in Ruhe und Bejahung dem möglichen Ertönen eines späteren, noch nicht geprägten »C« entgegenlauscht. Es ist Stille, aber keine allgemein umherschweifende, es ist die Stille, welche sich auf energisches Hervorbringen richtet. Wenn wir dieser Stille in uns Raum geben, so kann sich der Ton »G« einstellen. Schon der Wille zum Werden, welcher ja, wenn er sich auf das Erklingen von »C« richtet, ein sehr entschiedener ist, gibt dem »G« die Neigung, sich melodisch zu höheren Tönen hinaufzubewegen. Die Aufwärtsbewegung ist wohl für jeden Menschen, sofern er nur einen Funken von Hoffnung in sich trägt, diejenige, in welcher zu streben er sich bemüht. Aber auch aus der oben beschriebenen Erwärmung für das dem »C« Mögliche nähert man sich vom »G« aus dem »A«. Es bildet sich in der Seele dabei eine deutliche Verengung, damit verbunden ist eine starke Aufhellung.

Jeder Mensch, der mit einem lang gehegten Plane die ersten Schritte zur Verwirklichung tun kann, kennt diese Verengung. Er spürt, es wird ernst, du tust Schritte, die Konsequenzen fordern. Und er kennt auch die Aufhellung. Er fühlt, du weißt jetzt endlich, was du willst, du bist auf dem Wege. Will man den Ton »A« hervorbringen, so kann man sich wie einen Menschen empfinden, der an seinem Kehlkopf eine Lampe trägt, welche alles vorher Obskure und Unbekannte zu erleuchten und zu klären imstande ist. Nun ist der Weg gefunden, mit »G« und »A« ist schon die Richtung gewiesen, der es treu zu bleiben gilt. Dabei aber engt sich das Erleben weiter ein. Der Prozeß des Werdens von »C« schnürt sich in etwas Zwingendes zusammen. Der Ton »H« hat die Richtungskraft eines nach oben weisenden Pfeiles und die schlanke Leuchtkraft eines Irrlichts. Er ist ganz durchströmt vom Hunger nach dem »C«. Hier tritt der Halbtonschritt zum ersten Male auf: die kleine Sekunde. Sie verweist uns wieder auf das Problem der vierten Stufe. Beim Heraustreten in das ertönende »C« muß eine Grenze durchstoßen werden, an welcher sich der melodische Charakter der Tonfolge prägt. Die kleine Sekunde ist das prägende Element allen melodischen Charakters. Hier tritt sie in der Form der Aufwärtsrichtung auf, in äußerster Strebekraft und Lichtkraft.

Wie bilden sich nun die Töne der Erwartungsmelodie, welche im Sinne unseres Zitats von »C« als melodiöse Nebentöne hervorgerufen werden? Da kann beim Üben zunächst auffallen, daß die Erwartungsstimmung, welche von »C« ausgeht, gar nicht so leicht zu bemerken ist. Das liegt vielleicht daran, daß der Ton »C« mit solcher Entschiedenheit ins sinnlich Tönende stößt, daß es schwerfällt, sein Verklingen, sein Vergehen vorzubereiten, ohne ihn durch äußere Kräfte zum Schweigen zu bringen. Man bekommt überhaupt erst eine Möglichkeit, neue Töne aus »C« zu bilden, welche dem »C« zum Sterben verhelfen können, wenn man Aktivitäten ohne Resignation zurückzunehmen lernt. Dies ist ja eine schmerzliche Erfahrung, die wir überall machen können, daß wir uns so schwer von unseren mit gutem Willen und unter Einsatz aller Kräfte vollbrachten Werken lösen können. So kann auch »C« da, wo es einmal herrscht, bald gegen alles andere Klingen ein Ärgernis werden, obwohl es doch aus so viel Sympathie und Schöpferfreude ins Tönen getragen worden war. Um diese Stagnation im Tönen zu überwinden, muß eine Milderung eintreten, eine Besinnung auf die Kräfte des Ausgleichs und der Mitte. Nur so können die Impulse wachsen, welche »C« hervorgebracht haben. Es ist die Stimmung des »Zwischen oben, zwischen unten / Schweb ich hin zu muntrer Schau.« Es ist die Kraft, Gegenwirkungen zuzulassen, um Balancezustände, um inneres Gleichgewicht zu bewirken, aus welcher sich das »D« erbilden kann. Es bedarf einer seelischen Nüchternheit und Neutralität gegenüber den Prozessen des »G-A-H-C«, dann entsteht die »D«-Stimmung. Damit ist wieder eine neue Wachstumsweise gefunden, welche nur treu gefördert werden muß. Die Wachstumsrichtung geht jetzt deutlich nach innen, wir gelangen an den Ort der Seele, wo unsere Gesinnungen, unsere Menschlichkeit, unsere Wärme entströmen und etwas bilden wollen, was wie ein Wärmegürtel erscheint, der nicht da ist, um uns zu erwärmen, sondern um in die Welt zu strahlen. Aus solcher Stimmung kann das »E« ertönen. Es ist dem »H« nicht unverwandt, denn auch in ihm ist ständiges Strömen, aber dieses Strömen ist nicht von jener Lichteskraft der schlanken Aufwärtsstrebung, sondern es lebt in den Wellen der Wärme, die wie verklingende Wellen eines Sees sind. Wieder hat sich damit etwas zusammengezogen, aber es ist nicht die durchstoßende Verengung im »H«, sondern wir erreichen hier etwas, was man einer unendlich zarten Berührung vergleichen kann, die uns von außen entgegenkommt; wie wenn ein Kahn, dessen Ruder eingezogen worden sind, des Abends sanft gegen das Schilf streift, so geht das »F« hervor aus dem strömenden Sich-Verschenken, aus liebendem Sich-Verströmen, aus ruhigstem Hinschenken. Im Wirken dieser Kräfte bildet sich wieder ein Halbtonschritt, aber der ist abwärts gerichtet, man könnte auch sagen: einwärts. Vom »F« strömen die Lösungs- und Verwandlungskräfte zurück und bewirken jenen höchsten Zustand des Lösens aus dem Klingenden ins Umschweigen, den man den Frieden nennt.

Sieben Prozesse haben wir nun beschrieben, welche in Tönen hervorbringen, was in der melodischen Zeitgestalt des Tones »C« empfunden werden kann. Aus einem Saturnprozeß des atmenden Lauschens ging das »G« hervor, aus einem Sonnenprozeß erster Verwirklichung des »A«, aus dem Lichtpfeil notwendigen Hervorbringerwillens der Mondprozeß des »H«. Dann fanden wir uns in der Erdenwirklichkeit des klingenden »C«, die Identifikation mit seinem Hervorbringen ist ein Marsprozeß. Wir suchten die Kräfte des Ausgleichs und der Balance im Merkurprozeß des »D« und gelangten über jene strömend wärmenden Jupiterbewegungen des »E« zu der uns entgegenkommenden Lösungsbewegung des »F«, dem Venusstrom. Die Töne »G-A-H« könnte man »Erinnerungstöne« von »C« nennen, »D-E-F« seine »Erwartungstöne«. So wie die Woche durch das Ereignis von Golgatha eine grundlegende Verwandlung erfahren hat, indem aus einer ewig fortlaufenden Reihe von sieben Tagesqualitäten ein Festtag hervortrat, welcher die Auferstehung Christi als geistiger Sonne im Erdensein in jeder Woche neu befestigt, dadurch daß Menschen an diesem Tage die Auferstehungstat des Christus in sich beleben, so hat die Musikentwicklung im Christentum von der siebengliedrigen Reihe melodischen Werdens zu einem neuen Niveau des Tonerlebens finden können, welches im Erlebnis der Oktave erreicht wird. »C« wird zum Grundton und seine Oktave zum Sieg des Tonerlebens über das akustische Erscheinungsbild des Schalls, indem im anders klingenden Ton derselbe Ton neu gehört wird. Die Feier des Sonntags und das Erlebnis der Oktave rühren gleichermaßen von der Ostertatsache her.

Wir haben eine Siebenordnung melodischer Töne bei der Hervorbringung von »C« beschrieben und sind am Schlusse zur C-Dur-Skala gekommen. Es könnten auch noch andere Töne in ähnlicher Weise beschrieben werden, dabei würde man zu anderen Skalen kommen. »C« hat sich aber insofern als der für die abendländische Musik entscheidende Ton erwiesen, als die Dur-Skala den Charakter des Tones »C« auch in andere Töne hineingetragen hat. Darum ist sie auch heute noch von vorrangiger Bedeutung. Bevor wir über diesen Eroberungszug von »C« noch einiges beitragen, wollen wir die Darstellung der seelischen Tonbildungsprozesse zu einem vorläufigen Abschluß bringen. Wir haben in der Reihe der Erinnerungstöne den Halbtonschritt »H-C« und in der Reihe der Erwartungstöne den Halbtonschritt »E-F« gefunden. An beiden erscheint die gleiche Gegensätzlichkeit, wie sie im Kapitel über die Tonart am Dominant- und Subdominantprozeß beschrieben worden ist. »H« ist in der Skala derjenige Ton, in welchem die Dur-Prozesse gipfeln. Das sind diejenigen Tendenzen, die in den Bereich der Kreuztonarten führen, welche in der Darstellung Beckhs als obere Hälfte, als Tages- beziehungsweise Sommerseite des Quintenkreises dargestellt sind. »H-C« ist die Bewegung nach außen, welche melodisch Dur konstituiert, so wie die Dominantprozesse der Träger der harmonischen Dur-Tendenz sind. »F-E« hingegen leitet den gegenläufigen melodischen Prozeß ein, die Wendung nach innen, welche harmonisch durch Subdominantprozesse, durch die Wendung in die »B-Tonarten« der unteren Kreishälfte bewirkt werden. Dort, wo Beckh an verschiedenen Stellen seines Buches Beziehungen von Tönen und Planeten berührt, können die vorangegangenen Darstellungen vielleicht dem Leser eine gewisse Möglichkeit geben, den Hintergrund seiner genialen Entdeckungen zu verstehen.

V. Von der Seelensprache der sieben Töne zur geistigen Sprache der zwölf Töne

Die Bildung der C-Dur-Tonleiter kann so verstanden werden, daß sich das Oktaverlebnis als ordnendes und übergeordnetes Prinzip über die zu »C«

melodisch gehörenden Töne stellt. Ihr Charakteristikum wird melodisch geprägt durch die Lage der Halbtöne am oberen Rande beider Tetrachorde »C-D-E-F«, »G-A-H-C«, harmonisch durch die beschriebene Wirkung der Terz in ihrem Tonika-Dreiklang und durch die Beziehung zu ihrer Subdominante F-Dur und ihrer Dominante G-Dur, von der wir ebenfalls einiges zusammengetragen haben. Wandert man nun von »C« um eine Quinte aufwärts und beginnt die Skala von »G« aus, so muß die neue Septime »F« zum Leitton »Fis« erhöht werden, wenn der Charakter von Dur erhalten bleiben soll. Musiziert man in der neu gewonnenen Tonart G-Dur, so leuchtet »C« durch den Ton »G« hindurch. »G« würde ohne diese Herrschaftswirkung von »C« kein »Fis« erzeugen. Der sich nach oben spießende Leitton fis bewirkt eine Überlagerung des »C«-Charakters über das »G«. Das so ruhige »G« bekommt dadurch jenes für viele G-Dur-Stücke typische nach außen gerichtete sinnliche Wesen, man denke zum Beispiel an Papageno. So wie ein Mensch aus verschiedenen Fenstern eines Hauses herausschauend verschiedene Landschaften erblickt, dabei jedoch immer der gleiche Mensch bleibt, so macht der »C«-Prozeß in jeder Tonart neue Erlebnisse durch und bleibt doch stets er selbst, ein Dur-bewirkendes Wesen. Durch dieses Festhalten an dem harmonischen wie melodischen Wirken des »C«-Charakters entstand das Bedürfnis nach unterschiedlichen Tonarten, wodurch jene Korrektur an der reinen Quinte notwendig wurde, welche den geschlossenen Quintenkreis ermöglichte. Solange sich die Musik vorwiegend aus melodischen Kräften entfaltete, herrschte die in allem Seelischen wirkende Siebenordnung. In ihr bleiben die Halbtöne im wesentlichen konstant bei »H-C« und »E-F«. Jeder der sieben Töne der Skala kann Grundton sein, dessen Charakter von seiner Beziehung und Lage zu diesen beiden festliegenden Halbtonschwellen geprägt ist. Wenn nun einer dieser Töne den ihm eigenen Charakter zum Beherrschenden werden läßt und ihn auf jeder Tonstufe durchsetzen will, so müssen die Halbtonschritte in Bewegung geraten. Damit aber bahnt sich der Durchbruch von der seelischen Siebenheit der Kirchentöne zur geistigen Zwölfheit des Quintenkreises an. »C« tritt die Rolle eines beherrschenden Tonwesens an, welches wie die am äußeren Himmel durch den Tierkreis wandernde Sonne durch alle Tonarten hindurchstrahlt. »C« strahlt durch »A«, und es ertönt A-Dur, »C« verdunkelt sich in »Ges«, und es ertönt Ges-Dur, »C« erwärmt sich in »Es«, und es ertönt Es-Dur. Damit eröffnet sich dem Tonerleben der Menschheit eine neue Dimension. Indem der Dur-Prozeß zwölf unterschiedliche Tonorte anrührte, begannen diese im Laufe der Musikentwicklung wahrnehmbar zu werden. Mit dem Wohltemperierten Klavier Johann Sebastian Bachs erhält die Menschheit die erste Botschaft vom Erklingen dieser unter dem Anschlag der durch sie hindurch wandelnden seelischen Siebenheit des Tones »C« aufleuchtenden zwölf Tonwesen. Mit dem Auftreten Arnold Schönbergs wird die Vorherrschaft des Dur-Moll als eines alleinigen Instrumentes zum Erklingen der geistigen Zwölf gestürzt, die Tonalität zerbricht. Was hat Arnold Schönberg getan? Er hat, um es in sehr vereinfachter Weise auszudrücken, die aus dem Siegeszug der alten Tonalität gegründeten Reiche ihrer Untertanen und Besitztümer beraubt und die Könige als zwölf gleichberechtigte Wesen eingesetzt. Ein aristokratischer Kommunismus, könnte man sagen, zog in die Musik des 20. Jahrhunderts in der Gestalt der sogenannten Zwölftonmusik, der Dodekaphonie ein. Zwischen Bach und Schönberg entfaltet sich ein künstlerisches Ausdrucksgebiet, welches an Kraft, Brillanz und Reichtum in der Kulturentwicklung der Menschheit einzigartig dasteht. Höchste Errungenschaft dieser musikalischen Epoche ist die Beherrschung der harmonischen Kräfte innerhalb der Quintbeziehungen (Kadenz), innerhalb der Terzpolarität (Dur/Moll), innerhalb der Zwölftonarten des Quintenkreises (Enharmonik). Diese wurde durch die Dominanz von »C« zustande gebracht. Nun entsteht die Frage: Wird es einmal möglich werden, die geistige Zwölfheit auch unabhängig von der Tonalität real zu erleben, wird die Musikentwicklung der zukünftigen Menschheit dazu führen können, daß der Mensch sich den zwölf Geistgebieten, aus welchen sich die zwölf Töne ewig hervorbringen, einmal wird nähern können, so wie er heute anfängt, sich dem Seelenwesen zu nähern, welches aus sieben Lebensprozessen die seelische Siebenheit der Töne in der Zeit hervorbringt? Noch sind wir davon weit entfernt, darum ist die Erkenntnis der geistigen Zwölfheit der Töne mit all ihren Beziehungen zum übrigen Leben, wie sie sich durch die Sprache der Tonarten offenbart, von so großer Bedeutung.

VI. Bemerkungen über die Bedeutung des Tonerlebens für neue musikalische Aufgaben

Der beherrschende Gesichtspunkt zur Anwendung der Tierkreisstimmung auf das Erleben der Sprache der Tonarten ist bei Beckh der jahreszeitliche. So ist es verständlich, daß seine Anregungen zuerst überall dort aufgegriffen wurden, wo durch Musik auf den Gang der Feste und auf unterschiedliche Qualitäten des Jahreslaufes eingegangen werden sollte. Dabei hat sich gezeigt, daß das Studium der Toncharaktere an keiner Stelle zu Widersprüchen mit denjenigen Charakteren führt, die von Beckh anhand der tonartgebundenen Beispiele aus der Literatur beschrieben werden. Die Gefahr besteht natürlich immer, daß Musiker, welche die hier geschilderten Übungswege nicht mit Wachheit und Selbständigkeit zu gehen bereit sind, ins schematische Verwenden und Anhäufen sogenannter Tierkreistöne oder Planetentöne verfallen. Was dabei herauskommt, hat mehr einen belehrenden als einen künstlerischen Charakter. Die berechtigten Einwände, die man gegen jede Art von Weltanschauungskunst vorbringen kann, brauchen uns aber nicht davon abzuhalten, diejenigen Anregungen zu studieren, welche unser Wahrnehmungs- und Erlebnisvermögen steigern können. Es gibt auf dem Felde des Tonerlebens Erfahrungen, die sich ganz im verborgenen der eigenen Seele abspielen, und doch weiß man im Moment des Erlebens unmittelbar, daß solche Erfahrungen von jedem Menschen nachvollzogen werden können. Es darf gesagt werden, daß dies im Bezug auf die intimen Hintergründe der Beziehung von Jahreszeiterleben und Tonerleben möglich ist. Beckh zeigt den Anfang eines Weges: Studium der Tonarten in den Werken der Musikgeschichte. Dieser Weg findet seine Fortsetzung, wenn man die Bilder und Wortgestalten des christlichen Festeskreises immer wieder auf sich wirken läßt und dabei nicht in den Fehler verfällt, die Stimmungen, die in der Seele auftreten, musikalisch ausdrücken zu wollen. Gerade dieser Wunsch kann ein Hindernis auf dem Weg zu geistig-wachem Tonerleben sein. Durch das musikalische Ausdrucksbedürfnis entsteht zunächst eine Art seelischen Lärmens. Dieses zum Schweigen zu bringen, zum Lauschen bereit zu werden, stille zu werden, ohne einzuschlafen, dies fällt dem auf tätigen Zugriff erzogenen Musiker nicht leicht. Es nützt nichts, eine als objektiv gedachte oder geglaubte Beziehung von Tönen und Sternen in Musik anzuwenden, und es nützt auch nichts, die eigene Subjektivität zum alleinigen Impulsator musikalischer Entfaltungen heranzubilden. Beide Verfahren hatten früher einen Sinn. Das erste in alten magischen Kulturen, das zweite im Abendland seit dem 15. Jahrhundert. Heute kann der Weg zu einem menschlich verantwortungsvollen Kunstschaffen nur durch das wache Ich des vollbewußten Menschen gehen. Dies aber heißt, es ist nötig, aus dem seelischen ins geistige Tonerleben vorzustoßen. Viele Anzeichen deuten darauf hin, daß die Musik in diesem Prozeß der Bewußtwerdung zu ganz neuen Aufgaben findet. Während im öffentlichen Konzertleben noch die museale Pflege alter Musik und die Erzeugnisse des musikalischen Intellektualismus zur Befriedigung vorwiegend ästhetischer Bedürfnisse dienen, wird Musik an verborgeneren Stellen zu einer unmittelbaren Lebenshilfe. So wird die Schulung zu geistigem differenzierten Tonerleben zunächst einmal da fruchtbar, wo versucht wird, die zeitliche Ordnung des Menschenlebens bewußt zu gestalten. Dies geschieht zum Beispiel im religiösen Leben durch den Kultus. Die Musik zum Kultus der Christengemeinschaft verdankt der Beckh'schen Arbeit außerordentlich viel. Außerdem eröffnen sich mit dem Durchstoß zum geistigen Tonerleben neue Möglichkeiten, die ordnenden Kräfte der Musik an kranken Menschen wirksam werden zu lassen. Der heute so hochaktuelle Aufgabenbereich der musikalischen Therapie kann sich ebensowenig aus den alten magischen Quellen als aus den subjektiven Stimmungen und Begabungen hilfsbereiter Menschen fördern lassen. Hier wird das disziplinierte und gründliche Studium des geistigen Tonwesens zur unerläßlichen Bedingung. Und so mag die Sprache der Tonarten all denen, die auf den hier angedeuteten Pfaden wandeln, willkommen sein.

Tafel 1

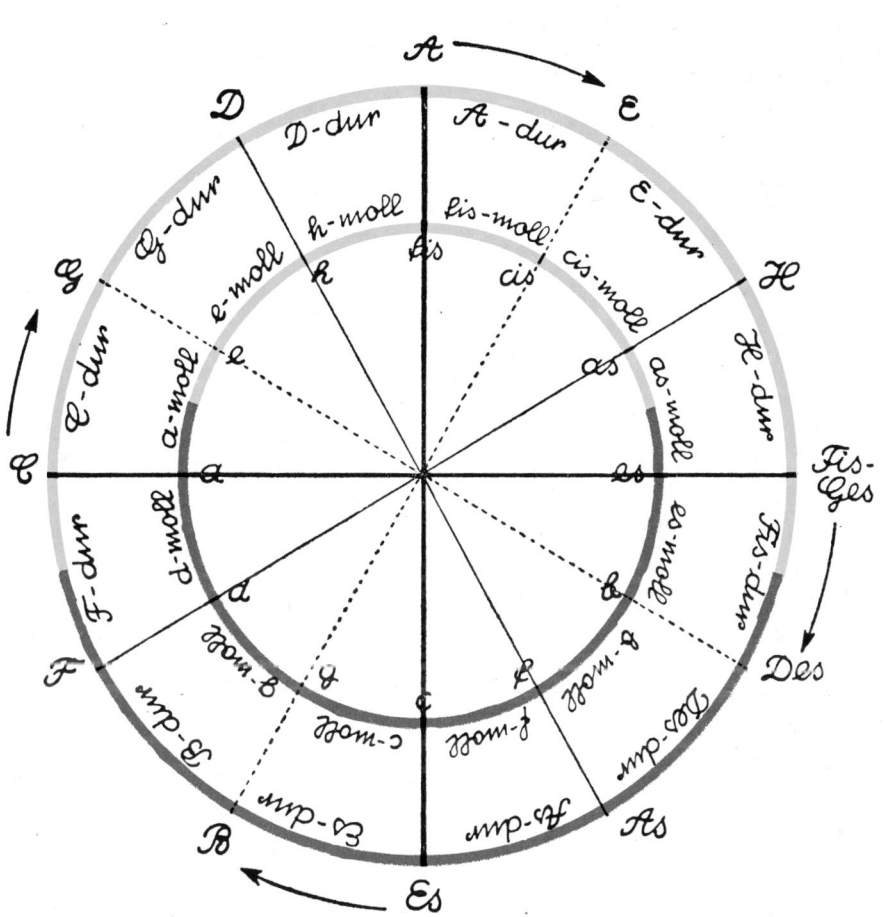

Tafel 2

♈ = Widder	♌ = Löwe	♐ = Schütze
♉ = Stier	♍ = Jungfrau	♑ = Steinbock
♊ = Zwillinge	♎ = Waage	♒ = Wassermann
♋ = Krebs	♏ = Skorpion	♓ = Fische

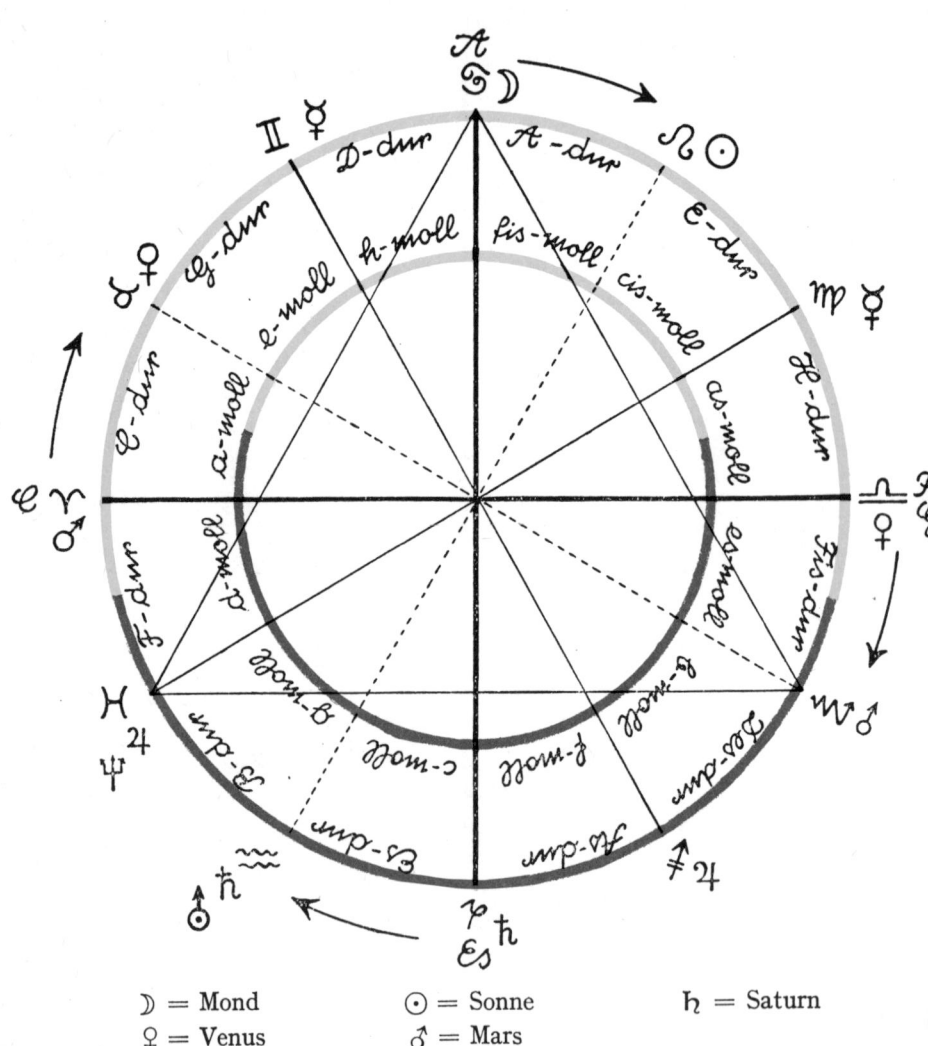

☽ = Mond	☉ = Sonne	♄ = Saturn
♀ = Venus	♂ = Mars	
☿ = Merkur	♃ = Jupiter	

A. Der Tonartenkreis

I.

In dem Büchlein »Vom geistigen Wesen der Tonarten« ist zuerst versucht worden, vom Wesen und Unterschied der einzelnen Tonarten einen kurzen, skizzenhaften Überblick zu geben und durch Beispiele aus der Musik von Bach bis Bruckner zu veranschaulichen. Dabei ist die Reihenfolge des Quintenzirkels eingehalten; der hier sich ergebende Rhythmus ist zu bestimmten Rhythmen des zeitlichen Geschehens, vor allem im Jahreslauf, in Beziehung gebracht.

Die folgende umfassendere Darstellung möchte den hier für die musikalische Tonart sich ergebenden Gesichtspunkt der geistigen Zwölfheit (wie sie auch den Jahreslauf beherrscht) weiter entwickeln. Vor allem soll gezeigt werden, wie in dieser Zwölfheit ein Gesichtspunkt der Dreiheit und der Vierheit sich verbindet. Es werden darum die Tonarten hier nicht mehr einfach in der Reihenfolge des Quintenzirkels dargestellt, sondern es wird, um vom Ersten auszugehen, gezeigt, wie sich der Tonart C-dur im Quintenzirkel die Tonart Fis-dur bzw. Ges-dur gegenüberstellt, wie Fis-dur Ges-dur in einem ganz bestimmten Sinn die Gegentonart von C-dur ist, wie sich bei andern Tonarten andere entsprechende Beziehungen ergeben. Die Querlinie C-dur—Fis-dur kann dann angesehen werden wie die waagrechte Koordinate eines Kreuzes, dessen andere, senkrechte Koordinate die Tonart A-dur als den Höhepunkt des Tonartenkreises mit Es-dur als seinem Tiefpunkte verbindet. Und wir haben in der Vierheit der Tonarten C-dur Fis-dur A-dur Es-dur eines der »drei Kreuze«, in die sich die Zwölfheit der Tonarten auseinanderlegt, zur Anschauung gebracht. Die entsprechenden »parallelen Molltonarten« sind A-moll Es-moll Fis-moll C-moll: man erkennt sofort, wie sich gleichnamige Dur- und Molltonarten in einem »Tonarten-Kreuz« verbinden. Wir können dieses »Tonarten-Kreuz« kurz das «C-dur-Kreuz« nennen. Später werden sich aus anderen Gesichtspunkten noch andere Bezeichnungen für die einzelnen Kreuze des Tonartenkreises ergeben. Dem C-dur-Kreuz gesellen sich zwei andere Tonartenkreuze hinzu, zunächst ein »F-dur-Kreuz«: F-dur H-dur D-dur As-dur (D-moll As-moll H-moll F-moll), ferner ein »G-dur-Kreuz«: G-dur Des-dur B-dur E-dur (E-moll B-moll G-moll Cis-moll). In der durch diese »Kreuze« gegebenen Reihenfolge sollen die Tonarten hier dargestellt werden.

Ungeachtet der die Tonarten je eines bestimmten »Kreuzes« auch wiederum zusammenfassenden Gesichtspunkte stehen diese Tonarten unter sich in einem musikalisch-harmonischen Gegensatz. Der Gegensatz ist am schärfsten zwischen gegenüberliegenden Tonarten (z. B. C-dur und Fis-dur, A-dur und Es-dur), »opponierenden Tonarten«, minder scharf zwischen den »im Quadrat« stehenden Tonarten (z. B. C-dur und Es-dur, A-dur und Fis-dur).

Mit diesem Gesichtspunkt der »drei Kreuze im Tonartenkreis« verbindet sich dann ein anderer der »vier Dreiecke« (»Trigone«). Was damit gemeint ist, läßt die bildliche Darstellung des Tonartenkreises (siehe die Figuren) — für die »drei Kreuze« gilt dasselbe — mit unmittelbarer Anschaulichkeit erkennen. Es bilden z. B. die Tonarten C-dur E-dur As-dur, oder F-dur A-dur Des-dur, unter sich ein solches (gleichseitiges) Dreieck (Trigon). Während innerhalb des Kreuzes die Übergänge hart sind, können sie innerhalb der Trigone als weich und harmonisch empfunden werden: C-dur E-dur As-dur liegen ganz natürlich ineinander, bilden eine natürliche Farbenharmonie. Der Einblick in die schon in der kleinen Tonartenbroschüre angedeuteten kosmischen Beziehungen der Tonart wird durch diesen Gesichtspunkt der »drei Kreuze und vier Dreiecke« wesentlich vertieft.

Daß von alledem eine lebendige Anschauung im musikalischen Nacherleben gewonnen werde, dazu werden auch in dieser Schrift Beispiele aus der Musikliteratur dienen; aus der Musik von Bach bis Bruckner, weil das Tonarten-Erleben in ihr einen Höhepunkt hat. Wenn dabei auf das Wagnersche Musikdrama mit besonderer Ausführlichkeit eingegangen wird, geschieht es aus dem Grunde, weil in der Verbindung des Musikalischen mit dem Dramatischen, mit Wort und Bühnenbild, das Ausdrucksgebiet einer Tonart nicht erst durch irgendeine »Deutung« zu ermitteln ist, sondern in unmittelbarer, naiver Anschaulichkeit sich offenbart. Dazu kommt, daß Richard Wagner die »Sprache der Tonart« in einer ganz besonders lebendigen Weise erfaßt und handhabt. Wie seine Musik überhaupt, spricht bei ihm auch die Tonart unmittelbar. Nichts ist dabei irgendwie ausgedacht, es gibt Äußerungen von Wagner, aus denen wir wissen, daß er es nicht liebte, über diese Dinge zu theoretisieren, er hatte sie einfach in einer lebendigen intuitiven Anschauung.

Zuerst hat das in der »Zwölfheit der Tonarten« (12 Dur- und 12 Molltonarten) gegebene geistige Ausdrucksgebiet in bewußter und bedeutsamer Weise hingestellt Johann Sebastian Bach im »Wohltemperierten Klavier«. Eine neue Ära der Musik hebt damit an. Und Anton Bruckner, der die Ära in einer gewissen Weise abschließt, hat dann die durch Richard Wagners Musikdrama gewonnene Bereicherung des Musikalischen in die »reine Musik« — worunter wir hier, ohne ein Werturteil damit zu verbinden, immer nur die vom Dramatischen, von Wort und Bühnenbild freie Musik verstehen —, in das Symphonische hineingestellt. Auch wer diese »reine Musik« als die höhere Offenbarung des Musikalischen betrachtet, braucht sich gegen die Heranziehung auch der dramatischen Musik, vor allem Richard Wagners, als einer Erkenntnisquelle, um die »Sprache der Tonart« zu erforschen, nicht zu verschließen. Auch eine Musik, die sich über alles Tonartliche erhebt, oder erheben will, kann dadurch gewinnen. Schon bei Richard Wagner sehen wir Abschnitte, die mehr in der Tonart liegen, abwechseln mit solchen, wo eine immer weitergehendere und freiere Chromatik alle Grenzen des Tonartlichen aufzuheben scheint. Es gibt einfach G r a d e d e r T o n a l i t ä t. So ist z. B. das Vorspiel zum 3. Akt von Wagners »Parsifal« viel weniger in den Grenzen der Tonart gehalten, als das stark auf Tonalität abgestimmte Vorspiel zum 1. Akt. Auch die Tristan-Musik — nicht sie allein — nähert sich schon vielfach dem Übertonalen. Statt von »tonaler« und »atonaler« Musik wäre es vielleicht besser, von »reiner« und »gebrochener« Tonalität zu reden, wobei es zwischen beiden wiederum mannigfaltige Übergänge und Zwischenstufen gibt. Die Tonart als etwas Zwangsläufiges, als Notwendigkeit zu überwinden, liegt im Fortschritt des Musikalischen. Sie auch als Möglichkeit, als Mittel des Ausdrucks, wo es darauf ankommt, preiszugeben, würde nicht eine Bereicherung, sondern eine Verarmung des Musikalischen bedeuten. Für die Zukunft und den Fortschritt der Musik ist es geradezu wichtig, daß die, insbesondere durch das wahllose Transponieren von Liedern und manche andere Zeitmode untergrabene Empfindung für den qualitativen Unterschied der Tonarten durch ein Hinlenken auf das geistige Wesen, auf die S p r a c h e d e r T o n a r t wiederum geweckt werde.

2.

Was hier und im folgenden über den Charakter der Tonarten gesagt wird, darf nicht zu eng an das Zahlenmäßige der Schwingungsverhältnisse und Tonhöhen herangebracht werden. Wenn öfter behauptet wird, es seien diese Tonhöhen nach Zeit und Ort gewissen Schwankungen ausgesetzt, so erscheint das zunächst fragwürdig oder mindestens des Beweises bedürftig. Es möge von den auf diesem Gebiete Sachkundigen entschieden werden. Aber für die hier behandelten Probleme kommt es gar nicht so sehr auf alles dieses an, und Einwendungen, die von jenem Gesichtspunkt gegen die hier gemeinte Tonarten-Erforschung erhoben werden, treffen nicht eigentlich das Wesen und den Kern der Sache. Es gibt einfach ein geistiges C-dur-Erlebnis, oder sagen wir: ein »inneres C-dur«, das von dem Äußerlich-Zahlenmäßigen solcher Schwankungen nicht berührt wird. Mag die Stimmung des Tones C, der Tonart C-dur zu Bachs Zeiten eine etwas andere gewesen sein als heute — gerade Bachs Kompositionen, man denke nur an sein C-dur-Präludium, offenbaren deutlich jenes geistige C-dur, von dem wir auch heute noch reden. Bei der Art, wie man zu verschiedenen Zeiten jenes geistige C-dur in der Stimmung des irdischen Instruments festzuhalten suchte — was nie ohne Kompromiß möglich sein wird —, mögen Unterschiede im Zahlenmäßigen unterlaufen, so wie auch heute nicht ein Klavier gestimmt ist wie das andere. Der geistig-musikalische Sinn haftet gar nicht so sehr an diesen Äußerlichkeiten. Sondern das geistige, das wirklich wahre musikalische Hören hat einen aktiven Charakter, es setzt z. B. auch bei einem etwas verstimmten Instrument das Gehörte innerlich zurecht. In der musikalischen Seele lebt ein inneres C-dur, E-dur, As-dur usw., und der in der Unvollkommenheit des irdischen Instruments erklingende Ton kann dennoch das wahre C-dur, E-dur, As-dur usw. in ihr anregen. Dem schon von Pythagoras geahnten Geheimnis des Zahlenmäßigen hinter allen äußeren Welterscheinungen wird seine tiefe Bedeutung nicht abgestritten. Aber so wenig die empfindende Seele Ätherschwingungen zählt, wenn sie Farben wahrnimmt, so wenig berechnet sie Luftschwingungen, wenn sie Töne und Harmonien vernimmt. Das wahre Musikalische lebt zwischen den Tönen und hinter der Luftschwingung, wenn es auch im Irdischen durch die Luftschwingung erzeugt oder angeregt wird. In seiner wahren Wirklichkeit gehört es einem höheren Daseinselement an, das im Irdisch-Musikalischen immer nur einen unvollkommenen, gebrochenen Ausdruck finden kann.

Von hier aus fällt auch Licht auf das Problem der »temperierten Stimmung«, des temperierten Systems, wie es heute vor allem die Klaviermusik, diesen »Schatten des eigentlich Musikalischen«, und von da aus mehr oder weniger die Musik überhaupt beherrscht. Man ist zunächst geneigt, in dieser Stimmung, in diesem System etwas Unvollkommenes, ein Kompromiß, etwas von der Wahrheit der Töne sich Entfernendes zu sehen, und zunächst könnte man dem auch nicht so einfach widersprechen. Denn wie bekannt, besteht ein Unterschied in der Tonhöhe z. B. zwischen Fis und Ges (Fis ist etwas höher), und darum natürlich auch zwischen Fis-dur und Ges-dur, auch wenn dieser Unterschied in der »temperierten Stimmung« des Klaviers nicht zum Ausdruck kommt. Ähnlich mit Cis und Des usw. Rein theoretisch könnte man da, unter scheinbarer Aufgabe des »Tonartenkreises«, nicht nur von Fis-dur zu Cis-dur kommen (das, wie ja schon bei Bach, da und dort noch als Vorzeichnung sich findet), sondern von da noch weiter zu Gis-dur, Dis-dur usw., ja schließlich noch zu Cisis-dur und immer weiter. Nie und nirgends ist in der Wirklichkeit der Musik diese Konsequenz gezogen worden, und man erkennt auch deutlich, wie sie in der Wirklichkeit nicht gezogen werden kann, wie man allen Boden dabei unter den Füßen verlieren würde. Vielmehr wird gerade an diesem Punkte deutlich, wie das sog. **temperierte System einfach eine innere Notwendigkeit des Musikalischen** ist, wie es der Logik des Musikalischen selbst entspringt. Und alles an irdischer Unvollkommenheit ihm scheinbar Anhaftende kann so angesehen werden, daß es die notwendige Folge ist von der Art, wie das Objektiv-Musikalische, das Weltenmusikalische sich den Verhältnissen des Irdischen anpassen muß. Es läßt sich nicht so ohne weiteres in die irdischen Verhältnisse hereinbringen. Ein Moment des »Irrationalen« und des Widerspruchs wird sich dabei immer irgendwie unvermeidlich ergeben. Überall, wo Kosmisches im Irdischen zum Ausdruck kommt, bis in die Mathematik hinein, stoßen wir auf dieses »Irrationale«, und unser Denken muß sich daran gewöhnen, hier keinen Anstoß zu nehmen, sondern eine Weltentatsache, ein »Weltgeheimnis« darin zu erkennen.

So angesehen ist das »temperierte System« dann nicht mehr nur eine Verschiebung, ein Kompromiß, sondern der Ausdruck einer Wirklichkeit. Auch die »Zwölfheit der Tonarten«, wie sie im temperierten System und durch das temperierte System zum Ausdruck kommt, offenbart sich dann als eine Wirklichkeit, auch wenn es zunächst den Anschein hat, als sei hier eine in Wirklichkeit viel größere Anzahl von Tonarten nur gleichsam willkürlich auf diese Zwölfheit zurückgeführt. Man braucht sich deswegen gegen die Möglichkeit eines Cis-dur usw., gegen den zwischen Fis-dur und Ges-dur, Cis-dur und Des-dur bestehenden feinen Unterschied nicht zu verschließen. Selbst am Klavier, wo hier äußerlich kein Unterschied vorhanden ist, kann aus dem Charakter der Tonstücke heraus der geistig-musikalische Sinn solcher Nuancen zu empfinden sein, wird Bachsches Cis-dur von Chopinschem Des-dur, oder das Cis-dur im Abschluß des Adagiosatzes von Bruckners 7. Symphonie zu unterscheiden sein von dem Des-dur im Adagiosatz der achten; man wird in dem einen (Cis-dur) eine hellere Nuance, etwas wie in die Höhe Gehobenes, im andern (Des-dur) etwas Dunkleres heraushören, auch wenn es nur am Flügel, im Klavierauszug, vergegenwärtigt wird. Nicht nur auf den objektiven Schwingungsunterschied der Töne Cis und Des kommt es dabei irgendwie an, sondern darauf, daß Cis-dur als wie in einer höheren geistigen Ebene, gleichsam über C-dur liegend, empfunden werden kann. Wie in lichten Höhen verklingt der langsame Satz in Bruckners 7. Symphonie, in dunklen Tiefen der in der achten. Man wird, wenn man beim »Tonartenkreis« Cis-dur noch berücksichtigen will, es wie eine höhere Parallele von Des-dur, eine in die Höhe von Cis-moll verschobene Durtonart betrachten können.

Noch einfacher ist die Sache bei Fis-dur und Ges-dur. Der Unterschied der Kreuztonarten, als der »hellen oberen«, und der B-Tonarten, als der »unteren dunklen« Tonarten des Kreises ist schon in der Schrift »Vom geistigen Wesen der Tonarten« ausgeführt worden, und wird im folgenden weiterhin entwickelt werden. Schauen wir so auf den »Tonartenkreis« hin, so sehen wir, wie an einem bestimmten Punkte dieses Kreises, gegenüber von C-dur (wenn wir den in der Anordnung des Quintenzirkels gezeichneten Kreis vor Augen haben), die Tonarten Fis-dur und Ges-dur (Fis-dur gleichsam von der oberen Kreuztonartenseite, Ges-dur von der unteren B-Tonartenseite kommend) sich begegnen und berühren, wie also die hellen Kreuztonarten und die dunklen B-Tonarten selbst an diesem Punkte, der auch nach der kosmischen Orientierung des Tonartenkreises (siehe darüber zunächst die kleinere Schrift, sowie die Figur Tafel 2) der »Waagepunkt« ist, gleichsam »in die Waage treten«, ihren Ausgleich suchen (auch wenn wir den feinen Unterschied der beiden Tonarten zunächst festhalten). Vom Gesichtspunkt des »temperierten Systems« finden die Kreuztonarten und B-Tonarten einfach bei Fis-dur Ges-dur ihren Ausgleich, ihren Übergang. Die von da ab im Quintenzirkel nach abwärts folgende Tonart werden wir dann primär als die B-Tonart Des-dur ins Auge fassen, auch wenn wir uns dafür offen halten, daß es, mit der Vorzeichnung von 7 Kreuzen, außerdem eine »Kreuztonart« Cis-dur gibt, die wir dann als ein in eine höhere Ebene verschobenes Des-dur, oder wie immer, empfinden mögen. Damit sind wir schon an dem Punkte angelangt, wo wir in die Betrachtung des »Tonartenkreises« selbst, und der in ihm sich offenbarenden verschiedentlichen Beziehungen von Oben und Unten, Hell und Dunkel, aufwärts und abwärts usw., eintreten können.

3.

Daß dem Tonartenkreis ein Gegensatz von oben und unten, hell und dunkel innewohnt, wurde in der Darstellung schon berührt, und hat seit der Einführung der so zweckmäßigen, uns heute so vertrauten abendländischen Notenschrift seine Anerkennung gefunden in der Unterscheidung von Kreuz- und B-Tonarten, die mit jenem Unterschied im wesentlichen zusammenfiele. Nun könnte freilich gesagt werden, das alles beruhe doch nur auf einer willkürlichen Übereinkunft, und es ließen sich zur Bezeichnung der Tonarten in der Notenschrift auch andere Formen finden, bei denen die Unterscheidung von Kreuz und B keine Rolle spiele. Aber der geistigmusikalische Sinn, die geistig-lebendige Anschauung, wie sie heute noch vorhanden ist, oder geweckt wird, ergibt eben, daß dem nicht so ist, sie zeigt, daß jener Unterscheidung ein wirklicher geistiger Unterschied, eine geistig-musikalische Tatsache zugrunde liegt — wobei gewisse Einschränkungen und Feinheiten dann immer noch zu beachten sind. Den Kreuztonarten wohnt wirklich ein Element der Höhe und der Helligkeit inne, den B-Tonarten ein Element der Tiefe und des Dunkels, und man hat diese Dinge auch schon früher erkannt. Der Übergang von den dunklen B-Tonarten nach den helleren Kreuztonarten läge dann bei C bzw. C-dur, wie auf der andern Seite der Übergang von oben nach unten, von den hellen Kreuztonarten zu den dunklen B-Tonarten bei Fis-dur Ges-dur, an dem Punkt, wo beide »sich die Waage halten«, und C—Fis wäre dann, wie die Figur des Tonartenkreises ersehen läßt, die das Obere und Untere dieses Kreises scheidende Querlinie. Ist die Unterscheidung von Kreuz- und B-Tonarten nicht etwas Willkürliches, nur Konventionelles, sondern entspricht sie einer geistigen Wirklichkeit, so wäre dasselbe auch der Fall für die Bedeutung, die man dem Tone C und der — vorzeichnungslosen — Tonart C-dur immer beigemessen hat: C wäre dann wirklich der »absolute Grundton«, C-dur die Ur- und Grundtonart, und so verhält es sich auch wirklich im Geistigen. C i s t der Grundton, C-dur die Grundtonart, von der jede Betrachtung der Tonarten auszugehen hat. Ist der Punkt C, der C-dur-Punkt im Tonartenkreis einmal festgelegt — wobei das Zahlenmäßige nach Ort und Zeit immer noch gewissen Schwankungen unterliegen mag —, so steht damit auch der ganze Tonartenkreis einfach fest. Der Punkt, nach dem sich alles Weitere im Tonartenkreis, alle Höhe und Tiefe, alles Oben und Unten orientiert, ist gefunden.

Seinem ganzen Charakter nach gehört C-dur zum »Hellen« des Tonartenkreises, und wir hätten dann, unter Hinzufügung der 6 üblichen »Kreuztonarten« in der Reihenfolge des Quintenzirkels die folgenden »hellen Tonarten«: C-dur G-dur D-dur A-dur E-dur H-dur Fis-dur. (Der Grund, warum wir die parallelen Molltonarten zunächst nicht mit anführen, wird bald deutlich werden.) Diesen »sieben hellen« stünden dann fünf dunkle Tonarten gegenüber: Des-dur As-dur Es-dur B-dur F-dur. In dieser Gliederung der Zwölfheit in eine obere Siebenheit und eine untere Fünfheit liegt nichts Willkürliches, sie entspricht auch der Tatsache, daß wir, gleichsam auf der Horizontlinie C—Fis stehend, sowohl C wie Fis noch mit überschauen, während die 5 B-Tonarten, von Des-dur an, dann unter dem Horizont, im unteren, dunklen Teile des Tonartenkreises liegen.

Im übrigen sind doch noch gewisse Feinheiten zu berücksichtigen. Gewiß vermag der geistig-musikalische Sinn — der vom bloßen »musikalischen Ohr« wohl zu unterscheiden ist — die Kreuztonarten (einschließlich C-dur) und die B-Tonarten im allgemeinen nach dem Gegensatz von hell und dunkel zu unterscheiden. Und doch kann z. B. jenes »Dunkle« der B-Tonarten für die 1-B-Tonart F-dur nicht ohne Einschränkung behauptet werden. Wohl eignet der Tonart F-dur, im Unterschied vom hellen C-dur, ein gewisser schattiger Charakter. Aber niemals wird der unbefangene geistig-musikalische Sinn F-dur einfach als »dunkel« empfinden. Wenn es auch wahr ist, daß wir erst bei C-dur in das volle Licht eintreten, daß da gleichsam »Sonnenaufgang« im Tonartenkreis ist, so ist deswegen doch F-dur nicht reines Dunkel. Sondern wie auch in der äußeren Natur dem eigentlichen Sonnenaufgang die Ankündigung der Tageshelle vorangeht, so ist es, auf die musikalisch-tonartlichen Verhältnisse übertragen, ähnlich auch bei der F-dur-Tonart. Sie enthält schon ein Element der Morgenfrühe, des Morgenlichtes, das dem vollen Lichtesaufgang bei C-dur voranleuchtet. Darum ist F-dur als eine nicht mehr ganz dunkle, sondern schon halb helle Tonart anzusehen. Man kann sich das bildlich so veranschaulichen, daß man den Tonartenkreis nach der Folge des Quintenzirkels aufzeichnet (siehe die Figur am Anfang), so daß sich für jede Tonart ein Kreissegment, ein Zwölftel des Gesamtkreises ergibt. Das Ganze dieses Kreises ist dabei nicht in Ruhe, sondern in Bewegung, und zwar in einer ganz bestimmten Bewegung vorzustellen. Als naheliegender Vergleich bietet sich auch hier der Tageskreis oder auch der Jahreskreis der Sonne dar, ein Vergleich, der um so mehr zutrifft, als alles Musikalische ohnehin dem Gebiet des Zeitlich-Rhythmischen angehört. (Das hier öfter berührte »Ätherische« ist nur ein anderer Ausdruck für dieselbe Sache.) Auf jede Tonart entfiele dann nicht nur ein abstraktes Kreissegment, sondern ein rhythmisches Bahnstück des, in Bewegung gedachten, Gesamtkreises, das wir einem bestimmten Abschnitt der Sonnenbahn im Tageslauf oder im Jahreslauf vergleichen können. Findet also bei C-dur der Eintritt der vollen Helligkeit, der Übergang vom Dunkeln ins Helle statt, so hätten wir C-dur als das Bahnstück vom Punkte C bis G vorzustellen, und wir hätten dieses dann in einer Aufwärtsbewegung zu denken (in der Figur durch die Pfeilrichtung bezeichnet). Ebenso wäre F-dur das Bahnstück von F bis C, gleichfalls in Aufwärtsbewegung vorgestellt. Und wir würden, um den schon zwischen Dunkel und Hell liegenden Charakter von F-dur zum Ausdruck zu bringen, schon auf der Hälfte des Bahnstücks zwischen F und C den Übergang vom Dunklen ins Helle zeichnen, so daß dieser Abschnitt gleichsam bei F im Dunkeln anfängt, bei C im Hellen endigt.

Entsprechend umgekehrt liegt die Sache dann am gegenüberliegenden Punkte des Tonartenkreises, bei Fis-dur. Wie bei F-dur schon ein Heraufkommen ins Helle, erleben wir bei Fis-dur schon ein Herunterkommen ins Dunkle, und allen wirklich in dieser Tonart empfundenen Musikstücken ist dieser Charakter deutlich eigen. Wir können uns auch hier daran erinnern, daß wir an diesem Punkte ja nicht nur eindeutig die Kreuztonart Fis-dur (6 Kreuze), sondern zugleich die B-Tonart Ges-dur (6 B) haben. Auf den Schwingungsunterschied von Fis und Ges, der zugleich als ein feiner geistiger Unterschied von Fis-dur und Ges-dur in Betracht kommen kann, wurde bereits hingewiesen. An diesem Punkte des Tonartenkreises, so wurde gesagt, begegnen sich Fis und Ges, treten Fis-dur und Ges-dur, Kreuztonarten und B-Tonarten, Hell und Dunkel des Tonartenkreises in die Waage. Die Bewegung — immer haben wir den Kreis in Bewegung zu denken — ist hier nicht mehr, wie bei C-dur, eine aufwärtsgehende, nach oben führende, sondern eine abwärtsgehende, nach unten führende. Wie bei C-dur den musikalischen Sonnenaufgang, finden wir bei Fis-dur Ges-dur den musikalischen Sonnenuntergang. Aber wie dem Sonnenaufgang die Tageshelle in der Morgendämmerung schon voranleuchtet — das tonartlich Entsprechende fanden wir bei F-dur —, so sehen wir, nach dem Sonnenuntergang, in der Abenddämmerung die Tageshelle noch nachwirken. Das tonartlich Entsprechende finden wir dann bei Fis-dur Ges-dur, nur vielleicht mit dem Unterschied, daß Fis-dur noch mehr die vorangehende Helligkeit, Ges-dur mehr das folgende Dunkel betont. Es wäre also Fis-dur die noch etwas mehr dem Hellen, Ges-dur die schon mehr dem Dunkeln sich zuneigende Tonart. Wiederum kann das die Figur bildhaft so zur Anschauung bringen, daß das der Tonart Fis-dur Ges-dur entsprechende, bei Fis im Hellen beginnende, bei Des im Dunkeln endigende Bahnstück des Tonartenkreises nach oben hell, nach unten dunkel gezeichnet wird, daß sich ein Übergang vom Hellen zum Dunkeln in der Mitte dieses Bahnstücks vollzieht. So wird zum Ausdruck gebracht, daß wir diese Tonart nicht mehr als eine ganz helle, sondern schon als eine halb-dunkle empfinden. Das Zusammentreffen der Kreuz- und der B-Vorzeichnung an diesem Punkte — dem »Waagepunkte« des Tonartenkreises — legt diese Auffassung von vornherein nahe. Und wir gelangen dann zu einer wirklichkeitsgemäßeren Auffassung des Tonartenkreises, als wenn wir nur einfach die B-Tonart F-dur als dunkle, die Kreuztonart Fis-dur — unter Außerachtlassen von Ges-dur — als helle Tonart hinstellen. Die Gliederung der Tonarten-Zwölfheit in eine Siebenheit und in eine Fünfheit bleibt auch bei dieser Anschauung erhalten. Wir haben dann nur statt der einfachen Gliederung in Sieben und Fünf die etwas kompliziertere in $6 + \frac{1}{2} + \frac{1}{2}$ und $4 + \frac{1}{2} + \frac{1}{2}$. D. h. die Tonarten C-dur, G-dur, D-dur, A-dur, E-dur, H-dur stehen dann ganz im Hellen (wenn auch in wachsenden und abnehmenden Graden der Helligkeit), die Tonarten Des-dur, As-dur, Es-dur, B-dur ganz im Dunkeln (doch wiederum in wachsenden und abnehmenden Graden), während die Tonarten F-dur einerseits, Fis-dur und Ges-dur andrerseits je zur Hälfte dem Hellen und Dunkeln des Tonartenkreises angehören. Es ist hier wie öfter, daß das für die Vorstellung Kompliziertere, minder Bequeme, dennoch der Wirklichkeit mehr entspricht, als das nur einfach und bequem Ausgedachte.

Noch haben wir in unserer Darstellung die Molltonarten nicht berücksichtigt. Es sind da einmal die sog. »parallelen Molltonarten«, die Tonarten der Moll-Entsprechung, wie A-moll im Verhältnis zu C-dur, D-moll im Verhältnis zu F-dur usw.; andrerseits die gleichnamigen Molltonarten oder Tonarten des Moll-Gegensatzes, wie C-moll im Verhältnis zu C-dur usw. Sowohl die Tonarten der Moll-Entsprechung wie diejenigen des Moll-Gegensatzes sind, wie die bisherige Darstellung und die Figur des Tonartenkreises zeigt, mit den entsprechenden und mit den gleichnamigen Durtonarten im gleichen »Kreuze« verbunden. Es könnte nun naheliegen, die ganze, für die Durtonarten gefundene Unterscheidung von Hell und Dunkel auf die parallelen Molltonarten einfach entsprechend anzuwenden, auch hier sieben »relativ helle« und fünf »relativ dunkle« Molltonarten zu unterscheiden. Der Wirklichkeit aber würde eine solche Konstruktion nicht gerecht. Zunächst kommt hier in Betracht, daß Moll im Gegensatz zu Dur an und für sich ein dunkles oder dunkleres Element darstellt. Wie der Durcharakter etwas Lichtes, Leichtes, ein Element des Auftriebs in sich hat, so der Mollcharakter etwas Dunkles, Trübes, Schweres, dem Bodensatze gleich nach unten Strebendes. Genial bringt Johann Sebastian Bach den Unterschied von Dur und Moll im Beginn des »Wohltemperierten Klavieres« zum Ausdruck: man beachte, wie sich dem Lichthaften des ersten C-dur-Präludiums, dem Charakter des reinen Lichtes, das Trübe, Rauchartige, an finstere Rauchschwaden Erinnernde im C-moll-Präludium gegenüberstellt.

Dur ist das an sich Helle, Moll das an sich Trübe und Dunkle. Die oberen »hellen« Durtonarten zeigen die Helligkeit von Dur nur in einer gewissen Steigerung, die unteren, relativ dunklen Durtonarten in einer gewissen Abschwächung. Bei den — an sich dunklen — Molltonarten ist das Verhältnis umgekehrt. Die unteren Molltonarten, die B-Tonarten, zeigen den dunklen Mollcharakter verstärkt, die oberen haben ihn nach dem Hellen hin abgeschwächt. Und gewiß können wir auch hier eine Siebenheit und eine Fünfheit scheiden. Nun entspricht es dem an sich Dunkeln der Molltonart, daß wir hier nicht, wie bei Dur, einer oberen hellen Siebenheit eine untere relativ dunkle Fünfheit entgegensetzen, sondern hier können und werden wir umgekehrt den Gegensatz so empfinden, daß sich einer unteren dunklen Siebenheit eine relativ helle obere Fünfheit gegenüberstellt. Niemand wird das düstere D-moll, die Mollparallele des schon »halb-hellen« F-dur anders als ganz dunkel empfinden. Und bei A-moll, der Parallele des hellen C-dur, tritt die Mischung von Hell und Dunkel, das noch Halb-Dunkle, oder erst Halb-Helle, noch sehr deutlich hervor. Die Verbindung von Licht und Schatten ist für diese Tonart gerade sehr charakteristisch. Ist bei C-dur gewissermaßen der Frühling schon angebrochen, so kämpfen bei A-moll, wie an gewissen Apriltagen, noch Winter und Frühling. Ebenso tritt bei der Mollparallele des noch der Tageshelle, wenn auch schon dem »scheidenden Lichte« angehörigen H-dur, also bei der Tonart, die wir darum lieber als As-moll denn als Gis-moll notieren, der Charakter des heraufkommenden Dunkels schon stark hervor, wir werden diese Tonart darum als eine schon halb-dunkle empfinden. Ähnlich zeigt die Mollparallele des noch immer halb-hellen (oder nur erst halb-dunkeln) Fis-dur Ges-dur, das ernste Es-moll, schon einen eindeutig dunkeln Charakter. Darum liegt die Es-moll-Notierung hier bei weitem näher als Dis-moll.

Wir hätten also bei Moll als eindeutig dunkle Tonarten die sechs Tonarten Es-moll, B-moll, F-moll, C-moll, G-moll, D-moll, als (inmitten des dunklen Mollcharakters) »relativ helle« Molltonarten E-moll, H-moll, Fis-moll, Cis-moll, während A-moll noch an der Stelle des Übergangs vom Dunkeln ins Helle, As-moll am Übergang vom Hellen ins Dunkle steht, so, daß bei A-moll das »Halb-Helle«, bei As-moll das »Halb-Dunkle« zu erkennen ist.

Man kann noch darauf achten, wie durch diese Unterscheidung in das ganze Verhältnis von Durtonart und Mollparallele eine gewisse Feinheit und Differenzierung hereinkommt. Der gewöhnlichen Musiktheorie erscheint das Verhältnis von Dur und Mollparallele natürlicher- und verständlicherweise als ein überall gleiches, ein für allemal gegebenes, wie es ja zahlenmäßig, nach den Schwingungsverhältnissen, überall auch wirklich das gleiche ist. Ihr verhält sich also wie Es-dur zu C-moll, so C-dur zu A-moll, G-dur zu E-moll, A-dur zu Fis-moll usw. Und doch liegen im Tonartencharakter F-dur und D-moll, C-dur und A-moll weiter auseinander als Es-dur und C-moll, B-dur und G-moll, weil die Verteilung des Hellen und des Dunkeln hier nicht überall die gleiche ist. G-dur und E-moll liegen beide im Hellen, Es-dur und C-moll beide im Dunkeln, während bei C-dur (vom Dur-Moll-Gegensatz als solchem jetzt abgesehen) der Anteil des Hellen ein größerer ist als bei dem halb-dunkeln A-moll. Das kann zunächst überraschen, wird aber dem qualitativ unterscheidenden Tonartenverständnis dennoch einleuchten.

4.

Für die Unterscheidung des Oberen und Unteren, des Hellen und Dunklen im Tonartenkreis hat sich als Bild öfter der Rhythmus von Tag und Nacht hingestellt. Man kann auch den Jahresrhythmus zum Vergleich heranziehen, wo dann dem Morgen der Frühling, dem Mittag der Hochsommer, die Sommersonnenwende, dem Abend der Herbst, der Mitternacht die Wintersonnenwende entspricht. In dem Büchlein »Vom geistigen Wesen der Tonarten« ist besonders dieser Gesichtspunkt im einzelnen durchgeführt. Es ist das niemals so zu verstehen, als wolle behauptet werden, C-dur »bedeute« den Frühlingsanfang, G-dur den Mai, Fis-dur die Michaeliszeit, den Oktober usw. (die Monatsgrenze immer als um den 20. bis 24. herum liegend gedacht), sondern alles dieses sind doch nur Bilder und Vergleiche, die für das Verständnis der »Sprache der Tonart« immerhin aufschlußreich sein können. Das Wesen der Sache liegt tiefer: es handelt sich bei der »Zwölfheit der Tonarten« um einen, Welt und Leben überhaupt beherrschenden, großen Rhythmus. Es ist der Rhythmus von Sommer und Winter, Tag und Nacht, Wachen und Schlafen, Leben und Sterben, Übergang von der geistigen Welt in die Sinneswelt, von der Sinneswelt wiederum in die geistige Welt. Gerade die hier angedeuteten Beziehungen von Sinneswelt und geistiger Welt entsprechen am allermeisten dem geistigen, dem Mysteriencharakter der Musik. Schon Schopenhauer erkannte und sprach es in den »Neuen Paralipomena« aus, wie beim verständnisvollen Anhören einer weihevollen Musik die Seele jener Schwelle sich nähert, die Sinneswelt und geistige Welt voneinander trennt, die der Mensch im Tode überschreitet, der er schon im Einschlafen sich nähert, deren bewußtes Überschreiten im Wachleben ein »Weihe-Erlebnis«, ein »Geheimnis der Einweihung« in sich schlösse. Große Tondichter der Vergangenheit, wie Beethoven und Bruckner, sind, besonders im Ausgang ihres Schaffens, schon nahe an dieses Gebiet herangekommen, das in der Zukunft immer mehr zum Ausdrucksgebiet der nach dem Geistigen hin sich entwickelnden Musik werden wird. Gerade im Musikalischen kann und wird sich das Mysterium der Welt und des Menschen immer tiefer entschleiern, und die »Sprache der Tonart«, wenn sie richtig verstanden wird, kann dabei eine bedeutsame Rolle spielen.

In dieser »Sprache der Tonart« also spielt jener große Rhythmus, der allen Durchgang durch die Sinneswelt, allen Übergang von der geistigen Welt in die Sinneswelt, von der Sinneswelt wiederum in die geistige Welt beherrscht, eine entscheidende Rolle; und nur, weil derselbe Rhythmus auch den Tageslauf, wie den Jahreslauf beherrscht, werden diese Dinge bei der Besprechung des Tonartlichen hier immer wieder herangezogen. So ist der C-dur-Punkt im Tonartenkreis, wenn er schon mit dem Sonnenaufgangspunkte im Tagesrhythmus, mit dem Frühlingspunkt im Jahresrhythmus verglichen werden kann und hier immer wieder verglichen wird, darum vor allem auch der Punkt, wo das Licht der Sinneswelt sich aufschließt, wo es aus der geistigen Welt heraufgeht nach der Sinneswelt, während bei Fis-dur Ges-dur — dem Sonnenuntergang im Tagesrhythmus, der Herbstwende im Jahresrhythmus — der Punkt liegt, wo das Licht der Sinne wiederum erlischt, wo es von der Sinneswelt hinuntergeht nach der geistigen Welt, jenes Gebiet des Hinübergehens also, das darum auch als die »Schwelle der geistigen Welt« bezeichnet wird. Bei der Darstellung der einzelnen Tonarten wird sich zeigen, wie dieser Gesichtspunkt bei großen Tondichtern der Vergangenheit, nicht zum wenigsten bei Richard Wagner, auch wirklich beobachtet ist, wie Fis-dur Ges-dur da öfter als die Tonart des Hinübergehens, des »Schwellenüberganges« erscheint, wie der Fis-dur—Ges-dur-Punkt im Tonartenkreis eine Hinordnung hat zur »Schwelle der geistigen Welt«. Schon jetzt erkennen wir, wie die oberen, hellen Tonarten, die Kreuztonarten, uns mehr in das Licht der Sinneswelt, die unteren, dunklen, die B-Tonarten, uns mehr in das Licht der geistigen Welt, das für die äußeren Sinne Dunkel ist, führen. In der Querlinie, in der Durchmesserlinie C-Fis des Tonartenkreises haben wir gleichsam den Horizont, in A-dur den Zenith, in Es-dur (C-moll) den Tiefpunkt (Nadir) des Tonartengebietes zu erblicken. D-dur als die dem Höhepunkt des Tonartenkreises zustrebende, A-dur als die von diesem Höhepunkt wieder nach abwärts führende Tonart wären dann »Tonarten der Höhe«, As-dur (F-moll) als die dem Tiefpunkt zustrebende, Es-dur (C-moll) als die vom Tiefpunkt wieder nach aufwärts führende Tonart können als Tonarten der Tiefe betrachtet werden. C-dur und F-dur wären dann auf der einen Seite »Tonarten der Mitte« (F-dur als die der Mitte zustrebende, C-dur die von der Mitte nach aufwärts führende Tonart), auf der anderen Seite H-dur als die der Mitte zustrebende, Fis-dur Ges-dur als die von der Mitte nach abwärts führende Tonart. Dann wären noch »Tonarten des Übergangs«, nämlich G-dur (von der Mitte zur Höhe), E-dur (von der Höhe zur Mitte), Des-dur (von der Mitte zur Tiefe), B-dur (von der Tiefe zur Mitte).

Man beachte, wie es auch bei dieser Betrachtung darauf ankommt, daß die Bewegungsrichtung des Tonartenkreises (in der Figur durch den Pfeil angedeutet) in der Anschauung da ist. Man tut gut, alles Musikalische, wie alles Zeitlich-Rhythmische, immer als ein Bewegtes sich vorzustellen. Daß von Es-dur an gegen C-dur hin eine Aufwärtsbewegung, ein Emporstreben da ist, daß bei C-dur diese Aufwärtsbewegung vom Dunkel zum Licht geführt hat, daß es dann im Lichte weiter aufwärts geht, bis in A-dur die Lichteshöhe erreicht ist — das alles sind wesentliche Gesichtspunkte, die uns den eigentümlichen Charakter aller dieser Tonarten verständlich machen. Ebenso daß bei A-dur die Abwärtsbewegung eintritt, bis bei Fis-dur die Mitte, der Schwellenübergang vom Lichten zum Dunklen erreicht ist, bis zuletzt As-dur F-moll zur tiefsten Tiefe, zum tiefsten Dunkel hinunterführt. Der feierliche Charakter von As-dur, der besonders düstere Charakter von F-moll ist aus dieser Tatsache zu verstehen, während die vom Tiefpunkte Es wieder nach oben führenden Tonarten Es-dur und C-moll durch dieses Emporstreben wiederum einen ganz anderen, positiveren und aktiveren

Charakter haben. Auch hat darum C-moll nicht den düsteren Charakter von F-moll.

Noch eine andere Tatsache tritt uns bei dieser anschauenden Betrachtung entgegen, nämlich, daß es im Tonartenkreis nicht nur den Gegensatz von Oben und Unten, Hell und Dunkel gibt (er fällt, wie wir gesehen haben, im wesentlichen mit dem der Kreuz- und B-Tonarten zusammen), sondern daß auch die linke Seite des Tonartenkreises (von Es-dur über C-dur nach A-dur) und die rechte Seite (von A-dur über Fis-dur nach Es-dur) insofern einen Gegensatz bilden, als auf der einen, der linken Seite eine Aufwärtsbewegung, auf der anderen, der rechten Seite eine Abwärtsbewegung da ist. Man sehe sich einmal daraufhin den Charakter dieser Tonarten an: es ist doch so, daß die aufwärtsstrebenden Tonarten (also Es-dur, B-dur, F-dur, C-dur, G-dur, D-dur; bei A-dur beginnt ja schon wieder die Abwärtsbewegung) mehr den Charakter des Klaren und Nüchternen haben (der bei C-dur am meisten ausgeprägt ist), während bei den abwärtsgehenden Tonarten A-dur, E-dur, H-dur, Fis-dur, Ges-dur, Des-dur, As-dur ein Element des Romantischen und Poetischen waltet. Dieses Element der Romantik beginnt deutlich schon bei A-dur (man denke an die Romantik von Beethovens 7. Symphonie, von Wagners »Lohengrin«), E-dur beherrscht die Dornröschen-Romantik der »Walküre«, H-dur die Verklärung des Tristan-Schlusses (»Liebestod«), und Des-dur und As-dur die Poesie Chopinscher Nocturnos, Ges-dur weist stark ins Übersinnliche, in das, was »jenseits der Schwelle« ist. Darum bevorzugt ein dem Schwärmerischen und Romantischen zuneigender Tondichter wie Chopin gern die abwärtsführenden Tonarten der rechten Seite, während die lichte Klarheit Mozarts ganz überwiegend in den aufwärtsführenden Tonarten der linken Seite ihren Ausdruck sucht.

Daß sich die beiden Seiten des Tonartenkreises (links und rechts) wirklich in dieser Weise unterscheiden, ist besonders verständlich, wenn wir uns daran erinnern, daß wir den anderen, zuerst ins Auge gefaßten Gegensatz von Oben und Unten, Hell und Dunkel ja auch charakterisieren konnten als den von Wachen und Schlafen, Leben und Sterben, Sinneswelt und geistiger Welt. Die Tonarten der linken Seite sind dann die der Sinneswelt, dem immer helleren Aufwachen und Wachwerden zustrebenden, während die abwärtsführenden Tonarten der rechten Seite umgekehrt immer mehr von der Sinneswelt nach der geistigen Welt, von der Welt des Wachens nach der des Schlummers und des Todes führen. Nicht umsonst läßt Richard Wagner im Feuerzauber die Walküre in E-dur einschlafen. Das Musikerleben wird eine bedeutsame Bereicherung erfahren, wenn man auf diese, im Grunde einfachen und naheliegenden Dinge mehr achten wird.

Wie verhält es sich nun in dieser Beziehung mit den Molltonarten? Den Unterschied von Oben und Unten als Hell und Dunkel fanden wir bei ihnen ähnlich wie bei den parallelen Durtonarten, nur daß bei ihnen das Dunkle, wie bei Dur das Helle, überwiegt. Es könnte nun naheliegen, als selbstverständlich anzunehmen, daß es sich mit der Unterscheidung des »Klaren und Nüchternen« auf der einen (aufwärtsstrebenden) Seite, des »Poetischen und Romantischen« auf der anderen (abwärtsstrebenden) Seite bei Moll ebenso wie bei Dur verhalten müsse. Und doch ist dieses — hier berühren wir einen Punkt, der in der kleinen Schrift »Vom geistigen Wesen der Tonarten« noch nicht zur Sprache gebracht worden ist — in Wirklichkeit nicht der Fall. Gehen wir einmal von C-dur, als der in allererster Linie »klaren und nüchternen« Tonart aus. Trifft dieses Merkmal der klaren Nüchternheit auch für die Mollparallele A-moll zu? Davon kann keine Rede sein. Man beachte einmal den zweiten Satz in Beethovens 7. Symphonie: er hat an der Poesie und Romantik des diese Symphonie beherrschenden A-dur den vollsten Anteil, ist selbst ein Höhepunkt dieser Poesie und Romantik. Und in der nationalen Musik des Nordens oder des slawischen Ostens eröffnet sich in A-moll eine ganze Welt der Melancholie, der Sehnsucht und Schwermut, des Poetisch-Lyrischen. Ebenso können wir bei E-moll, Fis-moll, Cis-moll und As-moll dieses poetisch-romantische, elegisch-melancholische Element finden, währenddem von B-moll an abwärts, aber auch von C-moll an aufwärts bis einschließlich D-moll der einfach ernste und düstere Charakter von Moll hervortritt. Wir sehen: der Gegensatz des Poetisch-Romantischen und Klar-Nüchternen, Ernst-Nüchternen läßt sich auch bei Moll feststellen, da aber ist er nicht mehr der Gegensatz der linken und rechten Seite, sondern fällt mit dem Gegensatz von Oben und Unten zusammen, und zwar hat hier gerade das Obere, relativ Helle den Charakter des Romantischen. Bei Moll sind es nicht die Paralleltonarten, die am Charakter der entsprechenden Durtonarten teilnehmen, sondern die gleichnamigen, in anderer Beziehung den Gegensatz zu Dur darstellenden: von A-dur hat A-moll den Charakter des Romantischen und Poetischen. Ebenso ist E-moll in dieser Beziehung mit E-dur, Cis-moll mit Cis-dur (Des-dur) usw. zu vergleichen.

B. Die einzelnen Tonarten

I. Die Tonarten des C-dur-Kreuzes
(C-Fis-Es-A)

1.

Indem wir dazu übergehen, die Tonarten nach dem im Eingang charakterisierten Gesichtspunkt der drei Kreuze im einzelnen darzustellen, soll zunächst das Wesen dieser ganzen Anordnung noch etwas näher ins Auge gefaßt werden.

Wir gehen aus von dem Grundton C, der Grundtonart C-dur. Ihr steht, wenn wir die einfache Figur des im Quintenzirkel sich aufbauenden Tonartenkreises betrachten, gegenüber die Tonart Fis-dur Ges-dur, an dem Punkt, wo Kreuz- und B-Tonarten in die Waage treten. C-dur mit Fis-dur Ges-dur bilden den Querbalken des sich hier aufbauenden Kreuzes (die zugehörigen parallelen Molltonarten sind A-moll und Es-moll). Die diese Querachse schneidende Längsachse, der »Längsbalken« des C-dur-Kreuzes, umfaßt dann die Tonarten A-dur (am oberen Ende) und Es-dur (am unteren Ende). Die zugehörigen parallelen Molltonarten sind Fis-moll und C-moll.

Schon diese wenigen Ausgangspunkte genügen, um das Wesen dieses Tonartenkreuzes, das Wesen aller Tonartenkreuze näher zu charakterisieren. Beim Grundton C, bei der Grundtonart C-dur ist gleichsam der Punkt, wo wir am festesten auf der Erde stehen. Auch bei C-moll ist das in einer ganz besonderen Weise noch der Fall. Denn es steht bei Es-dur, der Urtiefe; und der nach dem Boden hin drückende Charakter von Moll gibt der C-moll-Tonart diesen Charakter des Festen, Bodenständigen. C-dur, die Ausgangstonart, empfinden wir sehr stark als Tonart der Mitte, während Es-dur und C-moll mehr nach der Tiefe hin gehen. Das Erdenhafte, Erdengemäße tritt bei C-dur und Es-dur C-moll besonders stark hervor. Schon vom jetzigen

Ausgangspunkt aus können wir das C-dur-Kreuz als dasjenige kennzeichnen, das der Festigkeit des Irdisch-Physischen am meisten verwandt ist. Wir können es von diesem Gesichtspunkt das K r e u z d e s P h y s i s c h e n , das E r d e n k r e u z nennen.

Von anderen Gesichtspunkten ergeben sich noch andere Bezeichnungen. Es ist wichtig, gerade am Musikalischen zu lernen, wie sich Äußeres und Inneres, Erde und Mensch, Weltenweiten und Seelentiefen geistig durchdringen. Man kann, wenn man z. B. C-dur vom seelischen Gesichtspunkt zu erfassen sucht, das Willensmäßige in dieser Tonart finden. An dieser Eigenschaft nimmt — man erinnere sich an verschiedene Bachsche Fugen dieser Tonart — auch A-moll teil. Noch mehr tritt es bei Es-dur und C-moll (man denke an Beethovens Eroica) hervor. Auch an Chopins fast militärisch-rhythmisch gehaltene A-dur-Polonaise wäre hier zu erinnern. So können wir, und werden dies in seinen Einzelheiten immer mehr begründen, das C-dur-Kreuz als das Erdenkreuz, das Kreuz des Physischen, auch das W i l l e n s k r e u z , das Kreuz des Wollens, des Erdenwollens nennen. Daß die drei Tonartenkreuze wirklich eine Beziehung haben zu den drei Seelenkräften des Wollens, Denkens und Fühlens, das wird sich in der Betrachtung immer deutlicher ergeben.

Zunächst stehen wir im C-dur-Kreuz, im Kreuz des Physischen, beim W o l l e n . Wie dann im Gegensatz zum Physisch-Erdenhaften der C-dur-Region diejenige von F-du ·, das F-dur-Kreuz, einen mehr ätherischen Charakter hat, ist später zu entwickeln. Gerade bei F-dur, wenn wir es mit dem mehr bodenständigen C-dur vergleichen, ist es leicht einzusehen. Wir werden in diesem Sinne von einem »Kreuz des Ätherischen« sprechen. Diesem »Ätherischen« — in dem Sinne, wie es hier gemeint ist, nicht in dem der physikalischen Hypothesen — ordnet sich auch das Denkelement zu, das in der Musik eine so überaus wichtige, vielleicht noch zu wenig gewürdigte Rolle spielt. Die Musik hat nicht nur eine seelisch-gefühlsmäßige, sondern auch eine geistige Seite, und steht zu dem, was man die Logik des Gedankens nennt, in der allerintimsten Beziehung. Das Gefühlsmäßig-Seelische, das ihr niemand abspricht, findet, soweit das Tonartliche dabei mitspricht, vor allem in dem dritten der Tonartenkreuze, im G-dur-Kreuz (also bei den vier »Übergangstonarten« G-dur, E-dur, Des-dur, B-dur) seinen Ausdruck. Wir sprechen hier vom Kreuz des Seelischen.

Damit sind die möglichen Benennungen für die Tonartenkreuze noch nicht abgeschlossen. Die geistige Erkenntnis hat verschiedene Gesichtspunkte, verschiedene Stufen. Je mehr wir sie vertiefen, desto mehr nähern wir uns dem Gebiet, das wir als das R e l i g i ö s e kennen, wenn das bei der heutigen Veräußerlichung der religiösen Begriffe auch nicht überall gleich verstanden wird. Der Geist der heutigen Zeit neigt eben stark nach der Oberfläche des Materiellen hin, auch das Religiöse betrachtet er mehr nach solchen Oberflächengesichtspunkten, nach der äußeren Schale und Form. Das wirkliche Leben, die wirklichen Tiefen des Religiösen öffnen sich der geistigen Erkenntnis und Forschung. Sie ist auch für das musikalische Gebiet wichtig und kann von ihm besondere Anregung empfangen. Gerade die geistige Erfassung des Tonartenproblems hat eine ganz besondere Bedeutung für die Belebung und Vertiefung des Religiösen. Auf die Beziehung des Tonartlichen zum Rhythmus der Jahreszeiten wurde bereits hingewiesen. Der heutige Mensch steht diesem Jahresrhythmus zunächst vielleicht nur mit einer sehr äußerlichen und schwachen Teilnahme gegenüber, wenn man dabei auch immer sagen muß, daß im Unbewußten oder Unterbewußten der Seele vieles vorhanden sein kann, das der Geist eben nur noch nicht ins Bewußtsein heraufgehoben hat. So kann auch das Miterleben des Rhythmus der Jahreszeiten durchaus den Charakter des Religiösen, des im tiefsten und lebendigsten Sinne Religiösen annehmen. Die christlichen Feste z. B. können aus einem solchen Erleben heraus in ihrem tiefen Sinne verständlich werden und dann selbst dazu beitragen, das intimere Erleben des Jahresrhythmus ins Bewußtsein heraufzubringen. Ein geistgemäßer, selbst dem Rhythmus der Jahreszeiten angepaßter Kultus kann viel zu einem solchen Erleben beitragen. Wir sind dann mit diesem Erleben auf einem Gebiet, wo sich das Religiöse zugleich allerengstens mit dem Musikalischen berührt. Denn im R e l i g i ö s e n w i e i m M u s i k a l i s c h e n, gerade auch im Musikalischen der Tonart, e r l e b e n w i r d e n g r o ß e n W e l t e n r h y t h m u s, der sich auch im Rhythmus des Jahreslaufes widerspiegelt.

Je mehr die musikalische Erkenntnis sich vertieft, desto mehr wird auch sie, in dem hier gemeinten Sinne, den Charakter des Religiösen annehmen. Die Zeit ist nicht mehr fern, wo gerade die r e l i g i ö s e D u r c h d r i n g u n g d e s W e l t g e h e i m n i s s e s als eine der Hauptaufgaben, ja als d i e w e s e n t l i c h s t e A u f g a b e d e s m u s i k a l i s c h e n S c h a f f e n s erkannt werden wird.

Indem wir von dieser allgemeinen Betrachtung zu derjenigen der drei Tonartenkreuze zurückkehren, lernen wir immer mehr die Berechtigung verstehen, zu den bereits gegebenen Benennungen dieser »drei Kreuze« nun auch noch solche zu suchen, die den Gesichtspunkt religiös vertiefen. Im Grunde sind ja im Ausdruck »drei Kreuze« selbst schon gewisse Mysterien des Religiösen ausgesprochen, wir dürfen sagen: des Christlich-Religiösen, wenn wir bei »Christentum« nicht zu eng an Konfessionelles, sondern an die »kosmische Religion«, die Offenbarung des Geistigen im Irdischen, denken. Wir sprachen beim ersten der drei Kreuze vom Irdisch-Physischen und Willenshaften. Der religiöse, »trinitarische« Hintergrund dieses Irdisch-Physischen und Willenselementes ist aber das G e i s t i g e d e s V a t e r s. Die in ihrer abstrakten Fassung so wenig einleuchtenden Trinitätsdogmen werden verständlicher, wenn wir sie an die konkretere Offenbarung des Trinitarischen im Naturleben (wie es bei der Pflanze die Dreiheit von Wurzel, Blatt und Blüte ist) und im Seelenleben (wir denken an die »drei Seelenkräfte« des Wollens, Denkens, Fühlens) in der richtigen Weise anknüpfen.

Und so können wir, wenn wir einmal den Sinn einer solchen religiösen Ausdrucksweise zu ahnen beginnen, die drei Tonartenkreuze, die wir zu den »drei Seelenkräften« des Wollens, Denkens, Fühlens, zu den drei Daseinsgebieten des Physischen, Ätherischen, Seelischen schon in Beziehung gebracht haben, auch verstehen als das K r e u z d e s V a t e r s, d e s S o h n e s, d e s G e i s t e s. In dem zunächst zu besprechenden C-dur-Kreuz (Kreuz des Physischen und des Wollens) hätten wir dann das K r e u z d e s V a t e r s vor uns, in dem sich anschließenden F-dur-Kreuz das »Kreuz des Sohnes«, das Christuskreuz, im G-dur-Kreuz das Kreuz des Geistes.

So führt die musikalische Betrachtung zuletzt in Weltentiefen. Und in dieser seiner Hinordnung auf die Weltentiefen verstehen wir hier auch den Begriff des Religiösen. Im Religiösen erfassen wir geistig das Kosmische und die Beziehung des Irdischen zum Kosmischen. Auch der schon vielfach angezogene Jahresrhythmus, der für das Tonartenproblem eine so konkrete Bedeutung hat, urständet letzten Endes im Weltenrhythmus, im Kosmischen. Alles Irdische, auch aller irdische Zeitenrhythmus, findet sein Maß im Himmlischen. Die himmlischen Gestirne, Sonne, Mond und Sterne, sind die kosmische Uhr für alles Irdisch-Zeitliche. Der Jahreskreis hat sein Abbild im großen Himmelskreis, dessen Bedeutung auch für das Musikalische, für den Tonartenkreis damit von selbst gegeben ist. Die im Rhythmus der Jahreszeiten und Monate, wie im Rhythmus der Tonarten sich offenbarende »geistige Zwölfheit« ist letzten Endes eine kosmische, eine Himmelstatsache. Dieser »kosmischen Zwölfheit« hat man seit alter Zeit die zwölf Bilder des himmlischen Tierkreises zugeordnet. Wie alles Kosmische, Himmlische hat auch dieser große Himmelskreis seine Widerspiegelung im Irdischen. Er hat sie in sehr verschiedenen Beziehungen, vor allem aber im Rhythmus der

Jahreszeiten, der Monate (wobei die Monatsgrenze immer um die Zeit vom 20. bis 24. zu denken ist). Man hat darum seit alter Zeit die Benennungen für die zwölf Sternbilder des himmlischen Tierkreises auch mit diesen zwölf Abschnitten als irdischen Jahresrhythmus, den Widder z. B. mit dem Frühlingsanfang in Beziehung gebracht (21. März, und die zeitlich entsprechende Festlegung gilt dann auch für alle die anderen Monate). Die enge Beziehung des Jahresrhythmus zur geistigen Zwölfheit der Tonarten legt es dann nahe, jene himmlisch-kosmische Beziehung der Jahresabschnitte auch auf das Musikalische der Tonart anzuwenden. Also die Bezeichnung des Widders (♈), die man für die Eröffnung des Jahresrhythmus im Frühlingspunkt, im Zeitpunkt der Frühlings- Tag- und Nachtgleiche gefunden hat, ließe sich dann auch für die am entsprechenden Punkte des Tonartenkreises stehende Tonart C-dur anwenden.

Dabei muß aber der Irrtum ferngehalten werden, als ob dabei von einer unmittelbaren Beziehung der Sterne, des Astronomischen der Sterne, auf das Musikalische der Tonart die Rede wäre. Solche Vorstellungen würden in Verkehrtheiten führen. Und es würde auch in astronomischer Beziehung gar nicht mehr stimmen. Die Sterne des Widdersternbildes sind heute längst nicht mehr diejenigen, in denen die Sonne sich bewegt, wenn auf der Erde am 21. März der Frühlingsmonat begonnen hat. Sie waren es um die Zeitenwende, als Christus über die Erde von Palästina ging. Seitdem ist langsam jene Verschiebung eingetreten, die der Astronom als die Retrozession der Nachtgleichen kennt und durch eine bestimmte Drehung der Erdachse erklärt, jene Verschiebung, die das Himmelsbild in seiner Zuordnung zur irdischen Jahreszeit allmählich ändert, so daß z. B. heute im irdischen Frühlingsmonat die Sonne im wesentlichen schon im Sternbild der Fische sich bewegt. Spricht man auch heute noch vom Frühlingsmonat als dem Widdermonat, so wäre das vom Gesichtspunkt des Sternbildes, der Bewegung der Sonne in einem bestimmten Sternbild, gar nicht richtig. Die Bezeichnung entspricht nicht dem heutigen Himmelsbild, sondern demjenigen der Zeitenwende. Und man unterscheidet in dieser Beziehung das Z e i c h e n, als den bestimmten Abschnitt des immer gleichbleibenden irdischen Jahresrhythmus (der den Anfang des Frühlings, Sommers, Herbstes, Winters immer auf die gleichen Zeitpunkte fallen läßt) vom Wandelbaren des himmlischen Sternbilds. Diese Unterscheidung hat das Gute, daß sie uns verhindert, das Musikalische der Tonart unmittelbar an das Astronomische der himmlischen Sterne und Sternbilder anzuknüpfen, was auf Abwege führen würde. Alle Anwendung der Tierkreiszeichen auf die musikalischen Tonarten hat zunächst nur jenen jahreszeitlichen, nicht irgendeinen astronomischen Gesichtspunkt im Auge. Sie bezieht sich n i c h t auf die Sternbilder. Aber im Hintergrunde solcher Bezeichnungen steht doch die Erkenntnis, daß das Musikalische, wie auch das Rhythmische des irdischen Zeitenlaufs, zuletzt in der großen Weltenharmonie urständet, die auch die Sternenharmonie ist. Um diese Beziehung der musikalischen Harmonie zur Sternenharmonie wußten noch deutlich die alten Ägypter. Aber wir müssen, wenn wir in diesem Sinne von Sternenharmonie sprechen, das Geistige der Sterne dabei im Auge haben. Alle astronomischen Vorstellungen, so berechtigt und notwendig sie auf ihrem Gebiete auch sein mögen, sind für die Gewinnung einer richtigen Vorstellung vom Geistigen der Sterne doch nur ein Hindernis. Und erst, wenn wir eine solche Vorstellung vom Geistigen der Sterne in richtiger, geistgemäßer Art gewonnen haben, können wir die hier sich eröffnenden Gesichtspunkte in richtiger Art auch auf das Geistige der Tonart anwenden, die geistige Zwölfheit der Tonart in richtiger Art als eine Widerspiegelung der kosmischen Zwölfheit erkennen.

Fassen wir von allen diesen Gesichtspunkten aus noch einmal das C-dur-Kreuz ins Auge, so finden wir in ihm, das wir auch das »Kreuz des Vaters« nannten, entsprechend der Bedeutung von C als Grundton, von C-dur als Grundtonart, das eigentliche Grundkreuz, das Kardinalkreuz. Vom Gesichtspunkt des Jahresrhythmus ist es ja dasjenige, das die vier großen Eckpunkte dieses Rhythmus in sich trägt: Frühlingsgleiche (C-dur), Herbstgleiche (Fis-dur), Sommersonnenwende (A-dur), Wintersonnenwende (Es-dur). Auf den Tagesrhythmus bezogen, wären das die vier Haupttageszeiten: Morgen (Sonnenaufgang), Abend (Sonnenuntergang), Mittag, Mitternacht. In der kosmischen Zeichensprache wären das die vier Zeichen des Widders (♈), der Waage (♎), des Krebses (♋) und des Steinbocks (♑). Man verbindet in dieser Ausdrucksweise die Sommersonnenwende (den Zeitpunkt, wo die Sonne wieder ihren Rückwärtsgang antritt) mit dem Zeichen des Krebses, die Wintersonnenwende mit dem Zeichen des Steinbocks, wie man auch in der Geographie von einem Wendekreise des Krebses und des Steinbocks spricht. (Die heutige Himmelskonstellation zeigt die Sonne in der Sommer- und Winterwende zunächst in anderen Sternbildern.) Das Kreuz des Vaters, das wir kosmisch nach Widder, Waage, Krebs, Steinbock orientieren, umfaßt musikalisch als C-dur-Kreuz die Tonarten C-dur, Fis-dur, A-dur, Es-dur (einschließlich der gleichnamigen Molltonarten).

2.

C-dur, A-Moll

Während das noch im unteren dunklen Teile des Kreises beginnende F-dur nur erst die Ankündigung und Vorahnung des Lichtes enthält, sind wir mit C-dur wirklich in den oberen, lichten Teil des Tonartenkreises eingetreten. C-dur ist also im Musikalischen der Tonart das Heraufkommen, der Durchbruch des Lichtes, wobei noch in Betracht kommt, daß hier, im linken Teile des Tonartenkreises, die Aufwärtsbewegung herrscht. Es steht C-dur also an der Mitte dieses linken, die Aufwärtsbewegung in sich tragenden Teiles des Tonartenkreises, so wie das gegenüberliegende Fis-dur Ges-dur die Mitte des die Abwärtsbewegung in sich tragenden rechten Teiles ist. Man kann diese beiden Teile auch mit dem aufwärts- und dem abwärtssteigenden Teile des Jahresrhythmus vergleichen. C-dur wäre dann der Punkt, der im Jahresrhythmus der Frühlingspunkt, die Frühlings-Tag- und Nachtgleiche ist, so wie ihm im Tagesrhythmus der Sonnenaufgang entspricht, das Sichtbarwerden der Sonne, deren Helligkeit sich schon in F-dur, als der »Stunde vor Sonnenaufgang« ankündigt. Darum ist vor allem eine klassische C-dur-Stelle der Musikliteratur das »Es werde Licht! Und es ward L i c h t«, im Anfang von Haydns Schöpfung, wo der Durchbruch von C-dur, der C-dur-Akkord bei »und es ward Licht« nach dem vorausgegangenen finsteren F-moll-Akkord als der Unterdominante von C-moll besonders wirkungsvoll ist.

Unter den verschiedenen Nuancen von C-dur haben wir darum vor allem das »C - d u r d e s k l a r e n L i c h t e s«, das seinen reinsten Ausdruck im C-dur-Präludium des I. Teiles von J. S. Bachs »Wohltemperiertem Klavier« gefunden hat. Dieses Stück ist wirklich, wie kein anderes, ganz aus der Tonart heraus empfunden, gleichsam »aus der Tonart heraus gemalt«, wie ja überhaupt es wesentlich für Bachs »Wohltemperiertes Klavier« ist, daß hier zum erstenmal in der Musikgeschichte der Charakter der Tonart mit aller Deutlichkeit den Charakter des Musikstücks bestimmt — ein Versuch, wie er dann nochmal in ähnlicher und doch auch wieder verschiedener Art, wieder andere Seiten des Musikalischen betonend, von Chopin in seinen Präludien unternommen wurde. Vergleicht man Chopins C-dur-Präludium mit demjenigen von Bach, so wird man finden, daß die der C-dur-Tonart vielfach eigene Nüchternheit, jene Klarheit des Lichtes, die zugleich eine nüchterne Klarheit ist, bei Chopin selbstverständlich nicht in dieser Art hervortritt. Das »Nüchterne« lag seinem Charakter eben ganz fern, und er hat dementsprechend auch verhältnismäßig wenig in C-dur geschrieben. Wo er es dennoch tut, weichen immerhin die sonst seine Musik beherrschenden romantischen Schleier der Klarheit des Lichtes, etwas Wacheres, Positiveres tritt auch bei ihm durch die C-dur-Tonart sogleich in die Musik ein. Nur kommt seine Feuerseele eben auch in dieser Klarheit des Lichtes zum Ausdruck, und das ist es vielleicht, was Chopins C-dur-Präludium seinen eigenartigen Reiz gibt: es ist voll von glühendem Enthusiasmus und hat gleichzeitig durch die Klarheit von C-dur eine besondere Stärke. Es ist vielleicht nicht ohne Bedeutung, und von Chopin mitentdeckt, daß C-dur auch feurig, oder feurig-temperamentvoll sein kann (denn in der Musikliteratur überwiegt bedeutend das temperamentlose, die Gefahr der Langweiligkeit in sich tragende C-dur). Auch in der eigenartig poetisch-romantisch gefärbten C-dur-Phantasie op. 17 von Robert Schumann können wir den Charakter der jugendlichen Feuerseele entdecken. Wir können außer der Darstellung der »drei Kreuze« des Tonartenkreises zuletzt noch einen anderen Gesichtspunkt, den der »vier Dreiecke« finden, die sich den Elementen des Feurigen, Wässerigen usw. zuordnen: da gerade wird uns C-dur als eine »Tonart des Feuerelementes« begegnen, als die es aber in Wirklichkeit nur von wenigen und nur von den größten Komponisten erfaßt und dargestellt wurde.

Um von hier aus zu Bachs C-dur-Präludium zurückzukehren: es ist wohl die reinste aller Offenbarungen von C-dur, ist ganz aus dem reinen Grundcharakter von C-dur, dem »C-dur des klaren Lichtes« heraus gedichtet. Man könnte an das durch die Fenster eines gotischen Doms in lichter Vormittagsstunde hereinbrechende Sonnenlicht denken, und doch sind solche Vorstellungen auch wiederum ganz unwesentlich, ja irreführend, wenn man hinter dem Bilde nicht die reine Geistigkeit des Lichtes erfaßt. Und diese reine Geistigkeit des Lichtes ist es vor allem, die in der C-dur-Tonart zu uns spricht, und nirgendwo hat diese reine Geistigkeit des Lichtes einen klareren Ausdruck gefunden, als in Bachs erstem C-dur-Präludium im »Wohltemperierten Klavier«.

Als »Durchbruch des Lichtes« kommt C-dur besonders stark zur Geltung in Webers Freischütz-Ouvertüre, da wo kurz vor dem Abschluß, nach der großen Generalpause, ein von allen Bläsern des Orchesters getragener, zweimaliger (das zweite Mal durch eine Figur der Streichinstrumente eingeleiteter) gewaltiger C-dur-Akkord von strahlender Lichtfülle den Sieg des Lichtes über die finsteren Mächte, die sich bis dahin in C-moll ausgewirkt haben, verkündet. Es mag größere Komponisten geben, als Weber: er gehört dennoch zu denjenigen, die in der Sprache der Töne, und nicht zum wenigsten auch schon der Tonart, eine ganz bestimmte Deutlichkeit im Gebiet des Musikalisch-Dramatischen erreichen. Er ist in dieser Beziehung, wie überhaupt, ein bedeutsamer Vorbereiter Richard Wagners.

Klares Licht, Reinheit, Nüchternheit, Einfachheit eignen der C-dur-Tonart als der Grundtonart des ganzen Tonartensystems. Dieser Eigenart von C-dur entspricht das auf der reinen Tonart sich Aufbauende, in der reinen Tonalität Verbleibende, das »Diatonische«, also mehr als die Brechung der Tonalität, das »Chromatische«, und außer dem schon erwähnten Bachschen C-dur-Präludium sind auch Sätze wie etwa das große C-dur-Finale in Beethovens 5. (C-moll-)Symphonie für diese Eigenart von C-dur charakteristisch. Das darf nun aber wirklich nicht dahin verstanden werden, als ob solche C-dur-Stücke sich auf die einfachen sieben Töne der C-dur-Skala beschränken müßten. Das ist auch schon bei dem so überaus einfachen, klaren, überwiegend diatonischen Bachschen C-dur-Präludium nicht der Fall, auch dieses einfache C-dur-Präludium, obwohl es keine sehr wesentlichen Modulationen, Tonartverschiebungen in sich schließt, e n t h ä l t d o c h , wie man auf den ersten Blick sieht, a l l e z w ö l f T ö n e. Man muß sich überhaupt darüber klar sein, daß j e d e T o n a r t a l l e z w ö l f T ö n e i n s i c h s c h l i e ß t , daß zu den sieben primären Tönen der diatonischen Skala (es gibt ja sehr verschiedene Skalen, man denke an die griechische Musik) immer auch die fünf anderen Töne dazukommen, denen bei C-dur am Klavier die fünf schwarzen Tasten entsprechen. Andrerseits darf man jene weitgehende Chromatik oder Brechung der Tonalität, die, weil sie schon dem heute sogenannten Atonalen sich nähert, auf jede Vorzeichnung verzichtet, nicht mit C-dur verwechseln. Hier gibt es, namentlich auch schon in der dramatischen Musik Richard Wagners, scheinbare (d. h. auf dem Notenpapier also scheinende) C-dur-Stücke und C-dur-Episoden, die mit wirklichem C-dur nichts mehr zu tun haben, Stücke, in denen die Brechung der Tonalität so weit geht, daß sie sich auf einen bestimmten Tonarten-Charakter nicht mehr hätten festlegen lassen. »Keine Vorzeichnung« bedeutet also keineswegs immer C-dur oder A-moll, sondern kann auch heißen: »jenseits aller noch klar erfaßbaren Tonalität« oder im modernen Sinne »atonal«. Das findet sich im Wagnerschen Musikdramenstil außerordentlich häufig, ja fortwährend, ist für ihn gerade charakteristisch. Es macht andererseits die Untersuchung der Tonart gerade bei Richard Wagner so fruchtbar, weil hier der Musikstil nicht, wie überwiegend noch in der älteren Musik, zwangsläufig von der Tonart beherrscht wird, sondern gerade im Tonalen, in der Tonart, das Element der Freiheit waltet, wodurch sich dann die Tonart, wenn sie wirklich eintritt, aus der ihr vorangehenden gebrochenen Tonalität durch den Gegensatz heraushebt, um so deutlicher ihr Wesen offenbart. Es ist das dann auch eine höhere Art von musikalischem Ausdruck, als wenn, wie in mancher modernen Musik (nicht aller) von vornherein auf die durch die Tonart gegebenen Ausdrucks- und Unterscheidungsmöglichkeiten verzichtet wird.

So wenig das Fehlen einer Vorzeichnung also mit Notwendigkeit auf C-dur oder A-moll hindeutet, so wenig spricht das Vorhandensein einer bestimmten Vorzeichnung — und auch dieses gilt wieder ganz besonders für das Wagnersche Musikdrama — immer nur für das wirkliche Dasein der dieser Vorzeichnung entsprechenden Tonart. Sondern es kann mannigfache Gründe geben, irgendeine Vorzeichnung zu belassen, auch wenn die Tonart zunächst verlassen wird, und es gibt im Wagnerschen Musikdramenstil hier große Feinheiten, auf deren nähere Untersuchung hier aber vorläufig nicht eingegangen werden kann.

Wir fanden im Durchbruch von C-dur am Schlusse von Webers Freischütz-Ouvertüre eins der großen klassischen C-dur-Beispiele der Musikliteratur. Das der ganzen Stellung von C-dur entsprechende große Motiv »durch Nacht zum Licht« tritt da besonders deutlich hervor. Auch sonst spielt es in der Musikliteratur eine große Rolle. Besonders die Wandlung des — am tiefsten Punkt des Tonartenkreises stehenden — finsteren C-moll in das lichte C-dur hat sich immer großen (und auch geringeren) Tondichtern dargeboten als eins der großen musikalischen, vor allem auch symphonischen, Grundmotive. Ein klassisches Hauptbeispiel ist Beethovens 5. Symphonie in C-moll: das gewaltige, strahlende C-dur-Finale (das schon in der C-dur-Episode des As-dur-Adagiosatzes seine erste Ankündigung hat) ist eine der größten C-dur-Offenbarungen der Musikliteratur, während in seiner ersten (C-dur-)Symphonie Beethoven noch nicht ganz diesen reinen und starken C-dur-Ausdruck, dieses reine Gestalten einfach aus der Tonart heraus, erreicht hat. Auch Bruckners 8. Symphonie zeigt diese Wendung von C-moll im 1. Satz nach C-dur im großen »michaelischen« Finale: es handelt sich hier bei Bruckner um noch mehr als um einen bloßen Lebenskampf »durch Nacht zum Licht«, sondern um einen ganz bestimmten geistigen Sieg, eine geistige Überwindung, die uns in die höchsten Regionen von C-dur hinaufführt; gerade C-dur hat eine große Stufenleiter der Ausdrucksmöglichkeit, vom Alleralltäglichsten bis zu den höchsten Daseinsregionen hinauf. Auch in Beethovens letzter Klaviersonate op. 111 hat die Wendung von C-moll im ersten Satz nach C-dur in dem das Ganze abschließenden 2. Satz eine wieder etwas verschiedene Nuance: aus Erdennacht zum Lichte geistiger Welten. Es ist ein sehr hohes C-dur, in das uns der Schlußsatz von Beethovens letzter Klaviersonate hinaufführt.

Schauen wir noch einmal auf das starke C-dur im Finale von Beethovens 5. Symphonie, so tritt uns hier auch das »Willensmäßige« der C-dur-Tonart stark entgegen, das Willensmäßige, durch das der Mensch der Sieger im Kampf mit dem Schicksal, der Herr über das Schicksal wird. Neben dem Charakter des klaren Lichtes, des reinen Lichthaften, fanden und finden wir bei C-dur diesen Charakter des Willensmäßigen. Wie es ein C-dur des klaren Lichtes gibt — außer den schon angeführten Beispielen finden wir noch viele besonders offenbarende in Mozarts C-dur-Sätzen, wie schon in seiner ersten Klaviersonate — so gibt es auch dieses »willenshafte« C-dur. Ein Hauptbeispiel ist die C-dur-Fanfare des Schwertmotivs in Richard Wagners Nibelungenring — zuerst erscheint sie am Schlusse des »Rheingold« —, die sich dort mit dem Motiv des Heldenwillens, des »Willens im Ich«, des Ich-Prinzips selbst immer ausdrucksvoll verbindet. Doch soll auf die Einzelheiten der Wagnerschen Musik und ihrer Tonartendarstellung in einem besonderen Abschnitt eingegangen werden.

Dieser willenshafte und ich-hafte Charakter der C-dur-Tonart wird uns besonders einleuchtend, wenn wir die Stelle, an der C-dur im Tonartenkreise steht, im kosmischen Lichte betrachten, wenn wir uns erinnern, daß der der C-dur-Tonart entsprechende Punkt des Jahreskreises ja eben der Widderpunkt ist, wo das Geistige des Widders, der Widderkräfte im Irdischen sich offenbart als die impulsierende Kraft des Jahresgeschehens und Naturlebens, als der große Anstoß zum neuen Werden des Irdischen. Das kann man, auch ohne das Astronomische der Sterne dabei in Betracht zu ziehen, als das Geistige des Widders verstehen. Und dieses Geistige des Widders im Tierkreis, diese impulsierende, willenshafte »Widderkraft« verbindet sich planetarisch mit dem Geistigen des Mars, insofern sich aktive Geistigkeit in diesen Marskräften ausspricht (es gibt daneben noch eine andere Seite des Marswesens). Auch dieses der geistigen Eigenart des Mars Entsprechende kann man musikalisch in der C-dur-Tonart wieder finden, insofern sie »Heldentonart« ist oder auch nur den militärischen Charakter hat (wie er durch die mannigfachsten Militärmärsche dieser Tonart uns nahegebracht wird). Man denke auch an die C-dur-Fanfaren im Lohengrin, da wo das Kriegerische des Erdenlebens die Szene beherrscht. Also auch der »Widdercharakter« und »Mars-Charakter« ist für die C-dur-Tonart charakteristisch.

Auch das — von vielen Komponisten nicht erreichte und kaum geahnte — Feurige der C-dur-Tonart entspricht dem Charakter des Widders, als eines »Feuerzeichens«.

Zu besonders starkem Ausdruck kommt das Ichhafte und Willensmäßige der C-dur-Tonart in Bruckners Tedeum, besonders im Schlußmotiv »Non confundar in aeternum«. Die lichtvolle Klarheit von C-dur wird hier zu einer beinahe »hämmernden Deutlichkeit«. Zu einer einzigartigen Höhe erhebt Anton Bruckner die C-dur-Tonart am Schlusse des Cis-moll-Adagiosatzes der 7. Symphonie, da wo die H-dur-Durchführung des Hauptmotivs nach immer höherer Steigerung zuletzt in einem fast überstarken, durch Beckenschlag markierten strahlenden C-dur gipfelt, das sich dann aber rasch wieder in ernster Resignation nach Cis-moll zurückwendet. Dieser C-dur-Moment des Brucknerschen Cis-moll-Adagios gehört zu den höchsten Lichtwirkungen aller Musik, die C-dur-Tonart hat da schon etwas von dem Charakter eines »Auferstehungs-C-dur« angenommen. Ein ähnlich hohes, ein »Auferweckungs-C-dur« finden wir bei Richard Wagner im »Siegfried« bei der Erweckung Brünhildes, beim »Tagesgruß« (der bei Siegfrieds Tod in der »Götterdämmerung« noch einmal ähnlich wiederkehrt). Darüber wird im einzelnen noch näher gesprochen werden.

Auch dieses »Auferweckungs-C-dur« steht durchaus im Einklang mit dem allgemeinen Charakter der C-dur-Tonart. Denn C-dur steht ja eben an der Mitte des aufwärtsgehenden (linken) Teiles des Tonartenkreises, den wir ja auch so verstehen konnten, daß wir da vom Tiefpunkte Es-dur aus einem immer helleren Wachwerden im Bewußtsein entgegengeführt werden, während die andere, abwärtsgehende (rechte) Seite des Tonartenkreises von der Höhe des Wachens immer mehr nach der Tiefe des Schlafens hinunterführt. Darum enthält diese Seite auch mehr die »poetischen und romantischen«, die C-dur-Seite mehr die »klaren und nüchternen« Tonarten, und C-dur selbst ist so recht eigentlich der Punkt, wo diese wache Klarheit, dieses volle Wachwerden im Bewußtsein erreicht wird. In Wagners »Parsifal« werden wir einen höchsten Ausdruck dieses »Wachwerdens im Bewußtsein« durch die C-dur-Tonart kennen lernen.

Als die Tonart der Bewußtseinswachheit ist C-dur dann aber ganz naturgemäß die »nüchterne Tonart«, der nüchternste Punkt des Tonartenkreises, wenn ihr Wesen auch, wie wir gesehen haben, in dieser Nüchternheit sich nicht erschöpft, und wenn Tondichter wie Schumann und Chopin das ihnen eigene Poetisch-Romantische selbst noch in die Klarheit der C-dur-Tonart hineintragen. Die Beispiele der Musikliteratur für dieses nüchterne, alltägliche, öfter auch triviale C-dur sind zu massenhaft, als daß sie hier im einzelnen angeführt werden könnten oder angeführt zu werden brauchten. Zu einer gewissen Höhe hat diese Seite der C-dur-Tonart wieder im Stile mancher Etüden — man denke auch an Chopins große Etüden — geführt. Daß Richard Wagner neben dem »hohen C-dur« des Siegfried, dem »C-dur des siegenden Lichtes«, auch dieses mehr alltägliche C-dur kennt, beweisen vor allem die »Meistersinger«. Da ist C-dur — man denke schon an das Hauptmotiv des Anfangs — so recht die Tonart der Alltäglichkeit, des Alltagsbewußtseins, ja beinahe die »Philister-Tonart«, aber doch so, daß zugleich das Starke, Gesunde, Kraftvolle, Kernhafte, Solide der C-dur-Tonart dabei herauskommt: C-dur, die Ur- und Grundtonart ist auch die Tonart des Urgesunden, und nur darum werden so viele Komponisten in C-dur langweilig, weil sie nicht die gesunde Kraft aus sich herausholen können, die man entwickeln muß, um in C-dur wirksam zu komponieren. C-dur, die an und für sich einfachste aller Tonarten, gehört für den Komponisten zu den allerschwierigsten, und nur G-dur und H-dur können sich allenfalls in diesem Punkte mit C-dur messen. Nur große Komponisten haben eigentlich in C-dur wirklich etwas Bedeutendes zu sagen gewußt.

Ehe wir zu einer Einzeldarstellung der C-dur-Tonart in Wagners Musikdramen übergehen, ist noch ein Blick zu werfen auf die Moll-Parallele von C-dur, auf A-moll. Denn es erweist sich aus verschiedenen Gründen als zweckmäßig, die Darstellung einer Durtonart immer mit derjenigen ihrer parallelen Molltonart zu verbinden. Nun haben wir bereits gesehen, daß zwischen C-dur und A-moll der Unterschied ein verhältnismäßig großer ist. Wenn auch der eigentliche G e g e n s a t z zwischen der gleichnamigen Dur- und Molltonart (also z. B. zwischen C-dur und C-moll) liegt, während die Durtonart und ihre parallele Molltonart immer auch etwas Gemeinsames und Verbindendes haben, so gibt es doch auch hier Unterschiede, und zwischen C-dur und A-moll ist der Unterschied ein besonders großer. Denn C-dur gehört schon ganz der oberen hellen Seite des Tonartenkreises an, während A-moll, abgesehen von der mit dem Mollcharakter an und für sich verbundenen Dunkelheit und Trübe, auch noch an der Dunkelheit des unteren Tonartenkreises teil hat; denn während bei Dur sieben hellen oberen Tonarten fünf dunkle untere gegenüberstehen, ist es bei Moll, wie wir gesehen haben, umgekehrt. Ganz im Hellen (d. h. im Relativ-Hellen, soweit bei Moll überhaupt vom Hellen die Rede sein kann) liegen nur E-moll, H-moll, Fis-moll, Cis-moll, während A-moll und As-moll schon einen gemischten Charakter tragen (ähnlich wie bei Dur F-dur und Fis-dur Ges-dur).

Es steht also dem ganz hellen C-dur ein schon halbdunkles A-moll gegenüber. Auch haben wir oben erkannt, wie bei Moll die Unterscheidung der nüchternen, dem Wachen zustrebenden von den »poetischen und romantischen« Tonarten sich anders ordnet als bei Dur, wie dieser Gegensatz bei Moll mit demjenigen des oberen und unteren Kreises zusammenfällt, während es sich bei Dur hier um den Gegensatz der rechten und der linken Hälfte des Tonartenkreises handelt. In diesem Sinne hat das schwermütige, poetische A-moll schon durchaus Anteil an der Romantik von A-dur, wofür der A-moll-Satz (Allegretto) in Beethovens 7. Symphonie (A-dur) das schönste offenbarendste Beispiel ist. Es gehört dieser ausdrucksvolle Satz zu denjenigen, die ganz aus der Tonart heraus empfunden, aus der Tonart heraus gemalt sind. Die ganze Seele von A-moll lebt in Beethovens wunderbarem Trauersatz der 7. Symphonie.

Betont wurde, daß wegen dieser ihm eigenen romantischen Zwienatur, Zwielicht-Natur A-moll die Sehnsuchtstonart ist (über den Tonartencharakter des Tristan-Vorspiels später das Nähere), daß sie einen elegischen Charakter hat, der in Beethovens 7. Symphonie schon so bedeutsam anklingt. A-moll ist darum die Tonart der schwermütigen Volksweise, wie sie uns namentlich in der Musik des Nordens und des Ostens, in russischer, überhaupt in slawischer Musik oft entgegentritt. Für das schwermütige A-moll des Nordens ist ein Beispiel das, etwas triviale, Lied der Solweig in Griegs Peer-Gynt-Musik, das eben doch den A-moll-Charakter besonders sprechend zum Ausdruck bringt. In Chopins Musik, besonders in den Mazurkas, sind die Beispiele für dieses schwermütige A-moll ebenso zahlreich, wie charakteristisch. Ein besonders poetisches A-moll finden wir in Chopins F-dur-Ballade — die in Wirklichkeit nicht nur auf diese eine Tonart, sondern auf zwei Tonarten, F-dur und A-moll, abgestimmt ist (ähnlich, wie Franz Schuberts Quartett D-moll »Der Tod und das Mädchen« auf die beiden Tonarten D-moll [»Der Tod«] und F-dur [»Das Mädchen«]). Beide, in ihrer Art so poetisch empfundenen Tondichtungen lassen sich miteinander vergleichen. Auch in Chopins Ballade ringen zwei Prinzipien, zwei Motive, miteinander: das eine, F-dur, zart, blumenhaft, kindlich-mädchenhaft, das andere, A-moll, rauh und sturmwindartig darein fahrend, bis zuletzt die arme Blume (die Deutung ist von Anton Rubinstein) entblättert am Boden liegt: diese letzten, schlichten A-moll-Takte tragen jedenfalls die ganze Seele von A-moll, in keiner anderen Tonart hätte das, was sie uns sagen, so sprechend zum Ausdruck gebracht werden können.

Das Volkstümlich-Schwermütige, an östliche Musik Erinnernde von A-moll sehen wir auch wie einen elegischen Schleier über die lichtvolle Klarheit der Mozartschen Musik sich hinweben in dem edlen A-moll-Rondo für Klavier, an dem sogleich die Chromatik des Hauptmotivs in A-moll auffällt. Während C-dur mehr auf das Klar-Diatonische hingeordnet ist (auf dem Notenpapier ist es selbstverständlich möglich, C-dur wie jede andere Tonart in einem beliebigen Grade von Chromatik zu gestalten, aber das entspricht eben nicht dem Wesen der C-dur-Tonart), hat A-moll ein deutliches Streben nach dem Chromatischen hin, es nimmt leicht alle Grade von Chromatik in sich auf (und ist darum auch die beliebte Vorzeichnung bzw. »Nichtvorzeichnung« der »atonalen« Musik geworden). Das tritt uns schon bei Bachs Präludien im Wohltemperierten Klavier entgegen.

In allen diesen Fällen und Beispielen unterscheidet sich A-moll in seinem ganzen Charakter sehr von C-dur. Nur ein mit C-dur gemeinsames Element des Willenshaften finden wir in manchen Bachschen A-moll-Fugen (außerhalb des Wohltemperierten Klaviers und ohne Präludien), besonders in einer dieser Fugen (deren Themen mit a a′a h′h h c d h c h c a beginnt). Das Willenshafte von C-dur steigert sich hier in der Mollparallele bis zum Willenstrotz. Auch sonst, z. B. schon in Mozarts A-moll-Klaviersonate, kommt der Ausdruck finsterer Entschlossenheit bei der A-moll-Tonart in der Musikliteratur vor. Bei aller sonstigen Verschiedenheit von C-dur nimmt sie doch am »Widdercharakter« und Mars-Charakter dieser Tonart teil. Sie eignet sich stark, wie besonders wiederum die volksmäßige Musik uns zeigt, zur Aufnahme des rhythmischen Elements, das auch in C-dur zu einer reinen und starken Geltung kommt. In dem bekannten und charakteristisch grotesken A-moll-Rondo alla turca im Abschluß von Mozarts A-dur-Variationen-Sonate für Klavier ist dieser militärisch-rhythmische Charakter, der hier eben das national-östliche Element von A-moll noch in sich aufnimmt, bis zum Janitscharenhaften (vgl. die »Entführung aus dem Serail«) gesteigert. Es ist dieses A-moll-Rondo aber nicht zu verwechseln mit dem andern, vorhin erwähnten, für sich allein stehenden, so überaus zarten und poesievollen Mozartschen A-moll-Rondo, das die andere, poetisch-elegische Seite der A-moll-Tonart zum Ausdruck bringt.

Wenn im folgenden nun dazu übergegangen wird, die wesentlichen Beispiele für die Verwendung der einzelnen Tonarten — zunächst C-dur — aus der dramatischen Musik Richard Wagners zusammenzustellen (nicht auf Vollständigkeit im Sinne äußerlicher Statistik wird es dabei abgesehen sein, sondern eben auf die Hervorhebung des hauptsächlich Charakteristischen), so ist vorher nochmals zu betonen, daß es sich dabei nicht darum handeln kann, dieser Musik als solcher irgendeinen Vorrang einzuräumen, oder etwa gar sie als Norm für die Zukunft hinzustellen. Denn jeder große Meister hat einen Stil, der eben s e i n Stil ist, er ist in einem gewissen Sinne einmalig, und für Richard Wagner und sein Musikdrama gilt das noch in einem ganz besonderen Sinn. Auch kann man ruhig anerkennen, daß dieser von Richard Wagner, in Abweichung vom Reinmusikalischen, zu einer gewissen Höhe gebrachte, nicht in Wirklichkeit nachzuahmende Stil des Musikdramas doch nur einen Durchgangspunkt, oder eine Durchgangsepisode, in der Entwicklung des Musikalischen bedeutet, daß das letzte Ziel der Musikentwicklung wieder im Reinmusikalischen, in der Instrumentalmusik liegt, so zwar, daß die geistigen Inhalte, für deren Darstellung, um sie dem Menschheitsverständnis näher zu bringen, Richard Wagner das immer mehr zum wirklichen Mysteriendrama emporwachsende Musikdrama schuf, einmal im Reinmusikalischen zum Ausdruck kommen könnten, wie sich das in der an Richard Wagner anknüpfenden, im Reinmusikalischen schon über sie hinausgehenden Instrumentalmusik Anton Bruckners bedeutungsvoll vorbereitet hat. Aber gleichzeitig wird man dann, wenn man die im heutigen Übergangschaos des Musikalischen auf die Spitze getriebene Brechung der Tonalität nicht als die letzte Möglichkeit, sondern ebenfalls als Übergangserscheinung erkannt hat, und auf höherer Stufe wiederum das Geistige der Tonart den geistigen Inhalten der Musik einzuordnen versucht, leicht sich überzeugen können, daß dieses Geistige der Tonart nirgendwo mit einer solchen offenbarenden Deutlichkeit zum Ausdruck gekommen ist, wie im Musikdrama Richard Wagners. Auch die großen Meister v o r Wagner, Bach, Mozart, Haydn, Beethoven, die Romantiker, hatten durchaus den Sinn für dieses Geistige der Tonart, und in der Instrumentalmusik des auch hier an Richard Wagner anknüpfenden Anton Bruckner lebte dieser Sinn erst recht wieder auf, aber was Richard Wagner von den Genannten unterscheidet, ist jene eigenartige, man möchte sagen: naive Deutlichkeit, wie sie einfach schon durch den Stil des Musikdramas, durch die Verbindung von Wort, Handlung, Bühnenbild mit dem Musikalischen gegeben ist. Man mag von anderen Gesichtspunkten aus alles Mögliche gegen diese Verbindung einwenden — schließlich wollte die Musikentwicklung aus den ihr innewohnenden Kräften eben doch auch durch diese Gestaltung der Oper und des Musikdramas hindurchgehen —, und mancher Moderne mag gerade an dieser naiv-einfachen Deutlichkeit des musikalischen Ausdrucks bei Richard Wagner sich stoßen — hier kommt es nur darauf an, daß diese Deutlichkeit eben vorhanden ist, und daß dem Wagnerschen

Musikdrama eine einzigartige Möglichkeit innewohnt, das Geistige der Tonart zu erforschen und zur Offenbarung zu bringen. Doch empfiehlt es sich, diese allgemeine Erwägung nunmehr zu verlassen und zur Darstellung der Sache selbst überzugehen.

Es wird dabei im wesentlichen das Werk Richard Wagners vom »Fliegenden Holländer« bis zum »Parsifal« ins Auge gefaßt werden. Auf die, dem eigentlichen Wagnerstil noch verhältnismäßig fernstehenden, wenn auch nicht uninteressanten Werke, wie »Feen«, »Rienzi« usw. dabei einzugehen, schien kein Anlaß. Noch in dem, viel Spuren des Jugendwerks tragenden »Fliegenden Holländer« ist deutlich, wie Wagner hier noch nicht ganz die spätere Sicherheit und Prägnanz in der Handhabung des Tonartlichen hat — man vergleiche einmal das A-dur des »Spinnerlieds« mit dem, was R. Wagner später dann immer aus der A-dur-Tonart herausholt. Und doch hat andrerseits der »Fliegende Holländer« schon sehr charakteristische, sprechende Beispiele der Tonartenverwendung. Im »Tannhäuser«, dem in anderer Beziehung noch manches vom Charakter des »Jugendwerks« anhaften mag, ist die Tonartenverwendung schon zu einer gewissen Genialität gediehen, und im »Rheingold«, oder wohl schon im »Lohengrin«, hat Wagner bereits die volle Sicherheit und Meisterschaft in der Gestaltung des Tonartlichen erreicht. (Auf diese Meisterschaft und Sicherheit kommt es nämlich sehr wesentlich an: man kann und darf niemals aus der Art, wie irgendein untergeordneter oder geringer Musiker eine Tonart verwendet, Schlüsse auf das Wesen dieser Tonart ziehen. Sondern dieses Wesen der Tonart muß unmittelbar geistig erkannt werden; inwieweit es der einzelne Komponist verwirklicht, offenbarend zur Darstellung bringt, ist mit ein Prüfstein für seine musikalische Begabung und Bedeutung. Doch kann gesagt werden, daß alle wirklich großen Musiker dieser Prüfung gewachsen sind; dieses zu zeigen, soll mit eine Aufgabe dieser Arbeit sein.) Mögen einzelne charakteristische Beispiele für Tonartenverwendung schon in den »Feen«, im »Rienzi« gefunden werden, das eigentlich Wesentliche wird sich aus der Wagneroper vom »Holländer«, mehr noch vom »Tannhäuser« an und aus dem späteren Musikdrama ergeben.

Ein wirklich großes, charakteristisches C-dur — das »gewöhnliche«, trivial-rhythmische C-dur beim Tanz der Schiffsmannschaft im 3. Aufzug erwähnen wir nur nebenbei — findet sich im »Fliegenden Holländer« im 1. Aufzug in dem als Ganzes auf das tragische C-moll abgestimmten ersten großen Monolog des Holländers »Die Frist ist um, und abermals verstrichen sind sieben Jahr« an der Stelle: »wann alle Toten auferstehn, dann werde ich in Nichts vergehn — in Nichts vergeh'n«, bei der letzten, bedeutsamen Wiederholung dieses Nachsatzes, der das bis dahin waltende Moll plötzlich in Dur übergehen läßt. Am Ende des ganzen Monologs oder der ganzen Arie, erhebt sich dann bei »Ew'ge Vernichtung, nimm' mich auf« gegen das finstere F-moll des Holländer-Motivs noch einmal mächtig das abschließende C-dur, während der darauf folgende, von den gleichen Worten getragene dumpfe Gesang der Schiffsmannschaft, in Moll (A-moll — C-moll) bleibt. Für das dumpfe Bewußtsein der Mannschaft ist nur die Vernichtung da, an dem Punkte, wo in das doch schon von höherer Individualität getragene Bewußtsein des Holländers gerade da, wo vom »Nichts« die Rede ist, die Ahnung von etwas Höherem, Ichhaften, von einem ewigen Ich hereinscheint. So oft spricht, gerade bei Richard Wagner, die Musik dasjenige aus, was noch im Unbewußten, in den Bewußtseinsuntergründen des Menschen waltet. Und ausdrucksvoll, offenbarend verbindet sich an dieser Stelle im »Holländer« dasjenige, was C-dur, der »Nullpunkt« der Tonarten, mit dem Gedanken des Nichts zu tun hat, mit dem, was C-dur dann als die willenshafte, die Ich-Tonart, den Ausdruck des Ich-Prinzips charakterisiert, ähnlich, wie auch der Geist der deutschen Sprache es fügt, daß in dem Wort »nichts« gleichzeitig das »Ich« enthalten ist. So stoßen wir immer auch schon in den frühen Werken Richard Wagners auf geniale Zusammenhänge.

Im »Tannhäuser« spielt C-dur nur eine ganz geringe Rolle. Mitten im Sinnesrausch des Venusbergs findet es sich einmal als gleichsam »vorgetäuschte Realität« bei »Naht euch dem Strande«, das sonst auch in anderen Tonarten erscheint. Anders im »Lohengrin«: da ist es der wirksame Erdengegensatz gegen die Gralstonart A-dur, auf die »Lohengrin« als Ganzes, also namentlich alles, was mit dem Geheimnis des Lohengrin selbst zu tun hat, abgestimmt ist, der Gegensatz des niederen, gewöhnlichen Irdischen gegen das Licht der »höheren Welt«, aus der der Eingeweihte Lohengrin zur Menschheit herniedersteigt. Man beachte, wie das das ganze Vorspiel beherrschende, noch im Ausklingen des Vorspiels waltende A-dur nach dem Aufgehen des Vorhangs im Beginn des I. Aktes rasch in C-dur übergeht: zuerst wird A-dur aus der ihm natürlichen Höhenlage (den höheren Oktaven) in die tiefen Oktaven versetzt, wo es sich dann gleichsam nicht mehr behaupten kann, rasch — beim Aufgehen des Vorhangs über der ersten Heerbannszene — den Übergang nach C-dur sucht. Dem militärisch-kriegerischen Gepräge dieser stark auf das Irdische abgestimmten Szene wäre selbstverständlich das A-dur der »lichten Höhen« des Vorspiels nicht mehr angemessen. »Nun ist es Zeit, des Reiches Ehr' zu wahren, ob Ost, ob West?

Das gelte allen gleich! Was deutsches Land heißt, stelle Kampfesscharen, dann schmäht wohl niemand mehr das Deutsche Reich!« — Das kann natürlich nur in C-dur seinen real-irdischen Ausdruck finden. Ähnlich beherrscht das C-dur der militärischen Fanfare die Übergangsmusik im 3. Akt, die dann das Szenenbild des 1. Aktes mit dem Heerbann wieder vor uns aufsteigen läßt. Nach der vorausgegangenen erschütternd tragischen Szene, in der Elsa dem Lohengrin ihr Schweigegelübde gebrochen und so die Katastrophe heraufbeschworen hat, wirkt das zur kernhaften Erdenrealität zurückführende C-dur hier besonders wohltuend, stellt wieder ein Gleichgewicht her.

Ein wirklicher Höhepunkt von C-dur, nicht nur für den »Lohengrin«, sondern für die ganze Musikliteratur, findet sich am Schlusse des (dann auch in C-dur abschließenden) 2. Aktes da, wo nach dem immer wieder erneuten Anstürmen der Zaubergewalten von Ortrud und Telramund zuletzt in Elsa die heilvolle Wendung eintritt, in der sie sich wieder ganz zu Lohengrin kehrt, die Wendung, die den Sieg, den wenigstens vorläufigen Sieg des Lichtes über die finstern schwarzmagischen Mächte enthält, die Wendung, die in Elsas Worten zum Ausdruck kommt: »Mein Retter, der mir Heil gebracht! Mein Held, in dem ich muß vergehn! H o c h ü b e r a l l e s Z w e i f e l s M a c h t s o l l m e i n e L i e b e s t e h n!« Wie hier bei diesen letzten Worten die Wendung nach C-dur eintritt, so daß beim letzten Worte dann noch das Orchester auf einmal schweigt, und dafür die Orgel im Münster — wir stehen beim Brautzuge Elsas — den C-dur-Akkord übernimmt, das ist mit das schönste, wirkungsvollste C-dur, das es irgendwo gibt. Dementsprechend wird der Akt dann mit dem Brautzug-Motiv in brausendem C-dur, in der Verbindung von Orchester und Orgelklang, zu Ende geführt, wobei nur kurz vor dem Schlusse noch einmal das finstere F-moll des mahnenden Fragemotivs (»Nie sollst du mich befragen ...«) die lichte Klarheit von C-dur unterbricht.

Das »schönste« C-dur, das heißt: das offenbarendste! Wir erinnern uns, wie wir innerhalb des Ausdrucksgebiets von C-dur vor allem auch die Bewußtseinsklarheit, das Wachwerden im Bewußtsein fanden. Und darum handelt es sich beim Abschluß des zweiten Lohengrin-Aufzugs in einem ausgezeichneten Maße: alle Zaubermacht, die das Bewußtsein des Menschen umnebeln und herabdämpfen will, sehen wir in diesem Akte durch die Widersacher aufgeboten, aber zuletzt siegt das Lichte, Göttliche, den Menschen zur Bewußtseinsklarheit, zum wachen Bewußtsein Führende in der weißen Magie Lohengrins, und es offenbart die ganze intuitive Treffsicherheit des Musikers Richard Wagner, wie er das alles hier in der schlichtesten und zugleich ergreifendsten Weise durch die C-dur-Tonart zum Ausdruck bringt. Eben weil sonst die C-dur-Tonart auch im Lohengrin nur sehr wenig vorkommt, kann sie an dieser Stelle so mächtig wirken.

Die weitere zeitliche Reihenfolge der Wagneropern und Musikdramen — von der wir auch hier ausgehen — ist diejenige, daß auf Lohengrin der »Ring des Nibelungen« folgt, zunächst »Rheingold«, dann »Walküre«, dann die beiden ersten Akte des »Siegfried«. Danach schuf Richard Wagner zuerst »Tristan und Isolde«, darauf die »Meistersinger«. Jetzt erst entsteht der dritte Akt des »Siegfried«, darauf »Götterdämmerung«, zuletzt »Parsifal«. Wir werden hier den »Ring des Nibelungen« immer als Ganzes vom »Rheingold« bis zur »Götterdämmerung« bringen, daran anschließend dann »Tristan und Isolde«, »Meistersinger«, »Parsifal«.

Im »Rheingold« hat Richard Wagner nicht nur die vollkommene Sicherheit in der Handhabung der Tonart gewonnen, sondern dieses Werk ist für die plastische und zugleich sprechende Gestaltung des Tonartlichen geradezu einzigartig (nur »Parsifal« ist in diesem Punkte noch einigermaßen zu vergleichen). Nirgendwo kontrastieren wie hier die längeren, deutlich aus der Tonart heraus gemalten Abschnitte — man denke schon an den berühmten langausgesponnenen Anfang im reinen Es-dur — mit der »gebrochenen Tonalität« der mehr dramatischen Abschnitte und Übergänge, deren gelegentliche Vorzeichnungslosigkeit dann, wie bereits betont, selbstverständlich nicht mit wirklichem C-dur zu verwechseln ist.

Wirkliches C-dur kommt auch im »Rheingold« nur ganz vereinzelt, dann aber in sehr bedeutsamer und charakteristischer Art und Weise vor. Zunächst als »C-dur des klaren Lichtes« beim Aufleuchten des Goldhortes in der Rheinestiefe in der ersten Rheintöchter-Alberich-Szene: »Durch die Flut ist von oben her ein immer lichterer Schein gedrungen, der sich an einer hohen Stelle des mittelsten Riffes allmählich zu einem blendend hellstrahlenden Goldglanze entzündet; ein zauberisch goldenes Licht bricht von hier durch das Wasser.« Der rhythmische Charakter von C-dur tritt an dieser Stelle zugleich sehr hervor, und wird durch die Instrumentation (Triangel, Becken usw.) noch gehoben. Beim Erlöschen des Lichtes im Raube des Rheingolds durch Alberich tritt C-moll als der finstere Gegensatz von C-dur stark in die Erscheinung. (C-moll ist die Verneinung von C-dur, während A-moll, trotz des Mollgegensatzes, immer noch eine Beziehung zu C-dur, etwas sich in C-dur Einfügendes hat, so wie ja auch der C-dur- und der A-moll-Akkord sich verbinden, während der C-dur- und der C-moll-Akkord sich ausschließen.)

Neben diesem »Lichtes-C-dur« offenbart sich dann bei Wotan das »willensmäßige C-dur« zuerst schon da, wo er den mit seinem Hammer gegen die Riesen ausholenden Donner in seine Grenzen zurückweist: »Halt, du Wilder! Nichts mit Gewalt! Verträge schützt meines Speeres Schaft.« Dann folgt zunächst noch einmal ein »lichtes C-dur«, da wo nach dem Fluche Alberichs und der bei den Göttern dadurch ausgelösten Benommenheit durch Freias Wiederkehr wieder etwas Lichtes, Freundliches, wieder eine Art Gleichgewichtsstimmung im Bewußtsein der Beteiligten eintritt: Hier erscheint das Freia-Motiv (»goldene Äpfel wachsen in ihrem Garten«), das früher zuerst in D-dur auftrat, im ganz reinen, diatonischen C-dur. Dann kommt noch einmal — und das ist die Haupt-C-dur-Stelle im »Rheingold« überhaupt — das »willensmäßige C-dur« da, wo nach dem Gewitter- und Regenbogenzauber die Burg Walhall noch einmal im Glanz der Abendsonne erstrahlt, und nun nach der Stelle »Es naht die Nacht: vor ihrem Neid biete sie [die Burg] Bergung mir« in Wotan der, zugleich das Selbstopfer der Götter in sich schließende, später in Siegfried verwirklichte Heldengedanke als der rettende Impuls der Zukunft aufblitzt, wo nur das Orchester dasjenige, was zunächst schweigender Göttergedanke in Wotan ist, ausspricht in der C - d u r - F a n f a r e d e s S c h w e r t m o t i v s, die hier zum erstenmal im »Ring des Nibelungen« erscheint, um fortan eins der ständigen Hauptmotive durch alle Ringdramen hindurch zu bilden, das dann an allen Hauptstellen (von gewissen mehr »zitierenden« Nebenstellen abgesehen) immer in C-dur, getragen vom Glanz der hellen Trompete, erscheint (so zuletzt noch einmal beim Durchbruch des lichten C-dur in der Trauermusik auf Siegfrieds Tod in der »Götterdämmerung«). Es ist das zugleich eins der Hauptbeispiele für das ichhafte, willenshafte C-dur in der ganzen Musikliteratur, es ist dieses C-dur-Motiv bei Wagner im »Ring des Nibelungen« geradezu der musikalische Ausdruck des Ich-Prinzips selbst, das zuerst als Göttergedanke in der Weltentwicklung entstehen mußte, um dann bei den Menschen, bei dem von der Götterwelt sich lösenden Menschen, seine eigentliche Verwirklichung zu finden.

In der »Walküre«, in der die C-dur-Tonart sonst nur eine ganz geringe Rolle spielt, kehrt die C-dur-Fanfare des »Schwertmotivs« wieder im 1. Akt beim Aufleuchten des Schwertgriffs im Eschenstamm, in der Szene, wo Siegmund nach der Kampfherausforderung Hundings allein am Herdfeuer zurückgeblieben ist. Es handelt sich hier um das die Verheißung tragende Schwert, das Wotan, der Stammvater des Wälsungengeschlechts für Siegmund in die Esche gestoßen hat. Eigentlich verkörpert dieses Schwert den freien Heldengedanken, so wie ihn Wotan der Fricka erklärt: »Not tut ein Held, der ledig göttlichen Schutzes sich löse vom Göttergesetz: so nur taugt er zu wirken die Tat, die, wie not sie den Göttern, dem Gott doch zu wirken verwehrt« —, also den freien Ich-Impuls, der, unabhängig vom Göttergesetz der Vergangenheit, sich zukunftschaffend ins Weltwirken hineinstellt. Das ist musikalisch bei Wagner die C-dur-Fanfare des Schwertmotivs. In Siegmund ist die hier vom Göttergedanken gestellte Bedingung noch nicht vollständig erfüllt: Wotan hat ihm, dem eigenen Sohn, ja das Schwert in die Esche gestoßen, daß er es fände in höchster Not. Er findet es, aber Wotan selbst muß, in das Göttergesetz verstrickt, im entscheidenden Augenblick dem Schwert seine Kraft nehmen, muß es zerschlagen, und Siegmund fällt im Kampfe gegen Hunding. Erst Siegfried, der aus den Stücken durch eigene Kraft das Schwert sich neu schmiedet, kommt der Verwirklichung des — der Menschheit als ihre große Aufgabe gestellten, aber doch immer noch und immer wieder unvollkommen bleibenden — Ich-Impulses um eine Stufe näher, bis auch er den Ränken der dem Ich-Impuls feindlichen Widersachermächte erliegt; und erst Parsifal ist es, der dann auf einer höheren, durch das Christus-Ereignis gegebenen Stufe den großen Menschheitsimpuls verwirklicht, nachdem auch er auf dem Wege dahin noch mancherlei Kämpfe hat bestehen, mancherlei Prüfungen hat durchringen müssen. Das christliche Symbol des genannten Impulses ist dann nicht mehr das Schwert, sondern der Speer, der Gralsspeer, der dem Widersacher wieder entrungen wird, während im »Ring des Nibelungen« der Speer gerade noch das Göttergesetz der Vergangenheit, das dann durch den zukunfttragenden Ich-Impuls überwunden werden soll, verkörpert. Das alles wurde hier angeführt, weil es sich bei Wagner im »Schwertmotiv« so eigenartig mit den Geheimnissen der C-dur-Tonart verbindet. So vernehmen wir im 1. Akte der Walküre, in der Siegmund-Szene, beim Aufleuchten des Schwertgriffes im Eschenstamm, im hellen Glanz der Trompeten, vom Flimmern der Streichinstrumente umwoben, das C-dur-Motiv, bis mit dem Erlöschen des Glanzes wieder Bangnis an die Stelle der Zukunftshoffnung tritt — musikalisch Übergang von C-dur nach dem dunklen tiefen C-moll —: »Da bleicht die Blüte, das Licht verlischt; nächtiges Dunkel deckt mir das Auge: tief in des Busens Berge glimmt nur noch lichtlose Glut.« An die Stelle der hellen Trompeten ist die tiefdunkle Kontrabaßposaune getreten.

Dann ist in der »Walküre«, die mit ihrer vorwiegenden Romantik im ganzen durchaus keine C-dur-Oper ist, noch eine hervorragende C-dur-

Stelle in Wotans Abschied bei »dieser Augen strahlendes Paar, das oft im Sturm mir geglänzt« (beim folgenden ändert sich schon wieder die Tonart: »wenn Hoffnungssehnen das Herz mir sengte, nach Weltenwonne mein Wunsch verlangte aus wild webendem Bangen: zum letztenmal letz' es mich heut' mit des Lebewohles letztem Kuß! Dem glücklicher'n Manne glänze sein Stern: dem unsel'gen Ew'gen muß es scheidend sich schließen«). »Dieser Augen strahlendes Paar« — mit diesen Tönen verbindet Wagner in offenbarender Schönheit das »lichthafte C-dur«, während beim Aufleuchten des Schwertmotivs im 1. Akt das »ichhafte C-dur« mit dem lichthaften sich verbindet.

Im »Siegfried« bringt zunächst nur die Erscheinung des »Wanderers«, des jetzt als Wanderer die Erdenwelt durchstreifenden Wotan die C-dur-Tonart: an die Stelle des Des-dur des Walhall-Götter-Motivs ist hier das, noch immer von mancherlei Chromatik durchwobene, C-dur getreten, wie um auszudrücken, daß der Gott jetzt die schimmernde, zur Verführung gewordene Pracht (Des-dur) seiner Götterheimat verlassen hat, um sich in das Gleichgewicht der Erdenkräfte hineinzustellen, jenes Gleichgewicht der Erdenkräfte, für das ja C-dur der musikalisch-tonartliche Ausdruck ist.

Die verschiedenen vorzeichnungslosen chromatischen Episoden der ersten beiden Siegfried-Akte sind nicht mit wirklichem C-dur zu verwechseln.

Das eigentliche C-dur — und gerade im Siegfried hat diese Tonart eine starke Bedeutung und wird zu großen, in der Musik nur selten erreichten Höhen emporgeführt — bringt erst der 3. Akt des Siegfried, ein »C-dur d e s s i e g e n d e n Lichtes«, in der großen abschließenden Szene zwischen Siegfried und Brünhilde. Vorher finden wir nur zweimal ein vorübergehendes kurzes C-dur, zunächst beim ersten Erscheinen Siegfrieds, dem sein wegweisendes Waldvöglein entflattert ist: »Am besten find' ich mir selbst nun den Berg« (also das C-dur des Ich-Impulses, und des Sichzurechtfindens im Gleichgewicht der Erdenkräfte) und dann, im Gespräch mit dem Wanderer das »lichthafte C-dur« — wie ein an die letzterwähnte Stelle der »Walküre« erinnerndes »C-dur des Augenlichtes« in dem metaphysisch bedeutsamen Worte Wotans: »Mit dem Auge, das als andres mir fehlt, erblickst du selber das eine, das mir zum Sehen verblieb.« Das »große C-dur« des 3. Siegfried-Aktes beginnt mit dem Erwachen Brünhildes — C-dur hier auch wieder als die Tonart des Erwachens, des Tageslichts —: »Heil dir, Sonne! Heil dir, Licht! Heil dir! leuchtender Tag! Lang war mein Schlaf, ich bin erwacht: wer ist der Held, der mich erweckt?« (Hier schon wieder E-dur.) Die Harfenklänge des Orchesters heben feierlich den Lichtcharakter von C-dur, das dann in tonaler Reinheit wiederkehrt bei »Heil dir, prangende Erde!« Auch hier erscheint dann, wie es der Wagnerstil so mit sich bringt, C-dur nur an einzelnen Höhepunkten vorübergehend wieder: »Doch wissend bin ich nur, weil ich dich liebe«, und später in Siegfrieds Wort: »Faßt dich mein Arm . . . (also C-dur als die Tonart des real-irdischen Ergreifens) . . . dann bist du mir, was bang du mir warst und wirst! Dann brach sich die brennende Sorge, ob jetzt Brünhilde mein?« Aber der Schlußzwiegesang der beiden, nach Brünhildens Worten (schon hier C-dur): »Lachend muß ich dich lieben, lachend will ich erblinden, lachend laß' uns verderben, lachend zugrunde gehen!« läßt das Ganze dann in starkem und leuchtendem C-dur ausklingen: »er (sie) ist mir ewig, ist mir immer, Erb' und Eigen, Ein und All', leuchtende Liebe, lachender Tod!« Es ist mit das stärkste C-dur der Musikliteratur.

In der »Götterdämmerung« kehrt dieses Siegfried-C-dur des »Tagesgrußes« (Brünhilds Erwachen) mit den gleichen Motiven aus »Siegfried« wieder, bei Siegfrieds Sterbegesang: »Brünhilde! Heilige Braut! Wach' auf! Öffne dein Auge! . . .« Sonst tritt das helle C-dur in der verfinsterten Atmosphäre der »Götterdämmerung« sehr zurück. Wie eine Vergangenheitserinnerung erscheint es vorübergehend in der Nornenszene des Vorspiels an der Stelle »die Weltesche war das einst«. Dann als trivial-irdisches C-dur im Mannenchor: »Groß Glück und Heil lacht nun dem Rhein, da Hagen, der Grimme, so lustig mag sein«, wobei aber die lichte reine Tonalität von C-dur immer wieder durch den übermäßigen Dreiklang gebrochen und in einem gewissen Sinn negiert wird. Im übrigen fällt in die finstere Dramatik des zweiten Aktes der »Götterdämmerung« ein charakteristisches Glanzlicht von C-dur, durch die Trompete wirksam gehoben, an der Stelle »b e i d e s S p e e r e s S p i t z e sprech' ich den Eid«, sowohl bei Siegfrieds Schwur, wie da, wo Brünhilde, Siegfrieds Hand vom Speere wegreißend, ihm den Schwur entreißt. Charakteristisch ist C-dur dann noch beim Aktschluß, es wirkt da, nach aller vorausgegangenen hochgespannten Dramatik, wie ein Zurückgerissenwerden in die Alltagssphäre, ähnlich wie dies auch beim ersten Aktschluß von »Tristan und Isolde« der Fall ist, wo es den Übergang aus der Welt der Liebesekstase in den nüchternen Alltag bei der Landung des Schiffes wirksam zum Ausdruck bringt.

Ein wirklicher Höhepunkt von C-dur ist dann noch im 3. Akt in der Trauermusik auf Siegfrieds Tod die Stelle, wo nach dem finstern C-moll des Anfangs die den Heldengedanken offenbarende Fanfare des Schwertmotivs in strahlendem C-dur im Glanze der Trompeten durchbricht: dieses an allen Hauptstellen in C-dur erscheinende Motiv hat hier seine Höhe, seinen eigentlichen Abschluß, nachdem es zum erstenmal am Schlusse des »Rheingold«, ebenfalls in C-dur, erklungen ist.

Richard Wagners musikalisches Hauptwerk »Tristan und Isolde« ist noch weniger als alle die andern eine C-dur-Oper. Insoweit sich innerhalb der besonders reichen Chromatik und weithin gebrochenen Tonalität dieses Musikdramas die Tonart dennoch herausarbeitet, ist es vor allem As-dur als die Tonart der Liebesnacht, die für die Welt des Tristan die eigentliche Realität ist, wogegen die Erdenrealität von C-dur zum trügenden Scheine verblaßt, im Gegensatz zu den »Meistersingern«, wo gerade C-dur als die Tonart der festen, bodenständigen Erdenrealität sich behauptet. So konnte Wagner eben in ganz verschiedene Welten eintauchen, und diese Verschiedenheit wirkt sich dann auch in der Handhabung der Tonart aus.

So bedeutet also C-dur, die Tonart des irdischen Tageslichts, für »Tristan und Isolde« die Welt des trügerischen Tageslichts, so im 1. Akt: »siegprangend heil und hehr, laut und hell wies er auf mich«, und bei Kurwenals Ankündigung der Landung: »Frisch und froh! Rasch gerüstet! Fertig nun, hurtig und flink.« Man fühlt sofort hindurch, wie weit man an solchen Stellen von der eigentlichen Tristansphäre entfernt ist, darum auch das gleichsam tristanferne und tristanfremde C-dur. So auch bei dem bereits erwähnten ersten Aktschluß: nach der vorangegangenen, noch bei der Schiffahrt sich abspielenden Liebestrank-Szene mit ihrer höchsten Liebesekstase kommt das Schiff jetzt ans Land, an den Strand von Kornwall, wo König Marke regiert. Wie Meer und Schiffahrt selbst ein Bild des großen kosmisch-ätherischen Meereswogens sind, in dem die eigentliche Welt des Tristan sich auslebt, so ist demgegenüber das Anslandkommen, das Festland selbst, die nüchterne Erdenrealität, die innerhalb der Welt des Tristan und gegenüber dieser Welt eben gerade k e i n e R e a l i t ä t ist. Das Ganze erinnert, wie manche andere Motive von »Tristan und Isolde«, an gewisse Evangelienmotive, vor allem Mark. 6, 54 und Joh. 6, 21, aber mit dem bedeutsamen Unterschied, daß dort für die Jünger die Landung, das Kommen ans Festland, nach den vorangegangenen Nachterlebnissen der Schiffahrt, des Seesturms und der Schau des auf den Wogen wandelnden Christus ein Erwachen zu einem helleren Bewußtsein, zu einem festeren Sichhineinstellen in das Gleichgewicht der Erdenkräfte ist.

Im 2. Akt bringt der Anfang des Wiedersehens der beiden Liebenden nach dem vorausgegangenen B-dur der liebenden Erwartung einen, immer noch mit vieler Chromatik durchwobenen, Anklang von C-dur: »Bist du mein?« »Hab' ich dich wieder?« »Darf ich dich fassen?« »Kann ich mir trauen?« »Fühl ich dich wirklich?« »Seh' ich dich selber?« »Dies deine Augen?« »Dies dein Mund?« »Hier deine Hand?« usw. Hier ist C-dur auch wieder die Tonart der Erdenrealität, aber der bezweifelten, derjenigen, der die an dem Erlebnis Beteiligten selber noch nicht recht zu trauen wagen. Man kann sich daran erinnern, wie Richard Wagner selbst der Freundin Mathilde Wesendonk, die ihm das Wunderwerk des »Tristan« inspirierte, sich am verbundensten fühlte, wenn er ihr räumlich fern war, so daß dann eine Wiederbegegnung im Irdischen — er spricht davon in den Briefen — fast den Charakter von etwas Unwirklichem, oder doch nicht eigentlich ganz Wirklichem, für ihn hatte. Vieles von diesen ganz persönlichen Erlebnissen Richard Wagners spiegelt sich ja dann wider in den Erlebnissen der Liebenden seines großen Musikdramas.

In demselben Sinne bezeichnend ist die C-dur-Tonart an der Stelle: »was dir gezeigt die dämmernde Nacht, an des Tagesgestirns Königsmacht [hier die hauptsächliche C-dur-Wendung] mußtest du's übergeben (C-dur), um einsam in öder Pracht schimmernd dort zu leben« (A-moll).

Wie beim ersten Wiedersehen der Liebenden im 2. Akt C-dur als Tonart der trügerischen Erdenrealität hereinkommt, so auch noch einmal beim letzten, vor dem Schlusse des 3. Aktes: so ertönt schon beim endlichen Sichtbarwerden des die Geliebte herbeibringenden Schiffes die »fröhliche Hirtenweise« (als der grelle Gegensatz der »traurigen Hirtenweise« im Anfang des 3. Aktes) in hellem C-dur, und so erscheint dann noch einmal vorübergehend ein großes, mit starker Chromatik durchwobenes C-dur da, wo Tristan, nachdem er sich die Wundverbände vom Leib gerissen hat und vom Lager aufgesprungen ist, sterbend der Geliebten in die Arme sinkt: »Die Leuchte verlischt. Zu ihr! Zu ihr!«

Sonst kann man nach C-dur in »Tristan und Isolde« suchen, wie man will, man wird es in diesem der eigentlichen Tagessphäre von C-dur so gänzlich abgewendeten Musikdrama kaum irgendwo noch finden.

Genau umgekehrt liegt der Fall bei den »Meistersingern«, die Richard Wagners eigentliche C-dur-Oper sind. Obwohl, äußerlich gesehen, auch hier andere Tonarten überwiegen, beherrscht C-dur doch als eigentliche Rahmentonart das Ganze. (Eine solche bestimmte »Rahmentonart« kann man sonst nur bei »Lohengrin« und »Parsifal«, vielleicht auch noch beim »Fliegenden Holländer« feststellen.) In starkem Meistersinger-C-dur beginnt und schließt das Vorspiel, und schließt auch wiederum der 3. Akt, so daß die Entsprechung eine vollkommen deutliche ist. Dazwischen wechselt auch in diesem Musikdrama, wie überall bei Wagner, aufs mannigfaltigste die Tonart, aber doch so, daß der Eindruck eines das Ganze beherrschenden C-dur bleibt. Das der C-dur-Tonart entsprechende feste Sichhineinstellen in die Erdenkräfte, das der entrückten Welt des Tristan so gänzlich ferne liegt, ist für die »Meistersinger« gerade wesentlich, und an einer ganz bekannten Stelle im 3. Akt (Hans Sachs zu Eva: »Mein Kind, von Tristan und Isolde kenn ich ein traurig Stück . . .«), wo Wagner sogar mit einer gewissen Ironie die eigenen Tristan-Motive zitiert, wird diese ganze »Welt des Tristan« als etwas Fernes, Abseitiges, nicht eigentlich zum Heile Führendes hingestellt. Das dürfen wir aber durchaus nicht wiederum mißverstehen, nicht irgendwie einseitig nehmen: in jener Welt von »Tristan und Isolde« lebte doch (wie wir, wenn wir es noch nicht aus der Tristan-Musik selber wüßten, aus den Briefen an Mathilde Wesendonk wissen können) Wagners tiefste Innerlichkeit, sein tiefstes Wesen, und gerade, weil er so tief in die nachtdunkle Welt des Tristan einzutauchen wußte, vermochte er hinterher so meisterhaft die taghelle Welt der »Meistersinger« zu gestalten und sich nach dem großen, aber einsamen Liebeserleben von »Tristan und Isolde« so liebevoll i n d e n »M e i s t e r s i n g e r n« dem Irdischen und Menschlichen zuzuwenden. Man darf also das über das »Meistersinger-C-dur« Gesagte nicht mit einem Werturteil über das eine oder das andere Werk verbinden.

Neben dem Erdenstarken, Urgesunden fehlt dem C-dur der Meistersinger — man denke gleich an das erste, übrigens immer noch mit allen möglichen chromatischen Zwischentönen durchwobene Meistersinger-Hauptmotiv, mit dem das Vorspiel beginnt — nicht eine gewisse Derbheit und Grobheit, ein gewisser Zug ins Allzuirdische, Allzumenschliche, zuweilen — siehe die »Festwiese« im 3. Akt — wird es geradezu »Philister-Tonart« (was keineswegs ausschließt, daß wir in dieser Komposition der »Festwiese«, gerade auch durch das wirkungsvolle Arbeiten mit Gegensätzen einen hohen Grad künstlerischer Meisterschaft entdecken können, wie ihn nur der selbst zur reifsten Meisterschaft Fortgeschrittene entwickeln konnte). Auch bei der Festwiese bleibt C-dur keineswegs ununterbrochen.

Im übrigen sind die Beispiele für C-dur auch in den Meistersingern gar nicht so zahlreich, als man vielleicht erwarten möchte (die genannte Tonart herrscht dort mehr qualitativ als quantitativ). Von hauptsächlichen C-dur-Stellen seien, außer dem Kirchenchoral im Beginn des 1. Aktes (Motiv der Jordantaufe), dessen C-dur-Anfang (mit Orgelklang) mit dem C-dur-Ausklingen des Vorspiels wirksam zusammenfällt, erwähnt aus dem

1. Akt: »Eines jedes Meistergesanges Bar stell' ordentlich ein Gemäße dar aus unterschiedlichen Gesetzen, die keiner soll verletzen« (C-dur als die Tonart des Wohlgeordneten, in normales Gleichgewicht Gebrachten), und die entsprechende Stelle im 3. Akt, dort im Munde des Hans Sachs: »Eine Meisterweise ist gelungen, von Junker Walther gedichtet und gesungen: der jungen Weise lebender Vater lud mich und die Pognerin zu Gevatter.« Das bezieht sich auf das unmittelbar vorher von Walther Stolzing vorgetragene »Preislied«, das ebenfalls C-dur zur Grundtonart hat (in diesem Falle ein »hohes C-dur«, das von den Lebenshöhen spricht, die sich ja auch im »Siegfried«, natürlich wieder in anderer Art, mit der C-dur-Tonart verbanden). Beim ersten Singen vor Hans Sachs schließt Walther das in C-dur begonnene Preislied in einer anderen Tonart (G-dur; Hans Sachs meint: »Das macht den Meistern Pein!«, beim Vortrag auf der Festwiese bleibt er, Sachsens wohlgemeinten Rat beherzigend, in C-dur). Hans Sachsens Schlußansprache (»Verachtet mir die Meister nicht ...«), wesentlichste C-dur-Motive des Vorspiels aufgreifend, steht überwiegend in markigem C-dur. Die eigentlich schönste C-dur-Stelle der »Meistersinger«, wo sich die Tonart zu jener Höhe des Ausdrucks erhebt, zu der nur die ganz großen Meister sie führen konnten, findet sich im Anfang des 3. Akts in Hans Sachsens großem Monolog »Wahn! Wahn! überall Wahn!« am Schlusse beim Übergehen von dem zartpoetischen Weben und Flimmern der Johannisnacht (»ein Glühwurm fand sein Weibchen nicht, der hat den Schaden angericht', der Flieder war's, Johannisnacht!«), mit ihren duftig-romantischen Tonarten-Übergängen (H-dur, As-dur, E-dur) zur bewußtseinweckenden hellen Klarheit des Johannistags: »Nun aber kam Johannistag!« Es gehört das eigentlich zum größten, ergreifendsten C-dur der ganzen Musikliteratur (das große C-dur am Schlusse des Adagiosatzes in Bruckners 7. Symphonie beruht auf ähnlichen Tonartenübergängen, erhebt sich dabei nur in eine noch höhere Sphäre). An solchen Stellen hat dann C-dur, auch in den »Meistersingern«, nichts mehr von der »Philistertonart« an sich.

Die bis in die Verwendung der Tonart hinein spürbare Wendung und Wandlung, die zwischen »Tristan und Isolde« und den »Meistersingern« liegt, hat tiefe Hintergründe. »Tristan und Isolde« schöpft Richard Wagner aus den Tiefen vorchristlicher Mysterien, die dem Christlichen schon nahe sind, ohne es noch ganz zu erreichen. Daher die mancherlei Evangelienmotive im Tristan, deren eines wir auch bei der Tonartenbetrachtung anzuführen Gelegenheit hatten (man denke an die »Macht der Mutter«, das »Gebieten über Meer und Sturm«, das »Wandeln auf den Wogen«, »letzte

Labung«, »nur eine Stunde bleibe mir wach!« und ähnliches). Doch ist wesentlich für »Tristan«, daß eine letzte entscheidende Vereinigung und Verbindung im vollen Leben und Wachen noch nicht gefunden wird, daß eine Sehnsucht bleibt, was erst im vollen Christuserleben seine Heilung und Befriedigung findet. Aber wie kein anderes Mysterium führt dasjenige des »Tristan« auf diesem Wege des Leidens und der Sehnsucht an das Christliche heran. So konnte aus der weltfernen Einsamkeit des »Tristan« das Menschheitlich-Umfassende der »Meistersinger« erwachsen, das schon ein überall in diesem Werk deutlich spürbares christliches Element in sich schließt (musikalisch im Vorspiel zum 3. Akt deutlich zum Ausdruck gebracht), wie es auch den ganzen Johannesmotiven der Jordantaufe usw. entspricht. Im Menschheitlichen der Meistersinger lebt schon der Christusimpuls, der dann im »Parsifal« bis zur Gralsidee, zur Idee der Wandlung der Erde durch die Christustat, durch das Mysterium von Golgatha (Karfreitagszauber!) emporgeführt wird. Ein innerer Entwicklungsweg führt Richard Wagner folgerichtig von den vorchristlichen, aber schon auf das Christentum in gewissem Sinn hingeordneten Mysterien (Nibelungenring und Tristan) auf das (schon in »Tannhäuser« und »Lohengrin« von fern angedeutete) christliche Mysterium im »Parsifal«, in dem sein Lebenswerk sich vollendet. Den Übergang zum »Parsifal« bilden (neben der Vollendung des Ringes in der »Götterdämmerung«) vor allem die »Meistersinger«. Das alles spiegelt sich bis in die Tonart hinein. Den nachtdunklen Tonarten in »Tristan und Isolde« (vor allem As-dur) steht in den »Meistersingern« das taghelle C-dur gegenüber, das wiederum, im christlichen Sinn, das Gleichgewicht im Irdischen sucht und findet. Liegt hier wie dort noch eine gewisse Einseitigkeit, so bringt der »Parsifal« dann die Synthese des Gegensatzes: das As-dur der Tristan-Liebesnacht wird zum As-dur des in der tiefsten Dunkelheit, nach Verlöschen allen irdischen Lichtes sich vollziehenden Gralsmysteriums (wie das H-dur von Isoldens Liebestod zum H-dur des Karfreitagszaubers wird — dazwischen steht der H-dur-Fliederduft der »Meistersinger«), das noch etwas einseitig irdische C-dur der Meistersinger zum C-dur der höchsten Bewußtseinsaufhellung und vollen Bewußtseinsklarheit wie sie im Sinne des christlichen Mysteriums, des Gralsmysteriums liegt.

Auch im »Parsifal« wird C-dur nur verhältnismäßig selten, aber dann immer in ganz großem und hohem Sinne verwendet. Welche Rolle das Motiv der Bewußtseinshelligkeit, des **vollen Wachwerdens im Bewußtsein** im christlichen Mysterium des »Parsifal« spielt, wurde in der

Schrift »Das Parsifal-Christus-Erlebnis« (Stuttgart, Verlag Urachhaus) erörtert. Wie der zur Gralserkenntnis berufene junge Parsifal stufenweise auf dem Weg der Prüfungen und des Leidens zu diesem höchsten Wachwerden im Bewußtsein geführt wird, wurde da gezeigt. Der »Gang zur Gralsburg«, im 1. Akt, nach dem Erlebnis mit dem Schwan, dem ersten Erscheinen des jugendlichen Parsifal in der Gralsburg, ist eine der ersten Stufen dieses Prüfungsweges. Ein ganzes Panorama von Tonarten, vom hohen A-dur bis zum tiefen Es-dur und dunklen As-dur, zieht während dieses Prüfungsweges, dieses »Ganges zur Gralsburg« an uns vorüber; beim Herannahen der Gralsburg (oder: Herankommen an die Gralsburg) geht das alles, unter C-dur-Läuten der Gralsglocken, in das taghelle C-dur über, wie um uns zu sagen: jetzt stehen wir an der Mysterienstätte, wo nur das höchste Wachsein im Bewußtsein zum Ziele führen kann (das Gegenstück dazu ist die ganz auf Bewußtseinsumnebelung hingeordnete finstere, schwarzmagische Mysterienstätte des Klingsor, der »Zaubergarten«). Bedeutsam begleiten diesen Eintritt nach C-dur, nach der Tonart des Erwachens und Wachwerdens im Bewußtsein, die an Parsifal gerichteten Worte des Gurnemanz: »Nun achte wohl und laß' mich seh'n: bist du ein Tor und rein, welch' Wissen dir auch mag beschieden sein.« Noch beim ersten Gesang der hereinschreitenden Gralsritter bleibt dieses C-dur, das dann erst nach der gänzlichen Vollendung des Gralsmysteriums, nach dem Wiederabdunkeln des in feierlichem Rot (As-dur) erglühenden Gralskelches beim Wiedereintritt der Tageshelle erscheint. Eigenartig nüchtern klingt dann, nach der Verweisung des in dieser ersten Prüfung noch unbewährten jungen Parsifal aus der Gralsburg durch Gurnemanz, das C-dur des Aktschlusses: nach den feierlichen Entrückungen der Gralsfeier werden wir, mit dem jungen Parsifal selbst, in den Alltag und das Alltagsbewußtsein zurückversetzt, aber so, daß in dieses Alltagsbewußtsein zugleich eine Mahnung zu einem immer höheren Erwachen, zu einem Wachwerden zu höherem Bewußtsein hineinklingt (so auch die mithineinklingenden Stimmen aus der Höhe: »Durch Mitleid wissend der reine Tor. Selig im Glauben.«)

Der »Gang zur Gralsburg« wiederholt sich im 3. Akt: auch da erklingen die Gralsglocken in C-dur, aber in dieses C-dur mischt sich stark ein trübender Beiklang von E-moll, als der Tonart der Klage und Trauer um den Hingang des vorzeitig aus dem Leben geschiedenen Titurel. Wenn es älterer Musiktheorie auch nicht gefällt (sie wird dieses C-dur-E-moll einfach als gewöhnliches E-moll erklären), so gibt es eben doch schon bei Richard Wagner eine gleichzeitige Verbindung verschiedener Tonarten (der moderne »atonale« Stil hat hier noch unbegrenzte Möglichkeiten vor sich!): schon im ersten Vorspiel gibt es eine Stelle, wo F-moll in As-dur hineinklingt (wenn auch hier dieses Hineinklingen nicht aus der gewöhnlichen Musiktheorie, sondern nur aus dem »geistigen Wesen der Tonart« zu erfassen ist). Und ein weiteres Hauptbeispiel, zugleich ein großes C-dur-Beispiel, eines der Haupt-C-dur-Beispiele im Parsifal bietet der Schluß des 2. Aktes, da, wo die Reinheit des jugendlichen Toren (Parsifal) den finsteren schwarzmagischen Zauber Klingsors aus dem Felde schlägt, und der von Klingsor geschleuderte Speer über Parsifals Haupt schweben bleibt: »Mit diesem Zeichen bann' ich deinen Zauber: wie die Wunde er schließe, die mit ihm du schlugest, in Trauer und Trümmer stürz' er die trügende Pracht.« Das »Motiv der aufsteigenden Gralsburg«, das zugleich ein Motiv der eben durch die Gralsburg symbolisierten Bewußtseinswachheit ist, erscheint da im markigsten C-dur, und beim letzten C-dur-Akkord, während Parsifal mit dem Speer das Zeichen des Kreuzes geschlagen hat, sehen wir Klingsors Zauberschloß, das Symbol der Bewußtseinsumnebelung und des Bewußtseinstruges wie durch ein Erdbeben versinken. Aber dieser letzte C-dur-Akkord ist kein reiner C-dur-Akkord, sondern im Baß tritt noch ein fis-a dazu. Fis-a-cis wäre der C-dur-fremde Fis-moll-Dreiklang. Der Musiktheoretiker wird keine Schwierigkeit haben, diesen Akkord nach irgendeiner Harmonie oder Tonart hin zu erklären. Aber nicht auf solche Erklärungen kommt es an, sondern darauf, daß in Wagners musikalischem Bewußtsein hier deutlich etwas ganz anderes vorliegt, nämlich eine Verbindung von wirklichem C-dur mit einem andern, völlig C-dur-fremden Element. Es gibt keinen größeren Gegensatz zu c als das Tritonus-Intervall fis, keinen größeren Gegensatz zu C-dur, als Fis-dur bzw. Fis-moll, und wir werden bei der Betrachtung der Fis-moll-Tonart noch näher kennen lernen, wie Wagner Fis-moll mit Vorliebe als die Tonart der Katastrophe, des jähen Sturzes oder jähen Zusammenbruchs verwendet (von allen Tonarten ist das hohe Fis-moll diejenige, die am wenigsten Halt hat, aber meistens zum Absturz drängt). Und häufig ist es gar nicht das voll-ausdrückliche Fis-moll, was er in diesem Sinn verwendet, sondern einfach der Ton fis (vor allem das Tremolo der Bässe auf fis), der dann wie ein Repräsentant der Fis-moll-Tonart dasteht. Und so liegt der Fall auch hier im 2. Akt von »Parsifal« beim Versinken des Zauberschlosses: wir haben hier von oben her ein wirkliches C-dur-Element, in das sich von unten, vom Basse her, das Fis-moll repräsentierende »katastrophale Fis«, das Fis des Sturzes und Zusammenbruchs, hineindrängt.

Sonst finden wir im ganzen »Parsifal« kein eigentliches C-dur, nur einen immerhin bedeutungsvollen vorübergehenden C-dur-Anklang bei der an Palestrina erinnernden Stelle im 3. Akt (1. Szene mit Gurnemanz): »Daß heute der allerheiligste Karfreitag ist«, wiederum ein C-dur des im Sinne des Karfreitagsmysteriums liegenden höchsten W a c h w e r d e n s i m B e w u ß t s e i n.

Im Anschluß an C-dur wäre dann noch einiges über die bei Wagner sehr zurücktretende parallele A-moll-Tonart zu sagen. Nach dem früher darüber Ausgeführten kann einleuchten, daß A-moll, die Tonart des Halbdunkels, der Schwermut und Sehnsucht mehr eine lyrische als eine dramatische Tonart ist, und darum in der dramatischen Musik Richard Wagners keine besondere Rolle spielt. Natürlich gibt es dennoch einzelne Beispiele, die vielleicht auch vermehrt werden können.

Im »Fliegenden Holländer« entdecken wir kein wesentliches A-moll (der Anklang an diese Tonart beim Trauergesang der Schiffsmannschaft im 1. Akt wurde schon erwähnt). Im »Tannhäuser« finden wir A-moll beim Motiv der Zerknirschung in Tannhäusers Romerzählung im 3. Akt: »Hör' an, Wolfram! Hör' an! Inbrunst im Herzen, wie kein Büßer noch je sie gefühlt, sucht' ich den Weg nach Rom!«, und später noch: »Da sank ich in Vernichtung dumpf darnieder, — die Sinne schwanden mir.«

Im »Lohengrin« bildet A-moll öfter den Gegensatz zu der diese Oper beherrschenden oder doch überleuchtenden A-dur-Tonart der lichten Gralswelt. So zuerst im 1. Akt, bei der eindringlichen Wiederholung des (zuerst in As-moll auftretenden) Frageverbots: »Nie sollst du mich befragen, noch Wissens Sorge tragen, woher ich kam der Fahrt, noch wie mein Nam' und Art« — hier zuletzt wieder das lichte Lohengrin-A-dur, in das das vorangehende A-moll gleichsam einen vorübergehenden dunklen schicksalsvollen Schatten hineinwirft. Das A-moll des »Lohengrin« ist überall aus dem Gegensatz zu A-dur zu verstehen. Besonders erschütternd wirkt dieser Gegensatz am Schluß des 3. Aktes bei Elsas Tod. Schon ist Ortruds finsterer Zauber (Fis-moll) durch die lichte Magie von Lohengrins Gebet (Fis-dur bis A-dur) gebrochen, doch ist auch die Stunde des ernsten Abschieds gekommen, im Anblick des mit Lohengrin in der Ferne entschwindenden Nachens bricht Elsa entseelt zusammen: schmerzliche A-moll-Dreiklänge sind an die Stelle des vorausgehenden A-dur getreten, bis zuletzt doch das Gralsmotiv in A-dur das Ganze zu einem mahnenden und starken Abschluß bringt.

Im »Ring des Nibelungen« beherrscht A-moll die Einleitung zum 2. Akt der »Walküre«: hat C-dur öfter das Willensmäßige, die Festigkeit des Entschlusses, so A-moll den Willenstrotz, den verzweifelten Entschluß, der dann, wie hier in Siegmunds Schicksal, nicht zum Gelingen führt. So kennzeichnet A-moll bei den Wälsungenmotiven öfter das »wild verzweifelte Zwillingspaar«. So finden wir es auch im 1. Akt des »Siegfried« bei Wotans (des »Wanderers«) Frage nach dem Wälsungengeschlecht. Ausdrucksvoll ist die A-moll-Stelle im 3. Akt bei Brünhildens Wort: »Denn mir allein erdünkte Wotans Gedanke; der Gedanke, den ich nie nennen durfte, den ich nicht dachte, sondern nur fühlte ...« Wie es ein »C-dur des lichten Gedankens« gibt, so erscheint hier die Parallele A-moll als die Tonart des verhüllten, zurückgedrängten, verschwiegenen Gedankens.

In Brünhildens letzter Ansprache in der »Götterdämmerung«, in ihrer Schicksalsabrechnung mit Siegfried, wird man eine Stelle finden, wo das C-dur des Schwertmotivs leise nach A-moll umschlägt.

Als eine Hauptsache bleibt zuletzt noch das A-moll-Problem, das Tonartenproblem überhaupt des berühmten »Tristan-Vorspiels«. Keine Vorzeichnung, dabei bestimmt nicht C-dur, also wohl A-moll, so wird man sagen, und man kann dieser Aussage auch nicht einfach widersprechen. Scheint doch auch A-moll, die Sehnsuchtstonart, dem Sehnsuchts-Grundmotiv von »Tristan und Isolde« durchaus zu entsprechen. Und doch — man muß sich eben auch hier wieder daran erinnern, daß es, bei Wagner wie überhaupt, G r a d e d e r T o n a l i t ä t gibt. Das Vorspiel zum 1. Akt des »Parsifal« liegt viel mehr in der Tonart, als das zum dritten, das mehr in »gebrochener Tonalität« sich bewegt. Und bei »Tristan und Isolde« ist es nun so, daß diese »gebrochene Tonalität« mehr als in jedem andern Musikdrama Richard Wagners das Ganze beherrscht. Haben wir im Parsifal die feste Rahmentonart As-dur, als Tonart der Gralsfeier, in der der Anfang beginnt, das Ende schließt, während alles Dazwischenliegende dann mehr vom Tonartenwechsel und der »gebrochenen Tonalität« beherrscht ist, so herrscht im »Tristan« durchaus diese gebrochene Tonalität, um sich dann nur, gerade in Zwischenpartien, an markanten Stellen zur positiven Tonart zu verdichten, wie vor allem in der Mitte des 2. Aktes zum As-dur der Liebesnacht. Es würde der Eigenart des »Tristan« gar nicht entsprechen, wenn der Anfang, das Vorspiel sehr stark auf die Tonart abgestimmt wäre. Vielmehr führt uns dieser Anfang, dieses Vorspiel gleich mitten in das wogende Meer der Weltensehnsucht, das eine feste tonartliche Begrenzung nicht zuläßt, wenn es auch wahr ist, daß eine gewisse Beziehung zwischen dem Motiv der Sehnsucht und der A-moll-Tonart schon besteht. So wird man sagen können, daß das Tristan-Vorspiel in einer gewissen Nähe von A-moll immerhin liege. Gleich das Ausklingen des ersten Sehnsuchtsseufzers (des Tristan-Urmotivs) kann man als den Dominantakkord von A-moll musiktheoretisch durchaus erfassen. Aber es bleibt doch charakteristisch, daß uns das Tristan-Vorspiel zwar öfter an diese Dominante, aber nie bis zum wirklichen A-moll-Dreiklang hinführt, in dem sich die A-moll-Tonart doch erst wirklich befestigen würde. Von einem sehr ausgesprochenen A-moll kann beim Tristan-Vorspiel eben keine Rede sein; wenn der moderne Musiker auch die Bezeichnung »atonal« für ein immer noch so rational aufgebautes Tonstück wie das Tristan-Vorspiel nicht gelten lassen würde, vieles darin ist eben doch übertonal, ist gebrochene Tonalität (wie auch das meiste im heutigen Sinn »Atonale« eben eine bis zum äußersten »gebrochene Tonalität« ist). Viel ausgesprochener wird die Tonalität im Tristan-Vorspiel an der Stelle, wo die tiefe Sehnsucht in das »Himmelhochjauchzende« umschlägt: da tritt ein sehr ausgesprochenes deutliches A-dur an die Stelle des vorangegangenen, sehr wenig ausgesprochenen und darum fragwürdigen A-moll. Immerhin kann auch aus diesem A-dur-Gegensatz auf ein in gewissem Sinn doch zugrunde liegendes A-moll — ein ideelles A-moll wenigstens — des Vorspielanfangs geschlossen werden. Dabei spricht mit, daß bei Dur die Tonalität überhaupt eine ausgesprochenere ist, als bei Moll. Das zeigt schon die chromatische Erhöhung des Leittons, der Terz der Oberdominante, in der Molltonart. Auch beim einfachsten Moll geht es nicht ohne Versetzungszeichen ab. Gibt es »Grade der Tonalität«, so besteht ein solcher Unterschied des Grades schon zwischen Dur und Moll überhaupt. Zur Bezeichnung des »Atonalen«, oder Übertonalen, der weithin gebrochenen Tonalität, eignet sich darum am meisten die Vorzeichnungslosigkeit, die auch die A-moll-Tonart charakterisiert. So liegt der Fall des Tristan-Vorspiels etwa zwischen wirklichem A-moll und jener, dem »Atonalen« sich nähernden, gebrochenen Tonalität, die mit A-moll die Vorzeichnungslosigkeit gemein hat. Schon in der einleitenden Grundharmonie des Tristan-Vorspiels, in dem berühmten »Tristan-Akkord« f-h-dis-gis (oder f-ces-es-as) liegt etwas, was da, wo der Akkord nicht nur Zwischenharmonie, sondern wie hier Grundharmonie ist, der Tonalität widerspricht, sie in einem gewissen Sinne aufhebt, sich selbst an die Stelle der Tonart setzt. Man denke an die Episode im 3. Akt, wo dieser Akkord etwa 25 Takte lang die Partitur beherrscht, bis sich diesem mehr übertonalen Element dann bei der Vision von Isoldens Wandeln auf dem Meere die lichte Schönheit der E-dur-Tonart entringt.

Soviel A-moll im Tristan-Vorspiel enthalten ist, so viel enthalten von dieser Tonart auch die auf das Sehnsuchts-Urmotiv abgestimmten Stellen, wie im 1. Akt, im Gespräch zwischen Isolde und Brangäne: »Kennst du der Mutter Künste nicht? Wähnst du, die alles klug erwägt, ohne Rat in fremdes Land hätt' sie mit dir mich entsandt?«, oder im 2. Akt Tristans Antwort an König Marke: »O König, das kann ich dir nicht sagen, und was du frägst, das kannst du nie erfahren.«

3.
Fis-dur Ges-dur, Es-moll

Wie bei C-dur der Tonartenkreis die Wendung vom unteren Dunklen zum oberen Hellen vollzieht, so bei der gegenüberliegenden Tonart Fis-dur — an dem Punkte, wo sich die Kreuztonarten von oben in Fis-dur (6 Kreuze) mit den B-Tonarten von unten in Ges-dur (6 B) begegnen und berühren — die Wendung von oben nach unten, vom Hellen zum Dunklen. Dabei hat das zum dunklen Des-dur hinunterführende Fis-dur Ges-dur, im Hellen beginnend, schon Anteil am Dunklen, ähnlich wie auf der andern Seite das, im Dunklen beginnende, aber zum Lichte von C-dur emporführende F-dur schon Anteil an dessen Helligkeit hat. Wie bei C-dur ist also, noch ausgesprochener sogar, bei Fis-dur Ges-dur ein Ausgleich, ein Gleichgewichtspunkt erreicht. Dem entspricht es auch, daß Fis-dur Ges-dur, vom Himmelskreis her gesehen, die W a a g e t o n a r t ist. Man braucht dabei nicht notwendig an Sternbilder zu denken, sondern kann sich daran erinnern, wie im irdischen Jahresrhythmus die (mit Ende September eintretende) W a a g e ja einfach den wiedererreichten Ausgleich von Tag und Nacht, das vorübergehende Wiedergleichlangwerden von Tag und Nacht bedeutet, das im aufsteigenden Teil des Jahres eben mit der Frühlings-Tagundnachtgleiche (der musikalisch C-dur entspricht) eintritt, im absteigenden Teil des Jahres mit der Herbst-Tagundnachtgleiche, der Michaeliszeit, dem tonartlich der Ausgleich, das In-die-Waage-treten von Fis-dur und Ges-dur entspricht. Da bei der Molltonart hier das dunkle Element überwiegt, sprechen wir hier vornehmlich von Es-moll als der hauptsächlichen Moll-Parallele, obwohl in der Musikliteratur, z. B. im 2. Teil des Wohltemperierten Klaviers, natürlich auch Dis-moll vorkommt.

Im Jahresrhythmus würde also Fis-dur Ges-dur Es-moll die Herbstwende bedeuten, wie im Tagesrhythmus den hereinbrechenden Abend, den Sonnenuntergang. Bei Richard Wagner, in der »Walküre«, gibt es wirklich eine Stelle, wo die Erwähnung des Sonnenuntergangs mit der, sonst dem dortigen musikalischen Zusammenhang fernen, Fis-dur-Tonart zusammenfällt. Auch Bruckner läßt, im Trio des 2. Satzes der 9. Symphonie, wenn wir die Stelle richtig deuten, in Fis-dur die Sterne aufleuchten (in einem sehr geistigen Sinn, über den noch zu sprechen ist). Mit solchen äußerlichen Beziehungen erschöpft sich aber keineswegs das Wesen dieser überaus geistigen Tonart. Der Gegensatz des oberen hellen und des unteren dunklen Tonartenkreises ist ja auch der Gegensatz von Sinneswelt und geistiger Welt. Wie bei C-dur ein Eintritt in die Sinneswelt, vollzieht sich bei Fis-dur Ges-dur Es-moll ein Übergang von der Sinneswelt in die geistige Welt, ein Übergang, der über die Schwelle führt, die Wachen und Schlafen, Leben und Sterben, Tagesansicht und Nachtansicht der Welt, Sinneswelt und geistige Welt voneinander trennt. Aus diesem einfachen Grunde ist, in dem angeführten geistigen Sinn, Fis-dur Ges-dur Es-moll die S c h w e l l e n t o n a r t , was besonders bei Richard Wagner stark und bemerkenswert hervortritt, aber auch schon bei anderen vor ihm beobachtet werden kann. Fis-dur Ges-dur Es-moll sind stark-mystische Tonarten, Es-moll insbesondere kann als die im geistigen Sinne ernsteste aller Tonarten verstanden werden. Sind Fis-dur und Ges-dur überhaupt schon die »Schwellentonart«, so läßt uns Es-moll vor allem den E r n s t d e s S c h w e l l e n ü b e r g a n g e s , mitunter die Tragik des Schwellenüberganges erleben.

In dem für die Darstellung des geistigen Wesens der Tonartenzwölfheit vor allem wichtigen Wohltemperierten Klavier von Johann Sebastian Bach zeichnen sich die Präludien und Fugen in Fis-dur durch eine gewisse Innigkeit und Innerlichkeit, durch eine gewisse liebliche Romantik aus, man sieht schon, daß sie einer anderen Sphäre angehören, als etwa die C-dur- und F-dur-Präludien, aber der Eindruck, daß die Tonart hier schon in ihrer Tiefe ausgeschöpft wäre, besteht nicht. Das bloße Vorkommen einer Tonart hat ja nicht immer dieses zu bedeuten, daß diese Tonart in dem fraglichen Stück schon ganz charakteristisch verwendet, in ihrer Tiefe ausgeschöpft wäre. Bei dieser ganzen Arbeit handelt es sich nicht darum, beliebige Beispiele anzuführen, sondern eben die wirklich charakteristischen Beispiele in der Musikliteratur aufzufinden.

Anders liegt der Fall beim Bachschen Es-moll-Präludium. Hier sind in einer kaum noch zu überbietenden Art die Tiefen der Tonart ausgeschöpft, hier führt uns Bach in einzigartiger Weise an den ganzen Ernst, man möchte sagen: an den Christus-Ernst des großen Schwellenerlebnisses, des Hinübergehens in die geistige Welt heran. Hier atmet alles die ernste Passionsstimmung, wie sie uns vor allem in den Christus-Rezitativen der großen Bachschen Passionsmusiken entgegentritt, oder wie sie in den Abschiedsreden Christi im Johannesevangelium lebt. Das durchchristete Schwellenerlebnis, so könnte man sagen, lebt in dem ganzen Ernst dieses Präludiums, das, wie kein anderes, aus der Tonart heraus komponiert ist, den ganzen Gehalt der Es-moll-Tonart offenbarend in sich zusammenschließt. Bach selbst muß das gefühlt haben, weil er im 2. Teil des Wohltemperierten Klaviers, der in vielen Fällen ja doch gerade auch in bezug auf das »Ausschöpfen der Tonart« über den 1. Teil hinausgeht, oder den 1. Teil weiterführt, diese Tonart gar nicht wiederholt, sondern dann statt Es-moll Dismoll schreibt, als wollte er sagen, daß er in bezug auf Charakteristik der Tonart jenem einzigartigen Es-moll-Präludium kein anderes an die Seite zu stellen wußte. Er war sich bewußt, daß das Problem der Es-moll-Tonart schon in jenem ersten Präludium in einer nicht mehr von ihm zu überbietenden Art gelöst worden war. Und auch andere, spätere Tondichter haben es im Grunde nicht überboten. Auch bei Richard Wagner ist es mehr die Art der dramatischen Verwendung, als die musikalische Ausgestaltung im einzelnen, die die Es-moll-Episoden in seinen Musikdramen, vor allem im »Tristan« und »Parsifal« so interessant macht. Wagner läßt uns in dieser Tonart vor allem die Tragik des Schwellenerlebnisses — d. h. die Tragik, die es in der Besonderheit des einzelnen Falles haben kann —, das »Wanken an der Schwelle«, wie wir für das hier gemeinte Erlebnis auch sagen können, erfahren, wie es von Amfortas im »Parsifal«, oder von Tristan im 3. Akt erlebt wird. Schon vorher in der Musikliteratur finden wir dieses in der Es-moll-Tonart ausgedrückte »Wanken an der Schwelle der geistigen Welt« in bedeutsamer Art in der Manfred-Musik von Robert Schumann. Schon im Vorspiel, wie dann am Schluß beim Tode Manfreds, also beim sterbenden Hinübergehen über die Schwelle, tritt uns dieses Es-moll entgegen. Ebenso beim »Geisterbannfluch«, bei der Stimme des »Hüters der Schwelle«. Ein Blick in Byrons düsteres, poetisch so starkes Drama zeigt, wie hier ein nach dem Übersinnlichen, nach den Höhen der geistigen Welt strebender außergewöhnlicher Mensch doch diese Geisteshöhen nicht finden kann, wie er immer wieder an der »Schwelle« zurückgeworfen wird durch niedere Geistgewalten, durch die unüberwundenen Mächte des eigenen Schicksals. Man denke auch an die 2. Szene, wo Manfred dann, an Abgründen des Hochgebirgs einsam dahinwandernd, vom Schwindel ergriffen wird. Das nimmt sich wie ein Bild seiner Geist-Erlebnisse aus. Dieses alles nun in der Es-moll-Tonart auszudrücken, spricht für die intuitive Genialität Robert Schumanns, der über alle diese Tonartenprobleme theoretisch gewiß gar nicht nachgedacht hat. In geistiger Hinsicht sind die Erlebnisse Tristans im 3. Akt dem gar nicht unähnlich. Und bei Amfortas im »Parsifal« sind sie dann nur in die christliche Sphäre gehoben.

Auch zur Fis-dur-Tonart hatte der romantische, zur Mystik neigende Robert Schumann ein Verhältnis, in kleineren Stücken sehen wir, wie das Zwielichtweben der Dämmerstunde bei ihm in dieser Tonart seinen Ausdruck findet.

Wie in Bachs großem Tonartenwerk, im »Wohltemperierten Klavier«, vor allem das Es-moll-Präludium charakteristisch ist (auch die anschließende Fuge ist sehr bedeutend, eine Offenbarung der Tonart), so in Chopins in ähnlicher Art nach der Zwölfheit der Tonarten geordnetem Werk, in den »Präludien«, das Fis-dur-Präludium. Ja wir möchten dieses, von diesem Gesichtspunkt her vielleicht noch zu wenig beachtete Präludium als für die Offenbarung der Tonart ganz besonders bedeutsam empfinden. Die »Waagetonart« als solche kommt da besonders stark zum Ausdruck. Etwas Tief-Ruhevolles, nach dem Gleichgewichte der Seele Suchendes lebt in diesem Präludium. Der richtige Vortrag müßte sich bemühen, dieses Gleichgewicht, dieses Ruhevoll-Ausgeglichene entsprechend zum Ausdruck zu bringen, also sich nicht einseitig im Seelisch-Gemüthaften zu verlieren, sondern dem Geistigen dieses Präludiums, wie es vor allem in der Tonart lebt, sein Recht werden zu lassen. Dann kann die ruhevoll-eintönige, dazwischen doch auch wieder anmutig belebte Bewegung dieses Präludiums das Bild einer ruhevoll gleitenden Schiffahrt vor uns hinstellen, nicht im Sinne äußerer Tonmalerei, sondern so, daß die ruhige Schiffahrt selbst zum geistigen Bilde wird für das innere Gleichgewicht der Seele. Dann befinden wir uns in derjenigen Sphäre, die wir auch von den christlichen Evangelien her kennen in den Bildern der Schiffahrt der Jünger auf dem See Genezareth, des Seesturms — der dann zum Bilde des Ringens der Jünger um das Gleichgewicht der Seele wird —, der Beschwichtigung des Sturmes durch die Stimme des Christus, endlich in dem Bilde des auf den Wogen wandelnden Christus, dessen tröstende Stimme »Ich bin, fürchtet euch nicht« die Jünger aus ihren Ängsten errettet, das Gleichgewicht ihrer Seele ihnen zurückgibt. Etwas von dieser Stimmung des »Wandelns auf den Wogen« lebt auch in Chopins Präludium. Der Sinn der »Waagetonart« ist damit tief erfaßt. Und wir dürfen daran erinnern — vgl. des Verf. Bücher über den kosmischen Rhythmus im Markusevangelium und im Johannesevangelium (Rudolf

Geering, Basel) —, daß auch im kosmischen Rhythmus des Evangeliums die fraglichen Episoden der Schiffahrt, des Seesturms, des Wandelns auf den Wogen im Zeichen der Waage zu denken sind (dem musikalisch also die Fis-dur—Ges-dur-Tonart entspricht). Auf den sprachlichen Zusammenhang von Waage, Woge, wagen usw. wurde damals auch hingewiesen.

Und wenn wir nun schon einmal in der geistig-musikalischen Betrachtung zum »kosmischen Rhythmus« und zum Himmelszeichen der Waage (das ja auch in reinen Erdenverhältnissen sich offenbart) den Blick erhoben haben, dürfen wir auch noch einen andern Gesichtspunkt, den des Planetarischen, hinzufügen. Wie wir beim Widder (musikalisch C-dur) planetarisch die Marskräfte finden — das »Willenshafte« von C-dur entspricht der »Marstonart« —, so bei der Waage die Venus, und zwar in einer ganz bestimmten Seite ihres Wesens. Wir dürfen nur nicht am Äußeren der Sterne und Sternbilder hier hängen bleiben, sondern müssen den Blick erheben zu jenem geistigen Sternhimmel, den der Mensch selbst in sich trägt, für den der äußere Sternhimmel nur ein Bild und Gleichnis ist, jenem geistigen Sternhimmel, der dem Menschen in der Zukunftsentwicklung seines Bewußtseins immer »einleuchtender« werden wird. Die Zuordnung der Planeten zu den Himmelszeichen ist diese, daß zum Löwen die Sonne, zum Krebs der Mond gehört. Die andern Planeten ordnen sich dann, einfach nach ihrer natürlichen Reihenfolge, so, daß sich Merkur mit Jungfrau und Zwillingen, Venus mit Waage und Stier, Mars mit Skorpion und Widder, Jupiter mit Schütze und Fischen, Saturn mit Steinbock und Wassermann verbindet; die über den Saturn hinausliegende Sternenregion, der eigentliche Sternhimmel (griechisch Uranos, wovon dann der Uranusplanet seinen Namen erhalten hat), mit Wassermann. Es hat also jeder eigentliche Planet, vom Merkur bis zum Saturn, zwei verschiedene Offenbarungen in der Dynamik des Himmelskreises. Im Maienzeichen (dem musikalisch G-dur entspricht, die Bezeichnung »Stier« trifft hier wenig das Wesen der Sache) ist Venus das Blütenhafte, »heilende Liebeskraft«. Im andern Zeichen, das uns hier musikalisch beschäftigt, in der Waage, ist sie die im Tod, im Hinübergehen Erlösende und Errettende, die Hinüberführende, Venus Urania (himmlisch erlösende Liebe). Bei Richard Wagners »Tannhäuser«, bei Elisabeth im »Tannhäuser«, werden uns diese Gesichtspunkte noch einmal eingehend beschäftigen.

Bringen wir jetzt alles dieses an die Tonarten heran, so werden wir in der Waagetonart Fis-dur—Ges-dur zugleich die Tonart der über die Schwelle führenden Venus, Venus Urania erblicken. Das kann man natürlich nicht auf jedes beliebige Fis-dur-Ges-dur-, Es-moll-Stück anwenden. Aber einzelne Tondichter haben es doch stark gefühlt, wenn sie es auch vielleicht nicht im vollen Bewußtsein hatten. Schon in der Christusstimme von Bachs Es-moll-Präludium spricht diese himmlische Liebe zu uns. Und dasselbe ist bei Chopins Fis-dur-Präludium der Fall, wenn wir es so, wie hier versucht wurde, an die Evangelienbilder der Schiffahrt und des Wandelns auf den Wogen mit der tröstenden Christusstimme heranbringen. Ein sehr schönes Beispiel für diese Seite der Fis-dur-Tonart (manche Ausgaben schreiben Ges-dur, was im Wagnerschen Sinn das Richtigere und Ausdrucksvollere wäre) ist der Schluß von Verdis Aïda. Zu dem eingemauerten, einem elenden einsamen Tod entgegensehenden Feldherrn Radames kommt die Geliebte, die Sklavin Aïda, um mit ihm gemeinsam zu sterben, das Grab mit ihm zu teilen. Mag die Erdenrealität bei alledem zu kurz kommen: der Gedanke ist doch ein schöner, offenbarender: aus der irdischen Liebe wird hier zuletzt die himmlische, die im Tode errettende und erlösende, sanft hinüberführende. Nicht mehr wie eine irdische, sondern ganz wie eine überirdische, eine himmlische Erscheinung tritt Aïda in das steinerne Grab des Radames, und ausdrucksvoll läßt die Musik die steinerne Grabestonart D-moll über As-dur und Des-dur übergehen in das zarte liebliche Ges-dur, die Tonart der Venus Urania, in der das Ganze dann verklingt. »Leb' wohl, o Erde, o du Tal der Tränen, verwandelt ward der Freudentraum in Leid. Es schließt der Himmel seine Pforten auf, und unser Sehnen schwingt sich empor zum Licht der Ewigkeit.« Das Restlos-Liebevolle, Erdentrückte gibt diesem Opernschluß seinen eigenartigen Reiz. Selbst Richard Wagner, der wie kein andrer die Tiefen von Ges-dur ausgeschöpft hat, hat keine seiner Opern, keines seiner Musikdramen in dieser Tonart geschlossen: »Tristan und Isolde« (wozu Verdis Aïda, das bei weitem schwächere Werk natürlich, das italienische Gegenstück ist) schließt mit dem Liebestod in H-dur, die »Götterdämmerung« mit dem »Motiv der siegenden Liebe« in Des-dur. Nur Verdi hat seine Liebestod-Oper, Aïda, in dem zwischen H-dur und Des-dur in der Mitte stehenden Ges-dur, in der Waagetonart der Venus Urania geschlossen.

Nur wenige und große Komponisten haben die Tiefen dieser Tonart erreicht, die durchaus schon den Charakter des Transzendenten, d. h. Hinübergehenden, die Schwelle Überschreitenden hat. Manche gewinnen dieser Tonart mehr nur eine gewisse »Süßigkeit« ab, wie Franz Liszt, der sie u. a. in der Legende der heiligen Elisabeth bringt (durch Richard Wagner ist ja Ges-dur wirklich zur Elisabeth-Tonart geworden). Mehr zart-lieblich ist auch Beethovens Fis-dur-Klaviersonate op. 78. Und doch steht die Tonart hier auch wiederum bedeutsam, wenn man sich erinnert, wie dieser liebenswürdigen Fis-dur-Sonate vorangeht die in die tiefsten Abgründe der Menschenseele, in die »Nacht der Leidenschaft« hinunterführende gewaltige F-moll-Sonate op. 57 (Appassionata). Man kann die Empfindung haben, wie Beethoven hier das Bedürfnis hatte, jenen Abgrundtiefen, jenem ruhelosen Stürmen einen Ausgleich, ein inneres Gleichgewicht entgegenzusetzen. Gerade hier offenbart sich Fis-dur so recht als die »Waagetonart«, die Tonart des inneren Gleichgewichts. Auch das Liebevolle fehlt dieser Sonate nicht, und bildet zu den Seelenstürmen der vorausgegangenen Appassionata einen wohltuenden Gegensatz. Halten wir beide Sonaten innerlich zusammen, so kann wieder das Bild der Stillung des Seesturms, des Wandelns auf den Wogen vor uns hintreten.

Bruckners 9. Symphonie, in der gerade das Tonartliche in einer eigenartigen Größe vor uns sich aufbaut, bringt die Fis-dur-Tonart im Trio des 2. Satzes (dessen Hauptteil, wie der 1. Satz, in D-moll steht, aber weithin gebrochene, in der Grundharmonie an den »Tristan-Akkord« erinnernde Tonalität aufweist). Hat uns der erste Hauptsatz mit seiner gewaltigen Steigerung von D-moll am Schlusse gleichsam vor die Mysterien des Grabes und Todes geführt, so glauben wir im geisterhaft dahinhuschenden 2. Satz etwas von dem nunmehr im Kosmos versprühenden ätherischen Leben zu spüren, und werden erinnert an Albert Steffens Gedicht (in »Wegzehrung«): »Die Geisterscharen, die den Leib gebaut, und sich zurück zu ihrem Ursprung schwingen. . . .« Fast alle Motive und Farbenlichter dieses Gedichts (das Bruckner natürlich nicht kannte, weil es damals noch nicht existierte, aber es handelt sich hier eben um die Gemeinsamkeit oder Ähnlichkeit objektiver Geisterlebnisse) glauben wir in Bruckners Scherzosatz wieder zu erkennen. Wenn es dann zuletzt in dem Gedichte heißt: »Und es geschieht auf wunderbare Weise, daß leuchten und ertönen alle Sterne: der Tod des Christus hat dich neu geboren«, so will uns an jenes geistige Aufleuchten der Sterne am Seelenhorizont erinnern in Bruckners Scherzosatz der 9. Symphonie, das im Pizzicato der Streicher aufflimmernde Fis-dur, mit dem das Trio beginnt: dieses Aufleuchten geistiger Sterne in der »Schwellentonart« Fis-dur versetzt uns wieder an die »Schwelle der geistigen Welt«.

Im 1. Satz von Bruckners 9. Symphonie findet sich schon gegen den Schluß hin, vor der letzten Zwischenfermate und dem Übergang des Vierviertaktes in den alla-breve-Takt, eine kurze fast priesterlich anmutende Ges-dur-Stelle, die feierlich vom Ernste des Hinübergehens spricht, ganz aus den Tiefen dieser Tonart geschöpft ist.

Wie sich das alles, was hier aus der »reinen Musik« heraus entwickelt worden ist, in der dramatischen Musik Richard Wagners ausnimmt, wie es von dorther noch eine charakteristische und deutliche Beleuchtung empfängt, soll im folgenden gezeigt werden.

Von Ges-dur als »Tonart der Venus Urania«, der im Tode, im Hinübergehen tröstenden, erlösenden und errettenden Liebe, finden wir bei Richard Wagner einen ersten Anklang schon im »Fliegenden Holländer«, bei der Stelle am Schlusse: »Vom Fluch ein Weib allein kann mich erlösen, ein Weib, das Treu' bis in den Tod mir hält.«

Das erste wirklich große Ges-dur finden wir dann im »Tannhäuser«, im G e b e t d e r E l i s a b e t h im 3. Akt: »Allmächt'ge Jungfrau, hör' mein Flehen! Zu dir, Gepries'ne, rufe ich! Laß' mich im Staub vor dir vergehen, o nimm von dieser Erde mich! Mach', daß ich rein und engelgleich eingehe in dein selig Reich ...« usw. Dann wechselt wohl die Tonart, die aber doch das Ganze in entscheidender Weise beherrscht und zuletzt auch wieder abschließt. Auch Es-moll, die ernste Mollparallele, kommt vor: »wenn je ein sündiges Verlangen, ein weltlich Sehnen keimt' in mir: — so rang ich unter tausend Schmerzen, daß ich es töt' in meinem Herzen!« Deutlich spricht Elisabeth hier selbst vom großen Hinübergehen: ihr Leben hinopfernd für den Geliebten, für die Schuld Tannhäusers — und, wenn wir auf die geschichtliche Elisabeth sehen, der Mitmenschheit — ein stellvertretendes Opfer vollbringend, geht Elisabeth hinüber über die Schwelle der geistigen Welt, wird sie, die Schwelle überschreitend, noch im Erdenleben Heilige, um dann unmittelbar darauf durch die Todespforte in die geistige Welt hinüberzugehen. So ist das »Gebet der Elisabeth« in Wagners Tannhäuser mehr als ein bloßes Gebet, es ist ein Schwellenübergang, der in der Ges-dur-Tonart seinen voll-entsprechenden, hier einzig in Frage kommenden Ausdruck findet. Zugleich ist Ges-dur hier deutlich, wie nirgendwo, die Tonart der Venus Urania: die irdische Liebe ist jetzt völlig erstorben in Elisabeth, die himmlisch erlösende Liebe ist ganz an ihre Stelle getreten, das Wesen Elisabeths selbst, die »heilige Elisabeth«, ist jetzt selber ganz zu dieser himmlisch erlösenden Liebe, zur Venus Urania geworden. Mag man Wagners »Tannhäuser« in vieler Beziehung als »Jugendwerk«, als etwas noch nicht völlig Ausgereiftes ansehen: das Ges-dur im »Gebet der Elisabeth« gehört doch zu den größten Offenbarungen, die es vom Wesen der Tonart in der Musikliteratur überhaupt gibt.

(Gewiß sind folgende, die Genialität der Tonartencharakteristik gerade im »Tannhäuser« offenbarenden Zusammenhänge, noch von wenigen beachtet worden. Im Mittelpunkte der ganzen Oper, wie ja auch des »Sängerkriegs« auf der Wartburg, steht das Rätsel der Liebe. Die dämonisierte, in die menschlichen Abgründe heruntergezogene Liebe ist die »Frau Venus« im Venusberg: ihre Haupttonart [»Dir, Göttin der Liebe . . .«] ist Des-dur, die Skorpiontonart [nach der Waage, Ges-dur, kommt der Skorpion, Des-dur; die Waage steht zwischen Jungfrau und Skorpion in der Mitte]. Die wirkliche Liebe, die wahre Venus, zeigt sich nicht in der Herrin des Venusbergs, sondern in Elisabeth. Nun ist auch die Offenbarung dieser wahren Venus eine doppelte: im Maienzeichen [Tonart G-dur] als die ins Leben führende, blütevolle, als »heilende Liebeskraft« [wie sie ja der Elisabeth von Thüringen in weltgeschichtlich bedeutsamer Weise eigen war], im michaelischen Herbstzeichen der Waage-Tonart [Ges-dur] als die durch den Tod führende, im Tod errettende, sanft über die Schwelle geleitende, Venus Urania. Beide Offenbarungen verbinden sich, bis in die Tonart hinein, in Wagners Elisabeth: im Anfang des 2. Aktes [»Dich, teure Halle . . .«] sehen wir sie jugendlich-freudig bewegt, in G-dur hereinkommen, inmitten der Frühlingsnatur [G-dur] selbst ganz auf den Frühling gestimmt. Im 3. Akt, wenn die Blätter fallen, das Sterben der Natur sich ankündigt, hat sich das Blatt gewendet, die ernste Schicksalswende fordert das Todesopfer von Elisabeth, über die Schwelle schreitend wird sie Heilige, Venus Urania [Gebet der Elisabeth Ges-dur]. Und unmittelbar, nachdem alles dieses an uns vorübergezogen, glänzt der Abendstern, der Venusstern, der Stern der Liebe am Himmel auf, in der »Sternentonart« B-dur, und Wolfram singt von Venus Urania [»Wie Todesahnung Dämmerung deckt die Lande . . .«] und ihrer sichtbaren Offenbarung in jenem freundlichen Stern. Das durfte doch vielleicht einmal hier ausgesprochen werden, um den einen oder anderen hinzuweisen auf die tieferen geistigen Hintergründe von Wagners noch immer so viel umstrittenem Lebenswerk.)

Von den beiden, am gleichen Punkte des Tonartenkreises (≙) sich berührenden oder begegnenden Tonarten Fis-dur und Ges-dur, ist Ges-dur für Wagner (wie überhaupt) die ruhevollere, dunklere, innerlichere, Fis-dur die hellere, erregtere, höhergespannte. So verwendet er Ges-dur besonders für die christlichen Mysterienerlebnisse der Elisabeth im »Tannhäuser«, des Titurel im »Parsifal« (doch auch für den Regenbogen im Rheingold, der ja mit etwas Ruhe-Atmendem verbunden ist), während er für die vorchristlichen Mysterien- und Schwellenerlebnisse (wabernde Lohe im »Ring des Nibelungen«) sonst mehr Fis-dur hat. Dies vor allem da, wo diese Dinge schon in ihre Dekadenz gekommen, als »finsteres Heidentum« in das christliche Zeitalter hineinragen, wie im »Lohengrin« bei Ortrud. In diesem Sinne hören wir ein geradezu schrilles Fis-dur bei Ortruds Racheschwur im 2. Akt, bei ihrer Anrufung der altheidnischen Götter: »Entweihte Götter! Helft jetzt meiner Rache!...«, das dann später in Fis-moll übergeht: »Wotan! Dich Starken rufe ich! Freia! Erhab'ne, höre mich!...« In einer gewissen Weise, auf schwarzmagische Art, rührt auch Ortrud hier an die »Schwelle der geistigen Welt«. Im übrigen kommt die Fis-dur-Tonart hier so zustande, daß wir ausgehen von A-dur, der lichten Gralstonart, als der »Lohengrin-Tonart«. Diesem lichten Wesen stellt sich entgegen der finstere Zauber der Ortrud, das den ganzen Anfang des 2. Aktes beherrschende Fis-moll als die Mollparallele von A-dur; in der schwarzmagischen Ekstase des Racheschwurs schlägt dieses Fis-moll dann in Fis-dur um. Besonders eigenartig-zauberhaft wirkt Fis-dur vorher schon im Gespräch zwischen Ortrud und Telramund: »Du wilde Seherin! wie willst du doch geheimnisvoll den Geist mir neu berücken!« Ortrud: »Setz' dich zur Seite mir! Die Stund' ist da, wo dir mein Seherauge leuchten soll!« Auch hier nähern wir uns, ganz anders wieder als bei Elisabeth, der Schwelle der geistigen Welt. — Wie am Schluß des 3. Akts Lohengrin den finsteren Zauber der Ortrud (Fis-moll) durch die Kraft seines Gebets bricht, erscheint, als die durch das vorangehende Fis-moll geforderte Tonart, Fis-dur, das (sonst in A-dur stehende) Gralmotiv tragend: hier ist es die heilige, die weiße Magie, die sich an die Schwelle der geistigen Welt erhebt.

Das schon erwähnte »Fis-dur der wabernden Lohe« erscheint zuerst im »Rheingold« beim ersten Auftreten Loges, der in seiner Person ja die »flackernde Lohe« verkörpert. Schon die alten Völker betrachteten das die irdische Stofflichkeit verzehrende, in höhere Daseinsformen überführende Feuer, die Opferflamme vor allem, als den Mittler zwischen der Sinneswelt und der höheren Welt. Das ist auch hier die Beziehung zur »Schwelle der geistigen Welt«. Bei aller Chromatik des hier waltenden Motivs tritt doch die Fis-dur-Tonart schon an dieser ersten Stelle, wo in Loge selbst die »wabernde Lohe« erscheint, deutlich hervor. Dasselbe ist der Fall in der »Walküre«, da, wo im 3. Akte die Motive der wabernden Lohe erscheinen. So zuerst in Brünhildens Bitte an Wotan: »Auf dein Gebot entbrenne ein Feuer (hier geht das anfängliche ekstatische Fis-moll in Fis-dur über), den Felsen umglühe lodernde Glut«, dann in chromatischem Tonartenwechsel: »es leck' ihre Zung', es fresse ihr Zahn den Zagen, der frech sich wagte, dem freislichen Felsen zu nahn« (hier D-dur als die Tonart des »Empordringens zur Höhe«). Deutlich erkennen wir schon in diesen Worten das

Wesen der »wabernden Lohe« in seiner Beziehung zur »Schwelle der geistigen Welt«. Die »wabernde Lohe« ist im Sinne des den »Ring des Nibelungen« beherrschenden altgermanischen Mysteriums wirklich die Schwelle der geistigen Welt, der Grenzwall, der das niedere Dasein vom höheren Dasein trennt. Nur wer dieses Zwischenelement, dieses Feuer der niederen Leidenschaften und Begierden durchschreitet und überwindet, kann zum höheren Leben, zu Brünhilde, hindurchdringen. Als »Hüter der Schwelle« will im 3. Akt des »Siegfried« Wotan dem zum Brünhildenfelsen empordringenden jugendlichen Helden Siegfried den Weg versperren, aber das die freie Ichkraft verkörpernde Schwert Siegfrieds ist stärker als der das Gesetz der Vergangenheit verkörpernde Speer Wotans, und Siegfried ertrotzt sich den Zugang zu Brünhilde, am »Hüter der Schwelle« vorbei.

Bis in die »Götterdämmerung« hinein spielt beim »Motiv der wabernden Lohe«, wo es vorkommt, Fis-dur als »Schwellentonart« eine wesentliche Rolle, so bei Hagen im 1. Akt: »Ein Weib weiß ich, das herrlichste der Welt: auf Felsen hoch ihr Sitz, ein Feuer umbrennt ihren Saal: nur wer durch das Feuer bricht, darf Brünhildes Freier sein.« Der Gesichtspunkt der »Schwelle«, und der Schwierigkeit, sie zu überschreiten, ist hier stark betont.

Noch einmal erscheint das Fis-dur der wabernden Lohe gegen den Schluß des 3. Aktes, in Brünhildes letzter Abrechnung mit der Mitwelt: »Hoch und hell lodre die Glut, die den edlen Leib des hehrsten Helden verzehrt.« Zum letztenmal dann beim Aufflackern des durch das Feuer des Holzstoßes verursachten Brandes, wie Brünhilde ihr Roß in den brennenden Scheiterhaufen sprengt. Neben diesem Fis-dur findet sich im »Ring des Nibelungen« auch Ges-dur, das Wagner ja immer in feiner Weise von Fis-dur unterscheidet. So war es ihm im »Rheingold« für das ruhevolle Farbenlicht des Regenbogens, nach dem vorangegangenen Gewitterzauber, die angemessene Tonart. Die Musik ist hier im wesentlichen ein leise schwingendes Ruhen auf der Ges-dur-Harmonie (vorgezeichnet ist die Walhalltonart Des-dur, in die die Regenbogenepisode sich einfügt). Für eine geistige Betrachtung ist auch dieses ruhevolle Farbenlicht des Regenbogens, das wie ein Himmelswunder, etwas Übersinnlich-Ungreifbares in der Erdenatmosphäre aufsteigt, etwas, was mit dem Grenzgebiet der Sinneswelt und der Geisteswelt zu tun hat, und in der altgermanischen Mythologie ist der Regenbogen ja eben die Brücke, über welche die Götter in ihre Himmelsburg eintreten. So auch im Rheingold: schon sind Schicksale eingetreten, die den Göttern den Glanz ihrer Himmelsburg trüben, den Frieden ihrer

Götterheimat stören wollen; da reinigt Donners Gewitterzauber noch einmal die Luft, und die Götter können noch einmal im alten Glanze über die Regenbogenbrücke in ihre Götterburg einziehen.

Besonders feierlich ernst erklingt die Ges-dur-Tonart in der »Walküre«, da wo im 2. Akt Brünhilde, die Walküre, dem Helden Siegmund erscheint, und ihm den ihm bevorstehenden Tod im Kampfe mit Hunding verkündet: »Nur Todgeweihten taugt mein Anblick: wer mich erschaut, der scheidet vom Lebenslicht. Auf der Wahlstatt allein erschein ich Edlen: wer mich gewahrt, zur Wal kor ich ihn mir.« Die Ges-dur-Tonart, in der diese Stelle ausklingt, spricht eindeutig vom feierlichen Ernst des Hinübergehens, des Heldentodes, der den gefallenen Helden dann nach Walhall, in Wotans Götterburg führt. Die Walküre, die ihn dorthin geleitet, ist immer das Bild des höheren Lebens, das der gefallene Held nach altgermanischer Geistesschau im Tode findet. Kein sterbliches Auge, kein gewöhnliches Sinnenauge vermag die Walküre zu schauen, nur im Sterben, oder vor dem Sterben, wird sie dem zum Tode bestimmten Helden in dem dann ihm aufleuchtenden höheren Bewußtsein sichtbar. Sterbend überschreitet er die Schwelle der geistigen Welt, von der auch hier im 2. Akte der »Walküre« feierlich die Ges-dur-Tonart kündet. Lebend überschreitet diese Schwelle nur der Eingeweihte, der im Leben die Erfahrungen durchmacht, die sonst nur beim Durchgang durch die Todespforte erlebt werden. Das ist der Fall bei Siegfried: was uns in Wagners »Siegfried« in anmutigen Bildern des Musikdramas geschildert wird, ist nichts anderes als eine solche altgermanische Einweihung, die Siegfried-Einweihung. Siegfried vermag, was Siegmund noch nicht vermochte: Brünhilde, das höhere Leben, das von Siegmund nur im Todesaugenblick erschaut wurde, findet Siegfried, durch mancherlei Kämpfe, Überwindungen, Siege vorbereitet, im Leben: lebend vermag er, der werdende Eingeweihte, den Flammenwall der wabernden Lohe zu durchdringen und Brünhilde, das höhere Leben zu gewinnen. Überall sind wir hier im Gebiete der »Geheimnisse der Schwelle«, für die im Musikalischen, im Musikdrama Richard Wagners vor allem, Fis-dur Ges-dur der tonartliche Ausdruck ist.

In der »Götterdämmerung« — die Fis-dur-Stellen wurden schon erwähnt — wird besonders die ernste Mollparallele wichtig. Ges-dur erscheint zwei Takte lang an der Stelle: »Denn der Götter Ende dämmert nun auf.« In der »Götterdämmerung«, als einem bestimmten Ereignis im Abstieg des Menschheitsbewußtseins, für das einstmals in der Vergangenheit noch ein lebendiges Erleben der Götterwelt, der geistigen Welt da war, schließen sich bestimmte Tore der geistigen Welt für die Menschheit. Die Götterwelt, die geistige Welt bleibt jetzt für das allgemeine Bewußtsein der Menschheit j e n s e i t s der geheimnisvollen Schwelle, die dieses gewöhnliche Bewußtsein jetzt nicht mehr zu überschreiten vermag. Das Auge des Menschen ist ganz zum Sinnesauge geworden, es vermag nicht mehr in die geistige Welt hineinzuschauen. Das ist auch hier, bei der Erwähnung der »Götterdämmerung« in Verbindung mit der Ges-dur-Tonart, der Zusammenhang mit dem Erlebnis der »Schwelle der geistigen Welt«.

Den Ernst dieses Erlebnisses, oder wichtigen Ereignisses in der Menschheitsentwicklung, im Abstieg des Menschheitsbewußtseins, drückt gleich beim Beginn des Vorspiels zum 1. Akte der »Götterdämmerung« der Es-moll-Akkord aus. Der feierliche Einsatz der Tuben im nächsten Takte weist auf das Schicksalsvolle hin, das dem Tondichter hier vorschwebt. Wenn das Folgende (mit dem Schicksalsmotiv des »Rheineswogens«) zunächst auch in Ces-dur verläuft (nach der dann folgenden Wiederholung des Es-moll-Akkords wird Des-moll daraus), so schließt hier doch der Es-moll-Akkord für sich allein, an dieser markanten Stelle, ein wesentliches Element der Es-moll-Tonart in sich, die als Vorzeichnung ja den ganzen Anfang des Nornenvorspiels beherrscht. Gerade an dieser Stelle kann man gut daraufkommen, was Richard Wagner mit einer bestimmten Vorzeichnung wollte, auch da, wo sie im einzelnen Falle der Wirklichkeit der Töne nicht, oder nicht voll entspricht. Mit der »Götterdämmerung« bricht gleichsam ein großer Weltenherbst herein, ein Welkwerden und Abfallen von vielem, was in der Menschenseele, im Menschenbewußtsein der Vergangenheit einmal blühendes Leben war. Der hellseherische Blick des alten Germanen schaute dieses blühende Leben der Vergangenheit als das einstmalige Grünen der Weltesche Yggdrasil, die dann später hinwelkt und abstirbt. Von dieser vergangenen Urherrlichkeit singt in machtvoll hinströmendem Gesang die erste Norn: »An der Weltesche wob ich einst, da groß und stark dem Stamm entgrünte weihlicher Äste Wald...« Schon bei »Weltesche« setzt, nach vorausgehendem Es-dur — die Vorzeichnung bleibt aber immer Es-moll, das »Götterdämmerung-Es-moll« —, die Es-moll-Harmonie ein (in diesem Fall nicht das »trauernde Moll«, sondern das »erhabene Moll«, das es, namentlich bei Richard Wagner, auch gibt), um dann, nach herrlichen, farbenreichen, durch die Posaunen feierlich gehobenen Modulationen in das wirkliche Es-moll da überzugehen, wo vom Welken und Absterben der Weltesche die Rede ist (das nach Richard Wagners Darstellung dadurch verursacht wird, daß Wotan dem Weltenbaum das Holz für den Schaft seines Speeres entnimmt): »In langer Zeiten Lauf zehrte die Wunde den Wald; falb fielen die Blätter, dürr darbte der Baum; traurig versiegte des Quelles Trank: trüben Sinnes ward mein Gesang.«

Außerdem finden wir Es-moll in der »Götterdämmerung« vor allem noch am Schluß von Hagens Monolog im 1. Akt: »Ihr freien Söhne, frohen Gesellen, segelt nur lustig dahin: dünkt er euch niedrig, ihr dient ihm doch, des Niblungen Sohn«: Hagens finsterer Zauber macht die Menschheit denjenigen Mächten (des Mammons, der Materie) dienstbar, durch die sie des einstigen höheren Lebens verlustig gehen. Das ist eben die »Götterdämmerung«. Sie vollendet sich auf Erden gleichsam dadurch, daß auch Siegfried, der lichte Eingeweihte, zuletzt dem Trug der finsteren Mächte erliegt; darum erscheint die Es-moll-Harmonie noch einmal so bedeutungsvoll im 3. Akte da, wo Siegfried, von Hagens Speer tödlich getroffen, zusammenstürzt.

In »Tristan und Isolde« findet sich ein Anklang von Ges-dur, der bald in Es-moll übergeht, beim Auslöschen der Fackel im 2. Akt, wieder charakteristisch für das »Schwellenerlebnis«: denn die Fackel, die vor dem Hause im Anfang des Aktes als warnendes Zeichen noch flackernde »Zünde«, ist es, die gleichsam die ungestörte Herrschaft, das volle ungetrübte Hereinbrechen der Nacht noch wehrt. Die »Nacht« ist aber in »Tristan und Isolde« ja eben, gegenüber dem »trügenden Tag«, auf den die grelle Fackel noch hindeutet, das Reich des Wahrhaftigen, der höheren Wirklichkeit, des Liebevoll-Erlösenden, der geistigen Welt. Auch zwischen dem 1. und 2. Akt von »Tristan und Isolde« liegt ein »Schwellenübergang«, ein Übergang vom Tag in die Nacht, von der trügenden Scheinwirklichkeit in das Reich der wahren Wirklichkeit, und mit dem Auslöschen der Fackel durch Isolde wird das letzte Hindernis dieses Schwellenübergangs beseitigt, der Übergang vom »Tag« in die »Nacht«, in der ganzen kosmischen Weite, die diese Begriffe im »Tristan« haben, wirklich vollzogen: »Die Leuchte, und wär's meines Lebens Licht, sie zu löschen zag' ich nicht.« Darum erscheint an dieser Stelle dann ganz bedeutsam Ges-dur als die »Tonart der Schwelle«, des Schwellenübergangs, mit nachfolgendem Es-moll, wodurch besonders der feierliche, erhabene Ernst dieses Schwellenübergangs betont wird. Zwischen Ges-dur und Es-moll steht G-dur, alle drei Harmonien getragen von einem aus B-dur, der Sternentonart, stammenden F im Baß. G-dur wie Ges-dur Es-moll, die Tonart der erlösenden Liebe, Venus Urania, gehören (wie oben schon beim »Tannhäuser« gezeigt) planetarisch zum Stern der Liebe, der den 2. Akt von »Tristan und Isolde« ganz beherrscht.

In ähnlicher Bedeutung findet sich ein Anklang an Fis-dur im ersten Gespräch der Liebenden an der Stelle: »Dem Licht des Tages wollt' ich entfliehn, dort in die Nacht dich mit mir zieh'n.« Wiederum in mahnender Hindeutung auf die zwischen »Tag« und »Nacht« liegende Schwelle finden wir Fis-dur am Schlusse von Brangänens erstem Weckruf — sie ist im 2. Tristan-Akt gleichsam die diese Schwelle bewachende Hüterin —: »Habet Acht! Bald entweicht die Nacht.« Auf den feinen Unterschied der am gleichen Punkte des Tonartenkreises sich berührenden und begegnenden Tonarten Fis-dur und Ges-dur wurde hingewiesen: so läßt Wagner gerade an dieser Stelle, von der Kreuztonart-Notierung in die B-Tonart-Notierung übergehend, auf das grellere, erregende Fis-dur des Weckrufs das tiefruhevolle Ges-dur des »Motivs der Liebesruhe« folgen, als das Erlebnis der beiden Liebenden, die der Weckruf als solche nicht kümmert, die nur von der durch die Nacht ertönenden süßen Stimme der Freundin sich bezaubern lassen: »Lausch', Geliebter! Laß' mich sterben!« Nach dem bald folgenden zweiten Weckruf erscheint dasselbe Motiv in G-dur: das ist derselbe, auf die Sphäre des »Sterns der Liebe« hinweisende Tonartenzusammenhang, wie wir ihn schon beim Auslöschen der Fackel finden konnten.

Bedeutungsvoller noch als Ges-dur ist für die Welt des Tristan die ernste Mollparallele Es-moll, die wir schon aus Schumanns Manfred-Musik als charakteristisch für das »Wanken an der Schwelle« kennen, für den Fall also, wo das Schwellenerlebnis mit innerer Tragik verbunden ist, mit der Tragik, die darin besteht, daß die Schwelle zwar erreicht wird, aber nicht eigentlich überschritten werden kann, wo der tragische Zwischenzustand, nicht vorwärts und nicht rückwärts zu können, in beiden Welten, der diesseitigen und der jenseitigen, sich nicht mehr zurechtzufinden, eintritt. Das ist ja bei Tristan im 3. Akte durchaus der Fall. Zu Tode verwundet, in Kurwenals Armen liegend, weilt er geistig schon im »Wunderreich der Nacht«, wo Isolde in Wahrheit seiner wartet, und doch hält ihn die Sehnsucht, Isolde noch einmal im Sinnenschein zu schauen, krampfhaft im Irdischen zurück. Es handelt sich dabei musikalisch gar nicht um längere Es-moll-Episoden — in dieser Beziehung bleibt Bachs Es-moll-Präludium unerreicht —, sondern immer nur um ein ganz kurzes, aber höchst charakteristisches Anklingen von Es-moll. So schon bei Tristans erstem Erwachen aus der schweren Ohnmacht: »Kurwenal — du? Wo war ich? Wo bin ich?« Ebenso charakteristisch ist dann bei Kurwenals Antwort, die ganz im Irdisch-Diesseitigen lebt, das traute heimliche, heimatliche F-dur des Kareolmotivs, die ganz auf das Irdisch-Natürliche abgestimmte Naturtonart: »Wo du bist? In Frieden, sicher und frei! Kareol, Herr: kennst du die Burg der Väter nicht?« Noch intimer ist eine spätere Es-moll-Stelle, wo Kurwenal den Todessiechen auf Isoldens nahe Ankunft vertröstet: »Glaub' meinem Wort: du sollst sie sehen, hier und heut; den Trost kann ich dir geben, — ist sie nur selbst noch am Leben«, Tristan dann aber wie jäh an die Schwelle zurückgerissen wird, und von ihr aus das Licht gewahrt, eben Isoldes lebende Erscheinung, die ihn, den nach der Nacht des Todes sich Sehnenden, noch immer im Irdischen zurückhält: »Noch losch das Licht nicht aus, noch ward's nicht Nacht im Haus: Isolde lebt und wacht; sie rief mich aus der Nacht.« Dieses »noch losch das Licht nicht aus« mit dem anschließenden leisen (pp) Vibrieren der Saiteninstrumente ist das schlicht-intimste aller Es-moll-Erlebnisse, die wir im Musikalischen bei Wagner auffinden. — Anderer Art, von greller Schärfe, ist das bald folgende Es-moll bei der Verfluchung des Liebestranks: »Den furchtbaren Trank, der der Qual mich vertraut, ich selbst — ich selbst, — ich hab' ihn gebraut!« Hier ist ja deutlich von der irdischen Sehnsucht die Rede, die Tristan noch immer verhindert, die Schwelle in Wirklichkeit zu überschreiten.

Schon im 2. Akt, in König Markes großem Monolog, finden wir ein solches schwellenhaftes, den erlösenden Schwellenübergang wehrendes Es-moll bei dem erschütternden Tremolo der Streicher an der Stelle: »Die kein Himmel erlöst, warum mir diese Hölle?«

Des ernsten Es-moll-Anklangs beim Auslöschen der Fackel durch Isolde wurde schon gedacht. Auch in die unendlich zarte Stelle am Anfang dieses Aktes, wo bei Isoldens Worten der wirre Hörnerschall der fernen Jagd leise den Übergang sucht in das Naturtönen der rieselnden Quelle, in den dortigen Übergang von C-moll nach Des-dur, mischt sich leise die Es-moll-Harmonie (C-moll G-moll Es-moll Des-dur).

So wesentlich das »Schwellenerlebnis« und darum auch die »Schwellentonart« für die Welt von »Tristan und Isolde« erscheinen kann, so bedeutungslos scheint sie für die Welt der »Meistersinger« zu sein, die, wie kein anderes Werk von Richard Wagner, so ganz aus dem lichten hellen Tagesbewußtsein geschöpft sind, und darum so recht als das C-dur-Musikdrama empfunden werden können, ganz aus der Tageswelt, um nicht zu sagen: Alltagswelt von C-dur geschöpft sind, die ja in Fis-dur Ges-dur Es-moll ihren ausgesprochensten Gegenpol hat. Und wirklich würden wir auch in den beiden ersten Akten der »Meistersinger« umsonst nach einer dieser Tonarten, nach irgendeinem Fis-dur oder Ges-dur suchen. Um so mehr überrascht dann im 3. Akt das berühmte Quintett mit seiner Ges-dur-Vorzeichnung der 6 B, das nach unmittelbar vorangehendem C-dur und wenigen überleitenden Takten uns in die so ganz andere Welt erhebt, wie sie in Evchens den Fünfgesang eröffnenden Worten zu uns spricht: »Selig, wie die Sonne meines Glückes lacht, Morgen voller Wonne, selig mir erwacht, — Traum der höchsten Hulden, himmlisch Morgenglüh'n, Deutung euch zu schulden, selig süß' Bemühn!« Liegt das eigentliche »Schwellenerlebnis« — wie wir es vor allem im »Parsifal« noch kennenlernen werden — auch der Welt der Meistersinger noch fern, so ist doch nicht minder stark bei Richard Wagner auch in diesem taghellen Musikdrama der Gedanke, daß nur allein in dieser Tageshelle, in diesem nüchternen Alltags-C-dur die Menschenseele in Wahrheit nicht leben könnte. Auch in die nüchternste Alltagswelt, und wäre es die des Nürnberger Spießbürgers, muß doch einmal, und wäre es nur in einem Liede, im Anblick eines schönen Bildes, im Miterleben eines Festes, in der Verklärung eines Sommerabends, im Zauber einer Johannisnacht, im Beseligenden einer Jugendliebe, ein Lichtstrahl einer höheren Welt hereinfallen, eine Welt der Träume wird auch in seine Nächte — denn auch er könnte nicht nur dem Tage leben — einmal hereinleuchten. Auch da wo die Schwelle zum höheren Geist-Erleben noch nicht überschritten wird, lebt doch in der Kunst, in Dichtung und Musik, in allem, was, wie junge Liebe, das Alltagsleben romantisch verklärt, einen romantischen Schimmer darum webt, ein Abglanz jener höheren Geisteswelt, der das Menschenleben erst menschlich erträglich macht, es eine Stufe der höheren Menschlichkeit näher bringt. Darum stellt Richard Wagner neben die Gestalten der schlichten Nürnberger Handwerker diejenige des dichterisch begeisterten, romantisch-jugendlichen Walther Stolzing, und gerade er findet die Liebe des einfachen Mädchens, und wird von dieser Liebe wiederum nach dem Dichterischen, dem Musikalischen, nach allem, was das höhere Leben sucht, hin inspiriert. Auch in der Liebe des Bürgermädchens kann leben, was dem Dichtergenius des jungen Ritters den höheren Adel verleiht. In das Land der Kunst, der Poesie, in jene Gebiete, die doch selbst schon der Abglanz einer höheren geistigen Welt sind, und von denen aus ein verklärender Schimmer dann auch dem schlichten Alltagsleben sich mitteilt, geleitet Eva, selbst wiederum geführt von dem zu echtem Menschentum und aus diesem Menschentum heraus zur Weisheit gereiften Hans Sachs, den jungen Freund. Auch darin liegt doch auch eine Art von Schwellenübergang, ein zart intimes »Schwellengeheimnis«; in diesem Sinn hat auch hier, für dieses »Quintett« im 3. Akt der Meistersinger, Richard Wagner intim sinnvoll die Ges-dur-Tonart erwählt, ja es ist gerade dieses Ges-dur des Meistersingerquintetts eines der Hauptbeispiele für die Verwendung dieser Tonart im Musikdrama Richard Wagners.

Ebenso sinnvoll ist es, daß, außer eben in diesem einen Quintett, die genannte Tonart in der ganzen Meistersingerpartitur nicht wieder vorkommt. Nur einmal noch, nahe schon dem Schluß des 3. Aktes, findet sich durch wenige Takte mit einem Anklang an das Anfangsmotiv jenes Quintetts auch noch einmal ein Anklingen von Ges-dur. Es ist da, wo zuletzt Walther Stolzing, in einer Anwandlung von Ritterstolz und Dichterstolz, glaubt, den ihm mit dem Dichterkranze noch angetragenen Meistertitel zurückweisen zu dürfen: »Nicht Meister! Nein! Will ohne Meister selig sein!«, worauf ihn aber Hans Sachs in die rechte Bahn der Mitte verweist mit seinem ernsten Schlußwort: »Verachtet mir die Meister nicht, und ehrt mir ihre Kunst«, in dem zugleich, wie mit innerer Vollmacht, das nüchtern-klare, helle und starke C-dur jenen Anklang des fernen Ges-dur ersetzt, um sich von da an in seiner ganzen Stärke bis an den Schluß des Musikdramas zu behaupten.

Durch das Menschheitlich-Umfassende der »Meistersinger«, durch die zukunftfrohe Stimmung, wie sie vor allem waltet im Wacht-auf-Chor (»Wacht auf! Es nahet gen den Tag...«) im 3. Akt, wird der christliche Impuls des »Parsifal« in entscheidender Weise mit vorbereitet. Dort werden wir nur von dem Alltagsplan in das Innere des Mysterientempels, des Gralsdomes geführt, wobei aber das Geschehen, das sich dort abspielt, von einer menschheitumfassenden Bedeutung ist. Die höchste spirituelle Sphäre, die höchste Höhe geistigen Geschehens, des Christus-Geschehens, wofür alles, was sich in den früheren Mysteriendramen abspielt, nur eine Vorbereitung ist, erreicht Richard Wagner im »Parsifal« — wenn auch das Musikalische des »Parsifal« keineswegs etwa an die abgeschlossene, nicht mehr zu überbietende Vollendung von »Tristan und Isolde« heranreicht, sondern selbst nur wie etwas Vorbereitendes auf ferne Entwicklungszukünfte des Musikalischen hinweist.

Das geistige »Schwellenerlebnis«, das uns von verschiedenen Gesichtspunkten, in verschiedener Höhenlage, immer mit der bestimmten Tonart (Fis-dur Ges-dur Es-moll) verbunden, in den verschiedenen Musikdramen Richard Wagners begegnete, ist dementsprechend im »Parsifal« in die höchste spirituelle Höhe, in die Sphäre des höchsten Christus-Erlebens gerückt. In diesem höchsten geistigen Sinne, in dem von Christus selbst am Ende des 1. Kapitels des Johannesevangeliums angedeuteten Sinn (»Wahrlich, wahrlich, ich sage euch: Von nun an werdet ihr den Himmel offen sehen und die Engel Gottes hinauf- und herabfahren auf des Menschen Sohn«), erreicht und überschreitet Titurel im heiligen Weiheerlebnis in der Einweihung des Heiligen Grales, durch die er Gralskönig wird, die Schwelle der geistigen Welt: »Denn ihm, da wilder Feinde List und Macht des reinen Glaubens Reich bedrohten, ihm neigten sich in heilig ernster Nacht dereinst des Heilands selige Boten: daraus Er trank beim letzten Liebesmahle, das Weihgefäß, die heilig edle Schale, darein am Kreuz sein göttlich Blut auch floß, dazu den Lanzenspeer, der dies vergoß, der Zeugengüter höchstes Wundergut, das gaben sie in unsres Königs Hut. Dem Heiltum baute er das Heiligtum...« Bei dieser Schilderung des Gralserlebnisses, wie sie durch Gurnemanz im 1. Akt gegeben wird, setzt bei »ihm neigten sich in heilig ernster Nacht dereinst des Heilands selige Boten« in Ges-dur, in sphärenhaften Klängen der Saiteninstrumente, das Motiv ein, das wir »Motiv der heiligen Weihe-Nacht« oder »Motiv der herabsteigenden Hierarchien« nennen können, eben jenes Motiv, mit dem sich im Parsifal im höchsten christlichen Sinne, im Gralssinne, das Schwellenerlebnis und darum auch die Schwellentonart verbindet. Dasselbe Ges-dur, in Verbindung mit diesem Motiv, erscheint dann gegen den Schluß des 3. Aktes, bei der Wiederbringung des heiligen Speeres, wodurch die durch das Amfortas-Geschick getrübte Sphäre des Titurel-Grals-Erlebnisses wieder in ihrer Reinheit hergestellt wird: »Den heil'gen Speer, ich bring ihn euch zurück!«, mit einem Übergang von Ges-dur nach G-dur, den wir ähnlich schon in »Tristan und Isolde« fanden. In ähnlichem Sinne finden wir die Fis-dur-Cadenz im Anfang des 3. Aktes bei der Erwähnung des heiligen Speeres, den Gurnemanz an der Seite des zurückkehrenden Parsifal gewahrt: »nicht ihn selber durft' ich führen im Streite, unentweiht führ' ich ihn mir zur Seite, den nun ich heimgeleite, der dort dir schimmert heil und hehr: des Grales heil'gen Speer.« Auch in der letzten Tonartenwandlung des Abendmahlsmotivs bei »Erlösung dem Erlöser« kommt, nahe dem Abschluß, Ges-dur vor.

Wie mit Titurels heiligem Schwellenerlebnis, mit dem reinen Gralserlebnis die Ges-dur-Tonart, verbindet sich mit den dramatischen Schwellenerlebnissen seines in die Schlingen des Widersachers gefallenen Nachfolgers Amfortas die vor allem den Ernst, den mitunter tragischen Ernst des Schwellenerlebnisses hervorhebende Es-moll-Tonart, die wir schon im »Tristan« (und vorher in Schumanns »Manfred«) als die Tonart des »Wankens an der Schwelle« kennen lernten. Dieses »Wanken an der Schwelle«

erscheint wirklich, weil schon in der Christus-Sphäre, in der Sphäre des heiligen Grales sich abspielend, im höchsten tragischen Sinne gesteigert, bei Amfortas. Eine Menschheitstragik, die schon im Tristan des 3. Aktes zu uns spricht, erscheint da auf der höchsten Stufe, in höchster Steigerung. Was in diesem Sinne das »Wanken an der Schwelle« bedeutet, kann nicht treffender und großartiger geschildert werden als mit Richard Wagners eigenen Worten in einem seiner Briefe an Mathilde Wesendonk (Luzern, 30. Mai 1859, lange vor der Vollendung des »Parsifal«): »Genau betrachtet ist Amfortas der Mittelpunkt und Hauptgegenstand ... es ist mein Tristan des dritten Aktes mit einer undenklichen Steigerung. Die Speerwunde, und wohl noch eine andere — im Herzen, kennt der Arme in seinen fürchterlichen Schmerzen keine andere Sehnsucht, als die zu sterben; dieses höchste Labsal zu gewinnen, verlangt es ihn immer wieder nach dem Anblick des Grals, ob der ihm wenigstens die Wunden schlösse, denn Alles Andre ist ja unvermögend, nichts — nichts vermag zu helfen: — aber der Gral gibt ihm immer nur das Eine wieder, eben daß er n i c h t sterben kann; gerade sein Anblick vermehrt aber nur seine Qualen, indem er ihnen noch Unsterblichkeit gibt.... Wollte er im Wahnsinn der Verzweiflung sich gänzlich vom Gral abwenden, sein Auge vor ihm schließen? Er möchte es, um sterben zu können. Aber — er selbst, er ward zum Hüter des Grales bestellt; und nicht eine blinde äußere Macht bestellte ihn dazu, — nein! weil er so würdig war, weil Keiner wie er tief und innig das Wunder des Grales erkennt, wie noch jetzt seine ganze Seele endlich immer wieder nach dem Anblicke drängt, der ihn in Anbetung vernichtet, himmlisches Heil mit ewiger Verdammnis gewährt!« —

In diesem Sinne erscheint als die Tonart des »Wankens an der Schwelle« Es-moll gleich beim Beginn des ersten Verzweiflungsausbruchs des Amfortas im 1. Akt: »Wehe! Wehe mir der Qual!« Beim dramatischen Stil der Episode wird Es-moll immer wieder verlassen, um an charakteristischen Hauptstellen aufs neue zu erscheinen, wie bei der Gralsvision: »Des Weihgefäßes göttlicher Gehalt erglüht mit leuchtender Gewalt ...« (ähnlich Ges-dur bei Parsifals Gralsvision im 2. Akt: »Es starrt der Blick dumpf auf das Heilsgefäß: das heil'ge Blut erglüht ...«, auch dort mit raschem chromatischem Tonartenwechsel). Zu einem Höhepunkt von Es-moll erhebt sich die Amfortas-Klage im 1. Akt bei der Stelle: »Hier durch die Wunde der seinen gleich, geschlagen von desselben Speeres Streich, der dort dem Erlöser die Wunde stach, aus der mit blut'gen Tränen der Göttliche weint' ob der Menschheit Schmach in Mitleids heiligem Sehnen, und aus der nun mir... das heiße Sündenblut entquillt, ewig erneut aus des Sehnens Quelle...«

Auch des Es-moll an der Stelle, wo Kundry im 1. Akt, vom Schlaf überwältigt, schon in Klingsors Macht sich fühlend, sich zum nahen Waldgebüsch hinschleppt, sei kurz gedacht: »nur Ruhe will ich, nur Ruhe, ach! Der Müden.« Auch sie ist da nahe dem Bannkreis einer geistigen Schwelle, die sie noch nicht zu überschreiten vermag. Auch im 2. Akt, in der Klingsor-Kundry-Szene, die Kundry ganz im Banne Klingsors zeigt, kehren solche Es-moll-Momente wieder, vor allem da, wie auf Klingsors Beschwörung hin, das astrale Phantom der Kundry in bläulichem Lichte heraufsteigt; vgl. auch im folgenden die abgebrochenen Rufe Kundrys: »Ach! Ach! — Tiefe Nacht... Wahnsinn... Oh! — Wut... Ach! Jammer! Schlaf... Schlaf... tiefer Schlaf... Tod!...« Da tritt, inmitten aller »gebrochenen Tonalität«, doch Es-moll (einmal als Dis-moll notiert) hervor. Schon im Vorspiel zum 1. Akt finden wir einmal, in der Durchführung des »Glaubensmotivs«, Ges-dur und Es-moll. Ähnlich in der Durchführung desselben Motivs bei der Taufe vor Beginn des »Karfreitagszaubers« im 3. Akt, also da, wo endlich auch für Kundry die Schwelle nach dem Geistigen hin überschritten wird. Das musikalisch schönste, von ferne ein wenig an Bachs Passionsmusiken (vgl. auch Es-moll-Präludium) erinnernde Es-moll finden wir im Beginn der Gralsszene des 1. Aktes, im Chor der Jünglinge: »Den sündigen Welten mit tausend Schmerzen, wie einst sein Blut geflossen, dem Erlösungshelden sei nun mit freudigem Herzen mein Blut vergossen.« Da ist das »Schwellenerlebnis« von Es-moll schon ganz in die christliche Sphäre erhoben.

4.

Es-dur, C-moll

Wie in C-dur — Ges-dur den Querbalken, haben wir in A-dur — Es-dur den Längsbalken des C-dur-Kreuzes. Es liegt nahe oder könnte naheliegend erscheinen, in der weiteren Darstellung zunächst A-dur, als den oberen Punkt dieses Kreuzes folgen zu lassen. Hier ist jedoch noch folgender Gesichtspunkt zu beachten. Der Tonartenkreis kennt nicht nur ein Oben und Unten, Hell und Dunkel, Kreuztonarten- und B-Tonarten-Gebiet, sondern auch ein Links und Rechts, ein Gebiet der aufwärtsstrebenden und der abwärtsstrebenden Tonarten. Wie C-dur dem ersteren, gehörte Fis-dur Ges-dur dem letzteren Gebiete an. Führen die Tonarten des linken Halbkreises zu immer hellerem Erwachen, zu immer hellerem Licht, so die Tonarten des rechten Halbkreises zu immer tieferem Dunkel. Dabei ist A-dur der obere, Es-dur der untere Wendepunkt. Man kann in den aufwärtsstrebenden Tonarten des linken Halbkreises ein positives, in den abwärtsstrebenden Tonarten des rechten Halbkreises ein negatives Element finden. In der Gegenüberstellung von C-dur und Fis-dur Ges-dur wäre dann also C-dur die positive, Fis-dur Ges-dur die negative Tonart. Und eine innerlich folgerichtige Darstellung hätte dann darauf zu achten, immer die entsprechende positive Tonart voranzustellen, die gegenüberliegende negative Tonart ihr folgen zu lassen.

In diesem Sinne ist dann aber, wie beim Querbalken des C-dur-Kreuzes C-dur die positive, Fis-dur Ges-dur die negative Tonart, so beim Längsbalken Es-dur, also die untere Tonart, die positive, A-dur, die obere Tonart, die negative. Denn bei A-dur, das die Höhe des Tonartenkreises bezeichnet, beginnt zugleich schon die Abwärtsbewegung. Es ist damit nicht anders, als beim Jahreskreis, als dessen Abbild — ohne damit die Gesichtspunkte zu erschöpfen — wir den Tonartenkreis in gewissem Sinne betrachteten: mit der Sommersonnenwende, mit Johanni, als der Höhe des Jahres, beginnt zugleich der Abstieg, das Kürzerwerden der Tage. Die spätere Betrachtung der A-dur-Tonart wird zeigen, wie sehr dies alles auch der Charakteristik dieser Tonart entspricht.

Umgekehrt beginnt bei Es-dur, als dem der Wintersonnenwende entsprechenden tiefsten Punkte des Tonartenkreises, zugleich die Aufwärtsbewegung, das Sichemporwenden zum Lichte. Darum ist Es-dur C-moll nicht nur tiefstes Dunkel, sondern zugleich die Wiederaufwärtswendung zum Lichte. Das gibt der Es-dur-Tonart, wie auch der parallelen C-moll-Tonart den ihr eigenen starken, positiven, kämpferischen Charakter, den Charakter des Heroischen, wofür Beethovens Eroica ein Urbeispiel ist.

Damit ist nicht gesagt, daß dieses »Heroische« die einzig mögliche Nuance der genannten Tonart ist. So läßt uns Bachs Es-dur-Präludium im 2. Teil des Wohltemperierten Klaviers (im 1. Teil ist der Tonartencharakter von Es-dur noch nicht so herausgearbeitet) stark das »Weihnachtliche« dieser ja wirklich auch am »Weihnachtspunkte« des Tonartenkreises liegenden Tonart empfinden, den Weihnachtsjubel, die Weihnachtsfreude an der Wiedergeburt des Lichtes: »Wintersonnenwende! Nacht ist nun zu Ende ...« (Christian Morgenstern). In der Zeit, wo das Licht der äußeren Sonne am meisten verfinstert ist, scheint die g e i s t i g e S o n n e am hellsten. Was man im Erleben alter Mysterien das »Schauen der Sonne um Mitternacht«

nannte, hätte seinen musikalischen Ausdruck in der Es-dur-Tonart. In diesem Mysteriensinne erstrahlt der Schluß von Mozarts »Zauberflöte« wirklich in der Es-dur-Tonart: »Die Strahlen der Sonne vertreiben die Nacht.« Auch sonst, so schon im Vorspiel zur »Zauberflöte«, oder in der Es-dur-Symphonie, hat Es-dur bei Mozart diesen Charakter des Feierlichen, Weihevoll-Lichterfüllten. Es-dur ist, durch seine ganze Stellung im Tonartenkreis, die Tonart, durch die sich das F e i e r l i c h e vor allem zum Ausdruck bringen läßt, die »Tonart der Feier«, die »feierliche Tonart«.

Das Starke, Kraftvolle, Kämpferische, Heroische teilt mit der Es-dur-Tonart in bedeutsamer Weise die Mollparallele C-moll, ja sie überragt sie noch aus einem ganz bestimmten Grunde. Es-dur, so zeigt die Anschauung des Tonartenkreises, steht am untersten, tiefsten Punkte dieses Kreises, hat aber, als Dur-Tonart, den für alles Dur-Wesen charakteristischen Auftrieb, ja es tritt dieser Auftrieb, dieses Empordrängende, gerade bei Es-dur besonders stark hervor. Im Gegensatz zu Dur hat Moll das Lastende, nach unten Drückende, dem nach abwärts sich niederschlagenden Bodensatz einer Flüssigkeit vergleichbar. (Man vergleiche damit auch die seelische Bedeutung des Wortes »niedergeschlagen«, in Verbindung mit dem der Molltonart eigentümlichen Ausdruck der Trauer und Melancholie). Im Hinblick auf diese Eigenart von Moll kann man nun von der den tiefsten Punkt des Tonartenkreises einnehmenden C-moll-Tonart gewiß sagen: sie ist von allen Tonarten überhaupt diejenige, die am festesten auf dem Boden, am stärksten auf der Erde steht, und kann schon darin einen Grund für die ihr eigene Kraft und Stärke finden. Die Tragik des Irdischen selbst spricht kraftvoll aus der C-moll-Tonart. So läßt Beethoven dem heroischen Es-dur Aufschwung des ersten Satzes seiner Eroica-Symphonie den Trauermarsch in C-moll folgen: dem Heldenkampf, der ganzen weltbewegenden Entfaltung des heroischen Wesens folgt der ernste Gang über die Schlachtfelder. In höchster individueller Steigerung bringt Richard Wagner (bei dem wir auch hier wiederum alles Tonartliche noch mehr in seinen Einzelheiten verfolgen wollen) dieses C-moll des heroischen Trauermarsches bei der Trauermusik auf Siegfrieds Tod in der »Götterdämmerung«. Durch dieses Starke, Heroische und durch eine gewisse innere Hinordnung auf die Grundtonart C-dur erweist sich C-moll vor allem als symphonische Tonart großen Stiles und ist in diesem Sinne bei allen bedeutenden, wie auch minder bedeutenden Symphonikern immer beliebt gewesen. Beethovens 5. Symphonie ist dafür ein Hauptbeispiel. Auch in ihr finden wir den, schon in der C-dur-Stelle des 2. (As-dur-) Satzes angedeuteten, im gewaltigen

C-dur-Finale sich verwirklichenden Übergang von C-moll nach C-dur, das Sichemporkämpfen aus der tiefen Finsternis von C-moll nach dem hellen, siegreichen Licht von C-dur, wie eine musikalische Durchführung des großen geistigen Motivs »durch Kampf zum Sieg«, oder: »Durch Nacht zum Licht.« Auch Anton Bruckner bringt in gewaltigem Rahmen diesen Durchbruch von C-moll nach C-dur in seiner 8. Symphonie (die man von einem bestimmten Gesichtspunkt die »michaelische« nennen kann). Doch hat das C-moll des 1. Satzes hier nicht so sehr den Charakter des Heroischen, als vielmehr den des Düster-Leidenschaftlichen, Pathetischen: es ist gleichsam der Drache der irdischen Leidenschaft, der hier von dem in seinem ganzen Wesen so sehr der inneren Harmonie zugewendeten Anton Bruckner noch einmal aus seinen seelischen Schlupfwinkeln hervorgelockt und zum Kampfe aufgerufen wird, damit er dann durch die innere Reinheit wahren geistigen Heldentums überwunden und seine Kraft ins Gute verwandelt werde (man beachte die innere Beziehung zwischen dem Hauptmotiv in den ersten Takten des ersten Satzes und den letzten Takten des Finale). Ein klassisches Beispiel für dieses stark erdgebundene, »pathetische C-moll« ist Beethovens Sonate pathétique (op. 13) für Klavier. Die wuchtigen Eingangstakte dieser Sonate lassen uns besonders stark das bodenständige, nach der Erde hin Drückende der C-moll-Tonart erleben. Ganz besonders ausdrucksvoll erscheint der Durchbruch, die Emporwendung von C-moll nach C-dur bei Beethovens zweisätziger, letzter Klaviersonate op. 111. Hier kann der 1. Satz (C-moll) empfunden werden wie ein letztes Stehen auf der Erde, ein noch einmal, zum letztenmal Sich-verbunden-fühlen mit den Kräften des Irdischen, von dem jetzt Abschied genommen wird, mit dem jetzt, im endgültigen Abschiednehmen, eine letzte, feierliche Abrechnung gehalten wird, in dem alle Blicke der Liebe, die im Irdischen erlebt wurden, noch einmal aufleuchten. Dann aber — und das bringt nach dem schon sanft in C-dur verklingenden, verschwebenden 1. Satz der 2. (C-dur-) Satz — erfolgt ernst und ruhevoll, jenseits aller Leidenschaft des Irdischen, der große Hinübergang nach dem »anderen Ufer«: die so oft nur das Licht des Alltags versinnlichende C-dur-Tonart ist hier ganz zum Ausdruck des »Lichtes der höheren Welten« geworden. Als ein Sichhindurchkämpfen aus der Nacht des Irdischen zu dem Lichte, das jenseits des Irdischen und über dem Irdischen leuchtet, kann das geistige Motiv dieser ganz von der Stimmung des tiefsten Abschieds erfüllten letzten Klaviersonate empfunden werden.

Als besonders charakteristisch sei aus der unerschöpflichen Fülle der

Beispiele noch herausgegriffen das kurze C-moll-Präludium von Chopin, bei dessen wuchtigem Anfang wir uns, dem Charakter der C-moll-Tonart entsprechend, noch ganz stark auf der Erde stehend fühlen, bis dann, indem das Forte des Anfangs dem Piano und Pianissimo weicht, auch die C-moll-Harmonie immer mehr nach oben verschwebt, und dadurch ihren eigentlichen Charakter gleichsam immer mehr verliert, so daß man die Empfindung haben kann, wie eine anfängliche scheinbare Sicherheit immer mehr im Unsicheren, Unbestimmten verschwebt, was ein gerade für die Musik Chopins durchaus charakteristischer seelischer Vorgang ist. Ein Gegenstück und wirksamer Gegensatz dazu ist Bachs C-moll-Fuge im 1. Teil des Wohltemperierten Klaviers, die uns gerade in ihrer mächtigen Schlußkadenz (dem Charakter des Stücks entspricht hier Oktavverdoppelung des Basses) das Starke, Bodenständige, fest und sicher auf der Erde Stehende der C-moll-Tonart zum Bewußtsein bringt.

Gehen wir von alledem nun wiederum zur besonderen Betrachtung des Tonartlichen im Wagnerschen Musikdrama über — es handelt sich aber dabei nicht um eine »Statistik der Vorzeichnungen«, sondern um eine Hervorhebung des Wesentlichen und Charakteristischen —, so finden wir im »Fliegenden Holländer« im wesentlichen das düstere C-moll bei der ersten großen Arie des Holländers, und zwar nach der gebrochenen Tonalität der ersten Takte (»Die Frist ist um, und abermal verstrichen sind sieben Jahre ...«) von der Stelle an: »Wie oft in Meeres tiefsten Schlund stürzt ich voll Sehnsucht mich hinab, doch ach! Den Tod, ich fand ihn nicht!« Noch nicht eigentlich das Heroische spricht aus diesem C-moll, nur die Finsternis des Abgrunds, aus dem immer noch eine Erlösung möglich scheint und erhofft wird (während das Unerlöste, nicht mehr zu Erlösende, vor allem — man denke an Beethovens Appassionata — im absteigenden F-moll seinen Ausdruck findet). Der Lichtstrahl einer Erlösungshoffnung bricht noch immer in die Finsternis dieses Abgrunds, das ist die Wendung nach Es-dur: »Dich frage ich, gepriesener Engel Gottes, der meines Heils Bedingung mir gewann: war ich, Unsel'ger, Spielwerk deines Spottes, als die Erlösung du mir zeigtest an?« Dann schließt wieder das finstere C-moll der Abgrundtiefe: »Wann alle Toten aufersteh'n, dann werde ich in Nichts vergehen.« (Von der bedeutungsvollen Wiederholung dieser letzten Wendung in C-dur war schon die Rede.) Der — auf Senta hinweisende — Hoffnungsstrahl in Es-dur klingt wieder an bei Dalands Wort: »Wohl, Fremdling, hab' ich eine schöne Tochter.«

Im »Tannhäuser« erscheint Es-dur zuerst bei der Wiederholung des zuerst in Des-dur gesungenen und durchaus dorthin gehörigen Preislieds an Venus, wobei aber zu beachten ist, daß Tannhäuser, vollends bei dieser Wiederholung, von Venus und ihrem Reiche sinnlicher Wonnen sich bereits abwendet, daß er den mutig-männlichen kämpferischen Entschluß gefaßt hat, diesem Venusreich zu entfliehn; und dieses gerade ist es, was hier durch die Wendung von Des-dur nach Es-dur in bedeutsamer Weise zum Ausdruck gebracht wird: »... bei dir kann ich nur Sklave werden, nach Freiheit doch verlangt es mich, nach Freiheit dürste ich: zu Kampf und Streite will ich steh'n, sei's auch auf Tod und Untergeh'n.« Das ist schon durchaus ein heroisches Es-dur-Moment. Auch dem den »Sängerkrieg« im 2. Akt eröffnenden Es-dur fehlt ein Moment des Kämpferischen nicht, in diesem Falle des »edlen Wettkampfs im Geistigen und Künstlerischen«. Zugleich läßt sich Es-dur hier einfach als die »feierliche Tonart« empfinden: die ganzen Vorgänge in der Wartburg im 2. Akt sind ja durchaus auf Feierlichkeit, auf das Festlich-Feierliche abgestimmt.

Das den 3. Akt eröffnende Es-dur von »Tannhäusers Pilgerfahrt« spricht vom mutigen Entschluß Tannhäusers, sich aus der Tiefe seines Falles zu erheben. Die wirkliche Erhebung findet er dann nicht durch die Romreise, sondern durch die sich hinopfernde Liebe Elisabeths. So erscheint ganz bedeutungsvoll Es-dur, als die die Aufwärtswendung in sich tragende Tonart, beim Erklingen des Namens »Elisabeth«, da wo der nochmal in das seelische Blickfeld Tannhäusers sich hereindrängende Venusspuk verschwindet, versinkt. Auch rein musikalisch ist hier der Übergang von der gebrochenen Tonalität der Venusmotive in die reine, klare, leuchtende Tonalität von Es-dur eindrucksvoll. Es-dur ist hier deutlich die Tonart, die aus der Tiefe des Abgrunds wiederum emporführt. In diesem Sinne schließt es auch, nach dem Wunder des neu ergrünenden Stabes, die Oper ab: »Der Gnade Heil ward dem Büßer beschieden, nun geht er ein in der Seligen Frieden.«

Der im inneren Grundton auf die lichte Höhe von A-dur abgestimmten Oper »Lohengrin« liegt das tiefe Es-dur und C-moll verhältnismäßig fern. Wir finden Es-dur im 1. Akt bei dem (auch in seiner dreiteiligen Taktart aus der sonstigen ruhevoll-zweiteiligen Rhythmik des »Lohengrin« herausfallenden) Gebet des Königs vor dem Zweikampf zwischen Lohengrin und Telramund: »Mein Herr und Gott, nun ruf' ich dich, daß du dem Kampf zugegen seist!« Man kann bei diesem Es-dur sowohl das Feierliche, wie die Richtung des Blickes von unten nach oben, vom Irdischen nach der höheren Welt empfinden. In der leuchtenden Pracht von Es-dur bei Elsas Brautzug zum Münster im 2. Akt tritt vor allem das Feierliche dieser Tonart in die Erscheinung. Es ist bei Wagner einer der Höhepunkte des »feierlichen Es-dur«. Hier ist es die kirchlich-kultische Feier, die uns den Blick aus der Tiefe des Irdischen nach oben erheben läßt. Beim feindlichen Dazwischentreten der Ortrud wird diese leuchtende Pracht von Es-dur nach C-moll hin getrübt, wobei die Tonalität eine chromatisch stark gebrochene ist.

Die C-moll-Wendung bei Lohengrins Abschied im 3. Akt (»Leb wohl, mein süßes Weib! Leb wohl! Mir zürnt der Gral, wenn ich noch bleib! Leb wohl!«) enthält, besonders wenn der Gegensatz zu dem das Ganze beherrschenden A-dur empfunden wird, einen Höhepunkt der Tragik. Der ganze Abgrund zwischen den einsamen Lichteshöhen, zu denen der Eingeweihte Lohengrin jetzt zurückkehrt, zu denen er die Geliebte nicht zu erheben vermochte, und der Tiefe des Erdenleides, in der er Elsa jetzt zurücklassen, einsam den Todesmächten überlassen muß, spricht sich schon rein tonartlich darin aus.

Konnten wir sonst bei Es-dur vielfach die Nuance des Heroischen oder des Feierlichen mitempfinden, so tritt das reine »Es-dur der Urtiefe« nirgendwo mehr in die Erscheinung als im Anfang von »Rheingold«. Es gibt wohl kaum einen andern Fall in der ganzen Musikliteratur, wo so ganz und gar »aus der Tonart heraus gemalt« (oder komponiert) ist, wie im Rheingoldvorspiel. Langsam baut sich hier aus ihren Urelementen — zuerst nur der Grundton, dann Grundton und Quint — die Es-dur-Harmonie auf, bis aus ihr, im allmählichen Hinzutreten der andern Intervalle, das Motiv des Rheineswogens, der Rheinestiefe, sich rhythmisch nach und nach immer mehr belebend, herauswächst. Und die Rheinestiefe wird dabei zum Bilde der Urtiefe aller Dinge, der Urgründe des Weltgeschehens, des im Urbeginne klaren ätherischen Urstroms, der dann durch das Dazwischentreten der Widersachermächte (die selbst erst zu dieser Rolle heranwachsen) getrübt wird, wodurch das Weltgeschehen den spannenden dramatischen Einschlag erhält, der ihm bis heute eigen geblieben ist. Keine Musik ist so auf dieses Dramatisch-Spannende, das ohne die Gegenmächte nicht möglich wäre, hin angelegt, wie diejenige Richard Wagners. Aber nirgendwo fehlt der Musik dieses Spannende, Dramatische so ganz und gar, wie im Anfang des »Rheingold«. Was nach gewöhnlichen Begriffen höchste Monotonie wäre — kein Tondichter vor und nach Richard Wagner hat ein ähnliches Experiment wieder gewagt —, wird so, aus dem Ganzen des »Nibelungenringes«, der Wagnerschen Musik überhaupt erlebt, wiederum eigenartig und interessant (wobei auch Richard Wagners geniale Instrumentation mitspricht). Und man kann empfinden, wie gerade nur aus der ruhevollen Tiefe von Es-dur heraus eine solche Einleitung möglich war. Theoretisch, auf dem Notenpapier, konnte oder kann mit jeder Tonart dasselbe geschehen. Wo ein wirkliches Tonartenempfinden vorhanden ist, kann es uns sagen, daß gerade nur in der Es-dur-Tonart eine solche einzigartige und einmalige Einleitung möglich war.

Vom Vorspiel in den Rheintöchtergesang der 1. Szene setzt sich das Weben in der Es-dur-Tonart fort, in die sich erst bei Floßhildes warnenden Worten ein Schatten von C-moll mischt: »Des Goldes Schlaf hütet ihr schlecht! Besser bewacht des Schlummernden Bett, sonst büßt ihr beide das Spiel!« Die volle Tragik dieses C-moll tritt dann ein, wenn Alberich das Gold raubt: »Das Licht lösch' ich euch aus, entreiße dem Riff das Gold, schmiede den rächenden Ring, denn hör' es die Flut, so verfluch' ich die Liebe.« Man kann beachten, wie sich in die C-moll-Harmonien noch das »katastrophale Fis« mischt, von dem später noch, bei der Fis-moll-Tonart, die Rede sein wird.

Die sonstigen vorübergehenden Anklänge der Es-dur- oder C-moll-Harmonie im »Rheingold« (wie da, wo Freia im Beisein der Riesen mit Gold aufgewogen wird) sind wenig charakteristisch.

Auch in der »Walküre« tritt diese Tonart wenig hervor. Hundings Auftreten — die Partitur zeichnet C-moll vor — erfolgt nicht in dieser Tonart, sondern im finstern F-moll. Erst im Ausgang dieser Szene erscheint wirkliches C-moll, als Tonart der Heldentragik, bedeutsam beim Wälsungenmotiv an der Stelle: »Nun weißt du, fragende Frau, warum ich Friedmund nicht heiße«, wie eine Vorahnung der Trauermusik der Götterdämmerung, wo diese das gleiche Motiv beherrschende Tonart dann zu ihrer Höhe emporgeführt wird. Auch die C-moll-Vorzeichnung bei einem Teil der Fricka-Szene deutet auf kein vollwirkliches C-moll. Der Ausklang dieser Szene steht im »feierlichen Es-dur«: »Deiner ew'gen Gattin heilige Ehre beschirme heut' ihr Schild.«

Im »Siegfried« klingt das heroische Es-dur da an, wo von Siegfrieds Heldenunternehmen, aus den Stücken des von Wotan zertrümmerten Schwertes Nothung sich das Schwert aus eigener Kraft neu zu schmieden, die Rede ist. Ehe Siegfried das Werk selbst vollbringt, richtet er im 1. Akt die Aufforderung an Mime: »Und diese Stücke sollst du mir schmieden, dann schwing' ich mein rechtes Schwert.« Ebenso steht Es-dur beim Gespräch mit dem Wanderer (Wotan) im 3. Akt: »Ich weiß allein, daß die

Stücke mir nichts nützten, schuf' ich das Schwert mir nicht neu.« Das Sichemporringen aus eigener Kraft liegt ja stark im Ausdrucksgebiet der Es-dur-Tonart.

Das leuchtende Heroentum (Es-dur) trübt sich im 3. Akt nach einem (durch mannigfache Chromatik stark gebrochenen) finstern C-moll hin bei Brünhildes ahnenden Besorgnissen: »Trauriges Dunkel trübt meinen Blick. Mein Auge dämmert, mein Licht verlischt. Nacht wird's um mich. Aus Nebel und Grauen windet sich wütend ein Angstgewirr...«

In der »Götterdämmerung«, deren Musikstil die stark gebrochene Tonalität kennzeichnet, erscheint zunächst im Nornenvorspiel Es-dur und C-moll nur in Anklängen (vor dem Gesang von der Weltesche; »Treuberatener Verträge Runen schnitt Wotan in des Speeres Schaft«; »ewig versiegte der Quell«). Erst in der 2. Szene, beim Auftreten von Siegfried und Brünhilde, erhebt sich Es-dur, als das »heroische Es-dur«, im Heldenmotiv zu tonaler Größe und Bedeutung, die durch die Blechbläser mächtig gehoben wird, ähnlich wie dann bei der Durchführung des gleichen Motivs in der Trauermusik im 3. Akt. Auch den nach der Tiefe enteilenden Siegfried begleitet noch das heroische Es-dur, das dann, in der zum 1. Akt überleitenden Zwischenmusik, noch einmal als das »Es-dur der Rheinestiefe« (nach »Rheingold«) verklingt, nach einem interessanten »Tonartensturz«, der dieses Motiv von der Höhentonart A-dur nach der Tonart der Tiefe Es-dur heruntergleiten läßt, wie um auszudrücken, daß Siegfried sich jetzt von den Höhen Brünhildes den Tiefen des Irdischen zuwendet. In der Waltrautenszene verdient das leuchtende Es-dur bei Brünhildes Worten Erwähnung: »In seiner Liebe leucht' und lach' ich heut' auf«: Es-dur erscheint hier wieder charakteristisch als der Ausdruck für die Erhebung aus einer Tiefe, aus einer Erniedrigung (hier die Erniedrigung, in die Brünhilde durch Wotans Strafe versetzt wurde).

Ein leises, nicht uninteressantes Anklingen eines »Es-dur der Erdentiefe« finden wir in der Jagdszene des 3. Aktes, beim Überfließen des Trinkhorns in Siegfrieds Hand: »... der Mutter Erde laß das ein Labsal sein.«

Wie alle großen Tondichter ist Richard Wagner mit der Verwendung einer bestimmten Tonart sparsam, um sie dann im entscheidenden Augenblick zur ganzen und vollen Wirkung zu bringen. So vollendet sich das tragischheroische C-moll, von dem wir zuerst in der »Walküre« beim Wälsungenmotiv einen leisen Anklang fanden (»Nun weißt du, fragende Frau...«), in der Trauermusik auf Siegfrieds Tod im 3. Akt der »Götterdämmerung«. Die mächtige Wirkung dieser Tonart (mit der Richard Wagner hier auch an Beethoven, an den Trauermarsch der Eroica, anknüpft) wird noch gehoben durch den Tonartengegensatz des lichten A-dur bei den letzten Worten des sterbenden Siegfried (A-dur C-moll ist der stärkste mögliche Tonartenabgrund). Auch hier, in der Trauermusik der Götterdämmerung, haben wir, wie öfter bei Beethoven und anderen, ein Sichdurchringen des düsteren tragischen C-moll zum hellen C-dur (bei der Fanfare des Schwertmotivs). Die Heldentrauer schlägt um in die Erinnerungsfeier der Heldengröße des Gefallenen, in den »Heldenjubel«, der dann seinen Höhepunkt im Es-dur des Heroenmotivs hat, das uns schon in der 2. Szene des Vorspiels, beim ersten Auftreten von Siegfried und Brünhilde begegnet ist. Im Übergang der Trauermusik in die folgende Szene tritt wiederum der Ernst von C-moll an die Stelle der »Heldenerinnerung«.

Die Tiefentonart Es-dur, im »Ring des Nibelungen« öfter die Rheinestiefe, wird in »Tristan und Isolde« zur Tonart der Meerestiefe, auch der rhythmisch-gleitenden Meeresfahrt (man denke an das Es-dur von »Siegfrieds Rheinfahrt« in der Überleitung zum 1. Akt der »Götterdämmerung«). Besonders Brangänes Stimme sehen wir öfter mit dem schimmernd-leuchtenden Charakter dieser Tonart verbunden, so gleich bei der Meerfahrt im Anfang des 1. Aktes: »Blaue Streifen stiegen im Westen auf; sanft und schnell segelt das Schiff: auf ruhiger See vor Abend erreichen wir sicher das Land.« Isolde: »Welches Land?« Brangäne: »Kornwalls grüner Strand.« Der folgende Zornesausbruch Isoldens läßt die Tonart nach C-moll umschlagen. Das sanfte Es-dur-Motiv der rhythmisch-gleitenden Seefahrt wird, vom Wechsel der Tonart und der rhythmischen Bewegung ergriffen, zum Sturmesmotiv, C-moll zur Tonart der aufgewühlten Meerestiefe. Das Leidenschaftliche, Pathetische von C-moll, das uns, als eine unter den möglichen Nuancen dieser Tonart, schon bei Beethoven so charakteristisch begegnet, erscheint hier in einer gewaltigen höchsten Steigerung in Isoldens Zornesausbruch: »Entartet Geschlecht! Unwert der Ahnen! Wohin, Mutter, vergabst du die Macht, über Meer und Sturm zu gebieten? ... Erwache mir wieder, kühne Gewalt; herauf aus dem Busen, wo du dich bargst! Hört meinen Willen, zagende Winde! Heran, zu Kampf und Wettergetös! Zu tobender Stürme wütendem Wirbel! Treibt aus dem Schlaf das träumende Meer, weckt aus dem Grund seine grollende Gier! Zeigt ihm die Beute, die ich ihm biete! Zerschlag es, dies trotzige Schiff, des zerschellten Trümmer verschling's! Und was auf ihm lebt, den wehenden Atem, den laß' ich euch Winden zum Lohn!« Bei aller Chromatik des Tristan-Musikstils, bei aller »Brechung der Tonalität« tritt der Grundcharakter von C-moll als finsterer Tiefentonart hier doch stark hervor. Den Abschluß bildet nicht der C-moll-Akkord, sondern der übermäßige Dreiklang as-c-e-c-e. Dieser, vom Strömen der »unendlichen Melodie« aufgenommene übermäßige Dreiklang ist für die Tristan-Musik ähnlich charakteristisch, wie der das Ganze so stark beherrschende »Tristan-Akkord« f-h-dis-gis am Anfang: entgegen dem Begrenzenden, Begrenzten aller abgeschlossenen Tonalität drängt diese Musik immer ins Unbegrenzte, und Harmonien wie der »Tristan-Akkord« oder der übermäßige Dreiklang können da oft wie Urharmonien, nicht wie bloße Zwischen- oder Übergangsharmonien empfunden werden.

Wie für Isoldens »Beschwörung der Winde«, ist die C-moll-Harmonie im »Tristan« auch charakteristisch für die Schlußwendung des Motivs: »Todgeweihtes Haupt! Todgeweihtes Herz!«, das als Ganzes in einer übertonalen Sphäre liegt: auf ein in die Höhe versetztes As-dur folgt bei »Haupt« ein in die Tiefe versetztes A-dur (für A-dur ist die Höhe natürlich, wie für As-dur die Tiefe), beim zweiten »Tod« folgt die F-moll-Harmonie, bei »Herz« dann charakteristisch die C-moll-Dominante mit Terz-Vorhalt (es). Bei aller Kürze des Motivs spricht hier, wie öfter bei Wagner (man denke an das »Motiv vom reinen Toren« im »Parsifal«) jede Harmonie von ihrer eigenen Tonart, und die C-moll-Wendung ist für den »Tod im Herzen« charakteristisch. C-moll ist hier die finstere seelische Tiefe.

In den »Meistersingern« findet sich wesentliches Es-dur — es muß immer wieder gesagt werden, daß es auf die bloße äußere Vorzeichnung hier nicht ankommt — von vorübergehenden Anklängen abgesehen (z. B. im 1. Akt die »Regenbogenweis« und einige andere unter den dort aufgezählten Gesangsweisen), eigentlich nur in der 2. Szene des 3. Aktes, zwischen Hans Sachs und Walther Stolzing (der hier gleich in dieser Tonart auftritt). Und zwar hat die Tonart hier einen tiefen Sinn, den wir leicht und anschaulich aus dem Tonartenkreis entnehmen können. Da steht doch Es-dur in der untersten Tiefe, an dem Punkte, wo die Aufwärtsbewegung (über C-dur nach A-dur hin) beginnt. Wie es bei den abwärtssteigenden Tonarten des rechten Halbkreises in gewissem Sinne immer tiefer nach dem Einschlafen hin geht, so findet bei den aufwärtsstrebenden Tonarten des linken Halbkreises ein immer helleres Aufwachen statt, und Es-dur liegt gleichsam an der Grenze des Schlafens und Wachens, aber doch schon da, wo das erste Aufwachen stattfindet. Gerade von diesem Gesichtspunkt aber ist jene Szene in den »Meistersingern« ganz beherrscht. Denn Stolzing — schon bei seinem von der Es-dur-Dominante begleiteten Eintreten ist das deutlich — wird hier noch gleichsam ganz umschwebt von jenem wunderbaren Aufwachetraum, in dem ihm die Inspiration des »Preislieds« kam. Auf Schlafen und Wachen beziehen sich gleich die ersten Worte, die zwischen ihm und Sachs gewechselt werden: »Grüß' Gott, mein Junker! Ruhtet ihr noch? Ihr wachtet lang, nun schlieft ihr doch?« Walther: »Ein wenig, aber fest und gut.« Sachs: »So ist euch nun wohl baß zumut?« Walther: »Ich hatt' einen wunderschönen Traum.« Sachs: »Das deutet Gut's: erzählt mir den!« Walther: »Ihn selbst zu denken wag' ich kaum: ich fürcht' ihn mir vergeh'n zu seh'n.« Sachs: »Mein Freund! Das grad' ist Dichters Werk, daß er sein Träumen deut' und merk. Glaubt mir, des Menschen wahrster Wahn wird ihm im Traume aufgetan: all' Dichtkunst und Poeterei ist nichts als Wahrtraumdeuterei.« Das alles liegt musikalisch durchaus in der Sphäre von Es-dur, und so ist die Szene von Wagner auch tonartlich behandelt. Bei »Gedenkt des schönen Traums am Morgen« haben wir wieder reines Es-dur, auch klingt die Szene in dieser Tonart aus.

In Mysterienbedeutsamkeit finden wir dieses Aufwache-Es-dur dann auch im »Parsifal«. Schon beim Gang zur Gralsburg im 1. Akt (nach einem Anklang des »heroischen Es-dur« in Gurnemanz' Erzählung: »Mit ihm bewehrt, Amfortas, Allzukühner, wer mochte dir es wehren, den Zaub'rer zu beheeren?«) kann Es-dur in diesem Aufwachesinn aufgefaßt werden bei den Worten: »Denn bist du rein, wird nun der Gral dich tränken und speisen«, da doch die ganze Szene, die ganze Annäherung der Gralsburg, als Bewußtseinsvorgang, als ein Herankommen an immer helleres Erwachen verstanden werden kann (vgl. des Verfassers Schrift: »Das Parsifal-Christus-Erlebnis«). So auch beim Gralsmahle nach dem Abglühen der heiligen Schale: »Nehmet vom Brot, wandelt es kühn in Leibes Kraft und Stärke ... Nehmet vom Wein, wandelt ihn neu zu Lebens feurigem Blute.« Die eigentliche Tonart der Gralsfeier, beim Erglühen der heiligen Schale, ist ja das mystisch-ekstatische As-dur, das überirdische Licht im irdischen Dunkel, die ganz im Dunkeln liegende, im Dunkeln noch abwärtsgehende Tonart. Das schon wiederum aufwärtsgehende Es-dur bringt schon das Erwachen aus diesem Zustand, die Ernüchterung nach der Ekstase, und verbindet sich hier bei Wagner zugleich mit den aufbauenden Kräften der heiligen Speisung. Im 2. Akt, bei Parsifals Kampf mit den Rittern des Zauberschlosses (und dann vorübergehend in der Blumenmädchenszene noch nachklingend) lernen wir dann Es-dur noch einmal als »Heldentonart« kennen. Der schönste, auch musikalisch eindrucksvollste, österliche Ausdruck des Aufwachens, der Auferweckung wird Es-dur dann im Anfang des 3. Aktes, da wo Gurnemanz die erstarrte Kundry aus dem Dorngestrüpp zieht und dem Leben zurückgibt: »Auf

Kundry! Auf! Der Winter floh, und Lenz ist da! Erwache! Erwache dem Lenz!«

Im eigentlichen Mysteriensinn, als die ein Mysteriengeschehen einleitende Tonart (wie schon bei Mozart) erscheint feierliches Es-dur an der Stelle: »Die heil'ge Quelle selbst erquicke unsres Pilgers Bad.«

C-moll ist, neben As-dur, im »Parsifal« wichtig als die Tonart des tiefsten Gralsdunkels, des Mysteriums des erglühenden Blutes, und findet sich in diesem Sinne schon im Vorspiel wie in der Gralsfeier des 1. Aktes, wie auch im 2. Akt da, wo der Vorgang visionär vor Parsifals Seele tritt. An dieser Stelle — wo die Tonalität im übrigen eine stark gebrochene ist — findet sich auch die C-moll-Vorzeichnung, während im 1. Akt an den betreffenden Stellen die As-dur-Vorzeichnung belassen ist. Das kann gerade hier über den Sinn dieser bei Wagner so häufigen Diskrepanz zwischen Vorzeichnung und wirklicher Tonart einen gewissen Aufschluß geben: es kann dieses C-moll des Gralsvorspieles und der Gralsfeier eben doch noch wie innerhalb der Sphäre der Gralstonart As-dur liegend, wie der Schatten, die Abdunkelung von As-dur empfunden werden.

5.

A-dur, Fis-moll

Wie Es-dur die dunkle Tiefe, ist A-dur die lichte Höhe des Tonartenkreises. Wie bei Es-dur schon wieder die Aufwärtsbewegung, beginnt bei A-dur die Abwärtsbewegung, ähnlich wie auch im Jahreskreis mit der Sommersonnenwende — und ihr entspricht, wenn wir beide Kreise aufeinander beziehen, die A-dur-Tonart — wieder der Abstieg des Jahres beginnt. Das ist auch der Grund, warum wir im tiefen Es-dur den positiven, im hohen A-dur den negativen Pol jener Längsachse erblicken, die, mit der Querachse C-dur Ges-dur sich verbindend, eben das erste der drei Kreuze, das C-dur-Kreuz, als das »Kreuz des Physischen« aufbaut.

Nur selten sind die Lichteshöhen von A-dur in der Musik wirklich erreicht worden. Darum sind der eigentlich charakteristischen Beispiele hier nur wenige aufzufinden. Und auf dieses Charakteristische kommt es hier allein an. Eine bloße Statistik der, natürlich überall in reicher Fülle vorhandenen, A-dur-Vorzeichnungen zu geben, ist nicht der Sinn dieser Arbeit.

Das Leichte, Lichte, Schwebende der A-dur-Tonart finden wir gewiß schon bei Bach, etwa in den A-dur-Präludien und Fugen des Wohltemperierten Klaviers. Aber eigentlich »ausgeschöpft« ist das Tonartliche von

A-dur darin wohl noch lange nicht. Auch bei Mozart, dessen leichte, lichte, schwebende Art, bei aller Bevorzugung der C-dur-nahen Tonarten, sich doch dazwischen zu den lichten Höhen von A-dur hingezogen fühlen mußte, ist das noch nicht eigentlich der Fall. Nehmen wir als Beispiel die bekannte liebliche A-dur-Klaviersonate mit den Variationen: mit den wirklichen Höhen von A-dur hat sie, bei aller Anmut, noch wenig zu tun.

Auch Beethoven, mit dem zarten, die Stimmung eines Maienmorgens voll Himmelsbläue atmenden Larghetto der 2. Symphonie, hat diese Lichteshöhen von A-dur nur erst geahnt. Zu ihrem Entdecker wurde er dann in der 7. Symphonie. Daß wir sie mehr im Anfang, als im Fortgang und Ende dieser Symphonie finden — der 2. Satz steht in A-moll, der dritte weicht nach F-dur aus, dem dionysischen Finale ist schon viel Erdenschwere beigemischt — entspricht dem Charakter dieser Tonart, die ja, ebenso wie die ihr entsprechende Jahreszeit, schon ein Element des Abstiegs in sich trägt. Aber der 1. Satz, in seiner pulsierenden Rhythmik, ist ganz erfüllt von überirdischer Leichtigkeit, von Überwindung der Erdenschwere, und zugleich von jener Romantik, die zu wirklichem A-dur gehört: denn mit A-dur beginnt ja eben der romantische und poetische Charakter der Tonarten des rechten, absteigenden Halbkreises, der den Gegensatz bildet zu dem »klaren und nüchternen Charakter« der, mit Es-dur beginnenden, mit D-dur endenden Tonarten des linken, aufsteigenden Halbkreises.

Zu den gewaltigsten Schöpfungen in A-dur gehört Bruckners 6. Symphonie, die rein musikalisch genommen wohl einen Höhepunkt seines Schaffens darstellt: auch sie, und gerade sie, läßt, wie E. Schwebsch in seinem Buche über Bruckner gezeigt hat, dieses Element des Abstiegs (von einer schon im Anfang der Symphonie eingenommenen Höhe), dieser Hinwendung vom Überirdischen zum Irdischen deutlich erkennen.

Ein vergeistigtes Musikempfinden wird Tonartenanalogien und Tonartenunterschiede einmal nicht nur im Musikalischen, sondern in Naturerscheinungen, in Seelenstimmungen usw. finden können. So hat eine typische Beziehung zum A-dur-Charakter der im Lichte flatternde, im Lichte schwebende, im Lichte spielende, selbst wie ein Lichtgeschöpf uns anmutende Schmetterling, und so erscheint es innerlich sinnvoll, wenn Grieg seinen »Schmetterling« in den »lyrischen Stücken« mit der A-dur-Tonart verbindet. In dieser Art können auch kleinere Musikstücke den Charakter einer Tonart offenbarend zum Ausdruck bringen. Das ist z. B. auch der Fall bei Chopins kleinem A-dur-Präludium (auf die Bedeutung gerade der Chopinschen Präludien für die Erkenntnis des Tonartencharakters wurde schon hingewiesen).

Hier ist es einfach die vielleicht durch irgendein Erlebnis, irgendeine Begegnung ausgelöste höchste verklärte Seelenstimmung, die in den wenigen Takten dieses kleinen, aber charakteristischen Musikstücks einen zarten Ausdruck gefunden hat.

Auf seine Weise erhebt sich zu diesem lichten, Lieblich-Schwebenden von A-dur auch Franz Schubert im »Forellen-Quintett«.

Ein hervorragendes Beispiel für das Lichte, Überirdische von A-dur findet sich in Robert Schumanns wenig bekannter melodramatischer Musik zu Byrons »Manfred« bei der Erscheinung der Alpenfee (für welche die auch von Goethe besungene Szenerie des Staubbach-Wasserfalls im Berner Oberland die äußere Umrahmung bildet). Die schon als Poesie ganz die A-dur-Stimmung in sich tragenden Verse des englischen Dichters lauten in freier Übersetzung:

»Du schöner Geist, mit deinem Haar von Licht,
    und deiner Augen hellem Strahlenglanz,
Du, in deren Gestalt der scheinbar nur der
    Sterblichkeit entrückte Reiz der schönsten Erdentöchter
ins Überirdische sich hebt, in einer Wesenheit von reinern Elementen,
Du, die du trägst als Inkarnat der rosigen Jugend Farbe,
    des Kindes Wangen gleich, das an der Mutter Brust
        in Schlaf gewiegt wird,
oder das Rosenlicht, wie es des Sommers abendliches Zwielicht zaubert
    auf des erhabenen Gletschers jungfräulichem Schnee,
wie ein Erröten der Erde, wenn sie
    in Himmels bräutlicher Umarmung denn sich fühlt . . .«

Ehe wir zu der Betrachtung der hervorragenden Beispiele für die Wesenheit der A-dur-Tonart in der Musik Richard Wagners übergehen, ist noch ein Blick auf Fis-moll, die Moll-Parallele der A-dur-Tonart, zu werfen. Der Gegensatz von Dur und Moll muß an diese Stelle des Tonartenkreises ein besonders großer sein: wie dem natürlichen Auftrieb von Dur das Leichte, Lichte, Schwebende der A-dur-Tonart gut entspricht, muß in dieser Höhenlage das Abwärtsdrückende von Moll besonders stark sich auswirken. Dort leichtes lichtestes Höhenstreben, hier, bei Fis-moll, tiefster Abgrund, tiefste Absturzgefahr. Bei Bach tritt das noch nicht so sehr hervor. Denken wir an seine Fis-moll-Präludien und Fugen, besonders an das ausdrucksvolle Fis-moll-Präludium im 2. Teil des Wohltemperierten Klaviers, so empfinden wir da, in der eigenartigen Verbindung des Mollcharakters mit der tonalen

Höhenlage, einfach das »Elegische«, kein trübes, sondern ein süßes zartes ausdrucksvolles Klagen (an das uns zuweilen der Gesang der Nachtigall erinnern mag), ein Klangelement, wie es im Instrumentalen vor allem durch die hohen Holzbläser gegeben wird. Erst Beethoven läßt uns bei dieser Tonart einen »tiefen Abgrund des Leidens« empfinden, wofür das Adagio der Hammerklavier-Sonate op. 106 ein grandioses Beispiel ist. Typisch als »Tonart des Abgrunds« ist Fis-moll in der Wolfschlucht-Musik von Webers Freischütz (furchtbar gähnt der tiefe Abgrund«). Durch die Instrumentation (Pikkoloflöten) wird das Schrille der so verwendeten Tonart noch stark gehoben. Überhaupt entbehrt das Tonartenempfinden von Karl Maria v. Weber, vor allem in der Freischütz-Musik, nicht der Feinheit. Hier, wie in manchem andern, ist er schon ein Vorläufer von Richard Wagner. Auch zum Leichten, Lichten, Schwebenden der A-dur-Tonart hat er ein Verhältnis, wie das besonders in seinen anmutigen Tanzweisen (er liebte die A-dur-Tonart) oder in Ännchens zierlicher erster Arie im zweiten Akte des »Freischütz« zum Ausdruck kommt. Auch in der Musik von Franz Schubert (z. B. Forellenquintett) wären viele Beispiele für das Leichte, Lichte, Schwebende dieser Tonart aufzufinden.

Für das Herausarbeiten des Gegensatzes von A-dur und Fis-moll ist besonders charakteristisch bei Chopin die Aufeinanderfolge des (schon erwähnten) A-dur-Präludiums und des ihm sich anschließenden Präludiums in Fis-moll: dem Leicht-Beseligten, Selig-Verklärten des A-dur-Präludiums folgt im Fis-moll-Präludium ein wahrer Seelensturm, wie ein Hineingerissenwerden in bis dahin noch nicht geahnte Abgründe seelischen Erlebens, ein Aufgewühltwerden bis in die tiefsten Seelengründe hinein. Gerade wenn wir die innere Beziehung der beiden Präludien durchschauen, eröffnen sich hier wunderbare Tiefen seelischen Erlebens.

Wenden wir uns nunmehr zu Richard Wagner, so werden wir vom A-dur des »Spinnerlieds« im »Fliegenden Holländer« sagen dürfen, daß das Leichtgewobene, Leichtgesponnene, Leichtschwingende dieses Musikstücks dem Charakter von A-dur gewiß entspricht, ohne daß das Wesen dieser Tonart dabei noch irgendwie in ihren Tiefen ausgeschöpft wäre.

Im »Tannhäuser« spielt die A-dur-Tonart keine irgendwie wesentliche Rolle.

Hingegen finden wir im »Lohengrin«, wo A-dur gewissermaßen die Haupttonart, die das Ganze beherrschende Rahmentonart ist, wohl das vollständigste Ausschöpfen des Tonartencharakters von A-dur, das die ganze Musikliteratur kennt. Hier fangen die »lichten Höhen von A-dur«, von allem Zauber der Romantik umwoben, an zu sprechen. Schon im Instrumentalen des Vorspiels empfinden wir dieses Sprechende der Tonart, dem sich dann bei der Wiederkehr der gleichen Motive in der gleichen Tonart bei Lohengrins »Gralserzählung« im 3. Akt das äußere Wort verbindet: »In fernem Land, unnahbar euren Schritten, liegt eine Burg, die Monsalvat genannt; ein lichter Tempel stehet dort inmitten, so kostbar, als auf Erden nichts bekannt. Drin ein Gefäß von wundertät'gem Segen wird dort als höchstes Heiligtum bewacht; es ward, daß sein der Menschen Reinste pflegen, herab von einer Engelschar gebracht. Alljährlich naht vom Himmel eine Taube, um neu zu stärken seine Wunderkraft: es heißt der Gral, und selig reinster Glaube erteilt durch ihn sich seiner Ritterschaft.« Ausdrucksvoll ist dabei auch dieses, wie aus der gebrochenen Tonalität der vorausgegangenen aufgeregten Volksszene mit allen ihren Elementen des Streites und der Klage beim Übergang zur »Gralserzählung« sich die klare lichte Tonalität von A-dur herausarbeitet — im 2. Akt von »Tristan und Isolde« spielt sich ähnliches mit As-dur ab —, wie auch die Instrumentation mit ihren sphärenhaften hohen Geigenklängen sich immer mehr dieser »lichten Höhe« von A-dur anpaßt, bis die Tonart dann in ihrer ganzen überirdischen Reinheit, wie eine Offenbarung von oben, dasteht. Gerade durch diese Abwechslung von gebrochener und reiner Tonalität bringt Richard Wagner das Wesen der Tonart zu stärkster Wirkung.

Die gleichen Sphärenklänge der hohen Streichinstrumente eröffnen schon das Vorspiel. Man kann die Empfindung haben, wie diese Höhe der oberen und obersten Oktaven dem Höhencharakter der A-dur-Tonart entspricht, wie A-dur sofort etwas von seinem wahren Charakter verliert, wenn es in die tieferen Lagen herunter versetzt wird. So z. B. gleich da, wo wir im Beginn der 1. Szene des 1. Aktes von den lichten Gralshöhen nach der Tiefe der streiterfüllten Erdenwelt heruntergesetzt werden: da bleibt aber das mit in die Tiefe der unteren Oktaven gerissene A-dur nicht lange mehr A-dur, sondern vollzieht über D-dur eine rasche Wendung nach C-dur. Auch beim Lohengrin-Vorspiel, in der ganzen Lohengrin-Musik kann man dieses schon einmal erwähnte, für die A-dur-Tonart charakteristische Element des Abstiegs, des Niederstiegs von den Höhen des Überirdischen zu den Tiefen des Irdischen finden. Nur in der »Gralserzählung« taucht noch einmal gleichsam die Erinnerung an jene lichten Höhen des Gralstempels auf, die der Eingeweihte Lohengrin verlassen hat, um dem Leide der Erdenmenschheit Hilfe zu bringen. Zuletzt — das ist die im Werke Richard Wagners einzigartige Tragik des »Lohengrin« — bleibt dieses Leid doch unüberwunden, der Helferwille war umsonst: im Versagen und Zusammenbrechen und Hinsterben Elsas wird A-dur zu schmerzverzerrtem A-moll, und nur die letzten mahnenden Takte bringen dann das Ganze in der »Rahmentonart« A-dur zum Abschluß, die hier nicht, wie im Anfang des Vorspiels oder der »Gralserzählung« im zarten Pianissimo oder Piano verbleibt, sondern bis zum Fortissimo sich hinaufsteigert. Gerade darin aber bleibt sie weniger A-dur, als in der Zartheit des Anfangs. Auch die »Gralserzählung« schließt im Forte: »Vom Gral ward ich zu euch daher gesandt: mein Vater Parsifal trägt seine Krone, sein Ritter ich bin Lohengrin genannt.« Die »Lohengrin-Fanfare« fortissimo — ähnlich schon im 1. Akt bei der Erscheinung Lohengrins, also der Vollendung seines Niederstiegs ins Irdische — geht bald wieder in zartes Pianissimo über. (Fanfarenhaft schmetterndes A-dur hat z. B. auch Chopin, der das zarte lichte A-dur, wie wir gesehen haben, wohl kannte, in seiner A-dur-Polonaise, die darin vom gewöhnlichen A-dur-Charakter etwas abweicht, aber die Höhe von A-dur als hochgesteigerten Jubel zum Ausdruck bringt.)

Als »Lohengrin-Tonart« — im Vorspiel, in der »Gralserzählung«, beim Erscheinen Lohengrins und des Schwanes im 1. Akt, beim Sieg über Telramund, beim letzten Abschied — ist A-dur zugleich die Tonart des »heiligen Grals«, der paradiesischen Licht-Erde (A-dur gehört dem physischen oder Erdenkreuz an), zugleich der in Leib und Blut Christi wiederum transsubstanziierten Erde, der Tonart der Transsubstantiation selbst, der »Verwandlung der Materie«, des christlichen Mysteriums, der Gralseinweihung (die eine christliche, eine »Willenseinweihung« ist: das »Erdenkreuz«, dem A-dur angehört, ist auch das »Willenskreuz«.) Auch bei dem Himmelszeichen, dem sich A-dur im Tierkreis zuordnet (♋), kann man alle diese Beziehungen finden (vgl. darüber die Bücher des Verfassers über das Markus- und Johannesevangelium). Natürlich kann dessenungeachtet von Musikern verschiedener Richtungen gegen Richard Wagners Lohengrin-Musik verschiedenstes eingewendet werden: manche werden sagen, sie sei viel zu einfach, zu naiv, zu primitiv. Dem »klassischen« Musiker wird sie nicht genug klassisch, dem »modernen« Musiker nicht modern genug, nicht »atonal« genug sein. Natürlich hat der Opernstil seine eigenen Gesetze und Möglichkeiten, und es wäre nicht weiterführend, sich hier über Musikstile, ihre »Berechtigung« oder »Nichtberechtigung« zu verbreiten. Jener Hinweis auf das Einfache, Primitive und Naive einer solchen Musik träfe sogar etwas Richtiges: mit unerhörter Sicherheit ist hier durch die einfache Wahl einer bestimmten Tonart, durch die einfachsten Intervalle dieser Tonartenharmonie Allerhöchstes ausgedrückt, so daß es dem Musiker, der sich an aller ausdrucksvollen Einfachheit und an allem Tonartlich-Ausdrucksvollen von vornherein stößt, höchst unbehaglich zumute werden kann, während ein Kind dasjenige, worum es sich bei dieser Musik handelt, oft ganz leicht versteht (die A-dur-Motive der Lohengrin-Musik sprechen sehr zum kindlichen Gemüt). Hier in dieser Arbeit handelt es sich nicht um die Stellungnahme zu irgendwelchen »Musikstilen«, sondern im konkreten Falle einfach um die Tatsache, daß nirgendwo in der ganzen Musikliteratur in einer so sprechenden Weise aus der Tonart heraus komponiert, aus der Tonart heraus »gemalt« worden ist, wie bei dem Es-dur im Anfang des »Rheingold«, bei dem A-dur im Anfang des »Lohengrin«.

Der weißen Gralsmagie des Lohengrin in A-dur steht die schwarze, dämonische Magie der Ortrud in der Mollparallele Fis-moll, der »Tonart des Abgrunds«, ausdrucksvoll gegenüber. So gleich im Anfang des 2. Aktes, wo über dem finster grollenden fis im tiefen Baß das dämonische Fis-moll-Motiv der Ortrud sich schlangenartig emporwindet. Bei der Anrufung der alten heidnischen Götter durch Ortrud: »Wodan! Dich Starken rufe ich! Freia! Erhab'ne höre mich!« steigert sich dieses am Anfang noch verhaltene Fis-moll zu gewaltigen Akzenten. An manchen Stellen berührt es sich mit dem okkult-schwellenhaften Fis-dur (siehe darüber oben bei Fis-dur).

Im »Ring des Nibelungen« spielt, nachdem sich Wagner im »Lohengrin« so voll in dieser Tonart ausgesprochen hat, A-dur keine sehr wesentliche Rolle. Im »Rheingold« finden wir die A-dur-Vorzeichnung mehrfach bei Loge, und zwar fehlt auch die wirkliche A-dur-Harmonie nicht in diesen Abschnitten. Und dennoch ist, wie es schon die Chromatik der Loge-Motive mit sich bringt, das Tonale, das Richard Wagner sonst gerade bei A-dur mit großer Reinheit herausarbeitet, in der mannigfaltigsten Weise gebrochen, so daß man hier vielleicht von »luziferischem (oder ‚luziferisch-gebrochenem') A-dur« (Loge-Luzifer), im Gegensatz zum »reinen A-dur« reden kann. Auch zu Loge-Luzifer gehört ja eben, nur in einem bestimmten einseitigen Sinn, das Höhenelement, das im Musikalischen der Tonart durch A-dur vertreten wird.

In der »Walküre« läßt uns Richard Wagner gleich im Anfang des 1. Aktes erleben, wie in das schwere, leidenvolle, von Todesmächten niedergedrückte Schicksal (D-moll) des Siegmund in der Liebe Sieglindes, aus den Augen Sieglindes ein Lichtstrahl aus den Höhen (A-dur) hereindringt: »sank auf die Lider mir Nacht, die Sonne lacht mir nun neu.« Im 2. Akt finden wir

A-dur vorübergehend im Gespräch von Wotan mit Brünhilde (siehe vor allem die Stelle: »Deinen Saal füllten wir weidlich, viele schon führt' ich dir zu«): es kommt hier nicht so sehr auf den Inhalt solcher Stellen an, sondern A-dur entspricht hier einfach dem Lächeln der Götterjungfrau, das ihr noch eigen ist, solange sie noch als Walküre in ihrer Höhenwelt lebt, solange sie noch nicht das leidenvolle Erdenschicksal und Menschenschicksal auf sich genommen hat. Bei der Todverkündigung an Siegmund wird dieses A-dur zu ernstem, die tragische Schicksalswendung ankündigenden Fis-moll (»Siegmund! Sieh auf mich!«), doch wird die Tonart hier nicht lange festgehalten. Man kann sich zum Bewußtsein bringen, wie gerade in dieser Szene mit Siegmund für Brünhilde dasjenige Schicksal schon sich ankündigt, das sie dann von ihren Götterhöhen (A-dur) zu den Menschheitstiefen herniederzieht (Fis-moll, die Tonart des Sturzes, hier des Erdensturzes der Götterjungfrau).

Im 2. Akt von »Siegfried« finden wir A-dur ganz vorübergehend da, wo sich Siegfried aus dem Rohr die Pfeife schneidet, um den Gesang des Waldvögleins nachzuahmen: die sonst auf E-dur gestimmte Weise des Waldvögleins erscheint hier einmal im gleichsam lächelnden A-dur. Überhaupt ist diese Tonart gerade in der Ringmusik dem Lächeln verwandt. Das zeigt vor allem noch die »Götterdämmerung« an bedeutenden Stellen. Dort ist als Gegensatz des hohen A-dur das tiefe Es-dur C-moll öfter von Bedeutung. So schon am Ende der Siegfried-Brünhilden-Szene im Vorspiel, beim Enteilen Siegfrieds, der jetzt von den Höhen des Walkürenfelsens (A-dur) dunklen, gefahrdrohenden Erdentiefen (Es-dur C-moll) sich zuwendet. Besonders beim Motiv des Rheineswogens (und Erden-Schicksals-Wogens) in der Überleitung zum 1. Akt ist der »Tonarten-Sturz« von A-dur nach Es-dur bemerkenswert. Ein Höhepunkt von A-dur, des »lächelnden A-dur«, durch die Hörner-Instrumentation wunderbar gehoben, ist in der Waltrauten-Szene des 1. Aktes die Stelle: »Dann noch einmal, zum letztenmal! lächelte ewig der Gott.« Dann hat Brünhilde ein bedeutendes A-dur an der Stelle, wo sie von dem von Siegfried ihr geschenkten Ring spricht, dessen hehrer Glanz ihr mehr gelte als ewiges Götterglück: »Denn selig aus ihm leuchtet mir Siegfrieds Liebe! O ließ' sich die Wonne dir sagen! Sie wahrt mir der Reif.« Im Ausklang der Szene, nahe der hereinbrechenden Tragödie, wandelt sich A-dur in das »katastrophale« Fis-moll. Eine ähnliche Tonartenwendung findet sich im 3. Akt da, wo Siegfried plötzlich lachend (A-dur), aber zu spät, den Rheintöchtern den begehrten Ring schenken will: »Hehe, ihr muntren Wasserminnen! Kommt rasch! Ich schenk' euch den Ring!«, die Rheintöchter aber, vor der nahen Katastrophe warnend, das Geschenk ablehnen (Fis-moll): »bis du das Unheil errätst, das in dem Ring du hegst« Der anfänglichen Heiterkeit Siegfrieds in der dann so tragisch für ihn endenden Szene mit dem Jagdgefolge entspricht wieder die A-dur-Tonart — so auch da, wo Siegfried lachend von seiner Begegnung mit den Rheintöchtern erzählt. Dann steigert sich das Musikalische der Siegfried-Erzählung — mit den Waldvögleinepisoden — noch einmal zur A-dur-Tonart bei der Erwähnung Brünhildes, des Auffindens von Brünhilde auf dem Walkürenfelsen: »ein wonniges Weib in lichter Waffen Gewand«. Das führt dann zur Katastrophe. Der Höhepunkt von A-dur, des »lächelnden A-dur«, liegt dann im Sterbegesang Siegfrieds, bei seinen letzten Worten: »Ach! Dieses Auge! — ewig nun offen! Ach, dieses Atems wonniges Wehen! Süßes Vergehen — seliges Grauen! Brünhild' bietet mir Gruß!« Diesem lächelnd-verklärten Sterben Siegfrieds in den lichten Höhen von A-dur, folgt dann, nach wenigen Übergangstakten, als der gewaltigste aller Tonartengegensätze, der Beginn der »Trauermusik« in C-moll.

In »Tristan und Isolde« bringt schon das Vorspiel im Mittelsatz die A-dur-Tonart, als die Wendung von der Sehnsuchtsklage des Anfangs (A-moll) zum »Himmelhoch-Jauchzenden« des Liebesentzückens. Vergleiche die im Zwiegesang der Liebestrankszene des 1. Aktes den gleichen Motiven untergelegten Worte: »Sehnender Minne schwellendes Blühen, schmachtender Liebe seliges Glühen!« (Es gibt, wie wir schon bei Chopin kennengelernt haben, dieses A-dur des Entzückens, der seelischen Ekstase). Während aber das A-moll des Sehnsuchtsmotivs, des Anfangs des Vorspiels, noch sehr im Tonal-Unbestimmten, in der »gebrochenen Tonalität« liegt, wird bei jener Wendung nach Dur das Ergreifen der Tonalität ein sehr bestimmtes: das entspricht auch der Tatsache, daß die Tonalität bei Dur an und für sich eine ausgeprägtere ist, als bei dem an sich schon etwas zur Chromatik, zur Brechung der Tonalität hinneigenden Moll. — Das früher schon erwähnte in As-dur beginnende Todesmotiv »Todgeweihtes Haupt!« bringt in der weiteren Folge den schon in der Ring-Musik eine Rolle spielenden Tonartengegensatz A-dur — C-moll, wobei die in die Tiefe versetzte A-dur-Harmonie, indem sie der natürlichen Höhenlage von A-dur widerspricht, sich dem Unheimlich-Düsteren dieses Todesmotivs eigenartig einfügt. Von um so zauberhafterer Wirkung ist im Liebeszwiegesang des 2. Aktes der umgekehrte Tonartengegensatz bei den Worten: »Barg im Busen uns sich die Sonne, leuchten lachend Sterne der Wonne«, wo vom tiefen As-dur, der Grundtonart dieses Zwiegesangs, die Wendung nach dem hohen A-dur, dem »lachenden A-dur« der Sternenhöhen erfolgt, während im folgenden dann die Wiederholung der gleichen Wendung von A-dur nach B-dur, der eigentlichen »Sternen-Tonart« führt. Noch einmal kehrt, in der gleichen Szene, bei »Uns're Liebe? Tristans Liebe? Dein' und mein', Isoldes Liebe?« die gleiche Tonart wieder (wie bald darauf da, wo vom »Wörtlein und« das zweitemal die Rede ist), während die A-dur-Vorzeichnung bei Brangänes erstem Weckruf wenig mit wirklichem A-dur zu tun hat. — Im 3. Akt hat der (neben Isoldens Totenklage und Liebestod) musikalische Höhepunkt dieses Aktes, Tristans Isolden-Meeres-Vision, sonst ganz auf leuchtendes E-dur abgestimmt, selbst noch einen Höhepunkt in den lichten Höhen von A-dur, in einer Wendung von F-dur nach dem terzverwandten A-dur: »Auf wonniger Blumen lichten Wogen kommt sie sanft ans Land gezogen, sie lächelt mir Trost und süße Ruh'...« (wieder das »lächelnde A-dur«!).

In den »Meistersingern«, der »C-dur-Oper«, wird A-dur vorübergehend schon im Vorspiel berührt, hat aber keine wesentlichen Höhepunkte. Wenn auf die Bitte Walthers im 1. Akt Meister Pogner, seines Zeichens Goldschmied, den Zunftgenossen in A-dur — das hier auch in der ihm weniger gemäßen tiefen Oktavlage verbleibt — den Fall verkündet: »Kunz Vogelsang! Freund Nachtigall! Hört doch, welch' ganz besonderer Fall...«, so spricht das natürlich nicht von »Weltenhöhen«, nur allenfalls von »zünftigen Höhen« und zünftigem Selbstbewußtsein. Bedeutsam ist es, wenn im 2. Akt, bei der ersten Begegnung Walthers mit Eva, die Musik nach A-dur sich wendet: »Ja, ihr seid es; nein, du bist es! Alles sag' ich, denn ihr wißt es; alles klag' ich, denn ich weiß es: Ihr seid beides, Held des Preises und mein einziger Freund!«; man kann da einfach mitempfinden, wie trotz der ganzen, nach den Vorgängen des 1. Aktes noch sehr ungeklärten, zunächst wenig hoffnungsvollen Situation der junge Ritter, der vor den Meistern »vertan hat«, durch die bloße Nähe seiner Geliebten auf Lebenshöhen versetzt wird, auf Lebenshöhen sich fühlen kann, von denen eben die A-dur-Tonart spricht. Auch darf daran erinnert werden, wie bei Beziehung des Tonartenkreises auf den Jahreskreis A-dur die Johannis-Tonart ist, der Johanniszeit entspricht, es durfte also in diesem Johannisnachtgeschehen des 2. Meistersinger-Aktes die A-dur-Tonart nicht ganz fehlen. In der Nähe Evchens wird sich Walther Stolzing des Zaubers der Johannisnacht voll bewußt. Ähnlich dann das A-dur im Anfang des 3. Aktes, wenn am Morgen des Johannistags beim Anblick des festlich geschmückten Gesellen David die Johannisfreude zum Gemüte des nachdenklich versonnenen Hans Sachs spricht: »Blumen und Bänder seh' ich dort? Schaut hold und jugendlich aus. Wie kamen mir die ins Haus . . .« und David dann antwortet: »Verzeiht das, Meister, ich bitt', vergeßt! Wir feiern ja heut' Johannisfest.« Das alles stellt Wagner in das johannismäßige A-dur.

Hier darf wieder einmal daran erinnert werden, wie die A-dur-Tonart, die im Jahreslauf der Sommersonnenwende, der Johanniszeit entspricht, auf den Tageslauf bezogen, der Mittagsstunde entspräche (Johanni ist gleichsam der Mittag des Jahres). Man wird es dann als bedeutsam empfinden können, wenn im 1. Akt des »Parsifal« um die Mittagsstunde in A-dur der feierliche Gang zur Gralsburg angetreten wird: (Gurnemanz zu Parsifal:) »Vom Bade kehrt der König heim; h o c h s t e h t d i e S o n n e : nun laß' zum frommen Mahle mich dich geleiten . . .« Man könnte die Frage aufwerfen, warum A-dur, im »Parsifal« verhältnismäßig selten, dort nicht auch die »Gralstonart«, wie im »Lohengrin« werden konnte. Aber gerade hier zeigt sich einleuchtend die Verschiedenheit der Gesichtspunkte. Das Lohengrin-A-dur der Weltenhöhen deutet entsprechend auf den heiligen Gral in Weltenhöhen, den fernen, unerreichbaren: »In fernem Land, unnahbar euren Schritten . . .« Hingegen im »Parsifal« werden wir vom Beginn an unmittelbar in das Gralsheiligtum selbst versetzt, dringen ins Innere dieses Heiligtums. Das ist zugleich ein Bild für das Gralserlebnis in den Seelentiefen und Blutstiefen des Menschen, für die im Dunkel des Innersten, Allerheiligsten, wenn alles äußere irdische Licht erloschen ist, in überirdischem Licht sich rötende Blutschale. Und allen diesen Erlebnissen und Zusammenhängen entspricht musikalisch, wie an späterer Stelle noch eingehender begründet werden wird, das tiefe, zur Mitternachtstiefe des Tonartenkreises sich hinabwendende, dunkle As-dur, das »Licht in der Finsternis«. Also wie dem Gralserlebnis des »Lohengrin«, dem lichten Höhengral, die A-dur-Tonart, entspricht dem Gralsmysterium des »Parsifal« die As-dur-Tonart. Nur da, wo in der Mitte des 1. Parsifal-Aktes, der Gang zur immer noch entfernten Gralsburg angetreten wird — und zugleich der Gesichtspunkt der Mittagsstunde, wohl auch des »Seelen-Mittags« hinzukommt —, steht A-dur. Ebenso da, wo auf das ferne Titurel-Gralserlebnis hingewiesen wird: »Dem Heiltum baute er das Heiligtum«; endlich da, wo der in Sünde und Leiden verstrickte Amfortas zum Lichte des Gralsheiligtums in Seelennot emporblickend, dort im Traumgesicht die Worte der Weissagung liest: »Durch Mitleid wissend, der reine Tor, harre sein, den ich erkor!« Dieses Motiv »durch Mitleid wissend« gehört zu denjenigen, wo fast jede der wechselnden, das Ganze zum Kreise ründenden Harmonien (A-dur Es-dur G-dur D-dur) von der zu ihr gehörigen Tonart spricht, so daß das an sich kurze Motiv gleichsam den ganzen Tonarten-Sternenkreis, der ja eine Beziehung zum Sternengeheimnis des heiligen Grales hat, abgekürzt in sich schließt.

Wo im 3. Akte Gurnemanz die im Gebüsch erstarrte Kundry durch Einreiben wieder zum Leben erweckt, ebenso wie da, wo Kundry dem Parsifal die Füße netzt und mit den Haaren ihres Hauptes trocknet, erscheint vorübergehend A-dur, wie das höhere Leben im Kreisend-Flüssigen der Natur, im Weben des Elementarischen. Ein Höhepunkt von A-dur wird noch einmal erreicht bei der Heilung des Amfortas durch Parsifal: »Nur eine Waffe taugt: die Wunde schließt der Speer nur, der sie schlug. Sei heil, entsündigt und entsühnt . . .«, nur ist die Tonalität von A-dur, dem Charakter der Amfortas-Motive entsprechend, hier stark durch die Harmonie des übermäßigen Dreiklangs gebrochen.

Fis-moll findet sich gelegentlich in dem sonst überwiegend von H-moll beherrschten Klingsor-Kundry-Gebiet des 2. Aktes, als die »Welt des Abgrunds«. Klingsor: »Furchtbare Not! Ungebändigten Sehnens Pein, schrecklichster Triebe Höllendrang, den ich zum Todesschweigen mir zwang . . .«. Wichtig ist Fis, als die Dominante von H-moll, zugleich als das »katastrophale Fis«, in dem das Wesen des Fis-moll-Abgrunds sich spiegelt, im tiefen Baß (darüber die Harmonie a-c-e-g) beim Zusammenstürzen des Zauberschlosses. Es ist dasselbe »katastrophale Fis«, das im Vorspiel der Götterdämmerung beim Reißen des Nornenseiles vorkommt. Schon im Parsifal-Vorspiel, im Durchführungssatz, findet sich eine ähnliche Stelle, mit richtigem Fis-moll.

II. Die Tonarten des F-dur-Kreuzes
(F-H-D-As)

1.

F-dur, D-moll

Wie C-dur die Tonarten des physischen oder Erdenkreuzes (C-Fis-Es-A), beherrscht oder eröffnet F-dur die Tonarten desjenigen Kreuzes, das wir u. a. das Kreuz des Ätherischen nannten (F-H-D-As), und zwar steht dem aufsteigenden, positiven F-dur (Mollparallele D-moll) gegenüber das absteigende H-dur (As-moll, Gis-moll), so daß F-dur H-dur gleichsam den Querbalken dieses Kreuzes bilden. Am positiven oberen Ende des Längsbalkens stände dann das aufsteigende D-dur (Parallele H-moll), am negativen unteren Ende das absteigende As-dur (Parallele F-moll). Die Polaritäten der Längsachse sind hier also anders geordnet als beim C-dur-Kreuz, wo wir am u n t e r e n Ende das positive aufsteigende Es-dur, am oberen Ende das absteigende A-dur fanden. Sahen wir im C-dur-Kreuz Höhe, Tiefe und Mitte des Tonartenkreises sich verbinden, so ist den Tonarten des F-dur-Kreuzes eigentümlich, daß sie den Aufstieg zur Höhe, den Abstieg zur Tiefe, den Auf- und Abstieg zur Mitte darstellen.

Der mehr ätherische Charakter dieser Tonarten tritt gerade bei der ersten, bei F-dur, sehr deutlich in die Erscheinung. Auf den Tagesrhythmus bezogen wäre C-dur der Sonnenaufgang und die Stunden, die ihm zunächst folgen, mit ihrer vollen Tageshelligkeit. F-dur wäre dann gleichsam die S t u n d e v o r S o n n e n a u f g a n g, mit ihrem, bei schon beginnender Helligkeit, doch noch zarterem, intimerem Licht. (Darum gehört, trotz der B-Vorzeichnung, F-dur doch nicht mehr zu den »ganz dunklen« Tonarten, sondern hat schon den Charakter des »Halbhellen«). Auf den Jahreskreislauf bezogen ist C-dur (♈) der Frühlingspunkt, die Frühlings-Tag- und -nachtgleiche und der ihr folgende Frühlingsmonat, der Ostermonat (die

Beziehung von Ostern und Widder ist bekannt); F-dur wäre in dieser Beziehung der zartere Vorfrühling (Ende Februar bis Ende März), jene Zeit des Jahres, der, im Sinne des Erdenrhythmus (nicht der eigentlichen Sternbilder) das Zeichen der Fische (♓) entspricht. F-dur ist die Fische-Tonart. Im Hinschauen auf dasjenige, was die »Stunde vor Sonnenaufgang«, oder die Zeit des zarten Vorfrühlings dem intimeren Naturerleben bedeutet, kann auch, in einer ganz anschaulich-konkreten Weise, verstanden werden, was wir hier mit dem »Ätherischen«, im Unterschied zum Grobphysischen meinen: dasjenige, was zu feineren Lebenssinnen als zu denjenigen des Grobspürbaren und Greifbaren spricht. Das »Ätherische« sei ein Ausdruck für die feinere, alles Physisch-Natürliche durchdringende Lebensströmung, für dasjenige, was man rein äußerlich nicht mehr erfassen kann. Die Fische (♓) sind ein »ätherisches« Zeichen, F-dur ist eine »ätherische« Tonart.

Gerade in diesem Sinne und aus diesem Grunde ist F-dur die »Natur-Tonart«, hat eine Beziehung zu dem alles Natürliche durchwebenden und durchlebenden »Ätherischen« oder »Elementarischen« (d. h. dem, was in dem Weben der Elemente Erde, Wasser, Luft, Äther sich offenbart). C-dur ist und bleibt die »Urtonart« oder »Grundtonart«. Ihr aber stellt sich F-dur als die »Naturtonart« in einem gewissen Sinne zur Seite. Wie die »Grundtonart« C-dur ist auch F-dur als die »Naturtonart« eine »Haupttonart«. C-dur u n d F-dur kann man in gewissem Sinne, in d i e s e m Sinne, »Haupttonarten« nennen. Das ist wiederum etwas anderes als der Gesichtspunkt der »Stärke« der Tonarten. C-dur, die Urtonart und Grundtonart, braucht deswegen noch nicht die »stärkste« aller Tonarten zu sein (es könnte, wie wir späterhin noch deutlicher sehen werden, z. B. von D-dur darin übertroffen werden). Aber gewiß ist C-dur stärker als F-dur. Andrerseits ist F-dur, als die zartere intimere »ätherische« Tonart, trivial gesprochen, »schöner« als C-dur, mindestens anmutiger, weniger nüchtern, poetischer. C-dur, als die Widder-Tonart und Mars-Tonart, hat männlichen, F-dur, die Fische-Tonart, hat weiblichen Charakter (wie ja auch die Natur, Isis, in gewissem Sinne ein »Weibliches« ist).

Das Wesen von F-dur als der »Naturtonart« ist nirgendwo schöner, tiefer, offenbarender erfaßt als in Beethovens »Pastoralsymphonie« Nr. 6. Man hat sie in dieser ihrer Tiefe bis jetzt noch wenig verstanden, wenn man sie auch als eine freundliche, liebenswürdige musikalische Schöpfung längst kennt und schätzt. Man ist zu sehr an dem etwas altmodisch-kleinbürgerlichen »Programm« hängen geblieben, das Beethoven selbst als einleitende Bemerkungen zu den einzelnen Sätzen dieser Symphonie hinzufügte. Den

Sinn und die Berechtigung der sog. »Programm-Musik« können wir hier auf sich beruhen lassen. Von höheren Gesichtspunkten des Musikalischen kann man sie immer ablehnen. Aber gerade von solchen höheren Gesichtspunkten aus betrachtet, entfaltet Beethovens »Pastoralsymphonie« erst ihren Zauber, ihren Reiz, ihre Tiefe, da fängt sie erst wirklich an zu sprechen. Das »Programm« mag man als eine Konzession an den damaligen Zeitgeschmack hinnehmen. So viel geht aus ihm sicherlich hervor, daß eine ganz bestimmte Beziehung zum Naturleben gerade dieser F-dur-Symphonie in Beethovens Bewußtsein einfach vorhanden war. Und sehen wir genauer zu, so können wir finden, wie er diese Symphonie aus dem Ur- und Naturweben der Töne wie der Tonart selbst gestaltet hat. Sie ist gar nicht, wie andere Kompositionen, als musikalisches Phantasieerzeugnis von einem Tondichter ausgedacht, hingesetzt, »komponiert«, sondern das in allem Naturweben verborgene Musikalische fängt in ihr an, selbst zu sprechen und sich zu offenbaren, das Urtönen und Naturtönen der Welt selbst fängt in ihr an, Musik, Symphonie zu werden. Man hat immer behauptet, und etwas Richtiges scheint an dieser Behauptung zu sein, F-dur oder der Ton F sei eigentlich der intime Grundton aller Naturgeräusche: dem Rieseln des Baches, dem Säuseln des Windes liege dieses F oder F-dur zugrunde. Beethovens Pastoralsymphonie scheint dieses zu bestätigen. Das ist einfach objektives Hineinlauschen in dieses Naturtönen, und wie aus dem Naturweben selbst heraus reiht sich Ton an Ton, Intervall an Intervall, Harmonie an Harmonie, Melodie an Melodie, Rhythmus an Rhythmus. Das ist noch mehr, als ein bloßes »Komponieren aus der Tonart heraus«, das ist ein Weben und Malen in dem Ur- und Naturtönen selbst, charakteristisch getragen von der natürlichen Eigenart der F-dur-Tonart. Man kann über die große, fast übergroße Einfachheit des Aufbaus dieser Symphonie überrascht sein. Es ist eine Einfachheit, wie wir sie kaum bei Mozart finden, wie sie bei Beethoven gerade in seinen allergrößten, allergewaltigsten Werken uns entgegentritt. Andere Beispiele: die Eroica (Es-dur), die C-moll-Schicksals-Symphonie (C-moll), die Sonate Appassionate (F-moll). Und die Pastoral-Symphonie ist eine wirkliche Dichtung aus dem Objektiven der Naturtonart F-dur heraus.

Als besonders charakteristisch für das Naturtönen kann herausgegriffen werden im 1. Satz das Ausklingen des 1. Teils vor dem Wiederholungszeichen, unten das in Triolen pochende c, oben das in den C-dur-Dreiklang sich einschiebende »ätherische« d (d ist Sekund von c, und das Sekundintervall gilt als dasjenige des Ätherischen). Auch sonst spielt in dieser »ätherischen« Symphonie das »ätherische« Intervall die größte Rolle. »Erwachen heiterer Empfindungen bei der Ankunft auf dem Lande« — das ist, mit anderen Worten, das wohlige Behagen, das behagliche Wohlgefühl, das wir beim Eintritt in die Natur, in den Tempel der Natur, empfinden, und das ist dann selbst nur wiederum eine Umschreibung für dasjenige, was wir, in anderer Ausdrucksweise, das Empfinden des Ätherischen im Naturweben genannt haben. Man kann altmodische Programme auch in ein zeitgemäßeres Empfinden »übersetzen«. Auch in dem zweiten, nach B-dur heruntergerückten Satz (»Szene am Bach«) behauptet F als Dominante und Naturton seine Bedeutung: die Vogelstimmen am Schluß sind ganz auf F, in Verbindung mit seiner »ätherischen« Sekund, abgestimmt.

Im 3. Satz kommt das »humoristische« Element von F-dur, über das noch zu sprechen ist, das Element der einfachen Naturfreude, zur Geltung. Im 4. Satz (»Gewittersturm«) schlägt F-dur nach F-moll um, was mit der erschütterndste Kontrast ist, den es im Tonartlichen gibt (vgl. was später über F-moll als die finsterste aller Tonarten zu sagen ist). Das im Hintergrund alles Naturwirkens verborgene Zerstörende der Naturgewalten, das »Typhonische« kommt da zur Geltung. Das ist mehr, als das bloße Durchnäßtwerden bei einer Landpartie, wie man nach dem biederen »Programm« zunächst es sich ausmalt.

Ein, auch selten in seiner vollen Bedeutung beobachteter Höhepunkt von F-dur ist dann der Schlußsatz (»Hirtengesang. Frohe und dankbare Gefühle nach dem Sturm«). Fast noch mehr als im 1. Satz und in den folgenden ist da alles aus dem Einfachsten der Urtöne und Urintervalle herausgearbeitet. Besonders charakteristisch auf ein wesentliches Geheimnis des Naturtönens, wie es scheint, hindeutend, ist hier, nach einleitenden gebrochenen C-dur-Dreiklängen (c-g-e) die Verbindung der Oberdominante mit der Unterdominante, der C-dur-Quint (g-c-c) oben mit der F-dur-Quint (f-c) unten, dem f unten im Baß. Später, bei einer bestimmten Stelle im 2. Akt von »Tristan und Isolde«, werden wir auf das Problem dieser Harmoniewendung im Finale der Pastoralsymphonie zurückkommen.

Auch das Programm der Symphonie weist auf den Zusammenhang dieser dankbaren »Hirtengefühle« in F-dur mit dem vorausgegangenen F-moll-Sturm hin. Man möchte sagen: was dieser Schlußsatz den musikalisch-geistig empfindenden Menschen erleben läßt, was er in den einfachsten Naturtönen und Intervallen zu uns spricht, ist wie das A t m e n   d e r   E r d e   n a c h   d e m   G e w i t t e r, der Wohlgeruch, den die Erde nach dem Gewitterregen ausströmt, und der nun wie ein Dankgebet gen Himmel steigt. Da lernen wir immer noch deutlicher erkennen, was unter dem hier immer gemeinten »Ätherischen« im Naturweben zu verstehen ist, als demjenigen, was im Irdischen lebend und webend, ü b e r das Irdische sich erhebt, zu höheren Regionen (auch im geistigen Sinne) empordringt. In dem, was hier wie ein Dankgebet der Erde zum Himmel emporsteigt, wird das Ätherische zugleich zum Religiösen. Es läßt uns verstehen, wie F-dur, die Naturtonart, zugleich die fromme, die religiöse Tonart ist, wie es die Möglichkeit des religiösen Naturempfindens, des Religiösen überhaupt, in sich trägt.

Wenn wir im 3. Satz der Pastoralsymphonie F-dur als »humoristische« Tonart kennen lernten, so ist das zu dem oben Aufgestellten kein Widerspruch. Das Religiöse und das Humoristische, so verschieden voneinander sie auch zunächst zu sein scheinen, haben dieses miteinander gemeinsam, daß wir uns in ihnen ü b e r d i e S c h w e r e d e s I r d i s c h e n e r h e b e n. Im Gegensatz zu dem erdenschweren C-dur ist F-dur die viel erdenleichtere Tonart, und eben dieses Erdenleichte ist es, was uns dann wieder auf den Begriff des Ätherischen hinführt. In einer innerlich wohl ausbalancierten, nicht grob am Irdisch-Physischen hängenden Seele, vermag darum das Element des Humors neben dem des Religiösen wohl Platz zu haben, kann das eine mit dem andern sich gut vertragen, kann das eine durch das andere an Echtheit und Natürlichkeit gewinnen.

So läßt uns schon Beethovens 6. Symphonie die F-dur-Tonart nicht nur als Naturtonart, als »pastorale« Tonart, sondern auch als humoristische wie als fromme, religiöse Tonart erkennen. Fromme Choräle können in vielen Tonarten stehen, aber F-dur ist ihnen doch wohl besonders angemessen, besonders wenn sich mit dem Religiösen ein zartes Naturempfinden verbindet, wie bei dem alten Choral »Wie schön leucht' uns der Morgenstern«, den u. a. auch Johann Sebastian Bach in mannigfacher Weise harmonisiert hat. Dem religiösen Charakter der Bachschen Musik erscheint die F-dur-Tonart besonders natürlich, und die Beispiele für eine charakteristische Verwendung dieser Tonart sind in seiner Musik außerordentlich zahlreich. Unter vielem, vielem anderen sei hier auf die ausdrucksvolle Pfingstkantate hingewiesen, in der das wie Zauber des Frühlings, der voll erwachten Natur religiös ausströmende beglückte Naturempfinden sich offenbart. Auch das pastorale und das humoristische Element der F-dur-Tonart ist der Bachschen Musik keineswegs fremd: in der F-dur-Fuge im 2. Teil des »Wohltemperierten Klaviers« finden wir diese, ans Humoristische grenzende, leicht gewobene Anmut von F-dur bis in das Fugenthema hinein. Auch im Kontrapunkt vermag sich Bach in F-dur hoch über aller Erdenschwere zu bewegen.

In ihrer erdenleichten, schlichten, zuweilen mädchenhaften Anmut ist F-dur dann vor allem auch eine Mozart-Tonart (nur noch e i n e andere Tonart, und dann von einem ganz anderen Gesichtspunkt aus, nämlich G-moll, könnte noch in einem ausgezeichneten Sinne als »Mozart-Tonart« gelten). Denn das Erdenleichte und dabei doch wiederum der Tiefe, der Innerlichkeit nicht Entbehrende ist für Mozart vor allem charakteristisch. Die Beispiele sind so zahllos, daß Anführung der Einzelheiten hier kaum möglich und auch nicht nötig ist. Hingewiesen sei, mehr noch als auf die verschiedenen F-dur-Sonaten, auf jenen F-dur-Mittelsatz der einen C-dur-Klaviersonate (mit der Zweiunddreißigstel-Figur des Basses im Anfang), wo sich in der F-dur-Tonart die ganze schlichte Tiefe der Mozart-Seele auslebt, nicht ohne daß auch jener, für Mozart ebenfalls charakteristische, ernste Todesschatten in F-moll über das freundlich-sonnige und doch zugleich auch etwas versonnene Ganze hingleitet. Es läßt uns an den im Frühlingssonnenschein über Gräber flatternden Schmetterling denken.

Beethoven läßt uns die leichte, »mädchenhafte« Anmut von F-dur schon in der frühen Klaviersonate, op. 10 Nr. 2, erleben, von der man gesagt hat, sie sei wie ein Brief, von der leichten Hand eines jungen Mädchens hingeschrieben. Der Schlußsatz dieser Sonate, mit seiner Verspottung der Fugenform, zeigt stark das humoristische Element. Daß die, schon eingehender gewürdigte, 6. Symphonie (Pastorale) außer dem Naturhaften, dem »Pastoralen«, auch das religiöse wie das humoristische Element in sich schließt, wurde schon betont. Ganz stark lebt sich dann dieses anmutige und humoristische Element in der 8. Symphonie aus, die ebenfalls in F-dur steht. Man sieht, die Möglichkeiten von F-dur sind so reiche und mannigfaltige, daß Beethoven in e i n e r Symphonie sie gar nicht erschöpfen konnte. Und zur 6. und 8. Symphonie gesellt sich hier noch der Scherzosatz der siebenten, der in schwebender Anmut leuchtet und strahlt. Während dieser 3. Satz sonst meistens in der Tonart des ersten steht, ist Beethoven hier in der 7. Symphonie von den lichten A-dur-Höhen des 1. Satzes nach F-dur geglitten. Aber das lichte A-dur und das leichte F-dur — sie sind ja auch terzverwandt, »trigonal« verwandt, wie man aus der Anschauung der Figur des Tonartenkreises heraus auch sagen könnte — haben wirklich viel Gemeinsames; beide sind weibliche Tonarten.

Eine wunderbare Offenbarung des ätherischen Naturwebens in F-dur ist Robert Schumanns »Träumerei«, in der sich das Träumerische der Menschenseele mit dem Träumerischen der Natur intim verwebt: F-dur ist noch nicht so »wach« wie C-dur, gehört, obwohl aufsteigende Tonart, noch dem unteren Tonartenkreis an, ist noch um eine Stufe dem Träumen näher. Auch der — dem unlängst erwähnten A-dur-Satz vorangehende — F-dur-Satz in Schumanns Manfred-Musik mit den leicht-verschwebenden Schlußakkorden (sie klingen wie ein leichtes Sichlösen vom Irdischen) läßt uns das ätherische Naturweben in F-dur intim erleben, trotz eines leichten Untertons von Melancholie, wie er Robert Schumann nun einmal eigen ist. (Auch der Natur selbst, hat man ja gesagt, ist das Melancholische, das »Erdtemperament« eigen.) Und wie viele andere, feinsinnige, das Wesen der F-dur-Tonart offenbarende Stücke ließen sich noch aus Robert Schumanns Musik anführen. Und natürlich auch aus derjenigen von Franz Schubert: doch sind für diesen andere Tonarten noch charakteristischer.

Dasselbe ist bei Chopin der Fall, der die absteigenden, »poetischen und romantischen« Tonarten bevorzugt. Und doch ist sein F-dur-Präludium, in seiner blumenhaften Anmut, ein typisches F-dur-Stück, wenn auch nicht ganz so unmittelbar aus dem Ur-Natur-Tönen heraus, wie Beethovens Pastoralsymphonie. Auch die F-dur-Ballade zeigt anmutig das »Blumenhafte« von F-dur, die im Winde sich wiegende Blume, die dann von dem jäh dreinfahrenden Sturmwind (A-moll) gebrochen wird.

Ein wirklicher vollendeter Höhepunkt von F-dur ist jener liebliche Zwischensatz im zweiten (langsamen) Satze der 6. Symphonie (A-dur) von Anton Bruckner, die bei seinem ersten Erscheinen übrigens in E-dur, erst das zweitemal in F-dur steht.

Ehe wir zu der Betrachtung der F-dur-Tonart in der Musik Richard Wagners übergehen, ist noch ein Blick auf die Mollparallele von F-dur, auf die D-moll-Tonart, zu werfen. Der Gegensatz von Dur und Moll ist hier wiederum ein besonders großer, einschneidender, der Grund des Gegensatzes wiederum ein anderer, als es beim Verhältnis von A-dur und Fis-moll der Fall war. Entgegen dem Schwebenden der Durtonart ließ das nach unten Drückende von Moll hier, angesichts der Höhenlage der beiden Tonarten, Fis-moll als die Tonart des Abgrunds und Absturzes erkennen. F-dur und D-moll bewegen sich ja mehr in der Mittellage, da fällt dieser Gesichtspunkt weg, oder tritt wenigstens schon sehr zurück. Der entscheidende Gegensatz liegt bei diesen Tonarten darin, daß F-dur, obwohl noch der unteren Kreishälfte angehörig, doch schon an der Helligkeit der oberen Anteil hat, daß es »halb-hellen« Charakters ist, während D-moll, als Molltonart an sich schon dem Dunkeln angehörig, noch g a n z im Dunkeln liegt (und zwar deshalb, weil wir bei Moll sieben dunklen Tonarten nur fünf relativ helle gegenüberstellen, während bei Dur sieben hellen Tonarten fünf relativ dunkle gegenüberstehen). Gehen wir von F-dur als der »Naturtonart«, der Tonart des ätherischen Naturerlebens aus, so finden wir den Charakter von D-moll dann am richtigsten, wenn wir von dem Naturhaften dieses Lebendig-Webende in Abzug bringen, so daß eigentlich nur das Starre, Erstorbene der Natur übrig bleibt. Das »Ätherische« ist bei D-moll nicht mehr, wie bei F-dur, mit dem Physischen verbunden. Etwas mit Grab und Tod, mit dem Starren, Steinernen der Gruft, oder des Mineralischen der Erde, hat die D-moll-Tonart da, wo sie uns voll-ausdrucksvoll entgegentritt, zu tun. Und es läßt sich zeigen, wie große Komponisten das auch empfunden und in ihrer Musik zum Ausdruck gebracht haben.

Bei Johann Sebastian Bach finden wir, in seinen D-moll-Konzerten und anderwärts, gewisse mächtige D-moll-Sätze. Aber noch bleibt die Frage, ob der eigentliche D-moll-Charakter, wie wir ihn eben zu charakterisieren suchten, dort schon voll ausgeschöpft ist. Beim D-moll-Präludium im »Wohltemperierten Klavier« ist das zunächst wohl auch noch nicht der Fall. Eine düstere, dem C-moll-Charakter nicht fernliegende Monotonie charakterisiert das Stück (zunächst das Präludium im 1. Teil des W. K.). Es ist voller Bewegung, aber in der monotonen Gleichartigkeit der Bewegung liegt selbst wieder ein Element des Starren. Von dem Finale in Beethovens D-moll-Klaviersonate op. 31 Nr. 3 läßt sich dasselbe sagen.

Wenn noch nicht bei Bach, so finden wir echtestes, »starres und steinernes« D-moll schon bei Mozart. Nicht als ob jeder Mozartsche D-moll-Satz dem schon entspräche. Z. B. gewiß nicht die kleine anmutige D-moll-Phantasie für Klavier, mit ihrer mannigfach-gebrochenen, zuletzt nach D-dur hinstrebenden Tonalität. Aber wenn irgendwo, so tritt uns starres steinernes totenhaftes D-moll in Mozarts Don Giovanni (Don Juan) entgegen: gleich das Vorspiel beginnt mit diesem steinernen D-moll, das sich dann, im weiteren Verlauf der Oper, mit der gespenstischen Gestalt des »steinernen Gastes«, des von seinem steinernen Standbild als gespenstischer Schemen herabgestiegenen toten Komthurs, verbindet. Neben der Gestalt des lebenslustigen, leichtsinnigen Lüstlings steht diese starre steinerne Totengestalt, wie der Tod selbst, der, vom Menschen unbeachtet, neben ihm, mit ihm und in ihm durchs Leben ihn begleitet, langsam das starre mineralische Skelett aus ihm herausbohrt. Nirgendwo war im Musikalischen D-moll mehr am Platze wie hier. Auch die eigentümlich fröstelnde Chromatik, die dem starren Anfangsmotiv folgt, entspricht dem D-moll-Charakter.

Beethovens D-moll-Klaviersonate wurde, im Hinblick auf ihr Finale, schon erwähnt. Im 1. Satz dieser Sonate findet sich, gegen Schluß, eine Rezitativstelle, für die Beethoven selbst das Pedal vorgeschrieben hat. Es kann als sinnvoll und darum auch erlaubt empfunden werden, das Pedal hier bis zum Schlusse des Rezitativs liegen zu lassen: dann entsteht eine Wirkung, wie wenn in einem unterirdischen Steingewölbe mit einem gewissen kosmisch-melancholischen Ausdruck Stimmen zusammenklingen. Man empfindet irgendwie das Steinerne der Erde, und das wäre dem Charakter dieser Sonate und ihrer Tonart nicht unangemessen.

In tief-genialer und zugleich tief-musikalischer Art hat Franz Schubert die D-moll-Tonart herausgearbeitet in dem Streichquartett »Der Tod und das Mädchen«. Es ist das, ähnlich wie wir es schon bei Chopins F-dur-Ballade erleben konnten, eins jener Musikstücke, die in Wirklichkeit nicht auf e i n e , sondern auf zwei alternierende Tonarten abgestimmt sind: D-moll, der starre steinerne Tod, F-dur, dessen mädchenhafte Anmut hier bei Franz Schubert besonders lieblich zur Geltung kommt, das Mädchen, das zuletzt dem Tod in die Arme sinkt. Auch das F-dur-Motiv »Du liebes Kind, komm' spiel' mit mir« aus dem Liede »Der Erlkönig« ist genial in dieses an innerer Dramatik so reiche Quartett »Der Tod und das Mädchen« hineingerissen. Schon die ersten Takte in ihrer Starrheit offenbaren das eigentliche Wesen der D-moll-Tonart.

Nirgendwo aber kommt das Starre, Steinerne von D-moll mehr und stärker zum Ausdruck als in Chopins D-moll-Präludium. Dieses wie aus dem Urgestein herausgemeißelte Tonstück ist wirklich eine allergenialste Offenbarung des Tonartencharakters von D-moll. Dazu dieser ganz eigenartige, steinerne Schluß, ohne Harmonie, mit dem bloßen in der Tiefe bohrenden Grundton. Hier haben wir wieder einmal eine Tondichtung, die »ganz aus der Tonart herausgestaltet« ist (man kann nicht sagen »gemalt«, denn hier ist alles plastisches Gestalten).

Nicht unerwähnt bleibe die Schlußszene von Verdis Aïda, wo das Steingewölbe, in dem Radames dem Tode geweiht ist, ebenfalls tonartlich sinnvoll seinen musikalischen Ausdruck in D-moll gefunden hat: »Es hat der Stein sich über mir geschlossen. Ich seh' mein Grab vor mir. Das Licht des Tages schau ich nicht mehr . . .«, und dann vor allem beim Erscheinen Aïdas: »Ahnend im Herzen, daß man dich verdamme, hab in die Gruft, die sie für dich bereitet, geheim ich mich begeben . . .«. Besonders das in der Tiefe des Basses fortklingende d wirkt hier im Sinne des Wesens der D-moll-Tonart ausdrucksvoll.

Den Höhepunkt von D-moll bildet, nachdem schon Beethoven seine 9. Symphonie in D-moll komponiert hat, die 9. Symphonie von Anton

Bruckner. Noch mehr, als in Beethovens 9. Symphonie, ist hier der eigentliche Charakter der D-moll-Tonart herausgearbeitet. Schon das D-moll der Beethoven-Symphonie mit seinen schwebenden leeren Quinten am Anfang ist charakteristisch und bedeutend, hat eine Wirkung nach dem Saturnhaften hin, scheint von einer Welt finsteren Werdens und Gestaltens zu sprechen, das vom Sonnenhaften des Lebendigen noch nicht durchleuchtet ist. Aber viel unmittelbarer, wenn auch zunächst minder kosmisch, stellt uns der Anfang von Bruckners D-moll-Symphonie unmittelbar vor die Welt des Grabes und des Todes hin. Auch die gebrochene Tonalität des auf den D-moll-Anfang, der ganz aus den Urelementen und Intervallen der D-moll-Harmonie heraus gestaltet ist, zunächst folgenden Seitensatzes scheint ganz in dieser Welt des Grabes und der Verwesung zu liegen. In bedeutsamem Wechsel offenbaren sich dann andere Tonarten wie F-moll, B-moll, die sich aber ebenfalls, nur von anderem Gesichtspunkt, um das Todesrätsel hin anordnen. Der sich zu immer gewaltigeren Höhen gleichsam steinern auftürmende D-moll-Schluß des 1. Satzes ist das unbedingt Gewaltigste, was von dieser Tonart, neben C-moll, der stärksten aller Molltonarten, in der ganzen Musikliteratur vorhanden ist. Die typisch-genialste Offenbarung des Steinernen, gleichsam Mineralischen der D-moll-Tonart bleibt das D-moll-Präludium von Chopin, aber der stärkste, gewaltigste aller D-moll-Sätze ist der 1. Satz von Bruckners 9. Symphonie, besonders der Abschluß dieses Satzes, der uns wirklich vor dasjenige, was man die »Vater-Majestät des Todes«, oder auch das Mysterium tremendum genannt hat, hinstellt.

Minder charakteristisch ist, vom Tonartengesichtspunkt, das D-moll des 2. Satzes, der uns, nach den Grabeseindrücken des 1. Satzes, nunmehr das Geheimnis des ins Kosmische hinaus versprühenden ätherischen Lebens empfinden läßt. Darum versprüht hier auch die Tonalität selbst, löst sich ins Chromatische, in »gebrochene Tonalität« auf, und nur gewisse, immer wieder dazwischenfahrende D-moll-Schläge erinnern uns an diese Tonart. Der objektive Inhalt dieser ätherischen Tondichtung scheint sich eigenartig zu berühren mit dem eines Gedichtes von Albert Steffen in »Wegzehrung«. »Die Geisterscharen, die den Leib gebaut . . .«, obwohl Dichter und Komponist hier zweifellos ganz unabhängig und auch zeitlich weit getrennt voneinander sind. Aber gerade daran erkennen wir das Objektive gewisser geistiger Erlebnisse, die, in voller gegenseitiger Unabhängigkeit, hier den dichterischen, dort den musikalischen Ausdruck fanden. Man lasse, wenn man die geistig-musikalische Empfänglichkeit dafür hat, beides nebeneinander auf sich wirken, stelle die farbenreiche Chromatik gewisser Abschnitte des Brucknersatzes neben des Dichters »Farbenspiel, das flammt und grünt und blaut«, das »Wallen und das Wogen leis und laut«, die Zwischenschläge in D-moll neben »die finsteren Wolken, die das Licht verschlingen«. Wenn es im Gedicht dann weiter heißt: »bis sich das Untere am Oberen staut. Durch diese Wandung will die Seele dringen ...«, so finden wir auch dafür im Bruckner-Satz eigenartige, sich gleichsam stauende Akkordgänge. Das Intimste, auch tonartlich Charakteristischste ist eine zarte, rasch vorüberhuschende A-dur-Stelle: sie kann empfunden werden, wie wenn die »finstern Wolken, die das Licht verschlingen« (die D-moll-Zwischenschläge fortissimo) plötzlich an einer Stelle zerreißen, wie wenn an einer vielleicht nur kleinen, kreisförmigen Stelle die lichte Himmelsbläue (A-dur) durch das finstere Gewölk (D-moll) hindurchscheint. Auch dazu kann die das Bild weiter ausgestaltende Phantasie Worte des Dichters stellen (»da bildet sich ein Kreuz in einem Kreise«) und für das »Leuchten und Ertönen der Sterne« und dasjenige, was sie der Seele des Toten von Christus und Wiedergeburt sagen, kann manche musikalische Parallele in dem sternenhaft flimmernden Trio mit seinen ernsten, rhythmisch gehaltenen Zwischensätzen gefunden werden. Das alles nur unmaßgeblich für diejenigen, die für diese Dinge eine gewisse innere Aufgeschlossenheit mitbringen.

Suchen wir von alledem den Übergang zum Musikdrama R i c h a r d W a g n e r s, so finden wir D-moll charakteristisch gleich im Vorspiel zum »Fliegenden Holländer«. Den totenhaften, bleichen, ja gespenstischen Ausdruck (vgl. den »steinernen Gast« in Mozarts Don Giovanni) finden wir in diesem D-moll des »Holländers« sehr ausgeprägt, weniger, inmitten des wogenden flutenden Nordsee-Elements, von dessen Stürmen auch die Ouvertüre kündet, das »Starre und Steinerne« der D-moll-Tonart. Es bildet diese Tonart, am Schlusse (sowohl des Vorspiels wie der ganzen Oper) zum erlösenden D-dur sich wendend, also in Dur umschlagend, die Rahmentonart des »Fliegenden Holländers«. Ähnlich wie bei Beethovenschem und Brucknerschem D-moll, finden wir auch hier, beim Wagner-Motiv des »Fliegenden Holländers«, das Herausgestalten der D-moll-Harmonie aus ihren Grundintervallen (Quinte und Quarte). Besonders die »leere Quinte« spielt dabei eine bedeutsame Rolle.

An dieses, in leeren Quinten verklingende Holländer-Motiv in D-moll, das Hauptmotiv der ganzen Oper, schließt sich im Anfang der Ouvertüre dann unmittelbar in F-dur das Motiv des Senta-Gebets: »Doch kann dem bleichen Manne Erlösung einstens noch werden, fänd' er ein Weib, das bis in den Tod getreu ihm auf Erden! Ach! wann wirst du, bleicher Seemann, sie finden? Betet zum Himmel, daß bald ein Weib Treue ihm halt!« In der »Ballade«, wie sie Senta im 2. Akt singt, steht dieses Gebetsmotiv in B-dur, der »Tonart der liebenden Erwartung«; in der Ouvertüre noch ausdrucksvoller in F-dur, dem Durgegensatz von D-moll. Dem Frommen, Gebetartigen des Motivs, in dessen musikalischer Durchführung »Kirchenton« anklingt, ist die F-dur-Tonart besonders angemessen, die auch dem Mädchenhaften der Senta entspricht. Es kann uns der Tonartengegensatz im Anfang der Holländer-Ouvertüre an das Schubertsche »Der Tod und das Mädchen« (D-moll — F-dur) erinnern, natürlich nur, insoweit das Tonartliche dabei in Frage ist.

Im »Tannhäuser« hat Richard Wagner den Venusgesang im Anfang des 1. Aktes (Venusberg): »Geliebter! komm, sieh' dort die Grotte . . .« aus dem Fis-dur der ursprünglichen Fassung, einer geistig hochliegenden Tonart, in die er nicht hingehört, bei der (späteren) Pariser Bearbeitung der Oper nach der Naturtonart F-dur, nach dem »anmutigen« F-dur versetzt, was zweifellos richtiger und ein Fortschritt ist. Das in Bühnenkreisen gegen jene »Pariser Bearbeitung« noch immer waltende Vorurteil ist unbegründet, und sollte allmählich aufgegeben werden. — In der Schlußszene des 1. Aktes ist F-dur, als die Naturtonart, die Tonart des »lustigen Hörnerschalls« bei der Landgrafenjagd und wirkt von da in die ganze Szene, die auch in F-dur schließt, herein (wie dann auch noch in das Gespräch zwischen dem Landgrafen und Tannhäuser im Beginn des 2. Aktes). Auch anderwärts bei Wagner (Tristan, Götterdämmerung) ist F-dur Tonart des Jagdhorns und Jagdgetöns.

Im »Lohengrin« finden wir, nach einem vorübergehenden Anklang von D-moll (Unterdominante von A-dur) beim Aufruf zum Gottesgericht im 1. Akt (»Willst du im Kampf auf Leben und auf Tod . . .«; auch im Schlusse des 2. Tristan-Aktes ist das totenstarre D-moll »Tonart des Zweikampfs«) kaum irgendwo ernstliches F-dur, von einer Ausnahme abgesehen. Im 2. Akt sehen wir ganz vorübergehend bei »Heil dem Schützer von Brabant« das Lohengrin-A-dur in das musikalisch naheliegende, terzverwandte F-dur übergehen. Der vorübergehenden F-dur-Vorzeichnung im Schluß des 2. Aktes entspricht wenig wirkliches F-dur. Ähnlich im 3. Akt in der Lohengrin-Elsa-Szene. Bei der, auf dem heldisch-militärischen Es-dur sich aufbauenden Zwischenmusik im 3. Akt erscheint vorübergehend das »F-dur des lustigen Hörnerschalls«, noch nachwirkend in die anschließende Heerbannszene: »Habt Dank, ihr Lieben von Brabant! Wie fühl' ich stolz mein Herz entbrannt, find' ich in jedem deutschen Land so kräftig reichen

Heerverband!... Für deutsches Land das deutsche Schwert! So sei des Reiches Kraft bewährt.« (Dieses letztere mit einem markigen Übergang von D-dur nach F-dur). — Echtes reines blumenhaftes F-dur findet sich im 2. Akt, in Elsas Gesang »Euch Lüften, die mein Klagen...«, in der kurzen, anmutig-wiegenden Stelle: »Durch euch kam er gezogen, ihr lächeltet der Fahrt, auf wilden Meereswogen habt ihr ihn treu bewahrt.« Man kann sich erinnern an die von F-dur nach A-dur führende Wendung im Tristan: »Auf wonniger Blumen lichten Wogen kommt sie sanft ans Land gezogen.« Hier wie dort hat F-dur eine Beziehung zum Wasserelement, wie sie durchaus dem kosmischen Zeichen dieser Tonart (♓ Fische) entspricht. Ähnliches begegnet uns dann nochmal in der »Götterdämmerung«.

Im Vorspiel des »Nibelungenrings«, im »Rheingold« ist die F-dur-Vorzeichnung beim ersten Auftreten der Riesen kaum als wirkliches F-dur zu verstehen, es trägt dieses Riesenmotiv, wie die Häufigkeit von as und des in ihm zeigt, eher ein F-moll-Element in sich. In der weiteren Entwicklung dieses Motivs und der ganzen Szene bringt die Stelle: »Die ihr durch Schönheit herrscht, schimmernd hehres Geschlecht, w i e t ö r i g s t r e b t i h r n a c h T ü r m e n v o n S t e i n« einen interessanten Anklang an das »steinerne D-moll«. Im übrigen zeigt auch »Rheingold« wiederum, wie sparsam Richard Wagner mit diesen sonst so gewöhnlichen Tonarten (vor allem F-dur) war. Er läßt sie immer, wenn er sie bringt, etwas ganz Besonderes aussprechen.

Das ist dann gleich im Anfang der »Walküre« der Fall, deren D-moll-Vorspiel, mit dem orgelpunktmäßig festgehaltenen vibrierenden d, einen stark tonalen Charakter hat. Das »Starre in der monotonen Bewegung«, das uns gerade bei D-moll in der Musik von Bach und Beethoven begegnet ist, finden wir auch hier. Schon in der kleinen Tonarten-Broschüre (3. Aufl. S. 45) wurde darauf hingewiesen, wie D-moll, jahreszeitlich genommen, auf jene Zeit des Jahres hinweist, wo schon zuweilen milder Vorfrühling ist, dann aber wiederum Winterstürme brausen oder die frostige Erstarrung des Winters über der noch unbelebten Natur liegt. In diesem Sinne verlegt auch Wagner die »Winterstürme«, von denen im 1. Akt der »Walküre« die Rede ist, nach D-moll. Wir sehen da, wie Siegmund von wilden Winterstürmen und Todesmächten, die sein Schicksal beherrschen — auch diese sprechen sich in der D-moll-Tonart aus — hin und her gehetzt wird, bis er, ohne zu wissen, wo er einkehrt, im Hause des Feindes, Hunding, die freundlich-liebevolle Schwester findet. Wiederum ist es, ähnlich wie schon im Anfang des »Fliegenden Holländer«, der Kontrast von D-moll und F-dur, der uns da im Anfang der »Walküre« entgegentritt: langsam geht das D-moll der wilden Winterstürme und Todesgewalten über in das zarte, anmutige F-dur der dienenden Liebe Sieglindens: »Ein fremder Mann? ihn muß ich fragen. Wer kam ins Haus, und liegt dort am Herd«, bis immer liebevoller die zarten F-dur-Motive sich entwickeln: »Labung biet' ich dem lechzenden Gaumen: Wasser, wie du gewollt!« Wieder mischt sich ernst-mahnendes D-moll dazwischen: »Dies Haus und dies Weib sind Hundings eigen; gastlich gönn' er dir Rast: harre, bis heim er kehrt!«

Es ist tief sinnvoll, bei diesen liebevollen, schwesterlich-anmutigen Sieglinden-Motiven im Anfang der »Walküre« von einem »F-dur der dienenden Liebe« zu sprechen, eine bestimmte Venusbeziehung der Fische-Tonart F-dur wird damit dem Kenner dieser kosmischen, sternenhaften Hintergründe angedeutet. Wiederum wollte Richard Wagner stark dieses F-dur des Walküre-Anfangs hervorheben: er bringt in der ganzen »Walküre« kein F-dur mehr.

Am Schlusse des 2. Aktes der »Walküre« fällt Siegmund, dem Wotan das Schwert zerschlägt, durch Hunding im Zweikampf; auch hier schließt, wie in einer ähnlichen Situation der 2. Tristan-Akt, der Akt in D-moll. (Auch an das D-moll des »Gottesgerichts« im 1. Akt des »Lohengrin« wäre hier zu erinnern.) — In der Walküren-Szene des 3. Aktes, vor allem bei Wotans wütendem Einherjagen, findet sich mehrfach D-moll.

Im »Siegfried« äußert sich des jugendlichen Helden Unmut über Mime mehrfach in D-moll. (Seine gute Laune hat er in D-dur. Von der Wendung von D-moll nach D-dur ist der Schluß des 1. Aktes in entscheidender Weise beherrscht.) Auch im »Siegfried« ist F-dur zunächst selten, nur ganz vorübergehend klingt es an (Wotan zu Alberich im 2. Akt: »Was anders ist« [als deine und Mimes Art], »das lerne nun auch«). Im 2. Akt bringt dann Siegfrieds Hornruf die F-dur-Tonart (mit der er auch sonst verbunden ist); durch das Dazwischenkommen des Drachen Fafner wird dieses F-dur immer wieder unterbrochen.

Mit dem F-dur des Hornrufs dringt Siegfried dann im 3. Akt durch die »wabernde Lohe« (der im übrigen noch manche andere Tonarten angehören). Im übrigen ist auch im 3. Akt von »Siegfried« kein wirkliches, wesentliches F-dur anzutreffen, es wäre denn an der Stelle »Erwache, Brünhilde! Wache, du Maid!«

In der »Götterdämmerung«, inmitten ihrer weithin gebrochenen Tonalität, sehen wir zunächst im 1. Akte F-dur, mit Ausschluß anderen Vorkommens, gebunden an das Motiv von Siegfrieds Hornruf. Schon in der Nornenszene, kurz vor dem Reißen des Nornenseils, findet sich davon ein Anklang. Dann ebenso wieder in der Siegfried-Brünhilden-Szene des Vorspiels, bei der Siegfried-Reminiszenz des Durchschreitens der »wabernden Lohe«: »wohin du ihn führst, sei es durchs Feuer, graunlos folgt dir Grane: denn dir, o Helde, soll er gehorchen«. (»Grane« heißt Brünhildes Walkürenroß.) Wiederum leitet der Hornruf in F-dur die Musik des Zwischenspieles (Überleitung in den 1. Akt) ein. Ebenso erklingt er bei Ankunft Siegfrieds vor der Gibichungenhalle, eine Weile dann die Szene beherrschend. Endlich auch beim tragischen Erscheinen des als Gunther getarnten Siegfried am Brünhildenfelsen, am Schluß des 1. Akts.

Im 2. Akt erscheint F-dur, nicht mehr an den »Hornruf« gebunden, ganz vorübergehend bei Brünhilds Worten »All' mein Wissen wies ich ihm zu«, wo es dann an das »F-dur der dienenden Liebe« erinnert.

Der 3. Akt beginnt dann wieder mit Siegfrieds Hornruf in F-dur. Aber im vollsten Gegensatz zu dem immer nur ganz Vorübergehenden dieses F-dur an allen früheren Stellen entfaltet sich hier im Vorspiel des 3. Aktes und in der anschließenden Rheintöchterszene eine ganze Welt von F-dur aus diesem Hornruf, die der tonale Höhepunkt (nicht der dramatische Höhepunkt) des ganzen Musikdramas wird. Die Motive des Rheineswogens und des Rheintöchtergesangs, vom Anfang des »Rheingold« her bekannt, steigen wieder auf aus diesem F-dur-Motiv des Hornrufs, nur ist jetzt alles viel zarter, inniger, intimer als dort: damals war alles die erste, jugendliche Frische einer noch unberührten Welt, das goldene Kleinod erstrahlte noch unangefochten in der Tiefe; inzwischen ist die Welt durch die Sünde, das Leiden, die Entbehrung hindurchgegangen, die Trauer über den Verlust und das Wissen um das Verlorene hat alles Empfinden verklärt und vertieft. Entsprechend der anderen Empfindungslage ist auch die Tonart jetzt eine andere geworden: das »Rheingold« eröffneten jene Motive des Rheineswogens und des Rheintöchtergesangs im tiefen Es-dur, in der Tonart der Welten-Urtiefe, des Ur-Weltgeschehens und Ur-Weltbeginnes. Jetzt, im 3. Akt der »Götterdämmerung«, erscheint das alles im helleren F-dur, in der Naturtonart F-dur. Jetzt ist der Gesichtspunkt nicht mehr derjenige des Welten-Urgeschehens, der Welten-Urtiefe, jetzt erscheinen in der Welt, die schon geworden ist, die das Kindliche der Urzeit schon verloren hat, jene elementarisch-undinenhaften Wesen am Rheinesufer (sie kommen jetzt ans Ufer, bewegen sich nicht mehr wie damals, menschlichen Augen unsichtbar, in der Rheinestiefe) dem inmitten der urwüchsigen Frische der Natur und zugleich in der unbewußten Vorahnung des nahen Lebensendes einem alten, verlorenen Hellsehen sich noch einmal aufschließenden Auge des Helden Siegfried. Durch die ganzen tragischen Schicksale und Verirrungen, durch die wir ihn in der »Götterdämmerung«, am Ende des »Siegfried« schon, hindurchgehen sehen, hat er sich dem Natürlichen entfremdet. Jetzt, nahe dem eigenen Ende, umfängt ihn wieder der Zauber der Natur, das Wohltuende der Natur, im deutschen Wald, am Ufer des Rheinstroms, vernimmt er wieder die altvertrauten Stimmen der Natur, schaut er wieder in Bildern des alten Hellsehens die elementarischen Wesenheiten, die die Naturelemente durchweben, schaut er im Wasser die Rheintöchter, die Nixen des Stromes. Der Zauber der Natur erweckt ihm noch einmal das alte Schauen. Das ist, ins Musikalische der Tonart übersetzt, F-dur, die Naturtonart, die Tonart des behaglichen Naturempfindens, des ätherisch-elementarischen Wesens und Webens der Natur. Ein gewisses wohliges Behagen ist F-dur, der Naturtonart, vor allem eigen, das wir hier, im Anfang des 3. Aktes der »Götterdämmerung«, doppelt empfinden: denn nach all der vielen, die beiden ersten Akte und ihr dramatisches Geschehen, ihre erschütternde Tragik beherrschenden »gebrochenen Tonalität« hat das wenigstens vorübergehende Wiedereintreten der Tonalität — auch dafür hat Richard Wagner ein sicheres, mit dem natürlichen Menschlichen rechnendes Empfinden — etwas Wohltuendes, und das an sich schon Wohltuende der F-dur-Tonart kommt darin vor allem zur Geltung. Im ganzen Werke Richard Wagners haben wir hier einen der großen tonalen Höhepunkte.

Damit ist nicht gesagt, daß hier alles nur auf eine rein-diatonische F-dur-Skala abgestimmt sein müßte, dergleichen braucht auch beim »Tonalen« durchaus nicht der Fall zu sein. Beim Es-dur-Anfang des »Rheingolds« ist es ja wirklich so. Hier in der »Götterdämmerung« ist, weil ja eben die ganze Empfindungslage durch das Weltgeschehen und die inzwischen eingetretene Weltentragik eine andere geworden ist, alles schon viel mehr mit Chromatik durchwoben, und diese zarte Chromatik — die hier nirgendwo als »gebrochene Tonalität« empfunden werden könnte — gibt ja eben dem Rheintöchtergesang in der »Götterdämmerung« jene erhöhte Innigkeit. Denken wir gleich an den Anfang: »Frau Sonne sendet lichte Strahlen; Nacht liegt in der Tiefe; einst war sie hell, da heil und hehr des Vaters Gold noch in ihr glänzte! Rheingold, klares Gold, wie hell strahltest du einst, hehrer Stern der Tiefe!«, wo sich bei »Nacht liegt in der Tiefe« ein Schimmer des tiefen, dunklen As-dur in das helle oder halbhelle F-dur mischt: eine jener vorüberhuschenden Zartheiten, wie sie uns im Werke Richard Wagners immer wieder beggnen, eine der intimsten Stellen im ganzen Nibelungenring, zugleich in wahrer Weltentiefe auf Tatsachen der Menschheits-Bewußtseinsentwicklung hinweisend. Eine verlorene, und doch heimatliche Bewußtseinswelt ist es, die wir in der Naturtonart F-dur im 3. Akt der »Götterdämmerung« noch einmal anklingend finden.

Von da ergibt sich unmittelbar ein Übergang zur Welt von »Tristan und Isolde«, die uns im 3. Akt noch einmal einen der Höhepunkte von F-dur erleben läßt. Auch da hat Richard Wagner alles Wesentliche dieser Tonart für den 3. Akt aufgehoben und aufgespart. Nur im 1. Akt finden wir zwei Stellen, die, im Zusammenhang mit der Meerfahrt, das »Behagliche« der F-dur-Tonart auch im Rhythmus erleben lassen: die eine ist beim Aufwinden der Anker durch die Seeleute (dazu Motiv der rhythmischen Meerfahrt), die andere, motivisch verwandte, ganz am Schlusse, bei Kurwenals Worten: »Mit reichem Hofgesinde, dort auf Nachen naht Herr Marke.«

Wichtig für das Problem von F-dur als Naturtonart ist dann nur noch inmitten der B-dur-Vorzeichnung im Anfang des 2. Aktes (wo durchaus auch B-dur die herrschende Tonart ist) der in dieses B-dur sich mischende Hörnerschall der fernen Jagd König Markes in F. Das ist hier natürlich zunächst Oberdominante von B-dur, und doch zugleich der Naturton F. Die Stelle hat die größte Ähnlichkeit mit der oben besprochenen im Schlußsatz von Beethovens Pastoral-Symphonie, nur daß statt mit dem f im Baß und dem darauf ruhenden F-dur-Dreiklang sich nicht der Dreiklang c-e-g, sondern, wegen der B-dur-Tonart, c-es-g verbindet. Wiederum entsteht, ähnlich wie bei Beethoven, im ganzen harmonischen Aufbau engstens verwandt, das unbestimmte Naturtönen, hier im Tristan als verworrenes Naturgeräusch: es gehört zum Poesievollsten der ganzen Tristan-Partitur, wie dieses ferne Jagdgeräusch dann wirklich in das verworrene unbestimmte Naturtönen übergeht: »... des Laubes säuselnd Getön, das lachend schüttelt der Wind«.... Brangäne: »...ich höre der Hörner Schall.« Isolde: »Nicht Hörnerschall tönt so hold: des Quelles sanft rieselnde Welle rauscht so wonnig daher...« Die ganze Stelle ist wie dem Naturtönen selbst abgelauscht, und ist, obwohl nicht eigentliches F-dur, doch mit den Naturgeheimnissen dieser Tonart intim verwandt.

Die Tonart selbst hat Wagner, wie gesagt, dem 3. Akt, dem Anfang des 3. Aktes vorbehalten, wo wir sie mit der Rolle des treuen Kurwenal in der schönsten Weise verbunden finden. Nach der auf die trauervolle F-moll-Einleitung folgenden »traurigen Hirtenweise« (ebenfalls F-moll) bricht Tristans Erwachen aus der Todesohnmacht den Bann, an die Stelle der Todestrauer tritt Kurwenals allzufrühe, jubelnde Freude in F-dur: »Ha! diese Stimme! Seine Stimme!... Endlich! Endlich! Leben, o Leben! Süßes Leben, meinem Tristan neu gegeben!« Wie das alles auf Tristan gar keinen Eindruck macht, sondern wie leerer Klang an ihm vorüberzieht — Richard Wagner selbst hat in den Briefen an Mathilde Wesendonk darüber geschrieben — wie er in Fieberohnmacht an der Schwelle ferner Welten weilt, in die ihm doch der Eingang verschlossen bleibt, und wie Wagner das alles bis in die Tonart hinein zum Ausdruck bringt (Tristans abgebrochene Antwort: »Kurwenal — du? Wo war ich? Wo bin ich?« in Es-moll, der geistigen »Schwellen-Tonart«), wurde früher schon dargestellt. Auf diese Unterbrechung im fremden Es-moll antwortet Kurwenal wieder im heimlichen heimatlichen F-dur: »Wo du bist? In Frieden, sicher und frei! Kareol, Herr: kennst du die Burg der Väter nicht?« Die traute, schlichte Weise dieses Heimat- oder Kareol-Motivs fügt sich zusammen mit dem Natürlich-Heimatlichen der F-dur-Tonart, wie es uns schon im 3. Akt der Götterdämmerung entgegentrat. Doch hat hier im »Tristan«, in den Klängen des Heimatmotivs, dieses »Heimatliche« seinen Höhepunkt. Hier im 3. Akt ist diese ganze Tageswelt des Irdischen nicht mehr nur »trügender Schein«, wie sie im 1. und 2. Akt von Tristan und Isolde empfunden wird, sondern die seelische Anteilnahme des treuen Kurwenal webt um sie den Schimmer des Heimatlichen und Trauten. Darum ist an die Stelle des nüchternen C-dur der (im Sinne des Tristan) unwirklichen Tageswelt jetzt das innigere F-dur getreten. Nachdem auch dieses Motiv gewisse tonartliche Wandlungen, einmal nach B-dur (»Des Hirten Weise hörtest du...«), einmal sogar nach C-dur (hier sind auch die Worte nüchterner: »Dein das Haus, Hof und Burg! Das Volk, getreu dem trauten Herrn...«) durchgemacht hat, strahlt es dann noch einmal auf im vollen Glanz, in der vollen Innigkeit von F-dur: »Nun bist du daheim zu Land — im echten Land, im Heimatland, auf eigner Weid' und Wonne, im Schein der alten Sonne, darin von Tod und Wunden du selig sollst gesunden.« Es ist das ein Höhepunkt der F-dur-Tonart im Werke Richard Wagners. Auch im »Tristan« spielt die F-dur-Tonart dann keine wesentliche Rolle mehr.

In den »Meistersingern« finden wir, neben anderen tonal minder ausgeprägten Stellen, ein schönstes F-dur der behaglichen Naturfreude in Pogners Einladung zur Feier des Johannisfestes, im 1. Akt: »Das schöne Fest, Johannistag, ihr wißt, begeh'n wir morgen: auf grüner Au, am Blumenhag, bei Spiel und Tanz im Lustgelag, an froher Brust geborgen, vergessen seiner Sorgen, ein jeder freut sich wie er mag...« Musikalisch-motivisch etwas verwandt damit ist dann im 3. Akt Hans Sachsens Preis von Nürnberg, in dem wieder das »Heimatliche« der F-dur-Tonart recht zur Geltung kommt: »Wie friedsam treuer Sitten, getrost in Tat und Werk, liegt nicht in Deutschlands Mitten, mein liebes Nürenberg!« Auch Walther Stolzings erstes Lied, mit dem er bei den Meistern noch keinen Anklang findet, atmet ganz das Naturfroh-Naturwüchsige von F-dur: »Fanget an! So rief der Lenz in den Wald, daß laut es ihn durchhallt ...«

Auch der »Parsifal« läßt dann noch einmal den Sinn der F-dur-Tonart in Beziehung zur Natur, zum Naturwesen verstehen. Wenn da gleich am Anfang des 1. Aktes, der im Waldmorgen vor der Gralsburg spielt, der leidende Amfortas auf der Sänfte hereingetragen wird, wenn wir ihn da, nach schwerdurchwachter Schmerzensnacht aufatmen sehen in der Morgenfrische der Natur, so wird das für den Tondichter wiederum zum F-dur-Erlebnis: »Nach wilder Schmerzensnacht nun Waldesmorgenpracht! Im heil'gen See wohl labt mich auch die Welle: es staunt das Weh', die Schmerzensnacht wird helle.« F-dur ist ja so recht eine Tonart des Sichwohlfühlens in der Natur, des Aufatmens im ätherischen Hauch der Natur. Auch in Beethovens Pastoralsymphonie sahen wir sie, besonders im Schluß, mit dem Atmen der Natur selbst verbunden. Darum hat Wagner hier auch sinnvoll die F-dur-Vorzeichnung belassen, obwohl die Tonart mehrfach, besonders bei der »Waldes-Morgenpracht« nach B-dur hin abgedunkelt ist: auch Robert Schumann wählt in seinen »Waldstücken« für die Waldesempfindung gerne B-dur. Fühlen wir uns beim Eintritt in die Natur gleichsam in F-dur, das man auch schon das »schattige F-dur« genannt hat, weil es noch nicht im vollen Lichte von C-dur strahlt, so bringt der Eintritt in einen Hochwald gleichsam eine weitere Vertiefung des Schattens, das wäre dann der Übergang in das quintnahe, tiefere B-dur. Als Ganzes gesehen, empfand Wagner das Aufatmen des Amfortas in der Natur, in der Morgenfrische des Waldes durchaus in F-dur.

Das sonst auch im »Parsifal« seltene F-dur finden wir noch einmal charakteristisch inmitten der Tonartenmannigfaltigkeit des »Blumengartens« im 2. Akt, da, wo Parsifal, auf die lockende Bitte der Blumenmädchen mit ihnen zu spielen, antwortet: »Das tu' ich gern!« Er sieht nämlich in den Blumenmädchen des Gartens keineswegs irgendeine ihm Gefahr drohende Verlockung zur Sinnlichkeit, ist weit davon entfernt, irgendeiner »Gefahr« in dieser Richtung zu erliegen — erst später, bei Kundry, wo er zuletzt ebenfalls rein bleibt, lernt er den Ernst und die Gefahr dieser Versuchung kennen —, sondern in seiner kindlichen Unschuld sieht er die Mädchen wie den Garten selbst nur mit dem Auge der reinen Naturfreude, es ist ihm das alles nur schöne Natur: F-dur.

Noch ist D-moll in »Tristan«, »Meistersinger«, »Parsifal« nicht besprochen. Was das zweite dieser Musikdramen anlangt, so ist, nach allem über D-moll Gesagten, einleuchtend, daß diese Tonart nicht im eigentlichen Sinne »Meistersinger-Tonart« wird sein können. Doch finden wir auch da einmal D-moll ganz charakteristisch, nämlich da, wo unmittelbar vor Beginn des Meistersingens, das »Gemerk gestellt« wird, der trockene Beckmesser als Kunstrichter in einer Zelle, ins »Gemerk« sich einschließt: »Nun, Meister, wenn's gefällt, werd' das Gemerk' bestellt.« An dieser Stelle drückt D-moll das Starre, Versteinerte der Kunstregeln der »Meister« aus, denen dann Walther Stolzing seine frische intuitive Natürlichkeit gegenüberstellt.

Wesentlicher ist D-moll dann in »Tristan« und »Parsifal«. In eigenartiger Weise sehen wir in »Tristan und Isolde« die D-moll-Tonart mit König Marke verbunden. Das ist schon im 1. Akt der Fall bei Tristans Worten: »ließ ich das Steuer jetzt zur Stund', wie lenkt' ich sicher den Kiel zu König Markes Land«, die später auch, in der gleichen Tonart, im Munde Isoldens erscheinen. (Das dem ganzen Abschnitt hier und dort vorgezeichnete D-moll ist, von dieser einen tonalen Stelle abgesehen, mehr »gebrochene Tonalität«). König Marke ist im »Tristan« der Träger des ehrwürdigen Alten und Vergangenen. Für ihn, seinen Oheim, wirbt Tristan um Isolde, weil er nicht den Mut hat, sie für sich zu werben, weil er die zwischen ihnen beiden wie durch Urschicksalsgesetz waltende Liebe verleugnet. Hier, in dieser Untreue zur Liebe im eigenen Ich, liegt eigentlich, vor der geistigen Welt, Tristans Verrat, Tristans »Ehebruch«, nicht in dem, was später, in der Auswirkung des »Liebestranks« (der dann zustande bringt, was der Wille im Ich nicht vermochte), sein Verhalten zu Marke als Ehebruch und Verrat im menschlich-bürgerlichen Sinne erscheinen läßt. Sowie Marke im 3. Akt den wahren Sachverhalt erfährt, will er nicht Rache, will er nicht Tristans Tod, sondern voll verzeihender Güte, will er selbst die Braut ihm zuführen, aber nun ist es zu spät, Tristan ist tot. Marke — bei Richard Wagner ein durchaus gütiger, nicht wie in manchen Fassungen der alten Sage, ein bösartiger und rachsüchtiger Charakter — will nicht Tristans Tod. Aber als Vertreter des Alten und Vergangenen, das den Tod in sich trägt, ist er doch immer irgendwie mit dem Wesen und Geheimnis der Todesmächte verbunden. Das läßt Richard Wagner schon gegen den Schluß des 1. Aktes hin merken, wenn da Isolde, in jener Szene, wo sie ihren und Tristans Tod beschlossen hat, mit Tristan gemeinsam den »Todestrank« trinken will (der dann durch Brangänes Eingriff zum »Liebestrank« wird), in bitterer Ironie die Worte spricht: »Wir sind am Ziel: in kurzer Frist stehn wir vor König Marke«, und die Musik dazu das Todesmotiv (»Todgeweihtes Haupt — todgeweihtes Herz!«) intoniert. »König Marke — der Tod«, das ist ein geistiges Motiv, dem wir deutlich im »Tristan« nachgehen können. In einem gewissen, auch mit der Welt des Johannes-Evangeliums sich berührenden Sinn können wir die den Tod in sich tragenden Kräfte des Königs Marke auch die »Vaterkräfte« nennen, als Träger der »Vaterkräfte« ihn ansehen (wobei wir immer auch den spirituellen Zusammenhang von »Vater« und »Tod«, Inbegriff des Gewordenen und Vergangenen, im Auge haben), während wir die Kräfte, die in Tristan angelegt sind, und doch nicht richtig, als wirklicher zukunfttragender »Wille im Ich« bei ihm herauskommen, »Sohneskräfte« nennen können. »Der Vater hat den Sohn lieb und hat ihm alles in die Hand gegeben« heißt es einmal im Johannes-Evangelium (3, 35; 5, 20): die Gesetzesmacht des Vergangenen soll einmal ganz übergehen an den freien zukunfttragenden Willen im Ich. In »Tristan und Isolde« stirbt der »Sohn«, ehe der »Vater« ihm alles übergeben konnte (im geistigen Sinne, auch wenn das verwandtschaftliche Verhältnis der beiden nicht dasjenige von Vater und Sohn ist).

Das alles kommt dann, bis ins Musikalische hinein, ausdrucksvoll im 2. Akt von »Tristan und Isolde« heraus, wenn mit dem Erscheinen des König Marke und seines Jagdgefolges, allen voran der Verräter Melot, mit einem Schlag die ganze Situation in katastrophaler Weise sich ändert, wenn, während vorher alles ein Aufgehen in Liebe war, nun auf einmal der Tod über allem, am unmittelbarsten über Tristan schwebt, der Tod, den er sich dann von Melots Hand auch wirklich holt, auch wenn Marke im innersten Herzen der gütig Verzeihende, zunächst, ehe er das Geheimnis des Ganzen erfährt, der von fassungslosem Kummer über Tristans »Verrat« Niedergedrückte ist. Auch die Musik wird da auf einmal eine ganz andere, das ernste D-moll des »Marke-Motivs«, das von da an den ganzen Schluß des 2. Aktes beherrscht, spricht (im Zusammenhang mit allem, was wir früher über die D-moll-Tonart entwickelten) deutlich von den »Vaterkräften«, die auch die »Todesmächte« sind — nachdem der Anfang des Aktes auch musikalisch von völlig anderen Kräften beherrscht war. In gewaltiger Weise rahmen L i e b e und T o d den zweiten Akt von »Tristan und Isolde« auch tonartlich ein (B-dur am Anfang als die »Tonart der liebenden Erwartung«, D-moll im Marke-Motiv am Schluß, als das »Starre, Steinerne des Todes«). Auch das Starre, Versteinernde der Katastrophe, wie Tristan zuletzt von

Melot im Zweikampf die tödliche Wunde empfängt, malt sich erschütternd in der D-moll-Tonart.

In innerem Zusammenhang mit dem D-moll des Königs Marke im »Tristan«, als »Tonart des Vaters und des Todes«, steht dann im »Parsifal« das D-moll des Titurel, des ersten Gralskönigs und Vaters des Amfortas, der im 3. Akt, weil Amfortas, »des Grales sündiger Hüter«, sich weigert, die ihm zur unerträglichen Qual gewordene, das Leben immer wieder erneuernde Gralsfeier noch einmal zu vollziehen, bereits den Kräften des Erdentodes verfallen ist. In höchster Verzweiflung — es spielt das alles am Schlusse des 3. Aktes — begehrt auch Amfortas für sich jetzt lediglich noch den Tod, und gewaltig ist die Wendung der Musik nach D-moll, nach dem »D-moll des Vaters und des Todes« bei den Worten des von seinem Lager sich aufrichtenden, der Leiche Titurels zugewendeten Amfortas: »Mein Vater! Hochgesegneter der Helden! Du Reinster, dem einst die Engel sich neigten: der einzig ich sterben wollt', dir — gab ich den Tod! Oh! Der du jetzt in göttlichem Glanz den Erlöser selbst erschaust — erflehe von ihm, daß sein heiliges Blut . . . mir endlich spende den Tod! Tod! Sterben — einzige Gnade! . . . Mein Vater! Dich ruf' ich — rufe du ihm es zu: Erlöser, gib meinem Sohne Ruh'!« Hier hat Wagner, nahe dem Ende des eigenen Lebenswerkes, noch einmal erschütterndstes D-moll, als Tonart des Todes und der Todesstarrung, gebracht, ehe er dann, im As-dur des heiligen Blutes, das »Bühnen-Weihefestspiel« zum erlösenden Abschluß bringt.

2.

H-dur, As-moll

Der F-dur-Tonart liegt an der Querachse des »ätherischen Kreuzes« gegenüber die Tonart H-dur. Wie F-dur das positive (d. h. am aufsteigenden Teil des Tonartenkreises liegende) Ende dieser Querachse, ist H-dur das negative (am absteigenden Teil des Tonartenkreises liegende). Wie F-dur der Stunde vor Sonnenaufgang, entspricht H-dur derjenigen vor Sonnenuntergang. Wie F-dur noch nicht ganz im Irdischen liegt, aber schon eine Vorahnung dieses Irdischen, ein Vorausleuchten enthält, so liegt H-dur nicht mehr ganz im Irdischen, enthält einen verklärten Nachglanz dieses Irdischen und damit zugleich die Vorahnung des Hinübergehens (das sich dann in Fis-dur Ges-dur vollzieht). Wie das Licht der Stunde vor Sonnenaufgang etwas Überirdisch-Feierliches, hat das Licht der Stunde vor Sonnenuntergang — man denke an die Stimmung mancher Sommerabende

— etwas Überirdisch-Verklärtes. In der »Verklärung« liegt etwas, was schon mit dem »Hinübergehen« zusammenhängt, vom Hinübergehen spricht; das eigenartig Verklärte, nur von wenigen Komponisten erreichte, der H-dur-Tonart mag damit zusammenhängen. — Die eigentliche Mollparallele von H-dur wäre Gis-moll. Berücksichtigen wir aber die Tatsache, daß innerhalb des Kreises der Molltonarten nur eine Fünfheit als relativ hell einer dunklen Siebenheit gegenübersteht, so werden wir bei der Parallele von H-dur die Schreibart bzw. Nuance As-moll als das Näherliegende empfinden, und in Gis-moll, wo es vorkommt, mag eine davon etwas abweichende Nuance gefunden werden. Hat schon H-dur mit der Stunde des scheidenden Lichtes etwas zu tun, so kann bei As-moll das Schmerzliche des scheidenden Lichtes empfunden werden. Im »Wohltemperierten Klavier« schreibt Johann Sebastian Bach Gis-moll. Besonders Präludium und Fuge im 2. Teil dieses Werkes sind sehr charakteristisch. Die sonst mehr im Seelischen liegende Melancholie von As-moll scheint dort, bei Gis-moll, nach der Naturstimmung hin gewendet zu sein. Etwas wie die klagende Melancholie des brandenden Weltmeeres klingt durch das Präludium, etwas wie der ewig monotone Pulsschlag des Weltmeeres durch die Fuge.

Die H-dur-Tonart finden wir bei Bach noch nicht eigentlich ausgeschöpft, wenn auch etwas Lieblich-Verklärtes, Ätherisches, vielleicht schon »Blumenhaftes« durch das Präludium im 1. Teil des W. K. hindurchklingt, ähnlich wie durch das D-dur-Präludium, so daß die Stimmung dieser beiden Präludien schon von ferne etwas von der des (gerade auf diese beiden Tonarten abgestimmten) Wagnerschen »Karfreitagszaubers«, der »Blumenaue«, ahnen läßt.

Bei Mozart ist H-dur noch selten. Er bevorzugt die Tonarten des aufsteigenden Kreises. Ein Klavier-Adagio in H-moll von ihm hat einen verklärten H-dur-Schluß.

Eine tiefe Beziehung zur H-dur-Tonart hatte Franz Schubert. Schon die bekannte H-dur-Stelle (zuerst kommt sie aber in G-dur) im 1. Satz seiner unvollendeten H-moll-Symphonie (aber außerdem gibt es in den Liedern wie in den Instrumentalkompositionen noch manches andere) würde dieses beweisen. Franz Liszt sieht sich öfter zum Romantisch-Verklärten der H-dur-Tonart hingezogen. Wie weit er es wirklich erreicht hat, ist eine andere Frage. Die Tonart gewinnt bei ihm leicht den Ausdruck des Inbrünstig-Mystischen.

Unter den Präludien von Chopin hat dasjenige in H-dur etwas Leicht-Verklärtes, eine gewisse schmetterlingshafte schwebende Anmut, etwas Ätherisches, das den Boden des Irdischen schon gleichsam unter den Füßen läßt, wie es ja der Eigenart von H-dur entspricht, daß das Irdische hier schon gleichsam zurückgelassen wird, daß man in dieser Tonart schon wie ins Überirdische entschwebt. In allen diesen Beispielen aber können wir ein volles Ausschöpfen der H-dur-Tonart nicht finden. Im 1. Satz von Bruckners 9. Symphonie klingt sie einmal feierlich an an einer Stelle, die wie der Aufschwung von den Grabestiefen der Erde zu den Sternen empfunden werden kann.

Bei Beethoven tritt uns vor allem die Mollparallele dieser Tonart, und zwar als As-moll, also ganz vom Seelischen her betont, entgegen. Schon der bekannte Trauermarsch der As-dur-Klaviersonate op. 26 steht in As-moll. Die eigentlichen Höhen oder Tiefen dieser Tonart erreicht Beethoven dann in der anderen, späteren As-dur-Klaviersonate op. 110, und zwar in dem mit »Arioso dolente« bezeichneten Abschnitt des Adagiosatzes dieser Sonate (dessen Vorzeichnung nur Es-moll ist). Hier atmet alles die schmerzlichste Abschiedsstimmung, Stimmung des scheidenden Lichtes, Abschied vom Tageslicht, vom Lebenslicht. Es ist der in aller Musik kaum zu übertreffende, kaum wieder erreichte Inbegriff der As-moll-Tonart, einer der gerade auch bei Beethoven nicht seltenen Fälle, wo eine Tonart ihrem innersten Gehalt, ihrer innersten Stimmung nach wirklich voll und ganz ausgeschöpft ist. Wie überhaupt, so müssen wir ganz besonders bei den hier in Rede stehenden Tonarten, vor allem H-dur, die äußere Vorzeichnung unterscheiden von der wirklich im geistigen Sinne voll erreichten Tonart.

So hat auch bei Richard Wagner das H-dur beim Einzug der Gäste in die Wartburg im 2. Akt des »Tannhäuser« noch nicht die tonartliche Vollendung, wie in den späteren Musikdramen. Das rauschend-festliche H-dur dieses »Einzugsmarsches« kann empfunden werden wie gewoben aus dem romantischen Zauber der mittelalterlichen Wartburg und der zauberhaften Anmut des deutschen Frühlings im Thüringerland, alles dieses noch gehoben durch die Festesstimmung des bevorstehenden Sängerwettkampfs. Es ist der Schimmer, den außergewöhnliche Festereignisse, bei denen viele Persönlichkeiten, deren Namen Klang haben, zusammenströmen, über die ganze Örtlichkeit verbreiten, wo sie stattfinden. Und steht nicht vielleicht doch schon hier im Hintergrunde der alles Irdische gleichsam verklärende, die Gebreste des Irdischen heilende Zauber jener eigenartigen jungfräulichen Persönlichkeit, die Richard Wagner auf seine Weise, vom Äußerlich-Historischen dabei freilich öfter abweichend, im »Tannhäuser« verherrlicht, Elisabeth von Thüringen? Deutlicher noch als bei dem noch mehr äußerlichen Gepränge jenes festlichen »Einzugsmarsches« wird das bei der späteren

Wiederkehr der H-dur-Tonart, da, wo die Festesstimmung schon tragisch gestört und zerrissen ist durch Tannhäusers Versagen im »Sängerkrieg«, durch sein sündhaftes Bekenntnis zum »Venusberg«, und durch alle die Empfindungen, die dieser unerwartete Zwischenfall in den Gemütern der Anwesenden auslöst. Schon will alles in sittlicher Entrüstung den Sünder verdammen, da erhebt sich wie ein höheres Wesen aus diesem irdischen Wirrwar die heilige Elisabeth, an die Stelle des lieblosen Verdammungsurteils die Fürbitte für den Freund setzend: »Ich fleh' für ihn, ich flehe für sein Leben, reuevoll zur Buße lenke er den Schritt.« Das an dieser Stelle wieder einsetzende H-dur ist schon mehr als dasjenige des Festmarsches, hier spricht schon deutlicher ein Überirdisches, oder nicht mehr im gewöhnlichen Sinne Nur-Irdisches, ein Höheres, das den Jammer des Irdischen wiederum verklärt und erlöst: »Ein Engel stieg aus lichtem Äther, zu künden Gottes heiligen Rat.« Da sind wir dem Ätherisch-Verklärten der H-dur-Tonart, die dann auch den Akt beschließt, schon um eine Stufe näher gekommen. Hier, im Zusammenhang mit Elisabeth von Thüringen, darf vielleicht auch daran erinnert werden, daß H-dur, auf den Himmelskreis bezogen, die Tonart der Jungfrau (♍), des ätherischesten aller Himmelszeichen ist.

Weder »Lohengrin« (so wenig wie »Holländer«) noch der »Ring des Nibelungen« bringen wesentliches H-dur. In der Fricka-Szene der »Walküre« deutet die einmal dort vorkommende Vorzeichnung der 5 Kreuze, von einigen ganz vorübergehenden H-dur-Anklängen abgesehen, überwiegend auf Moll und gebrochene Tonalität. Das gelegentliche H-dur des auf H-moll als Grundtonart abgestimmten »Walkürenritts« im 3. Akt ist eigentlich nur ein Umschlagen des zugrunde liegenden Moll in Dur, das die Stimmung jener hoch über der Erde schwebenden Romantik (die würde ja zu diesem, sonst noch sehr im Äußerlichen stehenden H-dur passen) noch übersteigert — ähnlich, wie Bruckner die ernste D-moll-Stimmung des Anfangs seiner 9. Symphonie durch einen D-dur-Akkord noch übersteigert. Auch in der sonst ganz in der Stimmung und Tonart des »Walkürenritts« liegenden Waltrauten-Szene der »Götterdämmerung« kommt es nur zu einem ganz vorübergehenden Anklang von H-dur an der Stelle »So zur Seligsten schuf mich die Strafe«. Also auch in diesen großen Musikdramen überall so gut wie kein H-dur.

Das ist gerade bemerkenswert, zu sehen, wie Richard Wagner, gleich allen wahren und großen Tondichtern, die Tonarten nicht wahllos und durcheinander verwendet, wie er im Gegenteil gerade durch die Sparsam keit, mit der er eine Tonart verwendet — auf dem Gebiet der Instrumentation könnte man genau Entsprechendes aufzeigen —, dann auch die volle Wirkung, das voll Offenbarende dieser Tonart erreicht. Und vollends von H-dur wissen alle wahren, am Tonartenverständnis teilhabenden Tondichter, daß man diese ganz außerordentliche, so hoch und verklärt über dem Irdischen liegende Tonart eigentlich nur ganz selten, dann aber auch so, daß sie etwas ganz Bedeutsames ausdrückt, verwendet. So wartet Richard Wagner, nach jener ersten, noch lange nicht zu den eigentlichen Höhen von H-dur empordringenden Verwendung diese Tonart im Tannhäuser, im Grunde auf jenes Werk, wo er die H-dur-Tonart sich dann ganz voll aussprechen läßt, wo er sie ihrer eigentlichen Vollendung entgegenführt, auf »Tristan und Isolde«. Da finden wir zuerst dieses H-dur, mit Motiven, die schon dem Schluß des »Tristan« angehören, als höchste ekstatische Steigerung der Liebesszene im 2. Akt, unmittelbar vor dem Hereinbrechen der Katastrophe: »O ew'ge Nacht, süße Nacht! Hehr erhabene Liebesnacht! Wen du umfangen, wem du gelacht, wie wär' ohne Bangen aus dir er je erwacht. Nun banne das Bangen, holder Tod, sehnend verlangter Liebestod! ...« usw. Und doch ist, bei aller motivischen Berührung mit dem 3. Akt, auch dieses noch keine »letzte Vollendung« von H-dur, das Überstiegen-Ekstatische steht der »Verklärung«, die zum eigentlichen H-dur gehört, noch im Wege, darum wird (auch in der Vorzeichnung) die Tonalität noch unterbrochen und reißt am Schlusse jäh ab, geht jäh in gebrochene Tonalität, in späteres D-moll über. Noch ist H-dur nicht in Wirklichkeit erreicht. Das ist es erst im Schlusse des 3. Aktes, in Isoldens letzter Verklärung, im »Liebestod«, wo nach der Wendung aus dem anfänglichen As-dur (»Mild und leise wie er lächelt, wie das Auge hold er öffnet ...«), der Tonart der »Liebesnacht« im 2. Akt, nach H-dur (»Seht ihr's nicht? Wie das Herz ihm mutig schwillt ...«), diese Tonart, bei allem chromatischen Reichtum der Durchführung im einzelnen, bleibt, wo sie sich in unerhörter Weise immer höher steigert, und doch so, daß der Ausdruck des Überstiegen-Ekstatischen dem der wirklichen Verklärung gewichen ist (auch für den Dirigenten ist es wichtig, diesen Unterschied der H-dur-Episoden des 2. und 3. Aktes zu beachten), zur wahren Schauung des Überirdisch-Ätherischen sich emporhebt: »Fühlt und seht ihr's nicht? Höre ich nur diese Weise, die so wundervoll und leise, Wonne klagend, Alles sagend, mild versöhnend aus ihm tönend, in mich dringet, auf sich schwinget, hold erhallend um mich klinget? Heller schallend, mich umwallend, sind es Wellen sanfter Lüfte? Sind es Wogen wonniger Düfte? Wie sie schwellen, mich umrauschen, soll ich atmen, soll ich lauschen? Soll ich schlürfen, untertauchen? Süß in Düften mich verhauchen! In dem wogenden Schwall, in dem tönenden Schall, in des Weltatems wehendem All ertrinken, versinken — unbewußt, — höchste Lust!« Hier hat Richard Wagner, mit der Vollendung der H-dur-Tonart, sein eigenes Musikalisches zur höchsten Höhe emporgeführt, die ihm im Rein-Musikalischen — vom Dramatischen also jetzt abgesehen — erreichbar war. Und H-dur ist hier wirklich die Tonart der letzten Verklärung. Das Ausklingen von »Tristan und Isolde«, auch szenisch bedeutsam mit der Stunde des scheidenden Lichtes sich verbindend, ist das gewaltigste H-dur der ganzen Musikliteratur.

Von der »Welten-Nacht« des »Tristan« und ihren Mysterien wendet sich Richard Wagner um so liebevoller wieder dem »Tag«, ja dem Alltag zu in den »Meistersingern«, vielleicht gerade darum so liebevoll, weil er sich aus den kosmischen Tiefen des »Tristan« neue Kraft geholt hatte, um auch das Alltagsleben, das Leben überhaupt, um alles Menschheitliche noch mehr in seinen Tiefen zu erfassen. Und ist in seinen wahren Tiefen nicht alles Leben und alles Menschheitliche doch mit den Tiefen des Kosmos irgendwie verbunden? So könnte man wohl meinen, die H-dur-Verklärung von »Tristan und Isolde« hätte keinen Platz in der Welt der »Meistersinger«. Aber breitet sich nicht Verklärung über jedem lichten Sommerabend aus, liegt Verklärung nur in den kosmischen »Duftwellen« von »Tristan und Isolde«, liegt sie nicht auch in allen Fliederdüften des Frühlings, in allen Düften der Sommernacht? Anders wird die Sommernacht erlebt im »Tristan«, anders in den »Meistersingern«, wo sich die aufgeregten Menschen zuletzt sogar in eine Prügelei verwickeln. Aber Sommernacht ist eben doch Sommernacht, der Zauber der Sommernacht ist im Grunde immer ein und derselbe. Das hat gewiß auch Richard Wagner empfunden, wenn er die »Fliederdüfte« der Johannisnacht (sollten es nicht die mehr der Jahreszeit entsprechenden Jasmindüfte sein?) mit jenem zarten, duftigen Motiv in H-dur verbindet, in dem auch etwas vom Verklärten dieser Tonart, von der Verklärung des Sommerabends lebt, ja vielleicht noch immer wie ein ferner Hauch aus der Welt von »Tristan und Isolde« uns grüßt? Zweimal verbindet sich im 2. Akt der »Meistersinger« dieses zarte, duftige Motiv in H-dur mit dem ausklingenden fis des Nachtwächterhorns — also Alltag und Poesie in innigster Berührung — ein drittes Mal — die Stelle liegt zwischen den beiden anderen — folgen dem Verklingen des Nachtwächterhorns erst einige Takte des »Schustermotivs«; und dieses leitet dann über in das zarte Motiv in H-dur (Walther zu Eva: »Welch' andrer Weg führt uns hinaus?«) Das alles zieht dann noch einmal durch Hans Sachsens Gemüt (im Anfang des 3. Aktes), auch in ihm webt und klingt noch der zarte Fliederduft in H-dur, gerade wie er an die nächtliche Prügelei denkt: »Gott weiß, wie das geschah« — da setzt im Orchester schon das H-dur-Motiv ein: »Ein Kobold half wohl da: ein Glühwurm fand sein Weibchen nicht...«. Auch in die bald folgende Szene zwischen Hans Sachs und Eva, da wo Eva der Schuh drückt, mischen sich die zarten Reminiszenzen des H-dur-Motivs.

Einen letzten Abschluß findet dann für Richard Wagner das H-dur-Erlebnis im »Parsifal«, wo es sich mit der Blumenaue des »Karfreitagszaubers« im 3. Akt in entscheidender Weise verbindet. Rein musikalisch ist und bleibt der gewaltige Aufschwung von H-dur im Abschluß des »Tristan« der Höhepunkt. Aber schon liegt sehr stark in diesem H-dur etwas der Erde sich völlig Entreißendes, in ätherische Weltallhöhen Entschwebendes, wenn man auch sagen kann, daß die von diesem »Liebestod« ausgehende Verklärung sich allen Anwesenden, der ganzen Erdenumgebung mitteilt, sich über alle gleichsam ausgießt. Deutlicher wird d i e s e s Element der H-dur-Verklärung dann doch noch im »Karfreitagszauber« des »Parsifal«, wo wirklich, wie nie zuvor in der neueren Literatur, gesprochen wird von der Verklärung und Verwandlung der ganzen Erde, der ganzen Natur durch dasjenige, was vom Mysterium des heiligen Karfreitags, von den Blutstropfen des am Kreuze für die Menschheit leidenden und sterbenden Christus — denn das ist ja eben das »Mysterium des heiligen Grales« — ausgeht.

Da wo alles dieses zunächst nur in Seelentiefen von Parsifal empfindend erlebt wird, klingt zuerst wieder zart die H-dur-Tonart an (die vorher schon stark und feierlich mit der Königsweihe Parsifals, der dann die Taufe der Kundry folgt, verbunden war). Parsifal läßt jetzt sein Auge über die im verklärten Licht der ersten Frühlingstage erglänzende Blumenaue schweifen, und zart verbindet sich die innere Ergriffenheit von dem, was sich ereignete, mit dem Zauber der Natur: »Wie dünkt mich doch die Aue heut so schön! Wohl traf ich Wunderblumen an, die bis zum Haupte süchtig mich umrankten; doch sah ich nie so mild und zart die Halme, Blüten und Blumen, noch duftet All' so kindisch hold und sprach so lieblich traut zu mir«. Doch gehört eben gerade zum Wesen d i e s e s, des Karfreitagsmysteriums — und das ist wiederum ein bedeutsamer Unterschied zur Welt von »Tristan« — daß es nicht nur unbestimmt, unbewußt im Gemüte erlebt wird, sondern daß es im Lichte des vollen Bewußtseins, in demjenigen Lichte, das gerade durch das Christusereignis der Welt sich erschlossen hat, gesehen wird. Indem sich aber dann durch die folgende, auf das Mysterium von Golgatha hinweisende Erklärung des Gurnemanz (»Das ist Karfreitagszauber, Herr!«, und was dann weiter noch folgt) das volle Bewußtseinslicht über das anfangs nur in Parsifals empfindender Seele erlebte Wunder des Vorgangs ausgießt, ändert sich auch die Tonart, da tritt das Zart-Verklärte der H-dur-Tonart zurück vor dem Stärkeren, Lichtvolleren von D-dur, auf das wir hier bald näher eingehen. So beginnt der »Karfreitagszauber« zwar in H-dur, vollendet sich aber in D-dur. Dem Jungfräulich-Unbewußten der Seele (vgl. auch das »unbewußt, höchste Lust« des »Tristan«) entspricht die »Jungfrauentonart« H-dur, das vollste Bewußtseinslicht ergießt sich in D-dur.

Es ist da, im Zusammenhang mit dem H-dur des »Karfreitagszaubers«, nun noch einer H-dur-Stelle zu gedenken, die sich schon im 1. Akt des »Parsifal« findet, da wo der jugendliche Parsifal, der auf keine der an ihn gestellten Fragen die Antwort weiß, zuletzt, als von dem, woran er sich erinnert, von der Naturumgebung seiner Kindheit spricht: »Ich hab' eine Mutter; Herzeleide sie heißt. Im Wald und auf wilder Aue waren wir heim.« Kann nicht zwischen diesem H-dur und dem des »Karfreitagszaubers« ein ganz tiefer Zusammenhang gefunden werden? Der Blick des jungen Kindes schaut die ganze Natur, vollends da, wo sie in ihrer ursprünglichen Wildnis erlebt wird, noch in verklärtem Licht, da breitet sich noch unbewußt, nur in Seelentiefen empfunden, jener »Karfreitagszauber« über die ganze Natur aus, der den späteren Lebensjahren wieder verloren geht, der erst durch harte Leidensprüfung, durch alles, was Parsifal durchzumachen hat, im späteren Leben wieder errungen werden kann, dann aber auch im vollen Bewußtseinslichte erlebt wird.

Noch ist über die As-moll-Tonart, die Parallele von H-dur, im Werke Richard Wagners einiges nachzutragen. Im »Lohengrin« finden wir As-moll im 1. Akt bei dem (dann in As-dur schließenden) Motiv »Nie sollst du mich befragen...«, das gleich darauf eindringlich in A-moll wiederholt wird. Der tragische Ernst jenes Frageverbots, die ganze Tragik Elsas liegt in diesem schon auf die kommende Trennung, auf das verlorene Glück hinweisenden As-moll, das darum auch schon bei Elsas erstem Auftreten (in der Gerichtszene) anfänglich erklingt. Besonders ernst und vielsagend erscheint dieses As-moll (wieder mit dem Motiv des Frageverbots verbunden) bei Elsas letztem Auftreten in der Schlußszene des 3. Aktes, besonders an der Stelle, wo sie es nicht mehr vermag, ihr Auge zu dem König zu erheben: ihre ganze tragische Schuld, die bevorstehende Trennung von allem, was ihr lieb ist, das baldige Scheiden vom Lebenslicht steht ihr da in As-moll tragisch vor dem Seelenauge. As-moll ist im Lohengrin einfach die Tonart der Tragik Elsas, des verlorenen Glückes. Auch im 2. Akt, da wo in Elsas liebevollen Herzenserguß (B-dur) mitten hinein in die Nacht der schrille Klageruf der Ortrud in As-moll ertönt, steht eben in Ortrud das tragische Verhängnis Elsas sichtbar, greifbar vor uns.

Als Tonart des Scheidens vom Tageslicht, vom Lebenslicht ertönt dann As-moll ergreifend am Schluß des 2. Aktes von »Tristan und Isolde«, wenn nach allen Wonneträumen der beiden Liebenden von Liebesnacht (As-dur) und Liebestod (H-dur) die jetzt hereingebrochene Katastrophe im Sinne des vollen Todesernstes, das Scheiden vom Tageslicht, vom Lebenslicht vor Tristans und Isoldens Seele rückt. Da wird das auch hier nochmals anklingende As-dur der Liebesnacht bald zum ernsten As-moll: »Wohin nun Tristan scheidet, willst du, Isold, ihm folgen?« (hier beginnt As-moll:) »Dem Land, das Tristan meint, der Sonne Licht nicht scheint: es ist das dunkel nächt'ge Land, daraus die Mutter mich entsandt, als, den im Tode sie empfangen, im Tod sie ließ an das Licht gelangen. Was, da sie mich gebar, ihr Liebesberge war, das Wunderreich der Nacht, aus der ich einst erwacht: das bietet dir Tristan (hier wieder As-dur), dahin geht er voran . . .«

Im »Parsifal«, dem von As-dur, als der Tonart des Gralsmysteriums im Christusblute beherrschten Weihefestspiel, wird die weltentrückte Klage und Tragik von As-moll zum Ausdruck der durch die Versündigung des Amfortas geschaffenen Gralstragik, der Christusklage, so wie sie in visionärer Rückerinnerung an das im Gralsheiligtum Geschaute, im Schauen unverstanden Gebliebene in der Kundry-Szene des 2. Aktes sich vor Parsifals Seele hinstellt: »Des Heilands Klage da vernehm' ich, die Klage, ach die Klage um das entweihte Heiligtum: ‚Erlöse, rette mich aus schuldbefleckten Händen!' So rief die Gottesklage furchtbar laut mir in die Seele.« Die ganze Tiefe des Christusleidens, des Abgrunds zwischen dem Wunder des heiligen Blutes und der menschlichen Sündenkrankheit, dem sündigen Blut der gefallenen Menschheit läßt Richard Wagner in der As-moll-Tonart ergreifend zu uns sprechen.

3.

D-dur, H-moll

In der D-dur-Tonart strebt der Tonartenkreis zu seinem Höhepunkt, zu seinem Kulminationspunkt empor. Man sieht da immer wieder, wie wesentlich es ist, diesen Kreis in seiner Bewegung zu betrachten. Lassen wir das

Bild des Tonartenkreises einfach als ein ruhendes auf uns wirken, so schauen wir A-dur als den Zenith, die höchste Höhe. Aber in Wirklichkeit beginnt da ja schon der Abstieg, ebenso, wie in der jahreszeitlich dieser Tonart entsprechenden Johanniszeit, wo die Sonne ihren höchsten Stand erreicht hat, zugleich schon die Abnahme des Lichtes, der Abstieg des Jahres beginnt. In diesem Sinne ist A-dur ein »Ruhen in der höchsten Höhe« (vgl. den Ausdruck »Solstitium« für Sonnenwende), das schon den Abstieg in sich trägt. Darum ist A-dur, die lichteste aller Tonarten, nicht eigentlich eine »starke Tonart«. Hingegen ist das zu diesen Lichteshöhen von A-dur emporführende, den Aufstieg des Tonartenkreises vollendende, zur Kulmination bringende D-dur eben darum eine besonders starke, ja die stärkste aller Tonarten. Wie Es-dur, wo der Aufstieg des Tonartenkreises beginnt, die Tonart des kämpfenden Helden, so ist D-dur, wo der Aufstieg sich vollendet — ohne daß mit dieser Charakterisierung das Wesen der beiden Tonarten erschöpft sein soll — die Tonart des siegenden Helden, das Erreichen des höchsten Zieles, der siegreichen Überwindung, die eigentliche Siegertonart. Wie C-dur das Emporkommen vom Dunkel zum Lichte, so ist D-dur das Empordringen zum höchsten Lichte. In diesem Sinne sind C-dur und D-dur die beiden stärksten Tonarten, Durtonarten zunächst, aber von beiden wiederum D-dur die stärkere. (Bei Moll scheint es umgekehrt zu sein: auch dort kann man C-moll und D-moll als die beiden stärksten Tonarten empfinden, aber als die »stärkste Molltonart« überhaupt werden wir C-moll anschauen.)

Daß wir uns im »Kreuz des Ätherischen« befinden, kommt auch bei D-dur durchaus zum Bewußtsein. Denn dieses »Ätherische« ist seinem Wesen nach eben auch »Kraft«, sprießende, belebende Kraft, Wachstumskraft, Werdekraft. Und alles dieses erreicht, musikalisch-tonartlich angesehen, in D-dur seine Höhe. Vom Jahreskreise her betrachtet entspricht ja D-dur auch dem Zeitabschnitt, wo der Frühling (der in C-dur beginnt) sich vollendet, seine Höhe erreicht, den Übergang in den Sommer gewinnt, wo alle Wachstumskräfte zu ihrer letzten Höhe emporstreben. Wir begegnen darum in der Musik öfter auch diesem sprießenden, blühenden, frühlingshaften D-dur. Schon das wie eine Blumenwiese im Frühling vorzaubernde D-dur-Präludium im 1. Teil des Wohltemperierten Klaviers ist dafür ein Hauptbeispiel, während die darauf folgende D-dur-Fuge das stark-emporstrebende, mächtige, sieghafte D-dur, das D-dur des »siegreichen Überwinders«, zugleich mit stark-geistigem Einschlag zeigt. Man könnte hier, bei Bach, von einem »Auferstehungs-D-dur« sprechen, diese Fuge geradezu als »Oster-Fuge« empfinden, etwas von der Stimmung des Grünewaldschen Bildes der Auferstehung Christi in ihr finden. Wie D-moll die starre Tonart des Grabes, ist solches D-dur dann die »Sprengung der Grabesfesseln«. Das vorausgehende, mehr lieblich gehaltene, »blumenhafte« Präludium, könnte uns dann von ferne die Stimmung des Wagnerschen »Karfreitagszaubers« (der ja auch, in H-dur beginnend, in D-dur sich vollendet) näher bringen (bei aller Verschiedenheit des Kompositionsstils kann doch das Rein-Tonartliche den Vergleich zulassen). Im 2. Teil des Wohltemperierten Klaviers finden wir das starke, emporstrebende D-dur dann gleich im Präludium, dessen Hauptmotiv wie Trompetenklang anmutet — in Bachscher Orchestermusik wird der Glanz der D-dur-Tonart nicht selten durch Trompeten gehoben —, und auch die folgende Fuge ist stark und bedeutend, wenn das Ganze (Präludium und Fuge) auch die schon im 1. Teil des W. K. bei beiden Stücken vorhandene Größe und Tiefe nicht erreicht. D-dur ist so recht die eigentliche Bach-Tonart, die Tonart, die dem Sonnengeist Johann Sebastian Bachs wie keine andere entspricht. Er schöpft sie gleich in dem in früher Lebenszeit komponierten 1. Teil des W. K. aus, während wir fanden, wie er in manchen anderen Fällen eine Tonart erst im 2. Teil zur Vollkommenheit ihres Ausdrucks bringt (so z. B. bei Es-dur, E-dur).

Eine wahre in der ganzen Musikliteratur einzig dastehende Verherrlichung der D-dur-Tonart ist Bachs H-moll-Messe, die sich mit Ausnahme weniger Sätze (z. B. des erhabenen Kruzifixus in E-moll) fast ganz im Gebiet der »zwei Kreuze« (D-dur und H-moll) bewegt; auch die wenigen Abweichungen stehen nicht weit davon, haben entweder 3 Kreuze oder nur eines. (Ein sinnvoller Zufall läßt gerade D-dur, die »Zwillings-Tonart« — denn II wäre das entsprechende Himmelszeichen — als die Tonart der zwei Kreuze erscheinen). Die ganze H-moll-Messe, so möchte man sagen, ist ein in dem großen Sanctus-Satze zur höchsten Höhe sich wölbender Dom in D-dur, das aber durch das einleitende H-moll (Kyrie eleison), das dann im späteren Incarnatus noch zu einer besonderen Tiefe und Innerlichkeit sich erhebt, demutvoll gestützt wird. (Auch in Schuberts unvollendeter H-moll-Symphonie ist H-moll wie eine Unterlage der schönen und den Sinn des Ganzen eigentlich entscheidenden Dur-Motive zu betrachten.) Das Sanctus der Bachschen H-moll-Messe ist wohl die Vollendung des Bachschen D-dur. Aber auch das demütige, ja zerknirschte H-moll im Eingang offenbart so recht das Wesen dieser Tonart. Es ist zwischen D-dur und H-moll ähnlich, wie zwischen A-dur und Fis-moll, und doch besteht zugleich auch wieder ein charakteristischer Unterschied. In A-dur beginnt, mit der Gewinnung der höchsten Höhe, zugleich auch schon der Abstieg. Die parallele Fis-moll-

Tonart (denn im Gegensatz zu Dur ist Moll immer das nach unten Ziehende) ist daher wie keine andere die Tonart des Abgrunds, des Absturzes, der Katastrophe. Bei dem zur höchsten Höhe klimmenden D-dur sind die Abgründe ebenfalls da und müssen in H-moll fühlbar werden, sei es, daß H-moll zu einem Empordringen, Emporstürmen mit Abgrundgefahr wird (das Wagnersche Klingsor-H-moll, das überhaupt schon den beim Emporklimmenwollen in die Abgründe Geratenen zeigt), oder zu einem Sichfühlen in den Abgründen, das zugleich ein Sicherhebenwollen aus diesen Abgründen ist (das H-moll der Bachschen Messe). Gerade das einleitende Kyrie eleison in H-moll läßt uns stark die Tiefe des menschlichen Falles, der menschlichen Sündenschuld und Sündenkrankheit erleben; das Incarnatus in H-moll die Tiefe der Selbsterniedrigung der Gottheit, ihres Herniedersteigens in irdisch-menschliche Niedrigkeit, »Sündennot und Blöße«. Darum hat dieses Bachsche H-moll so stark den Ausdruck des Christusgemäßen, während das Wagnersche Klingsor-H-moll, mit demselben inneren Rechte, so stark den Charakter des Widersacherhaften an sich trägt. Von den H-moll-Sätzen der Bachschen Messe aus verstehen wir dann auch die edle, zart-ausdrucksvolle Stimmung anderer Bachscher H-moll-Stücke, vor allem der Präludien und Fugen im Wohltemperierten Klavier (sowohl im 1., wie nicht zum wenigsten im 2. Teil, wo das Präludium von einer besonderen Innigkeit des melodischen Ausdrucks ist). Eine besondere Erwähnung verdient noch die H-moll-Fuge im 1. Teil des Wohltemperierten Klaviers. Man hat sie, mit ihrem merkwürdigen chromatischen, sich chromatisch auf- und abwärts windenden Thema die Fuge des menschlichen Irrens und Wähnens genannt. Und dieser Name scheint auch ausgezeichnet zu passen. — Man beachte, wie D-dur auch die Tonart der Bewußtseinsklarheit ist (Näheres darüber bei dem Wagnerschen D-dur im Karfreitagszauber, vgl. das schon bei H-dur darüber Gesagte), wie die D-dur-Tonart also auch, soweit das beim Musikalischen der Fall sein kann, eine gewisse Beziehung zur Wesenheit des D e n k e n s hat. Sind ja doch die Zwillinge, das der D-dur-Tonart im Himmelskreis zugeordnete Zeichen, mit dem Planetarischen des Merkur, und dieses wiederum mit der Denkkraft verbunden. (Man sieht, wie sich von verschiedenem Gesichtspunkte die Dinge doch immer wieder zusammenschließen.) Wir erinnern uns auch, wie das bei den Tonarten des F-dur-Kreuzes, des »ätherischen Kreuzes«, ja überhaupt der Fall ist, wie, wenn wir die »drei Kreuze« nach den Gesichtspunkten des Wollens, Denkens, Fühlens unterscheiden wollen, das mittlere, das F-dur-Kreuz, mit D-dur an der Spitze, das Kreuz des Denkens ist. Und dieses Merkmal kommt gerade beim kulminierenden

D-dur zur höchsten Ausprägung (bei F-dur, H-dur, As-dur tritt es weniger hervor). In D-dur haben wir ja eben das obere, positive Ende der Längsachse dieses Kreuzes vor uns (als die noch aufwärts führende Tonart bedeutet D-dur das positive, As-dur das negative Ende dieser Achse). Daher die Beziehung von D-dur zum menschlichen Denken und der durch dieses Denken zu gewinnenden Bewußtseinsklarheit. Aber das Denken ist eben zweischneidig. Es gibt auch vieles Denken, das nicht zur Klarheit, sondern in alle möglichen Irrgänge des menschlichen Grübelns und Wähnens führt. Alle menschliche Logik, aller menschliche Verstand und Wissensdrang ist der Gefahr solcher gewundenen Irrgänge, die dann auch in die Abgründe hinunterführen können, ausgesetzt. Und bei dem chromatisch gewundenen Thema der Bachschen H-moll-Fuge im Wohltemperierten Klavier (1. Teil) kommt das alles in einer einzigartigen Weise zum Ausdruck.

Wie D-dur die Bach-Tonart kat'exochen ist, wie Bach die wirklichen Höhen dieser Tonart erreicht — gerade weil auch das Demut-Element von H-moll so ausgeprägt bei ihm ist — steht einleuchtend vor uns. Aber fast überraschen kann uns, bei näherer Untersuchung des Falles, die Tatsache, wie nach ihm fast kein Tondichter mehr diese Höhen von D-dur ganz erreicht, zu diesen Höhen von D-dur sich wirklich emporgewagt hat. Und D-dur ist doch eine so wesentliche, z. B. für die Streichinstrumente, die Geigen vor allem, grundwesentliche Tonart, hat nichts irgendwie Fernes oder Fremdes an sich. Äußerlich betrachtet, begegnet man dieser Tonart ja auch durchaus häufig. Schon bei Haydn — hier mehrfach auch in den Symphonien — und Mozart ist das der Fall. Bei Haydn finden wir die Frische der D-dur-Tonart, aber kaum irgendwo die höchste Stärke, das Bach-Element. Das Mozartsche D-dur hat vor dem von Haydn noch die Innerlichkeit voraus. Hier finden wir wirklich ein blühendes, frühlingsfrisches, frühlings-innerliches D-dur. Man denke an die Frühlingsstimmung der dreisätzigen D-dur-Sonate für Klavier, mit dem Mittelsatze in G-dur. Oder an die beiden D-dur-Symphonien, die dreisätzige und die viersätzige (deren erstes Thema mit seinen eigenartigen fast schon an Bruckner erinnernden Oktavenschritten, schon ein Element des »starken D-dur« in sich hat). Oder an die übersprudelnde Frische der Ouvertüre zu »Figaros Hochzeit« und manches andere. Auch bei Beethoven ist das D-dur der 2. Symphonie, mit dem ganz die Frühlingsstimmung atmenden Larghetto in A-dur, eigentlich doch auch nur das, noch an Mozart erinnernde »frühlingsfrische D-dur«. Eher hat noch das Thema des 1. Satzes der Klaviersonate op. 10 Nr. 3 etwas von dem Mächtig-Emporstrebenden der D-dur-Tonart. Selbst das große Violinkonzert, in der dem Wesen der Geige so sehr entsprechenden D-dur-Tonart, zeigt vielleicht mehr die blühende Frische, als das ganz Starke dieser Höhentonart. Bemerkenswert ist, wie Beethoven seine letzte Symphonie (D-moll) und damit sein symphonisches Lebenswerk überhaupt in D-dur abschließt: in dem »Freude, schöner Götterfunken« des von den Singstimmen dann übernommenen Schlußsatzes schlägt das tragische D-moll des Anfangs der Symphonie in das freudige, die Tragik überwindende D-dur um (ähnlich wie bei Richard Wagner der »Fliegende Holländer« eine solche·Überwindung von D-moll durch D-dur in sich trägt). Aber selbst dieses D-dur der 9. Symphonie von Beethoven ist noch nicht das höchste, letzte D-dur, hat noch nicht die ganze Stärke von D-dur. Auch der, namentlich in der Instrumentation ausgeprägte, fast zum ekstatischen Taumel sich steigernde Jubel des letzten D-dur-Orchesterschlusses zeigt beinahe eine Übersteigerung von D-dur, die dem innersten Wesen dieser mehr auf maßvolle Klarheit abgestimmten Tonart nicht ganz entspricht.

Die Romantiker bewegen sich lieber in den schattigeren Gebieten des Tonartenkreises als in dem stark-hellen D-dur. So ist D-dur vor allem nichts weniger als eine »Chopin-Tonart«. Und doch lassen selbst Chopins Präludien — in denen er uns, ähnlich wie Bach im Wohltemperierten Klavier, durch die geistige Zwölfheit der Tonarten hindurchführen, den geistigen Charakter der einzelnen Tonarten herausarbeiten will — im D-dur-Präludium bis zu einem gewissen Grade, innerhalb der Empfindungssphäre von Chopin, den starken, empordringenden Charakter dieser Tonart erkennen. Ja, das Starke, Weitausgreifende, Hochdringende, Sichhochspannende von D-dur ist hier fast mehr herausgearbeitet als vielfach bei den Klassikern.

Wie und wo finden wir schließlich bei Bruckner, in der ganzen symphonischen Sphäre von Anton Bruckner, das Starke der D-dur-Tonart? Merkwürdigerweise gerade in den großen Symphonien kaum irgendwo. Und ebensowenig in der großen F-moll-Messe, der bedeutendsten der Brucknerschen Messen: schon die F-moll-Tonart ist ja der denkbar größte Gegensatz zu D-dur, während das demütige Bachsche H-moll immerhin die Parallele von D-dur ist. Und dennoch müssen wir eines Falles gedenken, der D-dur als siegreiche Höhentonart in ihrer ganzen charakteristischen Stärke auch bei Bruckner erkennen läßt. Es handelt sich ja überhaupt bei dem, was hier als Beispiel für die einzelnen Tonarten gegeben wird — besonders stark tritt das in den Wagner-Abschnitten hervor — nicht immer nur um ganze Stücke oder Sätze, die in dieser Tonart durchgeführt oder von ihr beherrscht sind. Sondern öfter kann auch nur ein ganz vorübergehendes Anklingen einer

Tonart, ja manchmal nur ein einziger Akkord das Wesentliche einer Tonart charakteristisch zum Ausdruck bringen. So hat u. a. der erste (D-moll)-Satz von Bruckners 9. Symphonie einige ganz hervorragende D-dur-Momente, einen schon im Anfang (wo D-moll zum gleichsam triumphierenden D-dur gesteigert wird), und einige Male mehr gegen den Schluß dieses Satzes hin, wo dann, inmitten der vielseitigen Todesmysterien und Todeskämpfe dieses Satzes, schon das »Überwinder-Element« von D-dur anklingt. Es sind diese D-dur-Stellen in Bruckners 9. Symphonie auch von außerordentlicher musikalischer Schönheit. Die Hauptsache aber ist das D-dur, in dem das Finale der 8. Symphonie beginnt, eigentlich nur zu beginnen scheint, denn bald wird alles nach einer anderen Tonart, dem das Ganze der Symphonie beherrschende C-moll—Es-dur-Element (3 B) umgeleitet und umgedeutet, und als Vorzeichnung sind die drei B auch in diesem Satze von Anfang an vorhanden (der Schluß des Satzes und der ganzen Symphonie ist C-dur). Und dennoch hat der Anfang dieses Satzes den ausgeprägtesten D-dur-Charakter, ja er ist in Wirklichkeit allerstärkstes D-dur, wie der unwiderstehliche, die Gewißheit des Sieges in sich tragende Ansturm von Heeresmassen — hier wohl im geistigen Sinne als der unwiderstehliche Ansturm der zur Überwindung der feindlichen Widersachermacht, des »Drachen« heranrückenden Scharen Michaels zu verstehen. Das »michaelische D-dur« ist es, das Bruckner in gewaltiger Weise hier entdeckt hat. Der ganze Kompositionsstil mit seinen sich türmenden Oktaven — das Höhenelement der Oktav scheint etwas mit dem Wesen der D-dur-Tonart Verwandtes in sich zu tragen, vgl. auch das Thema in Mozarts viersätziger D-dur-Symphonie — ist ebenso einfach wie unerhört monumental, so etwas wie dieser D-dur-Anfang (mindestens scheinbare D-dur-Anfang) dieses Brucknerschen Finales der 8. Symphonie ist in der Musik bis dahin noch nicht dagewesen (auch der Charakter des Bachschen D-dur ist eben wieder ein ganz anderer). Man wird vielleicht sagen dürfen: hätte Bruckner diesen (wenigstens scheinbaren) D-dur-Anfang seines Michael-Finales zu einem wirklichen D-dur-Satze ausgestaltet, so wäre es einer der stärksten, sieghaftesten D-dur-Sätze der ganzen Musikliteratur, eine D-dur-Offenbarung allerersten Ranges geworden.

Im Zusammenhang mit einer der D-dur-Stellen im 1. Satz von Bruckners IX. finden wir einmal auch ein sehr ausdrucksvolles H-moll, wie ein sehnsuchterfülltes Hinaufschauen aus den Tiefen des Todesleids zu den Überwinder-Höhen von D-dur. Hier wird H-moll zur edeln Sehnsuchtstonart.

Auch bei Richard Wagner, der den Charakter des D-dur wohl verstanden und stark zum Ausdruck gebracht hat, finden wir mehr einzelne charakteristische D-dur-Momente, D-dur-Höhepunkte, als größere Durchführungen der D-dur-Tonart (die schon im »Fliegenden Holländer« gelegentlich ebenfalls vorkommen). Im »Fliegenden Holländer« ist D-dur klar und eindeutig die Überwindung der Holländer-Tragik, die Erlösung der Holländer-Tragik in D-moll (die Tonart, die schon Mozart für das Grabartige, Gespenstische verwendet). D-dur ist hier die Tonart der Schicksalsüberwindung. Das dämonisch-gespenstische Schicksal des Holländers wird durch Sentas treue Liebe überwunden, erlöst. In diesem Sinne schließt schon das in der D-moll-Tragik erschütternd beginnende Vorspiel mit einer sieghaft empordringenden Durchführung in D-dur, in der zuletzt auch die ganze Oper ihren Abschluß findet. Durch den Gegensatz zu D-moll wird D-dur im »Holländer« die »Erlösungs-Tonart« (die, von entsprechend anderen Gesichtspunkten, im »Tristan« als H-dur — der Holländer-Schluß und Tristan-Schluß wie derjenige des »Karfreitagszaubers« im »Parsifal« haben musikalisch manches Verwandte —, im »Ring« als Des-dur, im »Parsifal« wiederum als D-dur erscheint). Schon bei der ersten Begegnung des Holländers mit Senta im 2. Akt klingt dieses erlösende D-dur an und beherrscht einen Teil der Szene.

Im »Tannhäuser« erscheint D-dur mehrfach als die Tonart, die die Dämonie des Venusbergs überwindet. In diesem Sinne klingt es schon in der ersten Szene zwischen Tannhäuser und Venus an, da, wo Tannhäuser, aus der schwülen sinnlichen Atmosphäre des Venusbergs sich heraussehnend, der gesundenden Frische des deutschen Frühlings gedenkt: »Die Nachtigall hör' ich nicht mehr, die mir den Lenz verkünde.« Die Szene schließt ja dann auch damit, daß er sich von Frau Venus, von der schwülen Sinnlichkeit des Venusbergs entschlossen abwendet. In der Musik ist das wiederum nur ein kurzer, vorübergehender, aber für das Wesen dieser Tonart, für das Empordringend-Überwindende dieser Tonart durchaus charakteristischer D-dur-Moment: »Göttin der Wonne, nicht in dir — mein Fried', mein Heil ruht in Maria!« (Bei »Maria« dringt die D-dur-Harmonie durch.) Das tritt dann in der 4. Szene wieder als musikalische Reminiszenz auf in Wolframs Worten: »War's Zauber, war es reine Macht, durch die solch Wunder du vollbracht...« Die Zwei-Kreuze-Vorzeichnung im 3. Akt, bei: »Zu dir, Frau Venus, kehr' ich wieder« ist, im Sinne Wagners, als H-moll, als ein dem dämonischen Klingsor-H-moll im »Parsifal« nahestehendes H-moll zu fassen, das viele Fis-dur der Stelle (zugleich »dämonisches Schwellenerlebnis«) erscheint dann als Dominante.

Im »Lohengrin« hat die D-dur-Tonart — der ja auch ein gewisser »militärischer Einschlag« nicht fehlt —, wo sie erscheint, einen mehr äußerlichen Charakter. Die spirituelle Höhe ist und bleibt ja im Lohengrin A-dur (die Höhe, die schon errungen ist, nicht erst errungen werden muß, denn dieses wäre eben das »starke D-dur«). So finden wir D-dur schon beim ersten Kampfruf des Heerrufers im 1. Akt (militärisches D-dur, mit Trompeten). Ähnlich dann im 2. Akt, im Beginn der 3. Szene, wo das D-dur-Motiv in den Trompeten wie ein militärischer Weckruf erklingt. Zugleich soll uns hier, nach dem Vorüberziehen der finsteren Ortrud-Dämonie in den beiden ersten Szenen, das taghelle D-dur in eine neue, lichtere Sphäre versetzen. So dann auch das heldische D-dur bei »Zum Streite säumet nicht, führt euch der Hehre an! Wer mutig mit ihm ficht, dem lacht des Ruhmes Bahn.« (Auch »Tonart des Ruhmreichen« ist vor allem D-dur.) Auch bei den Fanfaren der Übergangsmusik im 3. Akt erscheint vorübergehend das »militärische D-dur«. So auch zuletzt noch an der Stelle: »Nach Deutschland sollen noch in fernsten Tagen des Ostens Horden siegreich nimmer zieh'n!« — Man kann hier wieder beobachten, wie innerhalb verschiedener Musikdramen eine bestimmte Tonart von Richard Wagner unter Umständen verschieden behandelt wird — denn jede Tonart hat, wie aus der ganzen Darstellung hervorgeht, durchaus auch verschiedene Nuancen — und wie dann doch, innerhalb eines Musikdramas, wiederum eine gewisse Einheitlichkeit der Nuance besteht. Im »Lohengrin« ist D-dur mehr äußerlich behandelt, das Streitbar-Militärische streifend.

Einen mehr spirituellen Einschlag hat die D-dur-Tonart dann wiederum im »Ring des Nibelungen«, zunächst im »Rheingold«. Dort tritt sie uns entgegen als das »frühlingsfrische« D-dur des sprießenden Lebens — man könnte hier von einem »hesperischen« D-dur reden — im Motiv der Freia, der Göttin der Jugendkraft, der ewig sich erneuernden und verjüngenden Lebenskraft: »Gold'ne Äpfel wachsen in ihrem Garten, sie allein weiß die Äpfel zu pflegen; der Frucht Genuß frommt ihren Sippen zu ewig nie alternder Jugend...«. In der gleichen Richtung liegt dann auch das D-dur in Loges großer Erzählung und ihrem Lobpreis von »Weibes Wonne und Wert«: »Soweit Leben und Weben, in Wasser, Erd' und Luft, viel frug ich, forschte bei allen, wo Kraft nur sich rührt und Keime sich regen... Doch so weit Leben und Weben... in Wasser, Erd' und Luft, lassen will nichts von Lieb' und Weib.« Das Ätherische, »Elementarische«, Sprießend-Lebendige, Wachstumskräftige von D-dur ist hier überall stark betont (vgl. auch die Stelle, wo Fricka von den Rheintöchtern, den elementarischen Wasserwesen, als dem

»Wassergezücht« spricht). Bei Alberichs Fluch ist die Vorzeichnung der zwei Kreuze die dämonische Nuance von H-moll, mit stark gebrochener Tonalität.

In der »Walküre« erscheint zunächst H-moll, nicht ohne starken Einschlag von D-dur, als »Walküren-Tonart«, so schon bei Brünhildes erstem Auftreten im 2. Akt (»Hojotoho!...«), zuletzt in weit ausladender Durchführung beim »Walkürenritt« im Anfang des 3. Aktes. (Auch weiter im »Ring« ist H-moll Walküren-Tonart, so einmal vorübergehend im 3. Akt von »Siegfried«, deutlicher noch in der Waltrauten-Szene des 1. Aktes der Götterdämmerung, zuletzt im Schlusse des 3. Akts, wie Brünhilde in den Scheiterhaufen springt, wie das »Walküren-Element« wieder in ihr erwacht.) Wie D-dur ein Empordringen zur Höhe ist, so entspricht H-moll dem in der Höhe düster-romantisch Dahinstürmenden und Dahinjagenden der Walküre. Schon die charakteristischen Oktaven im Beginn des »Walkürenritts« (die auch bei D-dur eine gewisse Bedeutung haben), weisen auf dieses Höhenelement, dieses Luftelement hin. So liegt H-moll im »Ring des Nibelungen« mehr im Äußerlichen, weniger als sonst im Geistigen. Die D-dur-Tonart, schon im 1. Akt der »Walküre« zwischen Siegmund und Sieglinde einmal anklingend (vor dem Erscheinen Hundings, dessen finsteres F-moll dann als besonders wirksamer Kontrast erscheint), kommt dann zu einer ganz bedeutenden Höhe, auch im geistigen Sinne, im 3. Akt, wo aus der, noch überwiegend auf »gebrochene Tonalität« deutenden D-dur-Vorzeichnung, nach einem Zwischensatz in C-moll (»Dies Eine mußt du gewähren!...«) sich zuletzt gewaltig, noch immer auf dem Walkürenmotiv beruhend, das wirkliche D-dur durchringt, da wo Brünhilds zukunfttragende Liebe nach langem Ringen den Zorn Wotans in entscheidender Weise besiegt — einer der größten D-dur-Momente im ganzen Werke Richard Wagners. »Auf dein Gebot entbrenne ein Feuer; den Felsen umglühe lodernde Glut; es leck' ihre Zung, es fresse ihr Zahn den Zagen, der frech sich wagte, dem freislichen Felsen zu nah'n!« (wo dann, nach mancher Chromatik der »wabernden Lohe«, wieder das reine D-dur, durch die Wendung von D-moll nach D-dur besonders stark unterstrichen und gehoben, einsetzt). Hier ist die D-dur-Tonart wirklich ein D-dur der höchsten Überwindung, zugleich die, den Siegfried-Gedanken in sich tragende, starke Heldentonart: wieder nur ein »D-dur-Moment«, aber ein solcher von höchster Bedeutsamkeit. (Im Musikdrama Richard Wagners müssen wir durchaus auf solche »Tonarten-Momente« achten, nicht nur auf das Musikalische eines größeren, von einer bestimmten Tonart beherrschten Satzes.)

So ist, wenn wir die eben angeführte Stelle von allen Gesichtspunkten recht verstehen, D-dur schon in der »Walküre« die Siegfried-Heldentonart, und als solche erscheint sie dann erst recht im Musikdrama »Siegfried«. Da sehen wir im 1. Akt zuerst Siegfried, den jungen Burschen, in dem jugendfrischen, von der D-dur-Höhe noch entfernten G-dur hereinkommen, das dann längere Zeit, in Zwischenräumen, den Akt beherrscht. Erst wie er den Entschluß faßt, aus den Stücken des einst von Wotan zerschlagenen, an Wotans Speer zersprungenen Schwertes »Notung« das Schwert aus eigener Kraft, durch eigene Kunst neu zu schmieden, erwacht in ihm der Heldengedanke, regt sich immer mehr in ihm der Heldentschluß. Mit ihm sehen wir dann auch die D-dur-Tonart immer mehr durchdringen. Bei »Notung! Notung! Neidliches Schwert! . . . Bald schwing ich dich als mein Schwert!« klingt sie, mit starker Wendung von D-moll nach D-dur, zuerst an, bis sie sich dann, noch immer mit vielen Unterbrechungen, immer mehr durchsetzt, bis auch die Tonalität immer reiner sich durchringt, bis zuletzt da, wo Siegfried das fertig geschmiedete Schwert, nachdem er den Amboß mit ihm in Stücke geschlagen hat, jauchzend emporhebt, die D-dur-Tonart in voller Reinheit, ganz diatonisch, sieghaft empordringt und den Akt abschließt. Hier ist, im Schmieden des Schwertes aus eigener Kraft, im eigenen Ich-Impuls, Siegfried zum Helden geworden, zu seiner Lebenshöhe, oder ihr nahe gekommen (denn erst im Finden Brünhildes gewinnt er sie ganz), und dieses Emporkommen zur eigenen Höhe ist eben musikalisch-tonartlich D-dur, und in diesem Sinne gehört der Schluß des 1. Aktes von Siegfried zu den ausgeprägtesten Beispielen der D-dur-Tonart in der ganzen Musikliteratur. Im 2. Akt (in der letzten Szene zwischen Siegfried und Mime, wo Mime zuletzt das Schwert Notung, als nächster nach Fafner, zu »schmekken« bekommt) erscheint D-dur mehr nur als Vorzeichnung, im 3. Akt erscheint es dann beim ersten Anblick des Walkürenfelsens und der wabernden Lohe (»Blick' nach der Höh! Erlugst du das Licht«?) und dann vor allem da, wo Siegfried (im Beginn der 3. Szene) wirklich zum Walkürenfelsen empordringt und die schlafende Brünhilde findet, seine eigentliche Lebenshöhe damit gewinnend (das Finden der Walküre, des höchsten Lebens, der höchsten Seelenkraft, ist zugleich Bild für das Erreichen hoher Weiheziele in der »germanischen Einweihung«). Hier wiederum ist D-dur in jeder Beziehung ein »Hinaufgelangen zur höchsten Höhe«, so wie es ja auch, rein figürlich angesehen, im Tonartenkreis das »Emporkommen zur höchsten Höhe« darstellt. Da aber, in der Nähe Brünhilds, wird das heldenhafte Siegfried-D-dur auf einmal weich und zart, die Stelle liegt im Pianissimo, bleibt auch nicht mehr lange D-dur, sondern findet den Übergang nach

E-dur, in die Tonart der schlafenden Brünhild: das Siegfried-Element tritt, in dieser den 3. Akt abschließenden Szene, zurück gegen das Brünhilden-Element. In diesem liegt, gerade auch vom Ganzen des Ringes gesehen, etwas, was mehr noch ist als das Heldenelement Siegfrieds. Das wird besonders offenbar in der »Götterdämmerung«. Wie Siegfried dort am Schluß des 1. Aktes, Brünhilden im Herzen durch den Zaubertrank Hagens schon entfremdet, in der Truggestalt noch einmal zum Brünhildenfelsen empordringt, ist das auch dort wieder vorgezeichnete D-dur doch nur »gebrochene Tonalität« und die Szene (mit ihr der Akt) klingt im dämonischen Alberich-H-moll aus (das H-moll des Fluches). Der weitere Verlauf des Dramas zeigt, wie diese ganzen Zusammenhänge dann auch zum tragischen Ende Siegfrieds führen, wie auch der »Heldengedanke« zuletzt noch erliegt, tragisch zusammenbricht. Ein bedeutungsvoller D-dur-Moment (das verschiedentlich noch in der Vorzeichnung vorhandene D-dur kommt nicht in Betracht) ist da eigentlich nur noch der, wie Siegfrieds Finger noch einmal von der Leiche wie durch ein Wunder sich erhebt, da, wo Hagen den Ring von dort an sich raffen will: mahnend steigt das den Heldengedanken in sich tragende Schwertmotiv in D-dur auf. Hier ist, auch im Tode, das Siegfried-Heldenelement noch einmal den Widersachermächten gegenüber siegreich. Aber, auf das Ganze gesehen, ist doch auch der Heldengedanke zuletzt tragisch zusammengebrochen: so sehen wir im letzten Schluß der »Götterdämmerung« da, wo allein die Tonsprache des Orchesters noch das Wort führt, nach der Auflösung des Walhallmotivs (Des-dur) das Heldenmotiv Siegfrieds noch einmal gewaltig empordringen, noch einmal die Höhe von D-dur erreichen, um dort ebenfalls in sich zusammenzubrechen; und den Schluß des Ganzen bildet dann, was jetzt allein noch übrig bleibt: das Des-dur-Motiv der zukunfttragenden Liebe Brünhildens.

In »Tristan und Isolde«, der ganz den Mysterien der Nacht geweihten Tondichtung, spielt das taghelle D-dur so gut wie gar keine Rolle. Schon C-dur, die Tonart der vollsten Erdenwirklichkeit, wird da, wie wir sahen, wo sie überhaupt noch vorkommt, zur Tonart des trügerischen Sinnenscheines. Es kehren sich gleichsam für diese, dem eigentlichen Tristan-Element fremden, taghellen Tonarten die Vorzeichen in »Tristan und Isolde« um. Und auch mit dem noch viel seltener als C-dur anklingenden D-dur ist das nicht anders. Es erscheint ein paarmal als die Tonart des Heldentums Tristans, so wie dieses Heldentum — das für Tristan selbst etwas ganz Wesenloses ist — in Kurwenals Vorstellung sich malt. So im 1. Akt in Kurwenals Botschaft an Isolde: »Ein Herr der Welt, Tristan der Held.«

Ebenso bei Kurwenals nächster Botschaft an Isolde, da wo die Musik mit ihren Flötentrillern so reizvoll das Wehen der Wimpel im Winde zum Ausdruck bringt: »Vom Mast der Freude Flagge, sie wehe lustig ins Land.« Man achte, wie diese Dinge alle völlig außerhalb der Bewußtseinssphäre von »Tristan und Isolde« liegen. In Tristans und Isoldens Mund erscheint D-dur einmal sogar (ganz vorübergehend) da, wo sie vom »trügerischen Tag« sprechen: »Der tückische Tag... trennen konnt' uns sein Trug, doch nicht mehr täuschen sein Lug.« Auch im 3. Akt klingt das, die Illusion malende, Kurwenal-D-dur noch einmal an, wo er von Tristans »Glanz, Glück und Ehren« spricht: »Hei! Nach Kornwall, kühn und wonnig...« Um so mehr zu beachten ist eine andere Stelle im gleichen Akt, wo Tristan von seinen Visionen der »Weltennacht« spricht: »Nur e i n Wissen dort uns eigen: göttlich ew'ges Urvergessen!« Hier tritt bei »Urvergessen« in allerbedeutsamster Weise ein in den Bläsern nur wie hingehauchter D-dur-Akkord auf, der, zwei Takte lang ausgehalten, dann in den D-moll-Akkord übergeht: hier scheint D-dur, die Tonart der Bewußtseinshöhe, in höchster Vergeistigung von einem transzendenten, einem Überbewußtsein, Nirwana-Bewußtsein zu sprechen, dem dann in D-moll das Verlöschen (das eigentlich heißt ja Nirwana) folgt.

In den »Meistersingern« ist D-dur, die Tonart des Emporkommens zur Höhe, im Sinne der dieses Musikdrama beherrschenden Situation d a s E r r e i c h e n d e r M e i s t e r s c h a f t im Meistergesang. So im W e s e n t l i c h e n; das gelegentliche bloße Vorzeichnungs-D-dur (besonders in Beckmesser-Szenen) lassen wir unberücksichtigt (Beckmesser möchte eben gerne Meister sein, ist es aber nicht). So wäre als Beispiel schon anzuführen das D-dur zwischen Walther und David im Anfang des 1. Akts, wo der Lehrjunge den Ritter über Meisterschaft und Meistergesang belehrt (»Mein Herr! Der Singer Meisterschlag gewinnt sich nicht in einem Tag. In Nüremberg der größte Meister, mich lehrt die Kunst Hans Sachs...«). Oder etwas später: »Singer und Dichter müßt ihr sein, eh' ihr zum Meister kehret ein...« Vor den Meistern führt sich dann Walther Stolzing, als der durch Genie von Geburt die wirkliche Meisterschaft in sich trägt, auch wenn sie von den Meistern des Handwerks noch nicht anerkannt wird, gleich in der D-dur-Tonart ein: »Am stillen Herd in Winterszeit...« Das Frühlingsmäßige von D-dur durchdringt dieses ganze Lied. In D-dur singt im 3. Akt David den Spruch, dessen glückliches Gelingen vor Meister Hans Sachs ihn dann vom Lehrling zum Gesellen erhebt: »Am Jordan Sankt Johannes stand, all Volk der Welt zu taufen...«. Auf höherem Niveau erscheint dann

D-dur, wie ein musikalisches »Es ist erreicht« da, wo Hans Sachs den Freunden das Gelingen der Meisterweise Walther Stolzings, des späteren »Preisliedes«, verkündet: »Ein Kind ward hier geboren: jetzt sei ihm ein Nam' erkoren. So ist's nach Meisterweis' und Art, wenn eine Meisterweise geschaffen ward ...« Darauf bezieht sich dann auch das nochmalige spätere D-dur des Hans Sachs: »So zeuget, das Lied sei nicht von mir; und zeuget auch, daß, was ich hier vom Liede hab' gesagt, zu viel nicht sei gewagt.« Auch hier handelt es sich um eine Anerkennung der Meisterschaft Walther Stolzings.

Im »Parsifal« ist vor allem H-moll als dämonische Klingsor-Tonart wichtig, als solche schon im 1. Akt erscheinend (Gurnemanz: »Drum blieb es dem, nach dem ihr fragt, verwehrt, Klingsorn, wie hart ihn Müh auch d'rob beschwert ...«), dann hauptsächlich im Vorspiel des 2. Aktes musikalisch-großzügig, in reicher Chromatik, durchgeführt. Ist D-dur ein rechtes Gewinnen der Höhe, so ist H-moll in dieser Nuance ein falsches und erfolgloses Emporstürmen zu ihr, hier bei Klingsor ein Emporringenwollen des schwarzen Magiers zu den Höhen des heiligen Grales mit verkehrten Mitteln, die ihr Ziel nie erreichen können, sondern nur denjenigen, der sie in Vermessenheit anwendet, den Widersachermächten ganz überantworten, in die Abgründe finsterer dämonischer Magie stürzen. H-moll gehört zu den Tonarten, in denen, wegen ihrer hohen Lage, der »Abgrund« stark fühlbar werden kann. Wie der zweite Parsifal-Akt in H-moll beginnt, schließt er auch in dieser Tonart ab. Doch ist bei diesem H-moll-Schluß des 2. Aktes die völlig andere Tonartnuance zu beachten: inzwischen ist ja durch Parsifals Reinheit, durch seine Bewährung in der ernsten Prüfung die Macht des Widersachers gebrochen, Klingsors Zauberschloß ist versunken, der Zaubergarten zur Einöde verdorrt; von Kundry, der Versucherin wider Willen, wendet sich Parsifal jetzt endgültig ab: »Du weißt, wo du mich wieder finden kannst« (oder: »wo einzig du mich wiedersiehst«), mit diesen Worten ihr noch die Richtung nach dem heiligen Grale weisend. Ein allerausdrucksvollstes H-moll, zum Schlusse des Aktes hinführend, nimmt diese Worte auf; aber jetzt ist es, obwohl mit dem H-moll des beginnenden Aktes innerlich verbunden, kein dämonisches Klingsor-H-moll mehr, sondern ein H-moll der tiefsten Zerknirschung, das aus dem Abgrund der Vernichtung zu den Höhen des verlorenen und wiederzugewinnenden heiligen Grales demütig emporblickt. Aus dem Klingsor-H-moll des Aktbeginnes ist jetzt ein H-moll geworden, das tonartlich (denn nur um die Tonartnuance, nicht um einen Vergleich der Kompositionsstile handelt es sich hier) sich mit dem H-moll, in dem Bachs große Messe beginnt, aufs engste berührt.

Die D-dur-Tonart ist im »Parsifal« ganz dem entscheidenden Höhepunkt dieses Mysteriendramas (»Bühnen-Weihefestspiels«) im 3. Akt vorbehalten, der Wiedergewinnung des verlorenen Gralsspeeres und des heiligen Grales selbst im Aufblick zum Mysterium von Golgatha, dessen tiefer Sinn, als die Verwandlung, Verklärung und Entsühnung der schuldbefleckten Erde durch das heilige Blut des Erlösers, von Parsifal am Ende seiner Prüfungen und Irrfahrten, schon nahe der wiedergefundenen Gralsburg, zuerst in den Tiefen der empfindenden Seele, dann aber, infolge der Belehrung durch Gurnemanz, im vollsten, klaren Bewußtseinslichte erlebt und erkannt wird. Darum, in der Musik des »Karfreitagszaubers«, dieser Übergang von H-dur nach D-dur, auf dessen Bedeutung bereits hingewiesen wurde: solange das Wunder des Karfreitagsmorgens, der in den ersten Frühlingstagen erwachenden, sich wiederbelebenden Natur mehr nur zu den unterbewußten Seelentiefen Parsifals spricht, erklingt H-dur: »Wie dünkt mich doch die Aue heut' so schön!...«. Wagner widerstand der Versuchung, das Ganze des Karfreitagszaubers in dieser lieblich-zarten, verklärt romantischen Tonart durchzuführen, er wußte, daß das christliche Mysterium bei dieser verklärten Romantik nicht stehen bleiben kann, daß das volle Bewußtseinslicht der klaren Erkenntnis zu ihm gehört, dem musikalisch die D-dur-Tonart entspricht. In D-dur, nicht in H-dur findet darum der Karfreitagszauber, das christliche Mysterium des »Parsifal«, seine Vollendung, seinen Abschluß: »...Nun freut sich alle Kreatur auf des Erlösers holder Spur, will ihr Gebet ihm weihen. Ihn selbst am Kreuze kann sie nicht erschauen: da blickt sie zum erlösten Menschen auf; der fühlt sich frei von Sündenlast und Grauen, durch Gottes Liebesopfer rein und heil... Das dankt dann alle Kreatur, was all' da blüht und bald erstirbt, da die entsündigte Natur heut' ihren Unschuldstag erwirbt...« D-dur ist, wie schon im »Holländer«, auch im »Parsifal« die Erlösungstonart, die Tonart der Überwindung und Gewinnung der letzten Höhe. Wie, nach der Heilung des Amfortas, Parsifal, den wiedergewonnenen Speer hoch vor sich erhebend, nach der Mitte des Gralstempels schreitet, erscheint sein Motiv, mächtig ausschreitend, in starkem D-dur: Parsifal ist, indem er nach Entsühnung des Heiligtums und Heilung des Amfortas, den heiligen Speer ins Heiligtum zurückbringt, jetzt Gralskönig wird, zu seiner eigenen Lebenshöhe emporgeschritten. Es ist dieses letzte Parsifal-D-dur die Vollendung und Höhe aller »D-dur-Momente« im Werke Richard Wagners.

(Dabei ist noch zu beachten, daß dieses »Parsifalmotiv« keineswegs an die D-dur-Tonart gebunden ist, daß es erst hier im 3. Akt ganz zuletzt in ihr erscheint. Gerade an diesem Motiv, an seiner Entwicklung durch die verschiedenen Tonarten hindurch, kann man das Wesen alles Tonartlichen recht gut erkennen. Beim ersten Auftreten des jungen Parsifal im 1. Akt, wie er eben den Schwan getroffen hat, erscheint dieses Motiv im »jugendlichen« B-dur; da wo er von seiner Waldheimat erzählt, in H-dur [an den Anfang des »Karfreitagszaubers« erinnernd]; bei der Verweisung aus der Gralsburg, nach der ersten, noch nicht bestandenen Prüfung, wieder in B-dur; beim Erstürmen der Klingsorburg im 2. Akt im heldischen Es-dur; beim ersten Anblick des aufsteigenden Zaubergartens in Ces-dur [das wäre auf dem Klavier gleich H-dur: aber H-dur, die Tonart des Karfreitagszaubers und der unschuldigen Waldheimat Parsifals, konnte und wollte Wagner hier nicht schreiben, wenn auch für Parsifals unschuldiges Auge die eine Naturromantik nahe an die andere streift. In solchen Fällen kommen, ungeachtet des Zwölfheitgesichtspunktes im Tonartenkreis, die feinen Unterschiede harmonisch naher Tonarten doch in Betracht: auf den Unterschied von Fis-dur und Ges-dur, von As-moll und Gis-moll wurde bereits hingewiesen, auf den von Des-dur und Cis-dur wird noch hingewiesen werden. Hier, im 2. Akt von »Parsifal«, handelt es sich um den von H-dur und Ces-dur: ist H-dur gleichsam die verklärte Erdennatur, und in diesem Sinne höhere Realität, so ist Ces-dur, die 7-B-Tonart, gleichsam ein Herunterdrücken der Erdenrealität von C-dur auf allen 7 Stufen, der musikalische Ausdruck für den berückenden Zaubertrug, für das, was der Inder die Maya nennt]. Bald geht aus dieser Tonart das Parsifal-Motiv wieder in das heldische Es-dur hinüber. Später, noch innerhalb der Blumengarten-Musik [siehe oben bei F-dur], erscheint es in der Naturtonart F-dur wie ein Ausdruck reinen Naturerlebens. Bei der Abwehr der allzustürmischen Blumenmädchen erscheint das Motiv sogar in As-moll; bei Abwehr der Kundry in gebrochener Tonalität; beim Wiederauftreten des durch die Irrfahrt geläuterten Parsifal im 3. Akt im tiefernsten, ja todernsten B-moll; zuletzt im Gralstempel, wie der Sieg erkämpft, mit dem Gralskönigtum die Lebenshöhe gewonnen ist, im hellstrahlenden, starken D-dur).

4.
As-dur, F-moll

Wie D-dur der höchsten Höhe, gehört As-dur, die an der Längsachse des F-dur-Kreuzes der D-dur-Tonart gegenüberliegende Tonart, der tiefsten Tiefe des Tonartenkreises an. Während das ganz unten stehende Es-dur schon wieder die Aufwärtsbewegung, also etwas Emporstrebendes hat, eine »positive« Tonart ist, erscheint As-dur als die zur tiefsten Tiefe hinunterführende Tonart, und ist darin, im Gegensatz zum positiven D-dur, das negative Ende dieser Achse des Tonartenkreises. Die Mollparallele von As-dur ist F-moll. Wenn wir berücksichtigen, daß, wie im oberen hellen Tonartenkreis das an sich helle Dur, so im untern dunkeln Teil das an sich dunkle Moll ein gewisses Übergewicht hat, so werden wir erkennen, daß unter allen Molltonarten F-moll den ausgeprägtesten, düstersten Mollcharakter hat. Die s t ä r k s t e Molltonart ist und bleibt ja das — schon wieder das Aufstrebende, Sichemporkämpfende in sich tragende — C-moll. Im Unterschied davon ist F-moll die Tonart, die den stärksten Mollcharakter in sich trägt, die von der Finsternis zur dichtesten Finsternis führt, tonartlich das Düsterste, was es in der Musik überhaupt gibt. Es gibt darum innerhalb des Tonartenkreises keinen schärferen Gegensatz als den des taghellen, zur höchsten Höhe strebenden D-dur, und des düsteren, zur finstersten Tiefe hinunterführenden F-moll.

Schon in der Bachschen Musik haben die F-moll-Stücke einen gewissen dunkeln Charakter, wenn auch die eigentliche F-moll-Finsternis dem Sonnengeiste Bachs fern liegt. Bach war D-dur-Mensch, nicht F-moll-Mensch. Es ist daher an sich überraschend, und doch auch wieder verständlich, wie er im 2. Teil des Wohltemperierten Klaviers, sowohl im Präludium wie in der Fuge, das sonst auch bei ihm spürbare Dunkle dieser Tonart nach dem Anmutig-Lieblichen hin abbiegt, oder mildert. Ein eigentliches »Ausschöpfen« von F-moll werden wir selten bei ihm finden, wenn er auch die Tonart nicht selten anwendet.

Ebensowenig entspricht sie dem sonnigen Wesen Mozarts, der sie als Tonart für ganze Sätze kaum verwendet. Und doch ist es wiederum für Mozart charakteristisch, wie bei ihm doch öfter in kurzen Zwischensätzen ein düsterer F-moll-Schatten über ein im übrigen sonniges Landschaftsbild hinweghuscht. Als eines unter mehrfachen Beispielen sei angeführt die C-dur-Klaviersonate (Köchel Nr. 330), wo das zarte innige F-dur-Andante die wirklichen Tiefen der Mozart-Seele vor uns aufschließt. In diesem F-dur-Andante finden wir, einmal wie in gesteigertem Ernste sich wiederholend, eine Reihe von F-moll-Takten, die wie ein Todesschatten hinhuschend für einige Augenblicke das Sonnige des Ganzen trüben, die uns wie Todesahnung anmuten, eine Ahnung des frühen Todes, der das Leben des sonnigsten aller Tondichter zu einem frühen Ende brachte. Eben diese Todesahnung, dieser Todesschatten erhöht noch die verklärte Stimmung des ganzen Satzes, die Friedrich Doldinger in einem seiner Büchlein (»Alter, Krankheit, Trennung, Tod«) die »Schmetterlingsstimmung in der Mozartschen Musik« genannt hat. In solchen vorübergehenden F-moll-Momenten bei Mozart offenbaren sich gerade gewisse Tiefen dieser Tonart.

Am tiefsten herausgearbeitet finden wir den düsteren F-moll-Charakter bei Beethoven. Schon gleich in seiner ersten Klaviersonate stürzt er sich bezeichnenderweise in diese Tonart, obwohl er sie da noch nicht ausschöpft, noch nicht allzuweit vom Stile der Mozartschen C-moll-Sonate sich entfernt. Um so mehr sehen wir dann die F-moll-Tonart in ihren letzten und finstersten geistigen Tiefen ausgeschöpft in der großen Klaviersonate op. 57, Appassionata. Da ist wirklich wieder einmal, ähnlich wie in der Pastoralsymphonie F-dur, ein volles und ganzes Malen aus dem Geiste einer Tonart heraus, jeder Takt, jede Fortschreitung, jedes Motiv scheint, mit der innersten zwingendsten Logik (auf die in der Musik so viel ankommt!) ganz aus dem Geiste dieser Tonart, des finstern F-moll, eingegeben. Darum wirkt die ganze Tondichtung bei aller Einfachheit der Motive und Harmonien so gewaltig, so erschütternd, so monumental in ihrem Aufbau. Das ist wirklich ein Ausbruch finsterster Leidenschaft, für die es keine Erlösung mehr gibt, eine Nacht, in die kein Lichtstrahl fällt: das Unerlöste, nicht mehr zu Erlösende hat in der Musik nie wieder einen so großartigen Ausdruck gefunden, wie es ihn hier, rein aus dem Geiste der Tonart heraus, gefunden hat. Ein Höhepunkt, überhaupt wie für die F-moll-Tonart, ist das finster dahinstürmende Finale, das uns an eine Strophe in Byrons Child Harolds Pilgrimage, nach der Gewitterschilderung im 3. Gesang, erinnern will, in freier Übersetzung:

»Doch wo, ihr Stürme, findet ihr ein Ziel?
Seid ihr den Stürmen gleich, die in des Menschen Brust hintosen ohne
Ruh' und Frieden,
Oder ist, Adlern gleich auf hohem Felsennest,
Euch noch zuletzt ein Ruheort beschieden?«

Auch dem düstern Einschlag, den wir in Robert Schumanns Wesen und Musik — in dieser so überaus schönen, liebevoll-zarten Musik — finden können (wollte er sich doch in den Fluten des Rheins sein Lebensende suchen), entspricht die F-moll-Tonart. Sein Klavier-Phantasiestück »In der Nacht« kann ein Beispiel dafür sein.

Chopins F-moll-Phantasie ist ein gewaltiges Musikstück, aber, mehr nach As-dur hintendierend und darin abschließend, bringt sie den eigentlichen

F-moll-Charakter nicht so sehr zum Ausdruck. In weit höherem Maße ist das beim Präludium der Fall, wo die F-moll-Tonart den Charakter einer gewissen finsteren Entschlossenheit in sich trägt.

Ein Höhepunkt von F-moll, wie des »Malens aus der Tonart« überhaupt, ist die F-moll-Stelle im 1. Satz von Bruckners 9. Symphonie, wo sich, nach einem vorübergehenden Aufleuchten von Sternen auf dem Nonenakkord von A-dur, bald ein finsterer Schleier von F-moll über das Ganze ausbreitet, eine wirkliche Grabesfinsternis oder Finsternis von Golgatha, nachdem kurz vorher noch Sterne leuchteten. Alle Melodie, aller Rhythmus scheint in dieser Finsternis von F-moll wie in einem alles zudeckenden Schwarz zu versinken. In diesem, allen Seiten des Todesmysteriums geweihten, Symphoniesatz ist es die T o d e s f i n s t e r n i s, die in F-moll ihren Ausdruck findet. Es ist der größte F-moll-Moment der ganzen Musikliteratur. (So wie Beethovens Appassionata die größte F-moll-Dichtung. Bruckner bringt, neben dem Geistigen, sehr stark die Farbe, Beethoven mehr nur das Geistige von F-moll).

Während F-moll nur Finsternis ist, die zur dichtesten Finsternis herniedersteigt, ist As-dur, die dunkelste der Durtonarten (denn das an sich noch tiefere Es-dur trägt schon wieder das Emporstrebende und in ihm ein Moment der Aufhellung in sich), von wesentlich anderem Charakter. As-dur trägt, als Durtonart, doch wiederum ein Licht in sich, das nur eben von der nüchternen Helle von C-dur, von dem taghellen Licht von D-dur, von dem warmen Lichte von E-dur, überhaupt vom Lichte der oberen Tonarten weit entfernt ist. Es ist das »Licht in der Finsternis«, ein tief-geistiges Licht, das dieser Tonart vor allem den m y s t i s c h e n C h ə r a k t e r gibt. As-dur ist vor allen andern die mystische Tonart. Auch die der As-dur-Tonart jahreszeitlich entsprechende Adventszeit hat etwas von diesem geistigen Licht, von der Ahnung und Empfindung des kommenden Weihnachtslichtes inmitten der tiefsten Jahresfinsternis. Wo ein Tondichter dem Charakter dieser außergewöhnlichen Tonart nahekommt, offenbart sie eine gewisse tiefe Innerlichkeit und Weihe. Wo er sie — wie es vor allem bei Richard Wagner der Fall ist — ganz ausschöpft, scheinen sich weite Wunderreiche der Nacht, oder geheimnisvolle Reiche des Überirdischen vor uns aufzuschließen, wir sehen uns auf einmal in mystische Tiefen des eigenen Innern, des Innersten der Welt hineingeführt, ein Licht beginnt aufzuleuchten, wo wir bis dahin nur Dunkel vermuteten.

Bei Bachs As-dur finden wir, z. B. schon im Präludium im 1. Teil des Wohltemperierten Klaviers, eine mit lieblicher Anmut verbundene Innerlichkeit, aber noch nicht ein volles Ausschöpfen dieser Tonart. Auch bei Mozart ist das noch nicht eigentlich der Fall, mag auch aus manchen seiner kürzeren Zwischensätze, zuweilen wie den finstern Schatten von F-moll aufhellend, begütigend, versöhnend und verklärend, die Innerlichkeit von As-dur zu uns sprechen. Erst spätere Musikepochen kamen dem Aufschließen der Tiefen von As-dur näher. Schon Beethovens Klaviersonate in As-dur op. 26 ist von einer, wie der Erinnerung an einen lieben Dahingeschiedenen entsprungenen, tiefen Innerlichkeit erfüllt. Noch mehr kommt der As-dur-Charakter bei der späten Sonate op. 110 heraus, namentlich schon im ersten Satz, dessen dem Anfangsthema bald folgende in die tiefen Oktaven hinunterführenden Arpeggien — vgl. die As-dur-Arpeggien in Wagners »Parsifal« — etwas dem Charakter der As-dur-Tonart tief Entsprechendes haben (während z. B. A-dur etwas mehr nach den Hochlagen, den hohen Oktaven Hinstrebendes hat. Auf dem Notenpapier läßt sich jede Tonart in jede Oktavlage versetzen, für die Wirklichkeit des Tonartempfindens liegt der Fall anders). Es ist bei Beethovens op. 110, als ob sich im Hinschauen auf das nahe Lebensende geheime Tiefen des Innern, ferne geistige Reiche aufschlössen. (Noch mehr ist das der Fall bei einer kurzen, hinhuschenden, aber unendlich ergreifenden As-dur-Stelle im 1. Satz der letzten Klaviersonate op. 111.) Sehr aus der Tiefe und Innerlichkeit von As-dur geschöpft ist auch der langsame Mittelsatz (Adagio cantabile) der Sonate pathétique, op. 13. In ausdrucksvollem, tiefdunklem As-dur schreitet der langsame Mittelsatz der großen C-moll-Symphonie dahin: er spricht von jener Innerlichkeit, in der die Kraft liegt, den großen Schicksalskampf (das C-moll des 1. Satzes) zum Sieg über das Schicksal zu führen (das, schon im langsamen Satz an einigen Stellen vorausgenommene, C-dur des Schlußsatzes).

Tief in den Reichen von As-dur zuhause war Chopin. Es ist diese Tonart, wie kaum eine andere, s e i n Gebiet. Man denke an die As-dur-Ballade, das große As-dur-Nocturne (schon im Namen Nocturne »Nachtstück« liegt etwas der As-dur-Tonart Verwandtes), das As-dur-Präludium und vieles andere; schon in den weitausgreifenden Arpeggien der As-dur-Etude scheinen sich die weiten Reiche dieser Tonart charakteristisch aufzuschließen.

Ein besonders tiefes und inniges Verhältnis zur As-dur-Tonart hatte Franz Schubert. Gewiß hat er, bei der großen Vielseitigkeit seiner schöpferischen Phantasie, auch in vielen anderen Tonarten viel Schönes uns geschenkt, aber in As-dur öffnen sich die geheimsten, intimsten Tiefen seines Wesens, seiner Innerlichkeit, da bekommt seine Musik — sowohl in den Liedern wie in den Instrumental-, nicht zum wenigsten den Klavierkompositionen (Moments musicals, Impromptus) — den Charakter des Weihevollen, zuweilen an »Schwanengesang« Erinnernden, da scheint sie uns von jenen dem innersten Wesen der Musik so verwandten Heimatreichen zu sprechen, die des Menschen Seele im Durchgang durch die Todespforte betritt. Etwas diesen innersten Heimatgründen der Musik Verwandtes lebte in Franz Schubert, lebt besonders in seinen As-dur-Stücken.

Bei Anton Bruckner fällt, wenn wir die As-dur-Tonart bei ihm suchen, der Blick vor allem auf den Benedictus-Satz der F-moll-Messe, der an andachterfüllter Innerlichkeit wohl alle ähnlichen Sätze anderer Messen übertrifft. Daß die Tiefe und Innerlichkeit von As-dur auch ein Element der Andacht, des Religiösen in sich trägt oder tragen kann, wird uns da besonders bewußt.

Wiederum wenden wir uns, von diesem allgemeinen Überblick über die Musikliteratur, der Welt desjenigen zu, der wie kein anderer die Tiefen von As-dur erkannt und ausgeschöpft hat, der Welt Richard Wagners. (Es soll dieses wiederum nicht als eine Abwertung von »Kompositionsstilen«, sondern rein im Sinne der Erfassung und Erfüllung eines bestimmten Tonartencharakters verstanden werden.)

Und auch bei Richard Wagner sehen und erleben wir, wie sich diese Weiten und Tiefen der As-dur-Tonart ihm erst allmählich erschließen, wie er allmählich immer mehr in diese Tiefen hinabtaucht, bis er sie zuletzt, in »Tristan und Isolde« sowie »Parsifal«, ganz ausschöpft.

Im »Fliegenden Holländer« hat sich Wagner von den Tiefen der As-dur-Tonart noch ganz ferngehalten. Nur F-moll erscheint am Schlusse da, wo zuerst Erik seine Liebe verloren sieht, und dann der hinzukommende Holländer sich irrtümlich von Senta verraten glaubt, und sich in finsterer Verzweiflung wieder aufs Meer hinausstürzen, seine Irrfahrt fortsetzen will: »Fort auf das Meer treibt's mich aufs neue! ich zweifl' an dir, ich zweifl' an Gott...« Hier ist F-moll so recht die Tonart des finsteren, verzweifelten Entschlusses, die Tonart der tiefsten Seelenfinsternis.

Im »Tannhäuser« erscheint As-dur bei der ersten Begegnung zwischen Tannhäuser und Elisabeth im Anfang des 2. Aktes: Tannhäuser, der aus der Betörung des Sinnenrausches im Venusberg sich losgerissen, sieht sich jetzt der zur Jungfrau erblühten Jugendliebe, einer reinen, edlen, unschuldvollen Weiblichkeit gegenüber, er fühlt das Heilende wahrer, reiner, jungfräulicher Liebeskraft; das schließt die Tiefen seines Innern weit auf. So wie im vollsten Sinne später im »Tristan«, im Zwiegesang der Liebenden im

2. Akt, aus dem gegenseitigen Sichfinden und Nahesein die Tiefen von As-dur wie Weltentiefen sich aufschließen, so hier schon ähnlich im Tannhäuser, wenn auch Gedanke, Empfindung und musikalischer Ausdruck noch längst nicht so herausgearbeitet ist, wie später in »Tristan und Isolde«. Das Anfang und Ende der Tannhäuser-Szene beherrschende ausdrucksvolle As-dur-Motiv »So stehet auf! Nicht sollet hier ihr knien ...« ist, vom Tristan-As-dur noch weit entfernt, doch ebenfalls schon aus den Tiefen dieser Tonart geschöpft, die bei Richard Wagner durchaus eine Beziehung zu den Geheimnissen des höheren Weiblichen, des Ewig-Weiblichen, Ätherischen hat. (Auch As-dur, dem »ätherischen« Kreuz angehörig, ist eine tiefätherische, den Geheimnissen des »Lebensäthers« verwandte Tonart.) Das Beglückende der wechselseitigen Nähe und Ergänzung kommt hier im »Tannhäuser« durch sie zum Ausdruck: »Gepriesen sei die Stunde, gepriesen sei die Macht, die mir so holde Kunde von eurer Näh' gebracht« (von beiden im Zwiegesang gesungen).

Im »Lohengrin« sehen wir die As-dur-Tonart verbunden mit Elsa, der dort in tragische Zusammenhänge verwickelten, ihrer Glaubensschwäche zuletzt erliegenden Vertreterin des Weiblichen (während sonst bei Wagner der weibliche Teil meistens der stärkere ist). Gleich in der Gerichtszene des 1. Aktes sehen wir Elsa in As-dur auftreten. D. h. zunächst erscheint, bei As-dur-Vorzeichnung, das auf die Tragik Elsas, das durch Ortrud ihr bereitete Schicksal hinweisende As-moll. Erst bei ihrer Aussage, ihrer Antwort auf die Anklage, setzt sich die As-dur-Tonart durch: »Einsam in trüben Tagen hab' ich zu Gott gefleht, des Herzens tiefstes Klagen ergoß ich im Gebet ...« Auch dieses As-dur spricht von der Aufschließung dunkler Innenreiche, doch geht alles mehr oder weniger ins Mediale, Visionäre. Wie eine Somnambule, die von ihren Traumesvisionen erzählt, erscheint Elsa vor dem Gericht. Man beachte die wie eine Traumesleiter hinaufsteigende Chromatik nach: »... mein Aug' ist zugefallen, ich sank in süßen Schlaf«, woran sich dann die Vision knüpft: »In lichter Waffen Scheine ein Ritter nahte da; so tugendlicher Reine ich keinen noch ersah ...« As-dur spricht hier auch von der visionären Begegnung der Liebenden in der Traumvision Elsas. Von irgendeinem »Ausschöpfen der Tonart« ist Wagner auch hier noch weit entfernt. Es bleibt alles bei Anklängen.

Dem mehr dem Äußeren der Welt, dem, was im Reich der Elemente, in Wasser, Erde, Feuer, Luft, Erde, auch im Geschichtlichen der Menschheit sich abspielt, zugewendeten »Ring des Nibelungen« liegt die Innerlichkeit von As-dur erst recht fern. Bei Fasolt und Fafner, den finsteren Riesen, im »Rheingold« finden wir F-moll zuweilen anklingen. Nur in den letzten, klagenden Rheintöchtergesang wirkt die Innerlichkeit von As-dur etwas herein (vorgezeichnet ist Des-dur).

In der »Walküre« ist das, durch die Klangwirkung der Tuben gehobene, finstere F-moll beim Erscheinen Hundings im 1. Akt durchaus charakteristisch: Siegmund sieht sich da gleichsam vor der leibhaftigen Schicksals- und Todesmacht (zu der bei Richard Wagner die Nibelungen-Tuben eine instrumentale Beziehung haben). Auch im »Siegfried« begegnet uns das düstere Grauen des Zusammenwirkens von F-moll-Tonart und Nibelungen-Tuben. Das bei Wotans Erzählung vom tragischen Götterschicksal am Anfang vorgezeichnete F-moll entspricht nicht ganz der musikalischen Wirklichkeit, doch der ideellen Stimmung (ein Gesichtspunkt, auf den bei der nicht immer der äußeren Tonartenwirklichkeit entsprechenden Vorzeichnung in der Wagnerschen Musik öfter zu achten ist). As-dur erscheint einmal — wieder bei einer Begegnung der Liebenden! — in der traurigen Szene zwischen Siegmund und Sieglinde im 2. Akt (»Verweile, süßestes Weib!...«); die Tonalität ist hier wenig herausgearbeitet, das Tonartenbeispiel als solches kaum von Bedeutung. Im 3. Akt, in der Szene zwischen Wotan und Brünhilde (»Hier bin ich, Vater: gebiete die Strafe!«) deutet die Vorzeichnung zunächst, bei weithin gebrochener Tonalität, auf finsteres F-moll: »Was sonst du warst, sagte dir Wotan: was jetzt du bist, das sage dir selbst!; Wunschmaid bist du nicht mehr; Walküre bist du gewesen: nun sei fortan, was so du noch bist.« (Hier deutliches F-moll der finsteren Verdammnis und Verzweiflung.) Erst beim Folgenden dringt etwas vom lichteren As-dur-Element, von der As-dur-Innerlichkeit durch: »Nicht send' ich dich mehr aus Walhall; nicht weis' ich dir mehr Helden zur Wal; nicht führst du mehr Sieger in meinen Saal...« Dann wiederum das finstere F-moll: »aus meinem Angesicht bist du verdammt«. Auch eine spätere As-dur-Vorzeichnung hat kaum mit wirklichem As-dur zu tun, nur etwas vorübergehend an der Stelle: »Da labte süß dich seligste Lust...«

Wenn auch nicht As-dur, so ist doch F-moll dem Tonartenbestand des »Nibelungenringes« durchaus wesentlich. Das tritt im Siegfried besonders deutlich hervor, da ist F-moll die eigentliche »Nibelungen-Tonart« (in »Rheingold« und »Götterdämmerung« ist es, aus Gründen, die noch zu besprechen sind, mehr B-moll). Mime, Alberich, Fafner bewegen sich da auf dem Grunde dieser finsteren »Nibelungen-Tonart« F-moll. Es haftet da am Wesen dieser Gestalten, mehr, als am Inhalt dessen, was sie sagen. So finden wir dieses Nibelungen-F-moll, wenn Mime dem Siegfried sein »Als zullendes Kind zog ich dich auf« singt, wenn er dem Wanderer (Wotan) seine Rätselfragen beantwortet (auch da, wo dieser selbst, Mimes Rätselfrage beantwortend, von den Riesen Fasolt und Fafner spricht), dann in den Alberich- und Fafner-Szenen des 2. Aktes, hier öfter in stark gebrochener Tonalität (diese vor allem in der die B-moll-Vorzeichnung tragenden Alberich-Mime-Szene). Wie alles dieses zusammenfassend, erscheint dieses Nibelungen-F-moll in eigenartiger musikalischer Durchführung und Tuben-Instrumentation in der Einleitung zum 2. Akt. Diese ist wirklich ein ganz charakteristisches F-moll-Stück, da ist F-moll wirklich das finstere Grauen und Weben dämonischer Mächte, nicht ohne Einschlag des Naturhaften, hier erscheint F-moll wie der finstere Schatten, das finstere Gegenbild der Naturtonart F-dur, da ist es die finstere unheimliche Waldesnacht, das Grausen und Fürchten im Walde, in dem wilde Drachen und finstere Alben, dämonische Unholde ihr Wesen treiben. Im Erdinnern, in der Unterwelt des »Rheingold« (»Nibelheim«) herrscht B-moll, in der Waldesnatur des »Siegfried« das naturverwandtere F-moll.

In der Kampfszene mit Fafner finden wir — außer am Schlusse, nach Fafners Tod, wo auch die wirkliche F-moll-Harmonie zum Teil wieder mehr hervortritt — keine F-moll-Vorzeichnung mehr, da wird die weithin gebrochene Tonalität beherrscht von C (das immer noch als Dominante von F-moll verstanden werden kann) in Verbindung mit dem absteigenden Tritonus Fis. In diesem Tritonusintervall C-Fis (wenn es auch in der Durtonleiter vorkommt, in C-dur z. B. als f-h) kann ein atonales, besser ein vortonales, ein aller Tonalität vorangehendes Element gefunden werden (ähnlich wie im übermäßigen Dreiklang, der nicht immer nur, was er ja auch sein kann, Übergangsakkord oder Akkord der 3. Stufe in Moll ist). In einem so verstandenen C-Fis (oder C-Ges) lebt noch ein Tonartenchaos, aus dem das spätere Tonartliche, der Tonartenkosmos, sich erst herausentwickelt.

Die im Grunde auch dem »Siegfried« wesentlich fremde As-dur-Tonart — deren tiefe Innerlichkeit Richard Wagner für »Tristan und Isolde« aufsparen, sich vorbehalten wollte — erscheint zuerst in der Siegfried-Brünhilden-Szene des 3. Siegfried-Aktes, der erst n a c h der Vollendung von »Tristan und Isolde« und »Die Meistersinger« von Wagner in Angriff genommen wurde, was an dem ganzen Musikstil dieses Aktes nicht spurlos vorübergegangen ist. Zuerst erscheint da As-dur wie ein Hauch aus der fern-erhabenen Welt des Ewig-Jungfräulichen an der herrlichen Stelle, wo Brünhilde Siegfrieds Ungestüm zurückweist: »Kein Gott nahte mir je!

Der Jungfrau neigten scheu sich die Helden: heilig schied sie aus Walhall.« Dann erst wieder da, wo die beiden sich innerlich näherkommen, sich innerlich finden (man vergleiche das As-dur im Tannhäuser), zuerst noch immer in weithin gebrochener Tonalität, dann allmählich deutlicher, besonders an der Stelle: (Siegfried:) »Sei mein!« (Brünhilde:) »O Siegfried! Dein war ich von je!...« Von der Innerlichkeit und Weltenweite des Tristan-As-dur ist alles dieses noch weit entfernt, ist doch erst nur ein Anklang von As-dur.

Auch in der »Götterdämmerung« spielt As-dur keine wesentliche Rolle, auch nicht in der ersten Szene zwischen Siegfried und Brünhilde im Vorspiel, wo noch einmal, zum letztenmal im Leben, eine Verbindung der Liebenden da ist. Die falsche, trugvolle Begegnung am Schluß des 1. Aktes wird ganz vom dämonischen Alberich-H-moll beherrscht. Ein ganz leiser und vorübergehender ferner Anklang an As-dur findet sich im 2. Akt an der Stelle, wo Brünhilde zu Hagen von der Zauberkraft spricht, mit der sie Siegfrieds Leib segnete und beschützte. Erst in das liebliche Natur-F-dur der Rheintöchter im 3. Akt mischt sich deutlich etwas von der Innerlichkeit von As-dur: »Nacht liegt in der Tiefe« (siehe darüber bei F-dur), dann später da, wo die Rheintöchter sich an Siegfried wenden. Wo sie ihm dann vom Fluche des Ringes sprechen, wird aus dem lieblichen As-dur das finstere F-moll. Noch einmal erscheint, wie ein Gruß aus der Welt des Ewig-Jungfräulichen, As-dur kurz da, wo am Schlusse nach Hagens Ende die Rheintöchter den wiedergewonnenen Ring in die Höhe halten, dem Rheingold die Reinheit und Unschuld der kosmischen Ursubstanz zurückgegeben ist.

Erst in »Tristan und Isolde« — das Werk ist nach Vollendung der beiden ersten Siegfried-Akte entstanden — hat Richard Wagner die As-dur-Tonart wirklich ausgeschöpft, erst da versenkt er sich ganz in ihre Tiefe. Und auch da können wir beobachten, wie sich in der Mitte des 2. Aktes, also gerade gegen die Mitte des Musikdramas hin, aus der reichen Chromatik des Ganzen, aus der vielseitig gebrochenen Tonalität das Tonale von As-dur herausentwickelt, auch da immer wieder mit vieler Chromatik sich verwebend, doch so, daß As-dur deutlich betont bleibt.

Im ganzen 1. Akt finden wir nur erst einen Anklang an As-dur an der Stelle: »Wo dort die grünen Fluren dem Blick noch blau sich färben«, wo Tristan Brangäne auf die nahe Landung, auf die bei der Seefahrt langsam dem Blick näher rückenden Fluren von Kornwall hinweist. Es ist eine jener Stellen, wo Richard Wagner in wenige Takte, in einfache Ton-folgen eine Fülle von Sinn und Ausdruck hineinzulegen wußte, wobei auch der Zauber seiner einzigartigen, bei aller Einfachheit doch oft so unerhörten

Instrumentation mitspricht. Hier an dieser Stelle ist alles wie in Farbe getaucht, ein musikalisches Farbenerlebnis. Die — noch gar nicht weiter festgehaltene — As-dur-Tonart ist hier musikalisches Farbenerlebnis, ist einfach noch »blaue Ferne«. Das ganze Schicksal der Liebenden, das in Kornwall auf sie wartet, ihr Liebes- und Todesschicksal, ist hier noch »blaue Ferne«. Auch das auf B-dur abgestimmte Liebesweben im Beginn des 2. Aktes zeigt zunächst nur einige flüchtige As-dur-Momente, z. B. nach dem Verklingen des Jagdgetöns, da, wo die Violinen am Steg gestrichen werden, vor »Sorgende Furcht beirrt dein Ohr«. Isoldens süßes »Nicht Hörnerschall tönt so hold . . .«, As-dur nahestehend, ist noch mehr auf Des-dur abgestimmt. Bei der Begegnung der Liebenden spielt am Anfang sogar die Tagestonart C-dur noch eine Rolle. Tristan spricht von »der Welten-Ehren Tagessonne«, die ihm noch eindrang — und hier kommt ein erster Anklang von As-dur — »bis in des Herzens tiefsten Schrein. Was dort in keuscher Nacht dunkel verschlossen wacht, was ohne Wiss' und Wahn ich dämmernd dort empfah'n . . .«. Immer mehr arbeitet sich da As-dur, bald wieder abgebrochen, als die Tonart des Nachterlebnis, der Weltennacht heraus. So bald wieder, hier schon mit deutlichem Anklang an die Motive des späteren Liebeszwiegesanges in As-dur, bei den Worten: »Da erdämmerte mild erhab'ner Macht im Busen mir die Nacht . . .« Es folgen Stellen, wo As-dur zunächst mehr nur in der Vorzeichnung da ist (»Durch des Todes Tor, wo er mir floß . . .«), und doch in der Gesamtstimmung immer deutlicher herauskommt, bis sich zuletzt immer mehr die tiefe Ruhe, der ganze Zauber der Nacht herniedersenkt, die beiden Liebenden ganz in dieser tiefen Ruhe aufgehen. Und die tiefe Ruhe, die Weltenruhe, in der das Ewige zu sprechen beginnt, ist im Musikalischen der Tonart As-dur verwandt. (Auch der Jahreszeit, der die As-dur-Tonart entspricht, ist diese Stimmung der Weltenruhe eigen.) Einfach und ergreifend spricht die Musik das Eintreten dieser Ruhe, die Tiefe der Weltenruhe aus. Langsam vereinfacht sich die bis dahin noch von Chromatik durchwobene Harmonie, sich immer mehr gegen As-dur hin entwickelnd, bis die Dominantharmonie von As-dur, und aus ihr heraus bald der reine As-dur-Dreiklang erreicht ist, ruhevoll und nach und nach in allen seinen Intervallen sich aufbauend, und dann aus diesem tonalen Element des reinen As-dur der Zwiegesang der Liebenden herauswächst: »O sink' hernieder, Nacht der Liebe, gib Vergessen, daß ich lebe . . .« Nirgendwo im Werke Richard Wagners ist der Übergang aus der gebrochenen in die reine Tonalität ausdrucksvoller und liebevoller vollzogen, nirgendwo das Wesen der reinen Tonart ausdrucksvoller hingestellt (auch der Anfang des »Rheingold« könnte, weil da die Gegensätze und Übergänge fehlen, nicht entfernt zum Vergleich herangezogen werden.) Was reine Tonart, was Tonart überhaupt ist, kann nirgendwo in der Musik eindrucksvoller erlebt werden. Und gerade die As-dur-Tonart ist, wie keine andere, diesem Hinabsteigen in die reinen Tiefen des Tonalen angemessen. Sie kann gerade in dieser Art der Einführung in der ganzen Tiefe ihres Wesens erlebt werden. Man kann sich bei diesem As-dur von »Tristan und Isolde« erinnert fühlen an die Stimmung der »Hymnen an die Nacht« des Novalis, besonders an das eine: »Abwärts wend' ich mich zu der heiligen, unaussprechlichen geheimnisvollen Nacht.« Wer nicht nur mit dem Ohr Musiker ist, wer das Geistige des Musikalischen in sich trägt, ein Verhältnis zu ihm hat, der wird auch in der Poesie, im Dichterwort Tonartenstimmung und Tonartenunterschiede wiederfinden können, der wird in dem angeführten Worte des Novalis, in der ganzen Stimmung der »Hymnen an die Nacht« As-dur-Stimmung wiederfinden können. Und eben dieses geistige As-dur ist es, an das uns die musikalische As-dur-Stimmung in der Mitte des Tristan wieder erinnern will.

Allzulanges Verweilen in der reinen Tonart läßt der immer wieder die Chromatik suchende Musikstil von »Tristan und Isolde« nicht zu, und dennoch liegt die As-dur-Stimmung deutlich über dem ganzen Zwiegesang, zunächst bis »Nie-wieder-erwachens wahnlos hold bewußter Wunsch« (wo er von Brangänens Nachtgesang unterbrochen wird). Der ausdrucksvollen Modulation von As-dur über A-dur nach B-dur an der Stelle: »Barg im Busen uns sich die Sonne, leuchten lachend Sterne der Wonne« wurde oben (bei A-dur) schon gedacht. Nach mannigfachen Zwischensätzen und Übergängen geht es noch einmal in die ganze Tiefe von As-dur hinunter: »So starben wir, um ungetrennt, ewig einig, ohne End'«, wo Posaunen und Baßtuba in geheimnisvollem Pianissimo die Feierlichkeit des Mysteriums, des Mysteriums der Weltennacht und ihrer erhabenen Ruhe verkünden. Es ist das gleiche Motiv, das, ebenfalls in As-dur, am Schlusse des 3. Aktes, den »Liebestod« Isoldens einleitet. Wie auf jenes As-dur im zweiten Tristan-Akt die verklärte Ekstase in H-dur, auf dieses die Katastrophe in D-moll folgt, wurde früher schon dargestellt. Noch einmal ringt sich aus dieser Todeskatastrophe die Ruhe der As-dur-Stimmung heraus: »Wohin nun Tristan scheidet, willst du, Isold', ihm folgen ...«, so auch in Isoldens Antwort: »... Nun führst du in dein Eigen, dein Erbe mir zu zeigen; wie flöh' ich wohl das Land, das alle Welt umspannt? ...«, wobei sich, wie früher gezeigt, in die As-dur-Stimmung noch der Ernst von As-moll, des »Scheidens vom Lebenslicht« hereinmischt.

Die Todeskatastrophe, mit der der 2. Akt schließt, bedingt die Stimmung im Anfang des 3. Aktes: der von Melots Schwert tödlich getroffene Tristan, vom treuen Diener Kurwenal nach der heimatlichen Burg Kareol in der Bretagne entführt, dort todessiech, in tiefer Ohnmacht, im verwilderten Garten der verfallenen Burg in Kurwenals Armen ruhend. Mit Sehnsucht erwartet auch Kurwenal das Schiff, das Isolde in die Nähe ihres todwunden Geliebten bringen soll; aber »noch ist kein Schiff zu seh'n«, »öd' und leer das Meer« (beide Worte bei Wagner musikalisch in F-moll). Indem wir diese ganze, den Anfang des 3. Tristan-Aktes beherrschende Stimmung so vor uns hinstellen, haben wir zugleich gekennzeichnet, was Richard Wagner durch die F-moll-Tonart im Anfang des 3. Aktes ausdrücken wollte, in einzigartiger Weise ausgedrückt hat. Aus dem immer noch wie vom Lichte höherer Welten durchwobenen dunkeln As-dur der Liebesnacht des 2. Aktes ist jetzt die düstere Mollparallele F-moll, die finsterste aller Molltonarten geworden. Aber wie verschieden ist doch wiederum dieses Tristan-F-moll von dem F-moll des »Nibelungen-Rings«. Das dortige Nibelungen-F-moll und Fafner-F-moll — man denke an den Anfang des zweiten Siegfried-Aktes — ist, möchte man sagen, rein äußerlich, während das F-moll des dritten Tristan-Aktes an der Innerlichkeit des Tristan-As-dur oder Isolden-As-dur der Liebesnacht Anteil hat. Es ist jetzt nur eben alles in hoffnungsloses Sehnen, in hoffnungslose Entbehrung, in tiefstes Leid, Leid, aus dem es keine Erlösung mehr zu geben scheint, umgeschlagen, und dieses ganze Empfinden, dieses Unerlöste der Menschenseele — wir denken an das F-moll in Beethovens Appassionata — hat Richard Wagner durch das F-moll im Beginn des 3. Aktes von »Tristan und Isolde« zum innerlichsten und ergreifendsten Ausdruck gebracht. Selbst das F-moll der gerade im Tonartlichen so überaus genialen Appassionata hätte uns noch nicht daran denken lassen, daß eine solche Innerlichkeit und Tiefe dieser Tonart abzugewinnen wäre. Von den ersten dumpfen Tönen der tiefen Streicher in den beiden ersten Takten der Orchestereinleitung des 3. Tristan-Aktes schreibt Friedrich Nietzsche in einem Brief an seinen Freund Erwin Rohde: »sie klingen wie ein tiefes langgezogenes Glockenläuten, das allem Glück und tröstlichen Licht der Erde zu Nacht und Grabe läutet«. Das ist in der Musik, in der Sprache der Tonarten: F-moll. In jener Wagnerschen Orchestereinleitung lebt sich dieses F-moll zunächst rein musikalisch aus. Es ist nicht richtig, daß wir von Richard Wagner nicht auch »reine Musik« hätten. Gerade der Tristan, mit seinem nicht nur dramatischen, sondern zugleich durchaus symphonischen zweiten (im Grunde auch dritten) Akt ist reich daran. Den dumpfen Eingangstönen des 3. Aktes (dem »langgezogenen Glockenläuten«) folgt in den hohen Streichern der so überaus sprechende, aufwärtsführende Terzengang der »Meeresöde«, dann jene zarte chromatische Sehnsuchtsweise in As-dur (ein »As-dur der Erinnerung«), die sich, immer wieder nach F-moll zurückführend, bald in Des-dur wiederholt. Immer schmerzlicher wird das von der Tiefe des Erdenleids kündende F-moll, bis, im Aufgehen des Vorhangs, der Blick über die Burg Kareol auf den »öden und leeren« Meereshorizont fällt (Motiv der Meeresöde). Dann schweigt das Orchester gänzlich, und von der Szene her vernimmt man die, vom englischen Horn geblasene »traurige Hirtenweise«, ebenfalls in F-moll, mit öfterem Umschlagen des G in schmerzliches Ges. Im Schweigen des Orchesters offenbart sich hier die Vereinsamung der sehnenden Menschenseele, ihre Loslösung von der kosmischen Harmonie. Man könnte das F-moll im 3. Tristan-Akt auch ein F-moll der Einsamkeit, der tiefsten Vereinsamung der Menschenseele nennen.

Was zunächst, in der »traurigen Hirtenweise« des englischen Horns am Anfang des 3. Aktes bloße Hirtenmelodie, ohne Orchesterbegleitung ist, wird später, nahe der Mitte des Aktes, vom Orchester aufgenommen, da wo der inzwischen aus der Ohnmacht erwachte Tristan, immer wieder nach dem Schiff, das Isolde zu ihm bringen soll, ausschauen läßt und nur wieder den traurigen Bescheid erhält: »Noch ist kein Schiff zu seh'n!« Jetzt tritt, mit der Orchesterbegleitung, auch das W o r t hinzu, den Sinn jener Weise und ihres traurigen F-moll deutend (Tristan:) »Muß ich dich so versteh'n, du alte, ernste Weise mit deiner Klage Klang? Durch Abendwehen drang sie bang, als einst dem Kind des Vaters Tod verkündet; durch Morgengrauen bang und bänger, als der Sohn der Mutter Los vernahm. Da er mich zeugt' und starb, sie sterbend mich gebar, die alte Weise sehnsuchtbang zu ihnen wohl auch klagend drang, die einst mich frug, und jetzt mich frägt: zu welchem Los erkoren, ich damals wohl geboren? zu welchem Los? Die alte Weise sagt mir's wieder: mich sehnen — und sterben!...« Reichste übertonale Chromatik entwickelt sich aus dem F-moll dieser dann noch weit sich spinnenden Tristan-Klage, die zuletzt mit einem furchtbaren Fluch auf den Liebestrank (dessen Segen im 2. Akt noch gepriesen ward) endigt: »Verflucht sei, furchtbarer Trank! Verflucht, wer dich gebraut!« Vorher noch: »Den furchtbaren Trank, der der Qual mich vertraut, ich selbst — ich selbst — ich hab' ihn gebraut! Aus Vaters Not und Mutterweh', — aus Liebestränen eh und je, aus Lachen und Weinen, Wonnen und Wunden hab' ich des Trankes Gifte gefunden!« Der Liebestrank, nicht der Gifttrank, der »Todestrank« von ehedem, erscheint ihm jetzt als das wahre Gift. Hier darf wieder, vom Tonartengesichtspunkt, daran erinnert werden, wie schon im 1. Akt mit dem Wesen des »Giftes« die F-moll-Harmonie sich verbindet: »Kennst du der Mutter Künste nicht? Wähnst du, die alles klug erwägt, ohne Rat in fremdes Land hätt' sie mit dir mich entsandt? Für Weh' und Wunden gab sie Balsam, für böse Gifte Gegengift...«: hier ist es in der Orchesterbegleitung ein einziger F-moll-Akkord, der (bei »böse Gifte«) auf »Gift« steht, also wirklich nur ein »F-moll-Moment«, aber ein F-moll-Moment von sprechender Deutlichkeit, andeutend, wie das Finstere der F-moll-Tonart auch mit dem Finstern des »Giftes« zusammenhängt.

As-dur, wo es als Vorzeichnung im 3. Tristan-Akt noch erscheint, ist nicht mehr das ruhevolle reine As-dur des zweiten Aktes, sondern mehr gebrochene Tonalität, die von ruhelosem Sehnen spricht, von der ersehnten, aber im Leben nicht mehr erreichten Vereinigung der Liebenden, nur e i n mal kommt es noch zu einem schönen, ruhevollen As-dur-Moment: »Das Licht — wann löscht es aus? Wann wird es Nacht im Haus?«, bis im Anfang von »Isoldens Liebestod« noch einmal das ruhevolle As-dur des 2. Aktes da ist: »Mild und leise, wie er lächelt...«, auch hier noch einmal durch das Pianissimo der Posaunen im Orchester feierlich gehoben, um sich dann bald nach H-dur zu wenden, in dessen verklärten Höhen das Ganze seinen Abschluß findet.

Wie As-dur, die Tonart der tiefsten Innerlichkeit, der Liebesnacht und Liebesruhe, der Weltenruhe und Weltennacht, des »Ewig-Weiblichen« (»Isishaften«) in diesem Sinne, in eminenter Weise »Tristan-Tonart« (»Isolden-Tonart«) ist, kann aus dem Dargestellten einleuchten. Konnte Wagner da überhaupt daran denken, sie in den »Meistersingern« zu bringen? Aber wir haben ja schon früher gesehen und betont, wie bei aller Verschiedenheit des äußeren Milieus die eigentlichen Tiefen des Menschlichen und Menschheitlichen immer dieselben sind, daß sie des inneren Zusammenhangs mit dem Kosmischen, mag er durch den Alltag noch so sehr verdeckt sein, im Grunde niemals entbehren. So hat für Richard Wagner einfach alles Weibliche, alles wahre und reine, tiefere Weibliche einen Zusammenhang mit dem Kosmisch-Weiblichen, dem »Ewig-Weiblichen«, dem Isis-Isoldenhaften, und so hat er, in tiefem und schönem menschheitlichem Empfinden — gerade das »Menschheitliche« kommt ja in den »Meistersingern« zur Blüte — auch Eva, der Handwerkertochter, die durch die weibliche Anmut ihres Wesens die Liebe Stolzings gewinnt, würdig und berufen ist, des genialen Dichters und Sängers »weibliche Ergänzung« zu werden, die As-dur-Tonart nicht vorenthalten, sie gleichsam der As-dur-Isolden-Tonart gewürdigt. Schon im

2. Akt sehen wir sie schmeichelnd in dieser As-dur-Tonart an Hans Sachs, den alten treuen Freund, herantreten: »Könnt's einem Wittwer nicht gelingen?« Doch Hans Sachs, der selbstlose Freund, weiß es besser, und im 3. Akt löst sich der ganze Knoten so, wie es der innerste Wille der Liebenden, der Wille des Schicksals selbst ist. Da kann dann, wiederum in der Szene zwischen Hans Sachs und Evchen, As-dur, die Tonart des Ewig-Weiblichen, gerade auch von diesem die rechte Verbindung der Liebenden meinenden und erstrebenden Schicksalswillen künden. Dabei können die Worte der alleräußerlichsten Alltagssphäre entnommen sein, wie da, wo Evchen dem Schuhmacher Sachs klar zu machen sucht, wo »der Schuh sie drückt!« (Hans Sachs:) »Hier links?« Eva: »Nein, rechts.« »Wohl mehr am Spann?« »Hier mehr am Hacken.« »Kommt der auch dran?« »Ach Meister! Wüßtet ihr besser als ich, wo der Schuh mich drückt« — alles dieses umflossen von der lieblichen Anmut und Innerlichkeit der As-dur-Tonart. Gerade die w e i b l i c h e Anmut und Innerlichkeit, das Mädchenhafte, wird durch dieses Meistersinger-As-dur schön zum Ausdruck gebracht.

Wie überhaupt, so zeigt sich auch in der Weiterentwicklung der As-dur-Tonart bei Richard Wagner, wie die Erhebung aus der Welteneinsamkeit des »Tristan« zum Menschheitlich-Umfassenden in den »Meistersingern« ihn zuletzt dem christlichen Mysterium im »Parsifal« immer näher bringt. So verbindet sich ihm dann das zuerst in »Tristan und Isolde« in seiner ganzen Weltentiefe und Innerlichkeit erfaßte As-dur im »Parsifal« unmittelbar mit dem Mysterium des heiligen Grales, das zuerst im »Lohengrin« in sein Schaffen hereinleuchtete. War es dort noch der ferne Gral, der Höhengral, der den Menschen unerreichbare, von ihnen unverstandene Gral — und diesem Fernen und Hohen, im Höhenlicht Leuchtenden entsprach die A-dur-Tonart, das »Lohengrin-A-dur« —, so ist es jetzt das in der tiefsten Innerlichkeit, in den Blutstiefen des eigenen Innern erlebte christliche Mysterium, was im Bilde des Grales, der heiligen Schale, die auf Golgatha die Blutstropfen des Erlösers auffing, im »Parsifal« vor uns hingestellt wird; und diesem in der tiefsten Versenkung in die eigene Innerlichkeit, in die Blutstiefen des eigenen Innern zu Erlebenden entspricht, in ihrer höchsten und letzten Verklärung, die As-dur-Tonart. Mag rein musikalisch das so unendlich reiche und poetische Tristan-As-dur höher zu stellen sein, als das so überaus einfache, da und dort vielleicht primitiv einfach scheinende As-dur der Gralsmusik im Parsifal, tonartlich liegt in vieler Beziehung in diesem Parsifal-As-dur dennoch ein letztes Ausschöpfen der tiefsten Geheimnisse dieser Tonart. Wir erfahren da einfach noch, was diese Tonart im höchsten, im c h r i s t l i c h e n Mysterium bedeutet, vor dessen Eingangspforte der Tristan und die Tristan-Musik — rein musikalisch das Schönste und Vollendetste, was dem Genius Richard Wagners zu schaffen beschieden war — noch sehnsuchtsvoll stehen blieb. Aber daß ein W e g von jenem Tristan-As-dur zu diesem Parsifal-As-dur führt, daß ohne jenes Tristan-As-dur dieses Parsifal-As-dur nie geschaffen worden wäre, dieses ist wichtig festzuhalten.

Daß sich auf Golgatha das Blut des Gekreuzigten in ätherischer Vergeistigung dem Geistigen der Erde mitteilte, daß die Heilung der Sündenkrankheit alles Irdischen, der gefallenen Menschheit selbst, in den vergeistigten Kräften dieses Blutes beschlossen liegt, daß der Zugang zu diesem Quell der Heilung, Erlösung und Verwandlung alles Irdischen vom Menschen im inneren Anschluß an die Christustat gefunden werden kann, dieses ist der Sinn des christlichen, des Gralsmysteriums. Das äußere Abendmahl ist davon das kultische Abbild. In diesem Sinne stehen auch in Wagners »Parsifal« die Abendmahlsworte am Eingang der Gralsfeier: »Nehmet hin meinen Leib, nehmet hin mein Blut . . .«. Die bei der Feier im Gralstempel im 1. Akt des »Parsifal« wirklich von Menschenstimmen getragenen Motive erscheinen im Eingang des Vorspiels rein instrumental (siehe darüber des Verfassers Büchlein »Das Parsifal-Christus-Erlebnis«) hier wie dort in der As-dur-Tonart, aus deren Intervallen heraus das Motiv sich zunächst einstimmig aufbaut, bis es von jenen aus der Tiefe aufsteigenden Arpeggien aufgenommen wird, die — vgl. Beethovens op. 110 — für As-dur so charakteristisch sind. Das folgende C-moll (bei der Gralsfeier im Tempel: »Nehmet hin mein Blut, nehmet hin meinen Leib . . .«) trägt mit vollem Vorbedacht noch die As-dur-Vorzeichnung, so wie der C-moll-Akkord ja auch in der As-dur-Tonart enthalten ist; es soll hier, im Sinne Wagners, C-moll nur wie ein tieferer Schatten innerhalb der As-dur-Tonart empfunden werden. Wir wissen ja, daß es die tiefste Tonart ist, die hier von einem Hintersteigen in die untersten Blutstiefen und Blutsgeheimnisse der Welt und des Menschen spricht.

Wie dieses »Abendmahlsmotiv«, ist auch das (im Vorspiel) folgende »Gralsmotiv«, das »Aufsteigen der Gralsburg«, und das weiter folgende »Glaubensmotiv« (»Der Glaube lebt, die Taube schwebt . . .«), im Vorspiel, wie in der späteren Gralsfeier im Tempel, von der As-dur-Tonart aufgenommen, in die sich, bei der Durchführung des Abendmahlsmotivs am Schluß des Vorspiels, noch ein tiefdunkler F-moll-Schatten in den Bässen mischt. Auch die Andacht vor der Gralsburg im Beginn des 1. Aktes steht in As-dur. Es kommt wieder da, wo Gurnemanz in seiner Erzählung die Gralsmysterien und das Schicksal des Gralsspeeres berührt, am reinsten und leuchtendsten da, wo er von der Gebetsvision des Amfortas spricht: ». . . ein sel'ger Schimmer da entfloß dem Grale, ein heilig Traumgesicht nun deutlich zu ihm spricht . . .«. Auch beim Vorhalt des Gurnemanz an Parsifal, der den Schwan heruntergeschoß, erscheinen Anklänge an die Gralsmotive in As-dur: »Des Haines Tiere nahten dir nicht zahm? Grüßten dich freundlich und fromm? . . .«. Wie wir dann in C-dur das Abklingen der in As-dur ihre Höhe findenden Gralsfeier erleben, wurde schon bei C-dur dargestellt: im ätherischen As-dur erleben wir das überirdische Leuchten des heiligen Blutes, im physischnüchternen C-dur das nüchterne Tageslicht. — In die Erwähnung des »heiligen Karfreitags« durch Gurnemanz im 3. Akt klingt das (aus tieferen geistigen Gründen, als »Blutstonart« dort vorgezeichnete) As-dur nur wenig hinein. Es erscheint in musikalischer Wirklichkeit erst wieder bei der Gralsfeier, der feierlichen Gralsenthüllung am Schluß des 3. Aktes, so daß sich im »Parsifal« Anfang und Schluß des Ganzen tonartlich berühren. As-dur ist, als »Gralstonart«, die Rahmentonart des »Parsifal«.

III. Die Tonarten des G-dur-Kreuzes
(G-Des-B-E)

1.

G-dur, E-moll

Wie bei den Tonarten des C-dur-Kreuzes den Gesichtspunkt des Physisch-Seienden, beim F-dur-Kreuz den Gesichtspunkt des Ätherischen, fanden oder finden wir bei denen des dritten der drei Kreuze den Gesichtspunkt des Seelisch-Empfindenden. Gehen wir von der Dreiteilung: Wollen, Denken, Fühlen aus, so wäre das G-dur-Kreuz das **Kreuz des Fühlens**, was in die gleiche Richtung weist. Das Fühlende, Seelisch-Empfindende auszusprechen, liegt und lag der Musik ja zu allen Zeiten durchaus nahe, wenn es andrerseits auch, und gerade heute wieder, ein berechtigtes Bestreben sein kann, die Musik immer mehr vom Seelischen (das die Gefahr des Einseitig-Fühlsamen in sich trägt) zum Geistigen, zur reinen Höhe des Geistigen zu führen.

Gerade bei der an der Spitze, oder am bestimmenden Punkte dieses Kreuzes stehenden G-dur-Tonart tritt jenes Element des Seelisch-Empfindenden, des Fühlenden, deutlich hervor. Die Art, wie sie zwischen den beiden starken, ja stärksten aller Tonarten, C-dur und D-dur, in der Mitte steht, bedingt eine gewisse Schwierigkeit dieser Tonart. Sie gehört dem starken, zum höchsten Lichte (A-dur) emporstrebenden Teil des Tonartenkreises an, nimmt an diesem Lichte teil und wird dennoch durch die Stärke der beiden andern Tonarten in den Schatten gestellt. In ihrem dennoch ebenfalls starken Lichte enthält sie besonders stark das Element des Fühlens, das die bereits erwähnte Gefahr des Fühlsamen in sich trägt. So kann man in gewissem Sinne von einer Gefahr der G-dur-Tonart sprechen — mit der darum manche Musiker und Musiktheoretiker eine Schwierigkeit haben —, von der dreifachen Gefahr nämlich, entweder sinnlich, oder sentimental, oder langweilig zu werden. Und dennoch sollten wir bei diesem Gesichtspunkt nicht stehen zu bleiben, sondern dem Problem tiefer auf den Grund zu gehen suchen. Dann werden wir finden, wie G-dur, vom Sternenkreis her betrachtet, in der Achse Stier-Skorpion (♉ — ♏) liegt, wie es demjenigen Zeichen (♏) gegenüberliegt, das auf der einen Seite das Element der Sinnlichkeit in sich schließt, auf der anderen Seite aber, wie die Darstellung (bei Des-dur) noch ergeben wird, auf um so Höheres hinweist. An der Zweischneidigkeit von Des-dur nimmt vielleicht auch schon G-dur in einer gewissen Weise teil. Diese Tonart (siehe Figur) ist zugeordnet dem Zeichen, das man in alter Überlieferung etwas irreführend »Stier« genannt hat, denn es ist ja eigentlich ein weibliches Zeichen, zwischen den männlichen Zeichen Widder (C-dur) und Zwillinge (D-dur) in der Mitte stehend (männlich und weiblich wechseln im Tierkreis ab), besser wäre darum der Name »Isiszeichen« (»Isiskuh«), »Maienzeichen« — denn es entspricht der Blütenfülle des Mai —, oder wie immer man den Namen hier finden will. Auch zur Innerlichkeit des Wortes, der Beredsamkeit — und das trifft musikalisch auch für G-dur zu — hat dieses Zeichen eine Beziehung. Wenn es erlaubt ist, jene kosmischen Gesichtspunkte (die wir bei unserer Darstellung keineswegs in den Vordergrund gestellt haben — es sollten in ihr mehr einfach die musikalischen Beispiele sprechen —) etwas weiterzuführen, so wäre zu sagen, daß jenes der G-dur-Tonart entsprechende Stierzeichen, Isiszeichen, Maienzeichen ja vom planetarischen Gesichtspunkt ein Venuszeichen ist, daß Venus in diesem Zeichen (wie andrerseits in der Waage) Herrscherin ist. Gerade für das Verständnis der G-dur-Tonart und ihrer Rätsel haben wir darin einen bedeutsamen Schlüssel. Ist doch Venus, die Liebe, auch heute immer noch jene Daseinsmacht, die von den Menschen am wenigsten verstanden, immer noch und immer wieder gern in die Abgründe der Sinnlichkeit und ins Sentimentale hinuntergezogen, mit Sinnlichkeit und Sentimentalität verwoben wird, obwohl sie ihrem wahren Wesen nach damit nichts zu tun hat.

Es wird sich also auch bei der musikalischen Betrachtung von G-dur darum handeln, das reine Urbild dieser Tonart zu unterscheiden von ihrer Verquickung mit gewissen niederen Elementen, die sie als eine Gefahr oder Möglichkeit ja auch in sich trägt. Für das eine, wie für das andere werden wir die Beispiele in der Musikliteratur finden. Im einzelnen Falle kann es sich, vor allem für den dramatischen Musiker, darum handeln, auch das sinnliche Element, wo es in Frage kommt, in dieser Tonart darzustellen. In der reinen Musik werden vor allem diejenigen Beispiele für uns von Bedeutung sein, in denen das reine Urbild, die höhere Seite der G-dur-Tonart uns entgegentritt.

In diesem Sinne ist G-dur einfach die sprießende Blütenfülle der Maienzeit, das Sprießende, Blühende überhaupt, die Liebesoffenbarung im Werden der Natur, im höchsten Sinne »heilende Liebeskraft«. (Dieses gerade ist das Planetarische des G-dur-Zeichens, und wir werden in der Musik von Richard Wagner — der auch die andere Seite von G-dur nicht fehlt — ausgezeichnete Beispiele dafür finden). Das Anmutige, Liebliche, Bescheidene, Innige, oft auch Kindliche, das Unschuldige im Grunde ist für diese Tonart charakteristisch.

Sehen wir uns in der Musik von Johann Sebastian Bach um, so finden wir in ihr die schönsten Beispiele für dieses reine Urbild der G-dur-Tonart. Gerade am Bachschen G-dur können wir am besten verstehen lernen, was G-dur seinem Wesen nach ist, sein könnte. Da finden wir die echt weihnachtliche, liebliche Innigkeit der »Sinfonie« im »Weihnachtsoratorium«, das »Hirtenmäßige«, die Stimmung, wie wir sie mit dem Erlebnis der »Hirten auf dem Felde« im Weihnachtsevangelium verbinden. Dann die liebliche G-dur-Fuge im 2. Teil und vor allem das G-dur-Präludium im 1. Teil des »Wohltemperierten Klaviers«: da ist die ganze sprießende Fülle, die Maienfülle und sprudelnde Frische der G-dur-Tonart, aber alles voll urgesunden Wesens. »Wie wenn Engelchen Purzelbäume schlagen« hat einmal eine dem Verfasser dieser Arbeit bekannte Persönlichkeit zu ihm gesagt. Oder jene stimmungsvollen kleinen Zwischensätze wie vor allem derjenige in der Gavotte der 3. Englischen Suite für Klavier (Musette): das ist wirklich reinstes G-dur, ganz aus dem Tonartlichen von G-dur heraus empfunden, die Stimmung, wie wenn man im Sommer still ruhend und träumend im Grase liegt, und die Grillen rings herum zirpen hört. Ein Tonartenerlebnis genialster Art in wenigen Takten.

Auch der Welt von Haydn und Mozart ist die G-dur-Tonart durchaus angemessen, da offenbart sie sich noch in ihrer reinen ursprünglichen Lieblichkeit und Anmut. Bei Haydn finden wir diese Tonart noch mehrfach sogar in Symphonien, als Grundtonart einer Symphonie. G-dur, in seiner Zwischenstellung und Hinneigung zum Gefühlselement, ist ja nichts weniger als eine Symphonietonart großen Stiles. Aber die Haydnsche Symphonie hat eben noch einen kleineren, bescheidenen Stil. Sogar eine »Militärsymphonie« hat er in G-dur komponiert — wo wir eher D-dur erwarten würden. Inniger und innerlicher noch ist die G-dur-Tonart bei Mozart. Da finden wir sie vor allem in den langsamen Mittelsätzen, besonders Andantesätzen der Sonaten, und für diese Mittelsätze, mehr als für die großen und bewegten Ecksätze, ist G-dur mit seinem ruhigen, lieblichen, gefühlsinnigen Ausdruck in erster Linie geeignet. Unter vielen Beispielen sei hingewiesen auf das G-dur-Andante der C-dur-Klaviersonate Köchel Nr. 545 (die in vielen Ausgaben als erste abgedruckt wird). In aller Schlichtheit spricht dieser Satz von irgend etwas Jugendfrischem, von irgend etwas, das immergrün ist wie Erinnerung an Jugend und Kindheit — irgend etwas von grüner Farbe scheint sich mit der G-dur-Tonart irgendwie zu verbinden, ein rechtes Mozart-Element. Auch das G-dur-Andante der D-dur-Klaviersonate (Köchel Nr. 311) ist unschuldigster Art, reine Lieblichkeit und Anmut. Von besonderer Innigkeit, auch hier wie Erinnerung an fernes Jugendglück anmutend, ist das Mozartsche G-dur im Trio des 3. Satzes der G-moll-Symphonie. Auch das leichtgewobene G-dur in Papagenos beliebtem »Der Vogelfänger bin ich ja« in der »Zauberflöte« ist künstlerisch richtig angewendet, dem Wesen der G-dur-Tonart voll entsprechend, ein nicht unwesentliches Beispiel.

Beethoven entwickelt in der Klaviersonate op. 31 Nr. 1, besonders im 1. Satz in G-dur sprudelnde Lebendigkeit, wie sie uns schon bei Bach in dieser Tonart begegnete (natürlich soll in solchen Fällen nur das Tonartliche, nicht sollen die Kompositionsstile verglichen werden, die ja hier und dort ganz verschieden sind). In der G-dur-Sonate op. 79 zeigt besonders der 3. Satz die für G-dur charakteristische Anmut, während die Sonatine op. 49 Nr. 2, wohl für Kinder gedacht, das zuweilen mehr Oberflächliche dieser Tonart entwickelt (als ob auch dafür ein Beispiel hätte gegeben werden sollen).

Ein allerinnigstes Verhältnis zu G-dur hatte Franz Schubert. Man denke an seine, intimste Zwiesprache mit der Natur offenbarenden Lieder an den Bach, allen andern voran das eine, unsterbliche »Wohin?« :»Ich hört' ein Bächlein rauschen.« Auch das »Heidenröslein« (»Sah ein Knab' ein Röslein steh'n ...«) ist eine solche Offenbarung in G-dur. Unter den Instrumentalkompositionen vor allem das wie ein duftiger Schleier in Tönen hinfließende Impromptu in G-dur für Klavier. Die Beispiele ließen sich zahlreich vermehren.

Auch Chopin — obwohl das helle G-dur nicht zu seinen eigentlichen Tonarten gehört — kann hier nicht ganz unerwähnt bleiben. Neben dem in einer für G-dur durchaus charakteristischen Art dahinsprudelnden, »maienfrischen« G-dur-Präludium ist hier vor allem das von andern Nocturnes sich sehr unterscheidende Nocturne in G-dur mit seiner ganz eigenartigen

Melodik, Harmonik und Rhythmik von besonderem Interesse. Wenn zu den »Gefahren« der G-dur-Tonart schon auch diejenige gehört, ins Langweilige zu verfallen, so ist diese Gefahr nirgendwo mehr vermieden, als in diesem höchst reizvollen, poetischen, geistvollen Tonstück. Es bedeutet für diese Tonart eine wirkliche Bereicherung.

Bei Chopin ist der rechte Platz, auch gleich der Mollparallele von G-dur, der E-moll-Tonart zu gedenken, die in der Musik wenig ausgeschöpft ist. Mit dem Gefühlsmäßigen der G-dur-Tonart berührt sie sich insofern, als ihr vor allem der Ausdruck der Klage eigen ist. Aber sie erschöpft sich nicht darin, sie hat neben dieser gefühlsmäßigen noch eine ganz andere, mehr ins Geistige gehende Seite, die sich bis zum Ausdruck des Erhabenen steigern kann. Sie gehört nicht zu den schwächeren, sondern eher zu den stärkeren, oder starken Tonarten, in dieser Beziehung von G-dur durchaus verschieden, mehr zur E-dur-Tonart sich hinordnend, nur daß im Gegensatz zur Wärme dieser Tonart in E-moll zuweilen eher etwas wie Kälte, ja kalte Erhabenheit sich offenbart. Für das »klagende E-moll« gibt es nun kein ausgezeichneteres Beispiel in der ganzen Musik, als das E-moll-Präludium von Chopin. Hier ist jeder Takt, jede Harmonie, jede Fortschreitung ganz aus dem Wesen der Tonart heraus gefunden. Hier muß man, bei allem Seelischen und Gefühlsmäßigen, das gerade diesem Präludium eigen ist, auch achten auf jenes im höchsten und strengsten Sinne Logische, wie es in wahrer Musik nicht weniger als in menschlicher Gedankenlogik gefunden werden kann, auf die innere Notwendigkeit, mit der ein Ton aus dem andern, und alles wiederum aus dem Charakter der E-moll-Tonart hervorgeht. Wir werden da inne, wie E-moll, bei aller Trübheit des Mollcharakters, doch zu den »hellen« Molltonarten, zu den Molltonarten des hellen, oberen Teiles des Tonartenkreises gehört. Wenn der Ausdruck der Klage in diesem Präludium fast bis an denjenigen des Weinens streift, so können wir uns an den Ausdruck »helle Tränen« erinnert fühlen. — Auch in der Musik von Felix Mendelssohn ist E-moll öfter charakteristisch, desgleichen in der Musik des Ostens, besonders im Russischen; von Tschaikowsky gibt es eine ganze Symphonie in E-moll, obwohl E-moll sonst nicht zu den Symphonietonarten großen Stiles gehört.

Die andere Seite von E-moll, das »erhabene E-moll«, hat niemand großzügiger entwickelt als Johann Sebastian Bach im Crucifixus der H-moll-Messe. Man wird auch sagen können, es sei das Element der Klage mit dem des Erhabenen hier verbunden. Aber eigentlich tritt die Klage vor dem Erhabenen, dem Ausdruck kosmischer Erhabenheit hier ganz zurück. Vor der Tiefe und Erhabenheit des Mysteriums von Golgatha steht alles einseitigmenschliche Empfinden gleichsam stille.

Noch wäre der höchst eigenartige E-moll-Satz (Prestissimo) in Beethovens E-dur-Klaviersonate op. 109 zu erwähnen, den man mit den Vorgängen und Empfindungen in einem Sterbezimmer verglichen hat. Der göttlichen Erhabenheit in Bachs Crucifixus steht hier die Bangigkeit des menschlichen Sterbens gegenüber.

Wenden wir uns von alledem wiederum der Betrachtung der G-dur- und E-moll-Tonart im Musikdrama Richard Wagners zu. Beim »Fliegenden Holländer« kann etliches mehr oberflächliche oder nur in der Vorzeichnung vorhandene G-dur unerwähnt bleiben. An der Stelle (Holländer beim ersten Anblick Sentas): »Wie aus der Ferne längst vergang'ner Zeiten spricht dieses Mädchens Bild zu mir; wie ich's geträumt seit bangen Ewigkeiten, vor meinen Augen seh' ich's hier« ist die Tonart E-moll, das E-moll des Fernen, Erhabenen, des Ewigkeitshauches, der sich, gerade bei Richard Wagner, öfter mit der E-moll-Tonart verbindet.

Das erste richtige, zugleich in seiner Art starke, hohe und reine G-dur bringt dann der »Tannhäuser«. Da hören wir zunächst im 1. Akt, wenn wir uns nach dem Versinken des Venusbergs in der gesundende und belebende Kräfte atmenden Frühlingslandschaft im Gebiete der »Wartburg« befinden, das einfache, einstimmige Hirtenlied: »Frau Holda kam aus dem Berg hervor ...«, das da endet: »... und als mein Aug' erschlossen kaum, da strahlte warm die Sonnen, der Mai, der Mai war kommen. Nun spiel' ich lustig die Schalmei, der Mai ist da, der liebe Mai!« Hier ist G-dur (das auch in den folgenden Pilgerchor noch hineinwirkt) einfach das maienfrische G-dur, die Maientonart (als die sie ja auch rein aus dem Tonarten-Jahreskreis heraus betrachtet, erscheint). Wenn auch die (der »Frau Venus« im Venusberg nahestehende) »Frau Holda« darin erwähnt wird, so betont das Hirtenlied doch gerade den Gegensatz des gesunden, wachen Frühlingsatmens zu jenen Träumereien, die der Maiensonnenschein hinwegwischt. Das ist dann gerade echtes und rechtes G-dur.

Auf eine höhere Stufe erhebt sich dieses G-dur-Erleben im Beginn des 2. Aktes, wenn nach der, auf gleichen Motiven aufgebauten, stürmischen Orchestereinleitung in G-dur Elisabeth hereinkommt, in freudiger Bewegung die Begegnung mit dem so lange verschollenen, jetzt wieder erschienenen Tannhäuser, ihrem Jugendfreund, erwartend: »Dich, teure Halle, grüß' ich wieder, froh grüß' ich dich, geliebter Raum! ... Da er aus dir ge-

schieden, wie öd' erschienst du mir ... Wie jetzt mein Busen hoch sich hebet, so scheinst du jetzt mir stolz und hehr; der dich und mich so neu belebet, nicht länger weilt er ferne mehr! ...«. Wenn irgendwo, ist hier das frische, sprudelnde, blühende G-dur (mit E-moll-Modulation an den klagenden Zwischenstellen) am Platze, und Wagners Musik hat hier auch durchaus diesen, aus dem echten und reinen Wesen von G-dur geschöpften Charakter. Alles in diesem G-dur atmet den Frühling, die Maienfrische und das mit ihr in Einklang stehende menschliche Empfinden, ja man möchte sagen, daß es gerade der deutsche, der thüringische Frühling, daß es der Frühling im Wartburggebiet ist, den diese Musik, dieses G-dur mit der gerade der Wagner-Musik eigenen sprechenden und konkreten Lebendigkeit zum Ausdruck bringt. Dazu kommt noch dieser Gesichtspunkt, wie eng dieses alles zum Wesen der Elisabeth von Thüringen gehört. An ihr ist in diesem Zeitpunkt noch alles gesundeste Jugendfrische, sie war ja in ihrer Zeit Trägerin wunderbarster Heilkräfte, die sie an ihre kranke Mitmenschheit verströmte, und auch in Wagners Oper können wir fühlen, wie gesundend, wie heilend, zunächst wenigstens heilend, ihre ganze Nähe auf den aus der Verstrickung in den Sinnenrausch zurückgekehrten Jugendfreund wirkt. Elisabeth von Thüringen ist in ihrem ganzen jugendlichen Wesen h e i l e n d e L i e b e s -
k r a f t , und heilende Liebeskraft ist ja auch im höchsten Sinne dasjenige, was dem Planetarischen des die G-dur-Tonart beherrschenden Zeichens entspricht. Es ergänzt sich das, wie früher schon betont wurde, so wunderbar mit dem Planetarischen des die Ges-dur-Tonart des Elisabeth-Gebets im 3. Akt beherrschenden Zeichens (⌢): ist es hier (bei G-dur) die im Leben heilende, so dort die im Sterben tröstende, erlösende und erweckende Liebe, Venus Urania.

In dem durch Elisabeths und Tannhäusers Begegnung geschaffenen, von thüringischer Maienstimmung erfüllten G-dur begrüßt dann auch der Landgraf seine Gäste, in ihm stellt er das Problem des ganzen Sängerkriegs: der Liebe Wesen zu ergründen. Das Liebewesen, das Planetarische der Venus (von dem die »Venus« im Venusberg die dämonische Verzerrung ist) gehört zu G-dur. Von jener unterirdischen Venus aufs neue und langsam immer mehr umstrickt, gerät im Sängerkrieg, bei seiner Entgegnung an Wolfram, Tannhäuser in das immer stürmischer und sinnlicher werdende G-dur: »O Wolfram, der du also sangest, du hast die Liebe arg entstellt ... Doch was sich der Berührung beuget, euch Herz und Sinnen nahe liegt.« Das eigentliche Venuslied, wo die dämonische Entrückung ihren Höhepunkt erreicht, das Lied, das er im Venusberg zuerst in der wirklich zu ihm gehörigen Tonart (Des-dur) angestimmt hat, singt er dann in einer ihm ganz fremden. Der 3. Akt bringt dann wieder das höhere G-dur, wenn Wolfram sein Lied an Venus, den Abendstern (jetzt die Venus am Himmel) in G-dur, der Tonart der Venus, singt. Das Zweischneidige der G-dur-Tonart, in der ein hohes und ein niederes Element sich verbinden, tritt bei Wagner überall hervor.

Im »Lohengrin« finden wir im 2. Akt bei Ortrud in ihrer Szene mit Elsa ein gleißnerisch-verführerisches G-dur (»O, du bist glücklich!...«) mit wenig reiner Tonalität. Ihr erwidert Elsa mit ihrem unschuldvollen, reinen, wenn auch nicht illusionsfreien G-dur: »Kehr bei mir ein, laß' mich dich lehren, wie süß die Wonne reinster Treu! Laß zu dem Glauben dich bekehren: es gibt ein Glück, das ohne Reu!«

Mit schwungvollem G-dur des Hochzeitsjubels beginnt dann die Orchestereinleitung des, Lohengrins und Elsas Vermählung bringenden, 3. Aktes: da, in diesem G-dur, ist wirklich »Hochzeit«, höchster Überschwang der Gefühle. Auch das Brautlied in B-dur hat einen Mittelsatz in G-dur. In der Brautgemachszene zwischen Lohengrin und Elsa an dem Punkte, wo Elsa schon nahe daran ist, die verbotene Frage zu stellen, wird aus der G-dur- bzw. E-moll-Vorzeichnung, da, wo sie wiederkehrt, immer mehr »gebrochene Tonalität« (Ortrud-Motive), zuletzt reines E-moll: »Weh, nun ist all' unser Glück dahin!« Es kommt dann nur noch e i n e G-dur-Stelle, an der wir nicht vorübergehen dürfen, wo Lohengrin, von Elsa Abschied nehmend, von der Wiederkehr ihres totgeglaubten Bruders aus dem Gralsgebiet spricht, und ihr dann, als letztes Andenken, noch sein Horn, sein Schwert und seinen Ring überreicht: »Kommt er dann heim, wenn ich ihm fern im Leben, dies Horn, dies Schwert, den Ring sollst du ihm geben: Dies Horn soll in Gefahr ihm Hilfe schenken, in wildem Kampf dies Schwert ihm Sieg verleih't; doch bei dem Ringe soll er mein gedenken, der einstens dich aus Schmach und Not befreit.« Hier zittert in dem Gefühlvollen der G-dur-Tonart die ganze Ergriffenheit, der ganze unnennbare Schmerz dieses schmerzlichsten aller Abschiede (denn Lohengrin, der Bringer des höchsten Lebens, muß diejenige, die ihn liebte, und ihm doch nicht vertrauen, nicht sich wirklich zu ihm erheben konnte, allein in Todesabgründen zurücklassen); hier ist das Gefühlvolle der G-dur-Tonart einfach aus der ganzen dramatischen Situation heraus berechtigt, hier entspricht es den Tatsachen des Lebens.

Im »Rheingold« erscheint G-dur schon da, wo die Rheintöchter im vorgetäuschten Liebesspiel neckend mit Alberich buhlen: »Heia, du Holder! Hörst du mich nicht? Ich rate dir wohl: zu mir wende dich, Woglinde meide!« Beim ersten Erscheinen der wie in hastiger Flucht vor den Riesen auftretenden Freia ertönt das klagende E-moll. Ähnlich, doch in mehr gebrochener Tonalität, da, wo sich nach Freias abermaliger Entführung durch die Riesen der fahle Nebel über die Götter legt, und ihnen ein ältliches Aussehen verleiht. Ist G-dur Jugendblüte, so E-moll in diesem Fall das Schwinden der Jugendblüte. Loge gibt die Erklärung: »Jetzt fand' ich's! Hört, was euch fehlt! Von Freias Frucht genosset ihr heute noch nicht. Die goldenen Äpfel in ihrem Garten, sie machten euch tüchtig und jung, aßt ihr sie jeden Tag ..« Das Freia-Motiv (früher D-dur), erscheint hier sehr passend, als Ausdruck des Jugendlichen, Jugendfrischen, in G-dur.

In der Liebesszene zwischen Siegmund und Sieglinde am Schlusse des 1. Aktes des »Walküre« spielt G-dur — zuerst da, wo Sieglinde im Nachtgewand hereinkommt, dann bei der Erzählung von Wälse-Wotan von ernstem E-moll unterbrochen (das E-moll des Göttlich-Erhabenen, hier nach E-dur weitergeführt) — eine nicht unbedeutende Rolle. Die Tonart, dann schon deutlich als G-dur des Sinnenrausches, beschließt auch den 1. Akt. Im 3. Akt erhebt sich die Tonart wieder bis zum Motiv der siegenden (oder: »zukunfttragenden«) Liebe im Dank Sieglindes an Brünhilde: »O hehrstes Wunder! Herrlichste Maid!« (auch vorher schon bei Brünhildes: »Siegfried erfreu' sich des Siegs!«), zuletzt mit Wotan allein, beginnt Brünhilde ihre dramatische Auseinandersetzung mit diesem im klagenden E-moll: »War es so schmählich, was ich verbrach...«, und Wotan, nachdem sein Zorn durch Brünhildes Liebe, durch die ganze Stärke ihres liebevollen Zukunftsgedankens besiegt ist, beschließt die Auseinandersetzung im »erhabenen E-moll«: »Denn so kehrt der Gott sich dir ab, so küßt er die Gottheit von dir.« Dem weltbedeutenden Augenblick, wo die Gottheit in Brünhilde sich ins Menschliche und Menschheitliche hinüberopfert, entspricht in der Musik, durch Instrumentation mit Holzbläsern und Tuba an dieser Stelle mächtig gehoben, das E-moll des Göttlich-Erhabenen.

Im Anfang des 1. Aktes von »Siegfried« sehen wir, gleich nach dem finstern, albenhaften B-moll der Einleitung und des ersten Mimegesangs, den jugendlichen Siegfried, mit dem Motiv seines Hornrufs (sonst zumeist F-dur) in G-dur hereinkommen. Seine spätere Heldentonart ist ja D-dur, aber die muß er sich erst erringen, die gewinnt er sich am Schluß des 1. Aktes durch das Schmieden des Schwertes Notung, da erhebt er sich gleichsam — und die Musik führt das in allmählicher Entwicklung durch — von dem jugendlichen, in diesem Falle »jungburschenhaften« G-dur zum höheren, heldenmäßigen D-dur. Da wo ihn Mime in trüb-chromatischem E-moll über das »Fürchten« belehren will, wird für Siegfried G-dur daraus (»Sonderlich seltsam muß das sein . . .«), später immer mehr das brünhildenhafte E-dur: »Sehnend verlangt mich der Lust.«

Im 2. Akt wird, abwechselnd mit dem E-dur des »Waldwebens« wichtig das »mütterliche G-dur« (das mit dem Planetarischen des G-dur-Zeichens tief verwoben ist), bei der Erwähnung Sieglindens, also beim Gedenken an die Mutter: »Ach, möcht' ich Sohn meine Mutter sehen, meine Mutter, ein Menschenweib« (G-dur hier mit dem in verschiedenen Wagner-Dramen sich findenden Motiv des »elementarischen Naturwebens« sich verbindend). Auch die Stelle im 3. Akt kann hier gleich erwähnt werden, wo sich zartes liebevollstes G-dur mit dem Motiv des lächelnden Vergehens verbindet: (Brünhilde zu Siegfried:) »Du wonniges Kind! Deine Mutter kehrt dir nicht wieder . . .« Auch in der Zwiesprache Siegfrieds mit dem Waldvöglein im 2. Akt finden wir G-dur, dem dann in der Sprache des Waldvögleins das brünhildenhafte E-dur erwidert. Ein Anklang an G-dur (vieles ist hier bloße Vorzeichnung, nicht Wirklichkeit der Tonart) findet sich noch in der Wotan-Erda-Szene des 3. Aktes an der Stelle: ». . . dem ewig Jungen weicht in Wonne der Gott« — wieder das »jugendliche G-dur«. In der Siegfried-Brünhilden-Szene des 3. Aktes ist vor allem noch zu erwähnen das »erhabene E-moll« bei Brünhildes Wort: »Ewig war ich, ewig bin ich, . . . ewig zu deinem Heil.« Sie sagt das noch aus dem Bewußtsein ihrer Göttlichkeit, oder einstigen Göttlichkeit (die sie doch erst im Sichhinopfern an Siegfried ganz verliert), ein Ewigkeitshauch liegt in ihren Worten, wie hier auch wieder im Musikalischen der E-moll-Tonart.

In der »Götterdämmerung« bringt gleich das Nornenvorspiel dieses »erhabene E-moll« der Weltenschicksalswende, da wo das Nornenseil reißt: »Zu End' ewiges Wissen! Der Welt melden Weise nichts mehr. Hinab! Zur Mutter! Hinab!« Einem ähnlichen »erhabenen E-moll«, einem »E-moll der Götternot« begegnen wir dann in der Waltrauten-Szene des 1. Aktes, wie von Wotan, seiner Rückkehr mit dem von Siegfried ihm zerschlagenen Speer erzählt wird: »So sitzt er, sagt kein Wort, auf hehrem Sitze stumm und ernst; des Speeres Splitter fest in der Faust; Holdas Äpfel rührt er nicht an. Staunen und Bangen binden starr die Götter.«

G-dur ist in der »Götterdämmerung« in der Hauptsache »Gutrune-Tonart«, also die Tonart jener verhängnisvollen, durch Hagens Zaubertrug erwirkten, aber auf Seite Gutrunens selbst doch auch wieder so tragisch-aufrichtigen Liebe. So kurz auch im Dramatischen bei Wagner jene Gestalt Gutrunens — sie entspricht der Kriemhild im deutschen Nibelungenlied — gekommen ist, so wenig ist dieses im Musikalischen der Fall. Das G-dur

Gutrunens gehört musikalisch zum schönsten, ausdrucksvollsten G-dur im Werke Richard Wagners und ist tief aus dem Charakter der Tonart heraus gefunden. Schon wie sich, indem der Zaubertrank Hagens zu wirken beginnt, Siegfried und Gutrune im 1. Akt finden, erscheint G-dur, bei Gunthers Antwort »Gutrune« auf Siegfrieds Frage: »Gunther, wie heißt deine Schwester?« Das eigentliche »Gutrune-Motiv« in G-dur erscheint dann im 2. Akt, wie Siegfried und Gutrune als Paar erscheinen, während gleichzeitig Brünhilde von Gunther hereingeleitet wird: »Gegrüßt sei, teurer Held, gegrüßt, holde Schwester.« Schimmernder Glanz umwebt hier das schöne Motiv. Es erscheint dann noch einmal, nach der tragischen Schwurszene, da wo Siegfried und Gutrune wieder hinausgehen, bei Siegfrieds Hochzeitsruf: »Froh zur Hochzeit helfet, ihr Frauen!... In Hof und Hain, heiter vor allen sollt ihr heute mich sehen.« Alles ist natürlich in tiefste Illusion getaucht, im Sinne Wagners ist es n i c h t das »höhere G-dur«, das wir hier vernehmen, bei allem musikalischen Reiz, der diesen Motiven eigen ist. — Einen der zartesten aller G-dur-Momente mit Übergang von G-dur nach E-dur (ähnlich wie an der entsprechenden Stelle im »Siegfried«) bringt dann Siegfrieds Erzählung vom Waldvöglein im 3. Akt: »In Leid zum Wipfel lauscht' ich hinauf; da saß es noch und sang...«.

Von einer in die tieferen geistigen Hintergründe der G-dur-Tonart weisenden Bedeutung sind die »G-dur-Momente« und -Episoden in »Tristan und Isolde«. Das Planetarische des G-dur-Zeichens (Isiszeichens), so sahen wir, ist in tieferem Sinne »heilende Liebeskraft«. In Isolde, wenn wir sie als Mysterienfigur nehmen — und auch dieser Mysteriengesichtspunkt, nicht nur der der »Liebesgeschichte« ist berechtigt — ist diese Isiskraft, diese »heilende Liebeskraft« gleichsam verkörpert. Es ist das höhere Weibliche (der »höhere Äther«), das »Ewig-Weibliche« der Welt in ihr, nach dem Tristan, der Eingeweihte, sich sehnt, von dem er die Heilung seiner Sehnsuchtskrankheit ersehnt. Tristans Siechtum durch die von Melot, wie auch die früher schon von Morold geschlagene Wunde ist zugleich ein Bild für diese »Sehnsuchtskrankheit«; Isolde, die von der ersten der beiden Wunden (der durch Morolds Waffe geschlagenen) ihn heilt, von der andern ihn heilen wollte, — aber es ist zu spät, Tristan sinkt sterbend in ihre Arme —, ist das höhere Leben, die heilende Liebeskraft, trägt in ihrer magischen Kraft das Jungfräulich-Mütterliche, das sich dem alten Ägypten mit dem Isisnamen verbindet, in sich (vgl. »Kennst du der Mutter Künste nicht?...«). Nicht ohne Zusammenhang mit dem Geistigen jenes Zeichens, dem Geistigen darum auch der Tonart, bringt Wagner — wenn er die Zusammenhänge auch nicht im vollen Bewußtsein hatte, in diesem Falle nur durch Intuition erriet — Isoldens Erzählung von Tristans »kranker Meerfahrt«, wo sie ihn dann von der Moroldwunde heilt, in G-dur, wie sie da spricht »von einem Kahn, der klein und arm an Irlands Küste schwamm, darinnen krank ein siecher Mann elend im Sterben lag. Isoldes Kunst ward ihm bekannt, mit Heilsalben und Balsamsaft der Wunde, die ihn plagte, getreulich pflag sie da.« Wohl ist der Anfang noch sehr chromatisch, die Tonart noch wenig herausgearbeitet, doch bringt Wagner, wie mit sicherer Absicht, von Anfang an gleich die G-dur-Vorzeichnung, und die Stelle »der Wunde, die ihn plagte, getreulich pflag sie da« ist klares, eindeutigstes G-dur, die allereinfachste G-dur-Kadenz, mit Dominante und Leitton, wie wir ihr im dramatischen Fluß (der »unendlichen Melodie«) der Wagner-Musik gar nicht so leicht begegnen. Das G-dur als Tonart der »heilenden Liebeskraft« ist hier, auch wenn es Wagner nicht bewußt vorschwebte, rein objektiv-musikalisch verwirklicht. Und wir können dieses musikalisch-geistige Motiv durch das ganze Musikdrama weiter verfolgen. Dasselbe »heilende G-dur« klingt dann gleich wieder an an der Stelle: »Die schweigend ihm das Leben gab, vor Feindes Rache ihn schweigend barg...«; erst an der Stelle: »Das wär' ein Schatz, mein Herr und Ohm, wie dünkt euch die zur Eh?« (G-dur) verkehrt sich der Sinn der Tonart nach einer anderen Richtung, die wir ja auch schon kennen. Das G-dur von Isoldens heilender Kraft erscheint dann wieder im 3. Akt, wo Kurwenal dem Tristan spricht von seinem schon in die Tat umgesetzten Plan, Isolde als die allheilende Ärztin für Tristans Siechtum herbeizurufen: »...wer einst dir Morolds Wunde schloß, der heilte leicht die Plagen, von Melots Wehr geschlagen«. Hier ist mit deutlichster Absicht die G-dur-Vorzeichnung gewählt, wenn auch mit wirklichen G-dur-Momenten viele Chromatik und »gebrochene Tonalität« sich mischt. Auch Tristans Freudenjubel »Isolde kommt! Isolde naht!...« ist von G-dur beherrscht, mit eigenartigen Verschiebungen nach Moll hin, die diesem Motiv (das Richard Wagner einmal auch in den Briefen an Mathilde Wesendonk erwähnt: »Kennen Sie das?«) — es erscheint zuletzt noch einmal bei Kurwenals Tod, in Moll — seinen charakteristischen Ausdruck geben. Der deutlichste Anklang an das G-dur der »heilenden Liebeskraft« erscheint dann im 3. Akt da, wo in dem klagevollen »Muß ich dich so versteh'n, du alte ernste Weise...« (F-moll) Tristans Phantasie wieder zu jener früheren Seefahrt, wo Isolde ihn heilte, und zu dieser selbst als der »fernen Ärztin« zurückschweift, an der Stelle: »den Segel blähte der Wind hin zu Irlands Kind«. Das ist wieder eine jener tonalen Wendungen, die man inmitten der

Chromatik des »Tristan« schon aufsuchen muß, reines G-dur der heilenden Kraft Isoldens.

Von außerordentlicher Tiefe des Ausdrucks — die Stelle gehört zum Ergreifendsten im ganzen »Tristan« — ist die Wendung des G-dur-Motivs »Isolde kommt! Isolde naht...« nach E-moll (vorgezeichnet ist D-moll) beim Tode Kurwenals: »Tristan! Trauter! Schilt mich nicht, daß der Treue auch mitkommt!«, woran sich dann noch wie in trauervoller Verlorenheit das Heimatmotiv (»Kareolmotiv«, siehe bei F-dur) in E-moll anschließt, tiefstes Menschenleid, Trauer des liebevollsten Herzens aussprechend.

Das G-dur des 2. Aktes (zuerst wieder, wie Tristan seine Irlandfahrt erwähnt) ist minder charakteristisch und mehr nur in der Vorzeichnung vorhanden, ausgeprägter an der Stelle: »Stürb' ich nun ihr, der so gern ich sterbe« und in Brangänens zweitem Weckruf: »Habet acht! Schon weicht dem Tag die Nacht!« Ihm folgt das Motiv der Liebesruhe, das nach dem ersten Weckruf in Ges-dur erschien, in G-dur: das ist darum bemerkenswert, weil beide Tonarten (Ges-dur ist die Waagetonart) mit dem Planetarischen der Venus zusammenhängen (die im Leben heilende — die im Sterben tröstende Liebesmacht).

Wiederum eine ganz andere Welt, auch tonartlich, betreten wir mit den »Meistersingern«. Wie im 3. Ringdrama am Anfang des 1. Aktes der junge Siegfried, führt sich in den »Meistersingern« der Lehrjunge David mit seinem leicht dahintänzelnden Motiv in der G-dur-Tonart ein (»Aller End ist doch David der allergescheit'st...«) — man möchte hier wie dort vom »jungburschenhaften G dur« sprechen — und die Tonart beherrscht dann gleich schon im 1. Akt weitere Abschnitte, so das ganze Gespräch mit den Lehrbuben und die ihm folgende Belehrung über den Meistergesang und seine Gepflogenheiten an Walther Stolzing. »Das Blumenkränzlein aus Seiden fein, wird das dem Herrn Ritter beschieden sein« — in diesem Motiv sehen wir G-dur anmutig mit F-dur verschwistert. Auch wo sich Hans Sachs mit den Meistersingern über die »Regeln« ausspricht, finden wir die, von David zuerst eingeführte Tonart, da, wo auch viel von dem die Rede ist, was volkstümlich ist, dem Volke behagt. Dieses Behagen des Volkes kommt dann zu seiner Höhe in der Stimmung der Johannisnacht, die den 2. Akt beherrscht, und der junge David spielt dabei eine Hauptrolle. Und diese Stimmung der Johannisnacht ist nun bei Richard Wagner musikalisch das auf dem Nonenakkord der Oberdominante sich aufbauende sprühende, flimmernde G-dur, mit dem gleich die Orchestereinleitung des 2. Aktes beginnt. »Johannistag, Johannistag! Blumen und Bänder so viel man mag« (darauf wieder das »Blumenkränzlein« mit seiner anmutigen Wendung von F-dur nach G-dur), so singen, nach dem Aufgehen des Vorhangs, in der gleichen Tonart die Lehrbuben, indem sie die Fensterläden nach der Gasse schließen. Man muß hier, um das Wesen der Tonart ganz richtig zu verstehen, gewisse Unterscheidungen machen. In der Zuordnung des Tonartenkreises zum Jahreskreis entspricht A-dur der Johanniszeit, und das kommt auch im Anfang des 3. Aktes einmal zur Geltung (David: »Ei Meister! 's ist heut' festlicher Tag«). Da wo es sich um die reine Naturfreude dieser Jahreszeit handelt, finden wir die »Naturtonart« F-dur (Pogner im 1. Akt: »Das schöne Fest, Johannistag, ihr wißt, begeh'n wir morgen...«). Da aber, im 2. Akt der »Meistersinger«, wo es sich um die »Stimmung der Johannisnacht« handelt, um den Gefühlsüberschwang der Menschen, besonders der Jugend, in dieser Stimmung, der sich bis zur tollen Ausgelassenheit, ja bis zum »Hauen über die Stränge« mitunter steigert — man denke an die den 2. Akt abschließende, ebenfalls von der G-dur-Tonart beherrschte Prügelszene —, da ist einfach die G-dur-Tonart am Platze, da drückt sie dasjenige, worum es sich hier handelt, am vollkommensten aus (auch wenn sie jahreszeitlich mehr der Maienzeit entspricht). Das sprühende Flimmern auf der Nonenharmonie in der Wagnerschen Johannisnachtmusik läßt uns geradezu an die Glühwürmchen der Johannisnacht (von denen ja auch im 3. Akt bei Hans Sachs einmal die Rede ist: »Ein Glühwurm fand sein Weibchen nicht...«), an das Glühwürmchenhafte der ganzen Johannisnachtstimmung denken, das sich dann auch der Stimmung der Menschen irgendwie mitzuteilen scheint: wie ein seelisches Aufleuchten geht es allüberall durch die Johannisnacht... Ein musikalisch das Ganze noch verfeinernder Höhepunkt dieses Johannisnacht-G-dur ist da, wo in Hans Sachsens Monolog diese Tonart mit den Fliederdüften (oder Jasmindüften?) der Johannisnacht sich verbindet: »Was duftet doch der Flieder so mild, so stark und voll! Mir löst es weich die Glieder, will, daß ich was sagen soll!...« Das hier in der Musik sich ausströmende Duftelement ist dem Wesen der G-dur-Tonart tief entsprechend. Später hören wir dann die verstimmte Beckmesser-Laute in diesem G-dur kreischen, auch sie gibt zu dieser G-dur-Johannisnachtstimmung ihren Beitrag. In der Prügelszene erleben wir zuletzt von alledem, was menschlicher Überschwang in G-dur ist, den Höhepunkt.

Natürlich ist das alles, vom Fliederduft etwa abgesehen, noch nicht das »höhere G-dur«, aber auch mit niederer Sinnlichkeit, Sentimentalität, Langeweile (so charakterisierten wir die »dreifache Gefahr« der G-dur-

Tonart) hat es nichts zu tun; am wenigsten mit Langeweile, denn diese ganze Johannisnachtmusik Richard Wagners ist sprühend lebendig, voll inneren Feuers und feurigen Pulsschlags, ja wie vom Feuer der Glühwürmchen inspiriert, ein durchaus echtes und interessantes G-dur, ja mit das interessanteste, das man in der Musikliteratur findet, eine Bereicherung der G-dur-Tonart aus ihrem eigenen, wahren Wesen heraus. Man sieht daraus, daß etwas, was nicht das Höhere oder Höchste auf einem Gebiet ist, deswegen noch lange nicht immer im schlechten oder ungünstigen Sinne ein »Niederes« zu sein braucht.

Das wirkliche »höhere G-dur« bringt dann, wie in Ergänzung der beiden ersten Akte, der 3. Akt der Meistersinger, in dem, an das alte Hans-Sachs-Lied anknüpfenden »Wach' auf! es nahet gen den Tag; ich höre singen im grünen Hag ein wonnigliche Nachtigall . . .« Schon in der Orchestereinleitung zum 3. Akt erscheint das Motiv, das traurige G-moll-Motiv des Menschheitswahnes (Hans Sachsens »Wahn! Wahn! Überall Wahn! . . .«) nach wenigen Takten in freudigem, hoffnungsvollem G-dur ablösend. Ungefähr an der gleichen Stelle, wo im Vorspiel zum 3. Akt »Tristan« eine zarttraurige Sehnsuchtsmelodie einsetzt, finden wir hier im Vorspiel zum 3. Akt der »Meistersinger« jenes freudige, lebenbejahende G-dur des Wach'-auf-Chores. Ein christliches, ein Menschheitszukunft-tragendes Element liegt in diesem G-dur. Wir empfinden hier einfach stark, wie es doch eine im aufwärtsgerichteten Lichtesbogen des Tonartenkreises liegende Tonart ist, eine Tonart, in der es heller und immer heller wird, und die auf eine in der Zukunft kommende noch größere Helligkeit, das noch hellere und stärkere D-dur, hinweist und dazu hinführt. Es geht zuletzt, bei aller Erdentragik, doch aufwärts in der Menschheit, der Sieg des Lichtes muß doch einmal kommen — davon will uns dieses starke G-dur im 3. Akte der »Meistersinger« sprechen. Daran wird auch nichts dadurch geändert, daß Beckmesser, bei seiner verunglückten Darbietung auf der Festwiese, noch einmal auf verkehrte Art in jenes Johannisnacht-G-dur hineingerät und dadurch beirrt wird.

Auch in Hans Sachs lebt das G-dur seines »Wach'-auf-Liedes« fort, wenn er, nachdem der Chor gesungen ist, dem Volke für die ihm so freundlich erwiesene Ehre dankt. Auch das »überschwängliche G-dur«, aber dennoch ebenfalls in einem höheren Sinne, finden wir im 3. Akt der Meistersinger, da wo Eva ihrem alten Freunde Hans Sachs in tiefer Ergriffenheit dankt: »Sachs! Mein Freund! Du teurer Mann! Wie ich dir Edlem lohnen kann! Was, ohne deine Liebe, was wär' ich ohne dich . . . Durch dich nur dacht' ich edel, frei und kühn, du ließest mich erblühn . . .«

Wichtig wird G-dur im »Parsifal« im 2. Akt, wo es die einschmeichelnde, verführende, versucherische Tonart der Kundry ist, in der sie zuerst an Parsifal herantritt, nachdem dieser den Versuchungen der Blumenmädchen leicht widerstanden hat. (Wo im 1. Akt Gurnemanz von Kundry spricht, geht die Kreuzvorzeichnung auf chromatisches, wenig festgehaltenes E-moll). Schon da, wo sie die Blumenmädchen von Parsifal wegscheucht, erscheint die Tonart: »Ihr kindischen Buhlen, weichet von ihm; früh welkende Blumen, nicht euch ward er zum Spiele bestellt ...«, arbeitet sich dann aber aus einer alle Blütendüfte des Zaubergartens in sich tragenden Chromatik erst da richtig heraus, wo Kundry dem jungen Parsifal von seiner Mutter Herzeleide spricht, wie sie, als der Sohn sie verließ, vor Kummer früh dahinstarb; sie spricht von den Liebkosungen, der Zärtlichkeit, dem Schmerz der Mutter, um dann bei Parsifal langsam, unvermerkt die eigene verführende Liebe und Zärtlichkeit der reinen Mutterliebe, an die sie ihn erinnern möchte, unterzuschieben. Das Ganze ist einer der musikalisch reizvollsten, mehr als andere in der Tonart ruhenden Abschnitte in der Musik des 2. Aktes: »Ich sah das Kind an seiner Mutter Brust, sein erstes Lallen lacht mir noch im Ohr: das Leid im Herzen, wie lachte da auch Herzeleide ... wenn dann ihr Arm dich wütend umschlang, ward dir es wohl gar beim Küssen bang? Doch ihr Wehe du nicht vernahmst ... als endlich du nicht wiederkamst ... der Gram ihr zehrte den Schmerz, um stillen Tod sie warb, ihr brach das Leid das Herz, und Herzeleide starb.« Hier endet G-dur. Die vielfache Innigkeit dieser Episode ist natürlich vorgetäuschte Innigkeit, und es liegt nahe zu sagen: Das ist das sinnlich verführende, berückende, also niedere G-dur. Der Gesichtspunkt ist nicht falsch; aber er kreuzt sich mit dem andern, den wir im »Siegfried« kennengelernt haben, da, wo der junge Siegfried der frühverstorbenen Mutter gedenkt — die Situation ist also ähnlich wie im »Parsifal«, wo G-dur die »Tonart der Mutter« ist, was wir dann noch tief aus dem Planetarischen dieser Tonart heraus erklären können. Die weiteren, sich immer steigernden Versuchungen und Verführungskünste der Kundry verbinden sich dann mit ganz anderen Tonarten, und mit weithin gebrochener Tonalität. Wir dürfen also beim Tonartlichen jener Erzählung von Herzeleide den Gesichtspunkt des »mütterlichen G-dur« nicht übersehen. — Wie all ihr Reden von Mutterliebe auf Trug und falsche Berückung hinausläuft, so ist es, nachdem sie den Kuß auf Parsifals Lippen hat drücken können, natürlich auch falsche Vorspiegelung, wenn sie sagt: »So war es mein Kuß, der welthellsichtig dich machte? Mein volles Liebesumfangen läßt dich dann Gottheit erlangen.« Und dennoch ist, wenn wir nicht auf die dramatische Situation, sondern nur auf das Musikalische der Stelle hinschauen, die eigenartige Übersteigerung der E-dur-Harmonie bei »Gottheit erlangen« durch das folgende E-moll ein Beispiel für das »erhabene«, in die Bereiche des Göttlichen ragende E-moll. Wir werden dann auch das G-dur der Herzeleide-Episode nicht zu einseitig nur vom Gesichtspunkt des »niederen«, des »sinnlichen G-dur« nehmen. Sie ist, rein musikalisch genommen, eine der anmutigsten G-dur-Episoden im Werke Richard Wagners.

Das eindeutig »höhere G-dur« bringt dann der 3. Akt des »Parsifal«, zunächst da, wo der ins Gralsgebiet wiedergekehrte Parsifal in stummem Gebet vor dem Speere kniet, den er ins Heiligtum zurückgebracht hat, und seinen Blick andachtsvoll zur Lanzenspitze emporrichtet. Der den Christuswillen im Ich versinnbildlichende Speer ist der Inbegriff der höchsten heilenden Kräfte der Welt, wir dürfen darum auch dieses G-dur, dem hier die, sonst meist in As-dur erscheinenden, höchsten Christusmotive (das »Abendmahlsmotiv« der sich in die Welt hineinopfernden Christusliebe) anvertraut sind, das »G-dur der heilenden Liebeskraft« nennen, das uns schon im »Tannhäuser«, wie in »Tristan und Isolde« begegnet ist, und hier in seinem höchsten Christussinn erscheint. In dieser Christussphäre, in der Sphäre der durch Christus verwandelten und geläuterten Erdennatur, liegt auch das »elementarische« G-dur der fließenden Welle, in der Parsifals Füße reingebadet werden (»Mir ahnt, ein hohes Werk hab' er noch heut' zu wirken, zu walten eines heil'gen Amtes: so sei er fleckenrein, und langer Irrfahrt Staub soll nun von ihm gewaschen sein!«) Ebenso später an der Stelle (Parsifal zu Kundry): »Du wuschest mir die Füße, nun netze mir das Haupt der Freund.« Es bleibt dieses G-dur, dessen Motive einmal auch an Motive früherer Musikdramen, vor allem an das »elementarische Weben« im »Rheingold« (bei der Loge-Erzählung) erinnern, bis es, bei der Königssalbung Parsifals, in das hohe H-dur übergeht, von wo dann As-dur (bei der Taufe der Kundry durch Parsifal, durch die sie geistig ins Gralsgebiet erhoben wird) in die Musik des Karfreitagszaubers (H-dur, D-dur) überleitet. Auch im »Parsifal« vollendet sich das in G-dur Vorbereitete in D-dur.

2.
Des-dur, B-moll

Der G-dur-Tonart gegenüber, am negativen Ende der gleichen Achse (d. h. im abwärts gehenden Teil des Tonartenkreises) liegt Des-dur, an dem Punkt, der im Jahreskreis die Novemberzeit, die Sterbezeit des Jahres ist, die Jahreszeit, in der das Naturleben in unsern Breiten im Absterben ist, gleichsam den Todesstich empfängt. Im Evangelium (siehe die Bücher des Verf. über den kosmischen Rhythmus im Markus-Evangelium und im Johannes-Evangelium) konnten wir dieses Zeichen als Todeszeichen und Zeichen der »Krisis«, der kritischen Versuchungen kennen lernen. Es trägt in alter Überlieferung den Namen des Skorpions (♏), hat zu dessen Giftstachel, Todesstachel irgendeine Beziehung. Doch wird immer gesagt, daß das in diesem Sinne Niedere oder Kritische dieses Zeichens die Metamorphose eines einstigen Hohen und Überragenden ist, das man in alter Überlieferung als den Adler, oder Sonnenadler, den Adler des Sonnenlebens bezeichnete, zu dem der Evangelist Johannes, als der, der die niedere Natur in sich überwunden und umgewandelt, eine Hinordnung hat. Es handelt sich also hier um ein Zeichen, in dem in eigenartiger Weise Höhen und Tiefen sich vermählen.

Aus alledem folgt noch lange nicht, daß dieses, wenn wir schon den Tonartenkreis in eine Beziehung zum Jahreskreis und dem ihm zugrunde liegenden Himmelskreis der 12 Tierkreiszeichen in Beziehung setzen dürften, nun auch im Musikalischen der Tonart irgendeine Entsprechung haben müßte. Man kann und soll die Dinge nicht in dieser Weise theoretisch konstruieren. Aber tatsächlich zeigt sich eben, wenn wir uns in den großen Kompositionen der führenden Meister umsehen, die gewiß nichts von jenen kosmischen Zusammenhängen in ihrem Bewußtsein oder gar in ihrer bewußten Absicht hatten, daß rein objektiv etwas vom Zweischneidigen jenes Zeichens, wie es uns im Geistigen und Kosmischen entgegentritt, auch im Musikalischen, wenn wir die tonartliche Beziehung jenes Zeichens zu Des-dur B-moll festhalten, zu beobachten ist. Wie sehr vor allem B-moll als »Todestonart« in vielen Fällen in Betracht kommt, wird die Darstellung im einzelnen noch zeigen. Und andrerseits bei Des-dur ist es so, daß wir das in gewissem Sinne Zweischneidige, die Verbindung eines höheren und eines mehr niederen Elements, wie sie uns schon bei dem an der gleichen Achse gegenüberliegenden G-dur entgegentrat, in verstärktem Maße auch bei der Des-dur-Tonart antreffen: auf der einen Seite kann ihr ein sinnliches Element, eine gewisse sinnliche Süße eigen sein, auf der andern Seite konnte sie auch in der Musik zum Ausdruck von etwas Allerhöchstem, Weihevollstem verwendet werden. Ein eigenartiger Abgrund zwischen Höhe und Tiefe scheint sich innerhalb dieser Tonart aufzutun. Und etwas Starkfinsteres, Todverwandtes scheint der Mollparallele B-moll anzuhaften.

Das Sinnenhaft-Süße von Des-dur können wir vor allem bei Chopin, der viel Beziehung zu dieser Tonart, zu den tiefen B-Tonarten überhaupt hatte, finden, schon im Präludium oder im Trio des bekannten Trauermarsches, in den Walzern usw. Einen eigenartig zarten Duft atmet das für die ganze Musik Chopins so charakteristische Des-dur-Nocturne, einen Duft, wie ihn Blumen in der Nacht ausströmen; eine gewisse Beziehung der Des-dur-Tonart, wie des Des-dur-Zeichens zum Blütenduft, zum Duftelement überhaupt, wird darin, wie öfter bei Chopin, offenbar. Schumannsches Des-dur ist damit verglichen schon herber, hat nicht diesen Grad des Sinnlichen und Süßen. Johann Sebastian Bach ist bezeichnenderweise im »Wohltemperierten Klavier« dieser Tonart ganz ausgewichen, er schreibt (in beiden Teilen dieses Werkes) dafür Cis-dur, und man wird auch finden können, daß er eine vom eigentlichen Des-dur verschiedene Stimmung, etwas Zarteres, Helleres, Höheres, einen andern Farbenton Tragendes, damit ausdrücken wollte. Wir sind hier wieder an einem Punkt, wo, ungeachtet der im »temperierten System« sich ergebenden Zwölfheit der Tonarten, dennoch gewisse feinere Unterschiede der enharmonisch verwandten oder nahestehenden Tonarten sich ergeben können. So war in dieser Betrachtung gleich am Anfang von Bedeutung der auch bei Richard Wagner nicht bedeutungslose Unterschied von Fis-dur und Ges-dur; so gedachten wir weiterhin des Unterschieds von Gis-moll und As-moll, von H-dur und Ces-dur, und sind jetzt zu dem von Des-dur und Cis-dur gekommen. Wir finden ihn auch bei Anton Bruckner, der den Des-dur-Adagiosatz der 8. Symphonie im deutlichsten Des-dur abschließt, während der Cis-moll-Adagiosatz der 7. Symphonie sich am Schlusse nach Cis-dur erhebt: hier hat man deutlich die Empfindung von etwas Höherem, Hellem, Lichtem, das sich von dem Tiefenelement von Des-dur nicht unbeträchtlich unterscheidet. (Mit dem Schwingungsverhältnis der Töne Cis und Des hat dieses Verhältnis der beiden Tonarten nichts zu tun; und auch B liegt z. B. einen halben Ton höher wie A, dennoch ist, wie der Tonartenkreis zeigt, B-dur eine Tiefentonart, A-dur eminente Höhentonart). Bei Bach nimmt sich Cis-dur wie ein auf allen 7 Tonstufen über den Erdboden erhobenes, in transzendente Höhen entrücktes C-dur aus.

Charakteristisch ist der Des-dur-Mittelsatz (Andante con moto) in Beethovens tief in den Abgründen von F-moll (siehe dortselbst!) sich bewegender Klaviersonate op. 57 (Appassionata): er klingt wie ein Gebet aus der Tiefe, das fast hoffnungslos nach den verlorenen Lichteshöhen emporblickt. Den der Des-dur-Tonart eigenen »Abgrund« läßt gerade dieses Des-dur des Beethovenschen Andantesatzes uns stark empfinden. Im Adagiosatz von Beethovens 9. Symphonie findet sich in der Durchführung eine Des-dur-Stelle, die wie ein Durchbruch überirdischen Lichtes sich ausnimmt, den Höhepunkt des jenen Satz erfüllenden Weiheerlebnisses darzustellen scheint. Hier ist Des-dur dann nicht mehr eine Tonart des Abgrunds, sondern einer in der Tiefe des Irdischen erlebten, höchsten geistigen Höhe. In alten Mysterien sprach man in diesem Sinne vom »Schauen der Sonne um Mitternacht«. Der unerreichte Höhepunkt des »weihevollen Des-dur« ist der Adagiosatz in Bruckners 8. Symphonie. Wie ein ernstes, feierliches Weihegebet vor dem Kampf kann er empfunden werden, vielleicht vor dem »Kampf mit dem Drachen«, wenn wir das geistige Bild des Michaelkampfes mit dem Widersacher, dem D r a c h e n der Apokalypse, für diese Symphonie gelten lassen. Es kann dabei noch in Betracht kommen — denn die Gegensätze berühren sich —, daß Des-dur-Tonart und Des-dur-Zeichen in einer gewissen »Drachennähe« stehen; das zumeist als »Skorpion« benannte Zeichen hat ja auch mit dem Wesen des Drachen, der Schlange zu tun.

Es sind Todesmächte, die in diesem Sinne eine Beziehung zur Des-dur-Tonart haben. Noch mehr tritt das bei der Mollparallele B-moll hervor, die vielfach als Todestonart, als Tonart des Sterbens empfunden werden kann. In der Musik tritt das, ganz unabhängig von solchen Gedankenverbindungen und Zusammenhängen, ganz objektiv hervor. Johann Sebastian Bach, der Des-dur im »Wohltemperierten Klavier« vermieden, Cis-dur an seiner Stelle geschrieben hat, verwendet B-moll als Todestonart im edelsten Sinne: das B-moll-Präludium im 1. Teil atmet ganz erhabenste Passionsstimmung, Stimmung des Kreuzestodes, Stimmung von Golgatha; es ist in dieser Beziehung ein Gegenstück des Es-moll-Präludiums, dessen wir bei jener andern Tonart gedachten, wo wir etwas wie »Gethsemane-Stimmung« finden konnten. Chopins Trauermarsch in B-moll ist bekannt. Die ganze B-moll-Sonate, der er angehört, enthält Todesgedanken und Todesempfindungen. Sie ist ein deutliches Gegenstück zu Beethovens As-dur-Klaviersonate op. 26, die ja ebenfalls eine »Sonate mit Trauermarsch« ist. Beide Tondichtungen sind irgendwie dem Gedanken an einen geliebten Hingeschiedenen entsprungen, sei es, daß es sich um eine nur gedachte Persönlichkeit dabei handelte, oder um eine solche, die der Tondichter wirklich im Leben kannte. Nur überwiegt bei Beethoven der Gesichtspunkt der Innerlichkeit, der E r i n n e r u n g : As-dur; bei Chopin steht der Tod als solcher im Vordergrund: B-moll, aber auch seine Tondichtung ist voll zartester Erinnerungsmomente, so schon im ersten, dann auch im Trio des zweiten, und wiederum auch des 3. Satzes (dort wendet sich die Tonart nach Ges-dur, der »Liebe über den Tod hinaus«). Beide Sonaten sind tief-liebevolle Tonschöpfungen.

Wenn wir auf die Todesstimmung und Totenstimmung von B-moll hinschauen, dürfen wir des Requiems von Brahms nicht vergessen, wo der zweite Satz (B-moll): »Alles Fleisch ist wie Gras« in charakteristischer Weise diese Totenstimmung zeigt. Etwas Schwarzverhängtes, dem wir nicht selten bei Brahms begegnen, geht von diesen B-moll-Harmonien aus. Besonders charakteristisch ist die edle Wendung über F-dur zurück nach dem verhangenen B-moll, der wir gleich am Anfang, noch vor dem Einsatz der Singstimmen, und dann immer wieder begegnen.

Ein Höhepunkt des Todesernstes von B-moll innerhalb der reinen Musik findet sich in Bruckners 9. Symphonie, im 1. Satz, der uns ja das Todesmysterium von einer Reihe verschiedener Gesichtspunkte anschauen läßt. Da haben wir am Anfang das starre Grabes-D-moll, das »Starre, Steinerne der Gruft«; dann, gegen die Mitte hin, nach einem vorübergehenden Sternenleuchten in A-dur, jenes F-moll der schwarzen Todesfinsternis, von dem oben die Rede war; dann einmal Ges-dur, wie Todesweihe, wie ernst-feierliches Hinübergehen; dann H-moll, wie eine aus Todesgründen zu Höhen des Lebens emporblickende Sehnsucht. Dann kommt jene erschütternde B-moll-Episode, die wie der letzte, schwere, unerbittliche Todeskampf anmutet, wenn die harte Faust des Todes die Menschenseele anfaßt; ihr folgen jene lösenden, erlösenden Takte, die uns an das Wort des Novalis erinnerten: »Da kam der ewigen Liebe lösende Hand, und er entschlief«; den Abschluß bildet dann jene Rückkehr nach der Grabestonart D-moll, in der wir hier zugleich die »Vater-Majestät des Todes« erkennen. In diesem ganzen Aufbau der Todesmotive bei Bruckner ist die B-moll-Episode durchaus charakteristisch, ist ein tragischer Höhepunkt des auf D-moll als Rahmentonart gestellten Satzes. Wir können den Unterschied der beiden Tonarten auch so ausdrücken, daß wir sagen: in der Grabestonart D-moll s i n d w i r s c h o n g e s t o r b e n, in B-moll s t e r b e n w i r. B-moll ist die eigentliche Tonart des Sterbens, des harten Todeskampfes, die Tonart, in der wir vor allem die Bitternis des Todesstachels empfinden.

Wiederum erweist sich das Musikdrama von R i c h a r d W a g n e r in hervorragender Weise als geeignet, alle diese Gesichtspunkte noch weiter auszubauen und zu vertiefen.

Im »Fliegenden Holländer« wäre allenfalls hervorzuheben eine bemerkenswerte Wendung von Des-dur über A-dur nach B-moll, am Schlusse da, wo der sich verraten glaubende Holländer, den Tod im Herzen (B-moll), sich in Verzweiflung von Senta abwenden will: »Erfahre das Geschick, vor dem ich dich bewahre! Verdammt bin ich zum gräßlichsten der Lose; zehnfacher Tod wär' mir erwünschte Lust!« (hier B-moll einsetzend). Viel tragischer noch als hier, wo doch noch durch Sentas treue Liebe (darum gleich anschließend das Ges-dur-Motiv, siehe oben bei dieser Tonart) bald alles sich zum Guten wendet, ist jenes, »den Tod im Herzen tragende« B-moll am Schlusse des Lohengrin, in seiner Tragik noch undenklich gesteigert durch den Gegensatz zum lichten A-dur der unmittelbar vorangegangenen »Gralserzählung«, da, wo Elsa nach dem Gehörten zusammenbricht und Lohengrin ihr sagen muß: »O Elsa! Was hast du mir angetan?... was rissest du nun mein Geheimnis ein? Jetzt muß ich, ach, von dir geschieden sein!« Eine kurze Des-dur-Stelle in der Brautgemachszene im 3. Lohengrin-Akt ist darum bemerkenswert, weil sie den Zusammenhang dieser Tonart (wie ihres »Zeichens«) mit dem Wesen des Blütenduftes offenbart: (Elsa zu Lohengrin): »... gleich einer Blume duftend auf der Wiesen, wollt' ich entzückt mich beugen deinem Tritt.«

Das erste bedeutungsvolle Des-dur bei Richard Wagner finden wir im Tannhäuser, als Tonart der sinnlichen Liebe, des verzückten Sinnenrausches, der den Menschen in die Gewalt der dunklen, der Todesmächte bringt, in jenem Preislied der Liebe, das Tannhäuser im Venusberg der »Frau Venus«, der dämonischen Herrin jener unterirdischen Gewalten, singt: »Dir töne Lob! Die Wunder sei'n gepriesen, die deine Macht mir Glücklichem erschuf!...« Harmonie, Melodie und Rhythmus sind hier gleichmäßig auf das »niedere Element« der Des-dur-Tonart abgestimmt. Da das Lied im »Tannhäuser« noch dreimal, und dann in einer andern Tonart erscheint, müssen wir festhalten, daß das erstmalige Des-dur die ihm eigentlich entsprechende, zu ihm gehörende Tonart ist. Wenn es dann bald in D-dur und Es-dur gesungen wird, drücken diese beiden, den heroischen Entschluß in sich tragenden Tonarten, im Zusammenhalte mit den veränderten Worten aus, daß der Wille Tannhäusers, dem Venusreiche zu entfliehen, immer mächtiger, immer unaufhaltsamer wird, daß er innerlich immer weniger bei dem Sinn, bei der »Tonart« jenes Liedes bleibt; abgesehen von den mehr im Reinmusikalischen liegenden Gründen, die den Komponisten verhindern, ein solches Lied in der gleichen Tonart zu wiederholen. Wo dann im 2. Akt, beim »Sängerkrieg«, Tannhäuser wiederum in die dämonische Verstrickung der Mächte des Venusbergs gerät, plötzlich wiederum vom Sinnesrausch erfaßt wird, singt er die Weise gar in E-dur (»Dir, Göttin der Liebe, soll mein Lied ertönen...«), also in einer Tonart, deren Herzenswärme dem wahren Sinn jenes Liedes gänzlich fremd ist: das »Deplacierte« der ganzen Situation wird hier auch durch die Tonart zum Ausdruck gebracht.

Die wahre und ursprüngliche Tonart des Venusliedes ist und bleibt Des-dur, als die Tonart der niederen Sinnlichkeit. Darüber hinaus entschleiern sich noch manche Tiefen dieser Tonart gerade in der Vernusbergszene: gerade im Zusammenhang mit dem Sinne des Zeichens, dem die Des-dur-Tonart angehört, ist sie auch die Tonart der Erdentiefe, des Erdenschoßes, ja, wie sich später noch zeigen wird, des Goldes im Schoße der Erde. Hier ist von Bedeutung die Wendung von B-moll über B-dur und wiederum B-moll nach Des-dur in der dramatischen Auseinandersetzung zwischen Venus und Tannhäuser an der Stelle: »Hin zu den kalten Menschen flieh', vor deren blödem, trübem Wahn der Freude Götter wir entfloh'n tief in der Erde wärmenden Schoß.«

Auch im »Ring des Nibelungen« ist B-moll — hier ausschließlich die finstere Mollparallele — als »Nibelungen-Tonart« die Tonart des dunklen Erdenschoßes; so vor allem schon im »Rheingold« da, wo Wotan und Loge die Wanderung nach den finsteren Erdentiefen, nach Nibelheim antreten. Da klingt die Tonart, ähnlich wie auch am Anfang des »Siegfried«, mit dem Schmiederhythmus, dem Rhythmus des Schmiedemotivs zusammen, um dann, in mehr oder weniger gebrochener Tonalität, noch weitere Abschnitte der unterirdischen Szene (Mime, Alberich) zu beherrschen. Wie über dem Anfang des Siegfried, liegt sie dann auch, in mächtiger Tubeninstrumentation, über der Einleitung zum 2. Akt der »Götterdämmerung«, vor der Hagen-Alberich-Szene, hier in gewaltiger, musikalisch-symphonischer Sprache von Welten der finsteren Albenmächte als der »Todesmächte« im Menschenschicksal kündend.

Des-dur ist im »Ring des Nibelungen« im wesentlichen »Walhall-Tonart«, die Tonart des »Walhallmotivs«, als solche gleich im Anfang (bzw. in der 2. Szene) des »Rheingold«, als zweiter stark tonaler Einschlag der Ringmusik (nach dem r e i n tonalen Es-dur am Anfang) erscheinend. In der schimmernden Pracht der Posaunen- und Tubeninstrumentation kommt bei diesem Motiv und seiner Durchführung stark das »Höhenelement« der Des-dur-Tonart, das Hehre und Weihevolle zur Geltung. Und doch klafft auch hier der für das Gebiet dieser Tonart so charakteristische Abgrund: denn einem Pakt mit finsteren Mächten, mit Todesmächten, die zuletzt auch den Untergang der ganzen Götterpracht, die »Götterdämmerung« herbeiführen, ist der Bau der ragenden Burg abgerungen, aus Erdenstoffen ist sie erbaut — auch darauf scheinen die bei Wagner so oft mit Erdentiefe und Todesschicksal verwobenen ernsten und sonoren Tubenklänge uns hinweisen zu wollen. Zuerst aber, im Anfang des »Rheingold« wird, bei Wotan wenigstens (anders verhält sich da schon Fricka), alles beherrscht von der Freude an der schimmernden Erhabenheit: »Vollendet das ewige Werk! Auf Berges Gipfel die Götterburg; prunkvoll prahlt der prangende Bau! Wie im Traum ich ihn trug, wie mein Wille ihn wies, stark und schön steht er zur Schau: hehrer herrlicher Bau!« Auch am Schlusse des »Rheingold«, nach dem Vorüberziehen des Gewitters, liegt noch einmal diese schimmernde Des-dur-Pracht von Walhall vor uns da, wenn sich auch einige trübe B-moll-Ahnungen hineinmischen, und wehmütig der Rheintöchtergesang, die Klage um das verlorene Gold (in As-dur) hereintönt: in strahlendem Glanze schließt die Des-dur-Tonart die Musik des »Rheingold«, wie zuletzt in der »Götterdämmerung« das Ganze des Ringes ab.

Auch wo zwischenhinein im »Rheingold« das Walhallmotiv erscheint, wie in Loges Hinweis auf den von Riesen so prächtig aufgeführten Bau, oder bei dem, was Alberich den Göttern vorhält: »Auf wonnigen Höhen, in seligem Weben wiegt ihr euch« erscheint die Des-dur-Tonart, die nur gelegentlich, bei bruchstückhaften Anklängen, einer anderen Tonart weicht. Ebenso erscheint in der »Walküre« das Des-dur dieses Motivs bei der »Todverkündigung« im 2. Akt (über das spätere Ges-dur siehe bei dieser Tonart), vor allem auch, hier noch an andere Nuancen von Des-dur anklingend, bei Brünhildes Preis von Walhall: ›Wunschmädchen walten dort hehr, Wotans Tochter reicht dir traulich den Trank!‹«; desgleichen in Wotans Erzählung in seiner Szene mit Brünhilde (hier nur als Cis-dur notiert): »mit ihm bezahlt ich Walhall's Zinnen, der Burg, die Riesen mir bauten, aus der ich der Welt nun gebot«. Hingegen erklingt beim Walhallmotiv bedeutsam in den Posaunen E-dur, wo in Siegmunds Erzählungen von Wälse der Gedanke an den unerkannten Gott, Wotan, im Hintergrunde steht: »Doch ward ich vom Vater versprengt; seine Spur verlor ich, je länger ich forschte: eines Wolfes Fell nur traf ich im Forst; leer lag das vor mir, den Vater fand ich nicht« (hier der feierliche Einsatz der Posaunen mit dem Walhallmotiv in E-dur). Ähnlich bei der späteren Erzählung Sieglindes: »... ein Fremder trat da herein, ein Greis in grauem Gewand; tief hing ihm der Hut, der deckt' ihm der Augen eines ...« Ist Des-dur gleichsam der unmittelbare Anblick von Walhall, so E-dur das dem Menschen ferne, von ihm ungeahnte Walhall in göttlichen Höhen: wie öfter bei Wagner, ist E-dur (vgl. auch E-moll) die Tonart des fernen Erhabenen und Göttlichen. Und es ist für die Tonart bei Richard Wagner überhaupt nicht gleichgültig, ob ein Motiv sozusagen direkt, oder ob es mehr indirekt eingeführt wird; so wie es auch im Sprachlichen den Unterschied zwischen direkter und indirekter Rede gibt.

Um so mehr erscheint das Motiv wieder in dem ihm ureigenen Des-dur, wo im »Siegfried« Wotan, der Wanderer, im Rätselspiel mit Mime selber von Walhall und den Göttern spricht: »Auf wolkigen Höh'n wohnen die Götter: Walhall heißt ihr Saal. Lichtalben sind sie; Licht-Alberich, Wotan, waltet der Schar ...« Hingegen da, wo im 3. Akt, in der Szene zwischen Wotan und Erda, die letztere von der Erzeugung Brünhildes spricht, steht der Heldengedanke (Es-dur) im Vordergrund: »Ein Wunschmädchen gebar ich Wotan: der Helden Wal hieß für sich er sie küren ...«, auch wenn das Walhallmotiv der Stelle zugrunde liegt. Und vollends anders wird die Sache da, wo die unmittelbare Anschauung Walhalls vollkommen in den Hintergrund tritt, wo statt dessen als ein Gedanke der tieferen Welterkenntnis ausgesprochen werden soll, wie das irdische Sinnesauge gleichsam durch ein Sichhinopfern des göttlichen Auges in der Weltschöpfung entstanden ist (Wotan zu Siegfried im 3. Akt): »Mit dem Auge, das als andres mir fehlt, erblickst du selber das eine, das mir zum Sehen verblieb.« Da erscheint sogar C-dur, die helle Tonart des irdischen Sinnes (wie wir dieses schon oben bei C-dur, in Anführung dieser Stelle aus »Siegfried«, erwähnten).

Die »Götterdämmerung« bringt das Walhallmotiv dann nicht mehr in seiner reinen Urform, sondern in mannigfachen Durchführungen und Abwandlungen, die dann auch die Tonart treffen; dem unmittelbaren Anblick von Walhall (Des-dur) sind wir ja in der »Götterdämmerung« längst entrückt. Eine der bedeutendsten dieser Stellen erscheint gleich am Anfang, im Nornenvorspiel, bei der Erzählung von der Weltesche Yggdrasil, der Wotan den Schaft seines Speeres entnimmt: »Ein kühner Gott trat zum Trunk an den Quell (H-dur — E-dur); seiner Augen eines zahlt' er als ewigen Zoll ...«. Gebrochene Anklänge, zum Teil schon das Zerfallen des Motivs (wie dann im Abschluß der »Götterdämmerung«) in sich tragend, erscheinen dann noch im Nornenvorspiel (bei der Andeutung des Weltbrandes), in der Waltrauten-Szene (Wotan noch einmal die Helden Walhalls um sich versammelnd), bei der Anrufung der Götter durch Brünhilde, so im 2. Akt: »Heil'ge Götter, himmlische Lenker ...«, im 3. Akt: »Oh ihr, der Eide ewige Hüter...«, aber an einer Stelle erscheint noch einmal die ganze weihevolle Erhabenheit des Motivs in Des-dur, in Brünhildens letzter feierlicher Schicksalsabrechnung im 3. Akt, da, wo sie Wotans Raben wieder nach Walhall entsendet (»Auch deine Raben hör' ich rauschen; mit bang ersehnter Botschaft send' ich die beiden nun heim«), an der dann folgenden Stelle: »Ruhe, ruhe, du Gott.« Sie ist, wenn sie nicht nur im Klavierauszug oberflächlich betrachtet, sondern im Glanze der hier fast unerhörten Instrumentation, in ihrer Verbindung mit der Singstimme, aufgenommen wird, ein erhabener Höhepunkt von Des-dur im Werke Richard Wagners.

Der entscheidende Abschluß des Walhallmotivs vollzieht sich dann am Schlusse in jener »Götterdämmerung«, von der das letzte der vier Ringdramen seinen Namen hat, und wo sich gleichsam das Ende dieses Motivs (wie auch des ganzen Musikdramas, des ganzen »Nibelungenringes«) mit seinem Anfang in der Walhallszene des »Rheingold« auch tonartlich zusammenschließt. Hier am Schlusse der »Götterdämmerung« tritt wieder jenes Des-dur ein, in dem, als in seiner Urform und Urtonart, das Motiv im »Rheingold« zuerst eingeführt wurde. Nur sehen wir jetzt die Form, das ganze Gefüge des noch einmal in der Pracht aller Tuben ertönenden Motivs, sich gleichsam auflösen, zerbrechen, die »Götterdämmerung«, die Vernichtung der alten Götterwelt im Menschheitsbewußtsein, sich auch dem Musikalischen und Tonartlichen dieses Motivs mitteilen, es immer mehr in gebrochene Tonalität auflösen. Auch der aus dieser Auflösung der alten Götterwelt sich emporringende Heldengedanke, das zur Höhe von D-dur emporstrebende Siegfriedmotiv, vermag sich nicht zu halten, es zerbricht, dem Siegfriedschicksal entsprechend, wie das Göttermotiv von Walhall in sich zerbrach; und den Schluß bildet, was nun im Untergang einer Welt allein noch übrig bleibt, das Motiv der siegenden, der zukunfttragenden Liebe. Dieses Motiv nimmt nun auch das erhabene Des-dur des Walhallmotivs in sich auf, um in ihm, als in der Tonart, nun nicht mehr einer niederen, sondern der höchsten Liebe, den »Ring des Nibelungen« zum Abschluß zu bringen.

Man könnte, wenn es verstanden wird, auch davon reden, wie in der Schlußmusik der »Götterdämmerung«, wie in einem gewaltigen alchimistischen Prozeß, aus brodelnden Erdenfinsternissen sich zuletzt Des-dur als der klare reine Goldfluß der höchsten zukunfttragenden Liebe herausringt, und daran denken, wie in der Wiedergewinnung des aus dem Rheingold geschmiedeten Ringes durch die Rheintöchter ja wirklich eine Läuterung und Entsühnung des Urgoldes, des goldenen ätherischen Urstroms sich vollzieht, und darum auch diejenige Nuance der Des-dur-Tonart hier finden, die in ihr, als der Tonart des Erdenschoßes, auch die Tonart des Goldes im Herzen der Erde erkennt.

In »Tristan und Isolde« spielt Des-dur bemerkenswerterweise als »Tonart der sinnlichen Liebe« (um die es sich letzten Endes dort auch nicht handelt) einfach gar keine Rolle. Es findet sich dort überhaupt nur wenig, immer nur an Stellen voll edelster Feinheit und zartesten Duftes. Eine Hauptstelle dieser Art ist im Anfang des 2. Aktes Isoldens: »Nicht Hörnerschall tönt so hold: des Quelles sanft rieselnde Welle rauscht so wonnig daher«, wo aus dem Hörnerschall der fernen Jagd das ganze Naturweben sich herausentwickelt. Wir werden an solchen Stellen des »trigonalen« Zusammenhangs — der Ausdruck findet durch das Anschauen der Tonartenkreisfigur seine unmittelbare Erklärung — von Des-dur mit der Naturtonart F-dur inne (F-dur, A-dur, Des-dur bilden zusammen ein »Tonartendreieck«). Siehe darüber oben bei F-dur, wo auch der »Hörnerschall« im »Tristan« und sein Zusammenhang mit dieser Tonart erwähnt wurde. Eine andere solche Stelle ist im Liebesgesang des 2. Aktes: »Dies süße Wörtlein: u n d, w a s e s b i n d e t, d e r L i e b e B u n d« (die Vorzeichnung ist As-dur, die wirkliche Tonart aber Des-dur). Schauen wir hier auf die Orchesterbegleitung, so finden wir bei jenen letzten Worten das gleiche Motiv, wie im 3. Akt an der Stelle: »Wie sie selig, hehr und milde, wandelt durch des Meer's Gefilde«, nur dort in der Singstimme. Auch ist im 3. Akt die Tonart der Stelle E-dur, das E-dur der blauen Meereswogen, im 2. Akt eben Des-dur. Sicherlich wußte Richard Wagner in abstracto nichts von jenen, hier nicht näher auszuführenden, spirituell-religiösen Gesichtspunkten, die aus den Tiefen des Johannes-Evangeliums heraus die dortigen »sieben Wunderzeichen Christi« in Zusammenhang bringen mit den sieben Sakramenten, die »Trauung«, als das fünfte Sakrament, dann mit Christi »Wandeln auf den Wogen« als dem fünften dieser Zeichen: im höheren, »ätherischen« Daseinselement wäre hier wie dort die Beschwichtigung der Stürme des Irdisch-Physischen zu finden. Aber gerade weil solche Gesichtspunkte dem Tondichter fremd sein mußten, macht eben deswegen einen um so tieferen Eindruck die sichere Intuition, mit der er dennoch für den »Liebesbund, die Trauung«, wie für das »Wandeln auf den Wogen« musikalisch das gleiche Motiv findet. Nur der Unterschied der Tonart an beiden Stellen besteht, aber auch er ist tief sinnvoll: statt des »blauen E-dur« (das auch Tonart der Herzenswärme ist) finden wir im 2. Akt das »goldene Des-dur«, wie es uns schon aus der Ringmusik bekannt ist. Und wirklich hat jene Stelle »was es bindet, der Liebe Bund« etwas wie Goldklang; und etwas wie in sich selbst sich zum Ringe Ründendes scheint jenen liebevollen drei Takten innezuwohnen, so daß wir das Motiv des Liebesbundes, der Trauung, an dieser Stelle wie den »goldenen Trauungsring« empfinden können.

Im Vorspiel zum 3. Akt erscheint die zarte chromatische Sehnsuchtsmelodie das zweitemal in Des-dur. Eine weitere Des-dur-Stelle ist dann im 3. Akt da, wo Tristan, beim Nahen des Schiffes und Isoldes, bemüht ist, sich vom Lager aufzurichten, bis er sich die Verbände vom Leibe reißt, und dann sterbend Isolde in die Arme sinkt. Das aus dem Liebesgespräch des 2. Aktes bekannte Motiv »Barg im Busen uns sich die Sonne ...«, dort in As-dur, in der Tonart der Liebesruhe, erscheint jetzt im 3. Akt, an dieser dramatisch und musikalisch aufgeregten Stelle (man beachte den fortwährenden Wechsel der Taktart) in Des-dur, das hier Todestonart und Liebestonart zugleich ist: »Ha, diese Sonne, ha dieser Tag ...« Noch ein anderes, schon aus dem Vorspiel bekanntes Motiv des jauchzenden Liebesentzückens wird dann in die Des-dur-Tonart mit hineingezogen, über dem Ganzen liegt zugleich wiederum der Ernst und die Weihe des Todes.

In der Tageswelt der »Meistersinger« spielen die Tonarten Des-dur und B-moll keine Rolle. Im »Parsifal« finden wir ein Des-dur der höchsten Stufe: der höchsten königlich-priesterlichen Weihe an der Stelle, wo Gurnemanz vom Weiheerlebnis Titurels, des ersten Gralskönigs, und von seiner Begründung des Gralsheiligtums auf Grund dieses Weiheerlebnisses erzählt: »... der Zeugengüter höchstes Wundergut, das gaben sie (die himmlischen Heerscharen) in unsres Königs Hut«, wo Richard Wagner, entgegen der sonstigen Gepflogenheit seines musikdramatischen Stils, sogar mit einer vollen reinen Kadenz in Des-dur schließt.

Häufiger und für das Ganze wesentlicher ist im »Parsifal« die B-moll-Tonart. Als ein mit dem niederen Element von Des-dur verwandtes B-moll findet es sich am Schlusse des 2. Aktes, wie Klingsor plötzlich erscheint und den Gralsspeer gegen Parsifal schleudert, der aber, weil Parsifal in der Versuchung rein geblieben ist, über dessen Haupt schweben bleibt. Hier ist B-moll die Tonart des Ansturms der finsteren Todesmächte, der aber dann im siegreichen D-dur (siehe oben bei dieser Tonart) zurückgewiesen wird. (Der gleiche Übergang von B-moll nach D-dur in ähnlichem Zusammenhang findet sich, dort in der Darstellung noch nicht erwähnt, in der Götterdämmerung, da wo Hagen nach dem Ring an der Hand des toten Siegfried greift, diese aber, wie durch ein Wunder, sich drohend emporhebt: auch da wird ein Ansturm finsterer Todesmächte — B-moll — durch eine höhere Lebensmacht siegreich zurückgewiesen: D-dur).

Ein höheres B-moll (vorgezeichnet ist F-moll, die Parallele der Gralstonart As-dur) bringt der 3. Akt da, wo Parsifal, am Ende seiner langen Irrfahrt, in schwarzer Waffenrüstung, mit geschlossenem Helm und gesenktem Speer wieder im Gralsgebiet erscheint. Die Weihe des Todesernstes, der der nahen Weihevollendung vorangehen muß, liegt über diesem B-moll, über Parsifals ganzem Auftreten im Anfang des 3. Aktes. Zugleich ist B-moll in diesem Akt die Tonart der Gralstrauer, der Trauer über Titurel, der nun doch den vollen Erdentod starb, weil infolge der Weigerung des Amfortas die Gralsspeisung ihm versagt blieb. Die ganze Not der Gralsritter, des verwaisten Heiligtums selbst, findet in diesem B-moll ihren Ausdruck, das schon das Orchestervorspiel zum 3. Akt einleitet. Doch kann man im ganzen musikalischen Aufbau dieses Vorspiels finden, wie eine edle, in ihrer Art dennoch zuversichtliche, hoffnungsvolle Stimmung sich herausentwickelt. (Das immer wiederkehrende »Motiv vom reinen Toren« und der verheißenen Erlösung durch ihn). Etwas wie die Stimmung langsamer Genesung nach langem, schwerem Siechtum, Genesung, die inmitten aller Todesmattigkeit doch schon zu spüren ist, liegt über diesem Vorspiel. Die B-moll-Tonart erscheint dann wieder da, wo Gurnemanz dem zurückgekehrten Parsifal die Not und Trauer der Gralsritterschaft schildert, und ihm vom Tode Titurels spricht. Auch über dem folgenden Schmerzensausbruch Parsifals, der zugleich die Vollendung seiner Selbsterkenntnis ist (»Und ich, ich bin's, der sich all dies Elend schuf! . . .«), ist noch einmal, sich vom Tonalen immer weiter entfernend, diese Tonart vorgezeichnet, wie ein letztes Ringen mit den Todesmächten, ehe die Erlösung, die Weihevollendung sich endgültig verwirklicht.

Auch da, wo sie sich, im D-dur-Schluß des »Karfreitagszaubers«, im Grunde schon verwirklicht hat — der As-dur-Schluß des Ganzen ist demgegenüber nur wie ein bestätigendes Nachspiel im Gralstempel, ein Hinschenken des Gewonnenen an das Gralsheiligtum selbst —, werden wir noch einmal in die Welt der Todestonart B-moll versetzt, in jenem trauervollen Orchesterzwischenspiel, das dann in Titurels Totenfeier überleitet. Dieses B-moll der höchsten Todestrauer, des letzten, schon alle Hoffnung fahren lassenden Todesschmerzes ist das Schwarzverhangenste, was sich musikalisch im ganzen Werke Richard Wagners finden läßt. Der Höhepunkt davon ist da, wo sich das klagevolle E-moll (»zum letztenmal sei deines Amts gemahnt! zum letztenmal!«) in die Todestrauer von B-moll mischt. Aber auch diese letzte, tiefe, schwarzverhangene Trauer ist nur eine notwendige letzte Läuterung vor dem Durchbruch der letzten entscheidenden Erlösung, der Heilung.

3.
B-dur, G-moll

Zwischen dem am Tiefpunkte des Tonartenkreises, im tiefsten Dunkel stehenden, aber in seiner Aufwärtsbewegung schon zum Lichte emporstrebenden Es-dur C-moll und dem noch immer im Dunkel beginnenden, aber schon an der Helligkeit des Lichtesaufgangs in C-dur Anteil habenden F-dur (für D-moll, siehe oben, gilt nicht ganz dasselbe) steht die Tonart B-dur, mit der Parallele G-moll, in der Mitte. Im aufwärtsgehenden Bogen des Kreises sich befindend, bildet sie also an der letzten der jetzt noch zu betrachtenden Kreuzeskoordinaten (B-dur — E-dur) das positive Ende. Sie hat noch nicht, wie F-dur, teil an der schon beginnenden Helligkeit, steht aber auch nicht mehr, wie Es-dur C-moll, im allertiefsten Dunkel. Noch nicht das Licht selbst, aber die Ahnung des Lichtes, die Hoffnung des Lichtes, der Glaube an das Licht gehört zum Wesen der B-dur-Tonart. Sowohl an dem Naturhaften von F-dur, wie an dem Geistigen von Es-dur C-moll nimmt sie in einer gewissen Weise teil. Nur sehen wir im Naturhaften die in F-dur beginnende Helligkeit bei B-dur gleichsam abgedunkelt, so daß etwas wie Halbdunkel, Helldunkel der Charakter dieser Tonart wird. Etwa, wie wenn wir, in der Natur uns ergehend, an der Natur uns freuend, auf einmal in das Dunkel eines Hochwaldes eintreten. In der Musik Robert Schumanns spielt dieses Helldunkel, und darum auch die B-dur-Tonart, eine charakteristische Rolle. Er hat diese Tonart, die selbst etwas Liebevolles in ihren Ausdrucksmöglichkeiten hat, als »Liebestonart« öfter verwendet worden ist, mit einer gewissen Liebe behandelt. Er fühlt sein Wesen verwandt mit ihr. Besonders die Waldstimmung verbindet sich ihm gerne und naturgemäß mit B-dur. Es sei erinnert an die lieblichen »Waldszenen« in seinen Klavierstücken: »Eintritt«, »Einsame Blumen«, »Freundliche Landschaft«, »Abschied«. Auch eine große Symphonie in B-dur hat Robert Schumann geschrieben. Bei Beethoven finden wir das naturhafte B-dur, wie ein abgedunkeltes F-dur, im 2. Satz seiner Natursymphonie (Pastorale) in F-dur. Seine 4. Symphonie in B-dur ist, wie Schumann vorausnehmend, schon durchaus auf das für B-dur charakteristische Helldunkel abgestimmt.

Ein starkes geistiges B-dur, wie feste Glaubenszuversicht, hat Johann Sebastian Bach im »Wohltemperierten Klavier«, schon im 1. Teil, im Präludium, das, unter Verzicht auf alle eigentliche Polyphonie, auf alles Stimmengewebe, in einfachen melodischen Gängen so stark und sicher das Harmonische ergreift, auf die Harmonie zugeht, wie vor allem in der Fuge, die im Thema wie in der Durchführung ganz auf den Ton einer einfachen, klaren, festen, wie selbstverständlichen Glaubenszuversicht gestimmt ist, daß man sie die »Glaubensfuge« nennen könnte. Auch Beethovens große Klaviersonate op. 106 (die sog. »Riesensonate«) ist stark aus dem Geistigen der B-dur-Tonart herausgeholt. Aber hier kann man die Empfindung haben: der Ansturm ist z u stark, die B-dur-Tonart kann ihn nicht tragen. Etwas gleichsam Überstiegenes liegt hier bei Beethoven in diesem Zuversichtlichen, Hoffenden der B-dur-Tonart: es sind Ahnungen und Hoffnungen, die schon ins Transzendente gehen, aber dann, wie schon die hoffnungslose Trauer des Fis-moll-Adagio zeigt, — die Tonart hat gar keine Beziehung zu B-dur! —, vom Schicksal zerschlagen werden, und die in ihrer Art gewaltige Schlußfuge führt, trotz alles Emporstürmenden im Anfang, zuletzt doch in abstrakte Leere, in der sich nichts mehr wirklich gestalten kann. Der starke Glaube, wie Bach ihn hat, fehlt in dieser großen Sonate, die B-dur-Tonart wird nicht wirklich ausgeschöpft. Das der B-dur-Tonart eigene Hoffen erscheint hier als ein noch zu frühes Hoffen; wie es ja auch wiederum dem Jahreszeitlichen dieser Tonart entspricht: sie ordnet sich, auf den Jahreskreis bezogen, derjenigen Jahreszeit — es ist vor allem die Zeit der Februartage — zu, wo oft schon ein milder warmer Sonnenstrahl den Frühling erhoffen läßt, der dann doch erst noch durch viele Rückschläge des Winters sich hindurchkämpfen muß.

Ein allerstärkstes geistiges B-dur, das Stärkste, was der B-dur-Tonart in der Musik abgewonnen worden ist, enthält Anton Bruckners 5. Symphonie. Vom bescheiden suchenden, tastenden Anfang bis zum dröhnend gewaltigen, beinahe (bildlich gesprochen) die Grundfesten der Erde erschütternden Choralschluß lebt in ihr jener Grundton der sicheren Glaubenszuversicht, den wir zuerst bei Bach fanden, aber hier eben mit der ganz andern, mit der symphonischen Nuance Anton Bruckners. Man könnte sie die »Glaubenssymphonie« nennen. Nicht »Glaube« im Sinne irgendwelcher dogmatischer Vorstellungen wäre damit gemeint, sondern wahrer Glaube im Sinne von Herzensfestigkeit und Herzenszuversicht, naturwüchsiger Glaube, wie er in Anton Bruckner wie ein Gnadengeschenk von oben einfach da war. Vom Tonartengesichtspunkt aus steht das Werk als etwas fast Einmaliges in der Musik da. Von jenen Anfängen und Keimen eines glaubensstarken B-dur abgesehen, wie sie bei Johann Sebastian Bach zunächst noch in Stücken kleineren Rahmens lebten, finden wir die B-dur-Tonart auch bei großen Musikern, selbst Beethoven nicht ausgenommen, überwiegend von ihrer mehr zarten, naturhaften Seite behandelt. Auch bei Richard Wagner ist das, wie wir auch sehen werden, im wesentlichen nicht anders; und das eine Werk von Beethoven, eben die Sonate op. 106, die ganz stark nach den letzten Höhen von B-dur auszugreifen scheint, erreicht diese Höhen, diese Glaubenshöhen, wie wir gesehen haben, doch nicht in Wirklichkeit. Erst der starken Glaubensnatur Anton Bruckners war dieses vorbehalten. Natürlich darf man dieses symphonische B-dur Bruckners nicht als ein allzu einseitiges und enges Sichbewegen im Geleise einer bestimmten Tonart sich vorstellen, dieses B-dur von Bruckners 5. Symphonie setzt sich so ziemlich mit allem auseinander, was es sonst noch an Tonarten gibt, schon der erste Anfang und die ersten Motive lassen die innere Spannweite dieses B-dur deutlich erkennen. Aber bei allem Reichtum der tonalen Entwicklung sehen wir die entscheidenden Akzente zuletzt doch immer wieder, schon im Abschluß des 1. Satzes, auf B-dur fallen und, im ganzen betrachtet, können wir diese Symphonie als die größte Verherrlichung von B-dur in der ganzen Musik ansehen.

Wie einen Grundton des Glaubens und der Hoffnung, so haben etwas Liebevolles, Liebendes die großen Tondichter, von Schumann, ja Mozart an mit dieser Tonart immer gerne verbunden. Der Stern des Glaubens, der Hoffnung, der Liebe, so können wir auch sagen, lebt irgendwie in dieser Tonart, die wir die »Sternen-Tonart« schon öfter genannt haben. Aus dem ganzen Aufbau des Tonartenkreises heraus (siehe die Figur 2 am Anfang), läßt sich diese Bezeichnung auch rein denkerisch rechtfertigen. Von der Beziehung des Tonartenkreises zum Jahreskreis, von da zum Himmelskreis, zum Sternenkreis war öfter die Rede; gelegentlich auch von der Zuordnung des Planetarischen zu den Zeichen der einzelnen Tonarten. Wir sahen, wie C-dur (Widder) mit dem Aktiven des Mars, G-dur (Maienzeichen) mit dem Heilenden der Venus verbunden ist; wie die andere, tröstende, erlösende Seite der Venus mit der Waagetonart Fis-dur Ges-dur sich verbindet, die andere, mehr leidenschaftliche Seite des Mars mit der Skorpiontonart Des-dur B-moll, der »Todestonart«. Verfolgen wir weiter die Planeten in ihrer am Himmel gegebenen Ordnung, so finden wir, wie bei Es-dur C-moll (Steinbock) die Saturngrenze erreicht ist. Was weiter darüber hinausliegt, und das wäre eben B-dur, das würde uns dann in die weiteren Sternenregionen, in die eigentlichen Sternenreiche hinausweisen, die der alte Grieche in seinen Mysterien mit dem Uranusnamen verband. In diesem Sinne wäre dann B-dur die eigentliche Sternentonart. Es muß immer wieder gesagt werden, daß solchen Ableitungen an und für sich noch kein Beweiswert beizulegen ist; sie erlangen erst dann Bedeutung, wenn in den musikalischen Schöpfungen der großen Tondichter sich etwas auffinden läßt, was mit jenen Gesichtspunkten zusammenstimmt und zusammenklingt. Ein solches Zusammenstimmen ist uns bei unserer Betrachtung immer wieder begegnet. Auch bei B-dur wird sich der Gesichtspunkt der »Sternen-Tonart« immer deutlicher herausarbeiten. Trifft er zu, dann werden wir erkennen, daß hinter der B-dur-Tonart, die in der Musik überwiegend zunächst als etwas Zartes und Bescheidenes auftritt — auch in Bruckners 5. Symphonie ist das im Anfang, und dann noch einmal im Anfang des gewaltigen Finales durchaus noch der Fall —, große Tiefen verborgen sind, daß sie zu den tiefgründigsten Tonarten gehört.

Empfinden wir bei B-dur etwas Glaubensvolles, Hoffnungsvolles, so hat die parallele G-moll-Tonart eine mehr tragische Färbung. Wenn wir bedenken, wie dem schon der Helligkeit sich zuneigenden F-dur die ganz dunkle Mollparallele D-moll gegenübersteht, können wir verstehen, wie auch zwischen B-dur und G-moll der Gegensatz ein großer sein muß, wie einem schon das Licht ahnenden und hoffenden B-dur ein dunkles G-moll gegenübersteht, dem jene Ahnung und Hoffnung noch fehlt. Ein klassisches Beispiel dafür ist die Klage der Pamina in Mozarts »Zauberflöte«: »Ach, ich fühl's, es ist verschwunden, ewig hin der Liebe Glück!...« In Wirklichkeit handelt es sich hier um ein zu frühes Verzagen, ein zu frühes Aufgeben der Hoffnung mitten im Ernste der Weiheprüfungen, deren glücklicher Abschluß die beiden Liebenden Pamina und Tamino, bald wieder, und dann in einem höheren Lichte, miteinander verbinden wird. Aber es gehört eben zum ernsten Seelenkampf, daß der die Weihe Suchende zuweilen solche finstere Anfechtungen durchzuringen hat, wie hier im Prüfungstempel Pamina, und Mozart hat diese Verbindung des Mädchenhaft-Anmutigen und Liebevollen mit der Seelenfinsternis, dem allzufrühen Aufgeben der Hoffnung, in dem G-moll jener Arie reizvoll zum Ausdruck gebracht. Überhaupt hatte er zur G-moll-Tonart ein intimes Verhältnis; G-moll ist, wenn auch nicht im Sinne des quantitativen Überwiegens, eine recht eigentliche, ja vielleicht d i e eigentliche Mozart-Tonart. Das Liebevoll-Zärtliche der Mozart-Natur nimmt gleichsam etwas von dem Zarten, Liebevollen der B-dur-Tonart noch in die Mollparallele G-moll herein, die bei ihm dann öfter den Ausdruck von etwas Schmerzlich-Verklärtem, »unter Tränen Lächelndem«, von etwas Kindlichem selbst noch im leidenschaftlichen Schmerz gewinnt. Das ist vor allem auch in seiner G-moll-Symphonie der Fall, die einen gewissen Höhepunkt der G-moll-Tonart darstellt. Das Seelisch-Empfindende tritt bei allen Tonarten des letzten der »drei Kreuze« stark hervor. Auch die ausdrucksvollen G-moll-Variationen im 2. Satz von Schuberts Streichquartett »Der Tod und das Mädchen« (D-moll) sind ein hervorragendes Beispiel für das Seelisch-Ausdrucksvolle dieser Tonart.

In Bachschem G-moll, so schon bei den Fugen im »Wohltemperierten Klavier«, am meisten beim großen Orgelpräludium (mit Fuge) G-moll lebt mehr der Ausdruck eines gewaltigen, tragischen Schicksalsernstes. Er hat mehr das Geistige, dieses aber in höchster Vollendung auch nach der Seite des Tragischen hin, in der G-moll-Tonart zum Ausdruck gebracht.

Als liebevolle Tonart des Glaubens und Hoffens finden wir B-dur dann auch im Musikdrama Richard Wagners. Vor allem ist sie da die Tonart der liebenden Erwartung und hoffenden Liebe. So schon im »Fliegenden Holländer«, zunächst noch in primitiver Einfachheit, im Seemannslied, in dem sich das der ganzen Szene — es ist die 1. Szene des 1. Aktes — vorgezeichnete B-dur erst zu wirklichem B-dur gestaltet: »Mit Gewitter und Sturm aus fernem Meer, mein Mädel, bin dir nah! Über turmhohe Flut vom Süden her, mein Mädel, ich bin da! Mein Mädel, wenn nicht Südwind wär', ich nimmer wohl käm zu dir; ach, lieber Südwind, blas' noch mehr! mein Mädel verlangt nach mir!« (Auch das Seemannslied im Anfang von »Tristan und Isolde«: »... mein irisch' Kind, wo weilest du?...« steht in B-dur). Wie im »Tristan«, werden auch hier im »Holländer« schon der einfachen Seemannsweise Motive entnommen, die dann das ganze Musikdrama (bzw. die ganze Oper) beherrschen, d. h. mit unter die »Leitmotive« des Ganzen aufgenommen werden. So eröffnet dann jenes Motiv »Mein Mädel, wenn nicht Südwind wär'...«, vom Orchester fortissimo gebracht, wieder in B-dur, die Einleitung des 2. Aktes, aus dessen erster Szene dann bald Sentas »Ballade« herauswächst, in der das Lied des »bleichen Seemanns«, dem sie nun im Leben bald wirklich begegnen soll, ihre Phantasie beschäftigt. Wie in dieser »Ballade« das düstere Holländer-Motiv von D-moll nach G-moll, so ist das Motiv von Sentas Gebet (in der Ouvertüre F-dur) von dieser Tonart entsprechend nach B-dur gerückt, also in die Tonart der »liebenden Erwartung«, der ahnenden Erwartung des Schicksals, das auch über ihre Liebe, ihre letzte, höchste, sich hinopfernde Liebe entscheiden wird: »Doch kann dem bleichen Manne Erlösung einstens noch werden, fänd' er ein Weib, das bis in den Tod getreu ihm auf Erden. Ach! wann wirst du, bleicher Seemann, es finden?...« Immer wieder steht dieser Gesichtspunkt der Erwartung des über die Liebe zweier Herzen entscheidenden Schicksals im »Fliegenden Holländer« im Vordergrund; in diesem Sinne finden wir B-dur auch bei der Erik-Szene im 2. Akt.

Am Schluß des 1. Tannhäuser-Aktes ist die Szene, wo der Landgraf und sein Gefolge den wieder in ihrem Gebiet erschienenen Tannhäuser zum Bleiben bereden wollen; doch er, in der Unruhe seines Herzens, will weiterziehen (»Laßt mich! Fort, fort von hier!«). Das dieser Szene vorgezeichnete B-dur gestaltet sich kaum zu wirklichem B-dur, die »liebende Erwartung« bleibt dem Herzen Tannhäusers noch unbewußt. Erst wie der Name Elisabeth genannt wird (»Bleib' bei Elisabeth!«) wird sie ihm bewußt, ein innerer Sieg (D-dur!) ist jetzt in ihm errungen: »Elisabeth! O Macht des Himmels! rufst du den süßen Namen mir?« Diese D-dur-Stelle des 1. Aktes hat ein bedeutsames Gegenstück in einer B-dur-Stelle des 3. Aktes, da wo über den in Verzweiflung aus Rom zurückgekehrten Tannhäuser noch einmal der Spuk des Venusbergs Macht gewinnt, bis, im Anblick von Elisabeths Leiche, der Name Elisabeth erklingt, der Gesang der Pilger wiederum ertönt, und Wolframs Mahnung »Dein Engel fleht für dich an Gottes Thron ...« jetzt Tannhäusers Seele erreicht. Da ist der Bann in seinem Herzen auf einmal gebrochen, der Venusbergspuk für immer überwunden, selbst sterbend umklammert er — bildlich, nicht buchstäblich gesprochen — gleichsam das Kreuz, vor dem Elisabeth, für ihn sich hinopfernd, erblaßte, der Stern der wahren Liebe, der Hoffnung, des Glaubens ist in seinem Herzen wieder aufgegangen (B-dur): »Heilige Elisabeth, bitte für mich!«; einer der größten B-dur-Momente im Werke Richard Wagners.

In keinem anderen der Wagnerschen Musikdramen treten die Sternengesichtspunkte der Tonart so sehr hervor, wie im »Tannhäuser«. So finden wir auch B-dur als die »Sternen-Tonart« hier deutlicher, als überall sonst. Wir haben darauf hingewiesen, wie die »Frau Venus« im Venusberg nicht die wirkliche Venus, das wirkliche Liebewesen, sondern deren dämonisches Zerrbild, die in den Untergründen der Sinnlichkeit gefesselte Venus ist: ihre Tonart ist das zum Skorpion gehörige Des-dur, mit der »Todes-Tonart« B-moll als Parallele. Erst in Elisabeth offenbart sich die wahre Liebe, die wahre Venus: zuerst in sprießender Maienfülle im Anfang des 2. Aktes als »heilende Liebeskraft« (G-dur, Venus im Maienzeichen), im 3. Akte dann (»Gebet der Elisabeth«) als die im Sterben tröstende, errettende, »hinüberführende« Liebe, Venus Urania, in der herbstlichen Waage-Tonart Ges-dur, der diese andere Seite des Venuswesens zugehört. Nachdem dieses alles so an uns vorübergezogen ist, und Elisabeth sanften Schrittes dem Auge Wolframs entschwindet, sehen wir Venus, den Abendstern, das himmlische Abbild dieses irdischen Liebegeheimnisses, am Abendhimmel aufglänzen, und wir können deutlich empfinden, wie sich dieses Aufleuchten des Venussterns mit dem B-dur-Akkord auf Wolframs Harfe verbindet. Dasselbe B-dur kehrt dann in seinem sich anschließenden Gesange (im ernsten G-moll) wieder an der Stelle: »Da scheinest du, o lieblichster der Sterne ...«, in jenem Gesang, in dem er (bzw. Richard Wagner) mit unnachahmlicher Schlichtheit und Genauigkeit jene Wesenheit schildert, die wir eben als Venus Urania gekennzeichnet haben. »Wie Todesahnung, Dämm'rung deckt die Lande, umhüllt das Tal mit schwärzlichem Gewande; der Seele, die nach jenen Höh'n verlangt, vor ihrem Flug durch Nacht und Grausen bangt! Da scheinest du, o lieblichster der Sterne, dein sanftes Licht entsendest du der Ferne, die nächt'ge Dämmerung teilt dein lieber Strahl (hier wieder B-dur), und freundlich zeigst du den Weg aus dem Tal.« So hat uns in Richard Wagners »Tannhäuser« die Sprache der Tonart von der falschen Venus (Des-dur, Skorpion) zur wahren Venus, zur wahren Liebesoffenbarung in Elisabeth geführt, und zwar zu den beiden Seiten dieser Liebesoffenbarung (G-dur Maienzeichen und Ges-dur Herbstzeichen Waage, Venus Urania), bis er dann noch den Venusstern selbst am Himmel aufglänzen läßt, in der Sternentonart B-dur, und das ernste G-moll von Wolframs Verherrlichung der Venus Urania zuletzt wieder den Übergang findet nach der hellen Venustonart G-dur in Wolframs freundlichem Lied an Venus, den Abendstern.

Es kann nicht oft genug betont werden, daß Richard Wagner selbst eine bewußte Vorstellung von diesen Zusammenhängen nicht hatte und zu haben brauchte: hätte er sie gehabt, dann könnte jemand sagen, die Dinge seien eben ausgedacht, ausgeklügelt, und das sei immer unkünstlerisch. Darin, daß sie zweifellos n i c h t ausgedacht, nicht ausgeklügelt sind, darin gerade offenbart sich Richard Wagners objektiv-treffsichere, ins Innerste der heute im allgemeinen von den Menschen noch garnicht geahnten geistigen Zusammenhänge dringende künstlerisch-musikalische, und gerade auch tonartliche Intuition, das macht die Betrachtung seines musikdramatischen Werkes für die Erforschung der Sprache der Tonart so einzigartig ergiebig.

Im »Lohengrin« hat das Motiv des Glaubens, des gläubigen Vertrauens, und mit ihm die B-dur-Tonart, eine besondere Wichtigkeit und dramatische Bedeutung: Elsa sollte, mit der Liebe ihres Herzens, dem Eingeweihten Lohengrin zugleich auch das gläubige Vertrauen in die Reinheit seiner Herkunft und Sendung entgegenbringen. Hierin aber gerade, in der Gläubigkeit ihres Herzens, läßt sie sich durch Ortruds dämonische Einflüsterungen beirren, was dann den tragischen Ausgang des Ganzen herbeiführt. Zunächst ist es, nach seiner wunderbaren Ankunft auf dem Schwanennachen, Lohengrin, der für die bis dahin hart verklagte Elsa das Vertrauen der Umstehenden wieder wachruft (die A-dur-Lohengrin-Motive wenden sich hier nach B-dur): »Nun hört! Euch, Volk und Edlen mach' ich kund': frei aller Schuld ist Elsa von Brabant!« Nach seinem Sieg im Zweikampf mit Telramund hat Lohengrin, wie von Anfang an Elsas Liebe, so nun auch ihr ganzes gläubiges Vertrauen (wiederum wendet sich die Musik von A-dur nach B-dur), Elsa zu Lohengrin: »O fänd ich Jubelweisen, die deinem Ruhme gleich, die, würdig dich zu preisen, an höchstem Lobe reich! In dir muß ich vergehen, vor dir schwind' ich dahin! Soll ich mich selig sehen, nimm alles, was ich bin!«

In der 2. Szene des 2. Aktes tritt dieses liebevoll-gläubige Vertrauen Elsas (B-dur) in einen wirksamen Gegensatz zu den finstern Fis-moll-Ränken der Ortrud, die die 1. Szene erfüllen: wie wenn auf finsteres Schwarz hin auf einmal lichtes reines Weiß vor unsern Blicken sich ausgießt, so ist es, wenn nach den letzten unheildrohenden Worten des finsteren Paares (Ortrud und Telramund) plötzlich Elsa in weißem Gewand auf dem Söller erscheint, und ihr liebevolles Empfinden der Nacht anvertraut: »Euch Lüften, die mein Klagen so traurig oft erfüllt, euch muß ich dankend sagen, wie sich mein Glück enthüllt ... Zu trocknen meine Zähren, hab' ich euch oft gemüht; wollt Kühlung nun gewähren der Wang', in Lieb' erglüht.« Schneidend klingt in dieses liebevolle B-dur dann Ortruds heuchlerischer Klageruf in As-moll hinein, jenes As-moll, das durch die ganze Lohengrin-Musik zur Tragik Elsas (wie As-dur zu ihrem reinen höheren Wesen) in einer inneren Beziehung steht. Gewaltig ist dann in der ganzen dramatischen Entwicklung des 2. Aktes der Ansturm der bösen Mächte gegen Elsas gläubiges Vertrauen; doch siegen noch einmal die höheren, die guten Mächte, stellen noch einmal das innere Gleichgewicht in Elsas Seele her (»... hoch über alles Zweifels Macht soll meine Liebe stehen!« Es ist die schon oben bei C-dur erwähnte Stelle, wo sich der Einsatz dieser Tonart des Gleichgewichts so wirksam mit demjenigen der Orgel im Münster verbindet).

So kann im Beginn des 3. Aktes, schon nahe der Katastrophe, noch einmal die Stimmung des liebevoll-gläubigen Vertrauens die Szene beherrschen. Sie klingt im sanften B-dur des »Brautchors«, dessen Gesang das liebende Paar, Lohengrin und Elsa, ins Brautgemach geleitet: »Treulich geführt ziehet dahin, wo euch der Segen der Liebe bewahr'! Siegreicher Mut, Minnegewinn, eint euch in Treue zum seligsten Paar ...« Von dem Augenblicke dann, wo in Elsa das gläubige Vertrauen tragisch zusammenbricht, erscheint in der Musik kein B-dur mehr. Nicht nur durch die Art, wie und wo sie eine Tonart anwendet, sondern auch durch die Art, wie und wo sie sie n i c h t anwendet, spricht Wagners Musik.

So wirkt im »Rheingold« die B-dur-Tonart, wenn man den Ausdruck gebrauchen darf, zunächst durch ihre Abwesenheit. Denn wir leben da in einer geistigen Atmosphäre, wo sehr bald, nach der Trübung des uranfänglichen reinen Es-dur der Rheinestiefe und der Rheintöchter, die feindlichen Mächte des Hasses, des Neides, der Gier und Selbstsucht, überall, sogar bei den Göttern selbst, Eingang gefunden haben, wo ein allgemeines Ränkespiel einsetzt, und keiner dem andern mehr traut. (Die Doppel-B-Vorzeichnung in der Nibelheimszene ist trübes G-moll, das mit dem dortigen B-moll zuweilen abwechselt). Mit der Auswirkung des »Sündenfalles«, zunächst in höheren Reichen, hat die Tragik des Weltgeschehens begonnen. Der erste Brudermord (wenn Fasolt durch Fafners Hand fällt) hat den Göttern, hat dem Wotan vor allem in erschütternder Weise das Auge geöffnet. Furcht und Bangen lasten auf allen Gemütern. Da reinigt Donners Gewitterhammer noch einmal die von schwülen Dünsten erfüllte Atmosphäre, noch einmal atmen die Götter wenigstens vorübergehend die reine Luft ihrer heimatlichen Sphäre, können noch einmal halbwegs freudig und vertrauend ihre Burg Walhall aufsuchen: das alles spricht in gewissem Sinne die den »Gewitterzauber« am Ende des »Rheingold« beherrschende B dur-Tonart aus.

Von der wesentlichsten Bedeutung innerhalb der Musik des »Nibelungenrings« ist die B-dur-Tonart in der »Walküre«. Sie ist da ganz wieder die Tonart der liebenden Erwartung, der hoffenden Liebe, ja der zu frühen, bald vom Schicksal enttäuschten Hoffnung in der Liebe zwischen Siegmund und Sieglinde. Schon in Siegmunds erster Erzählung von Wälse (Wolfe), deren B-dur-Vorzeichnung zunächst nur wenig wirkliches B-dur enthält, bricht die Tonart durch bei der Erwähnung des Wälsungen-Zwillingspaares: »eine Zwillingsschwester und ich«. Der Hauptmoment der B-dur-Tonart, nicht nur in der »Walküre«, sondern im ganzen »Ring«, ist dann am Schlusse des 1. Aktes, nachdem das Wälsungenpaar sich in Liebe gefunden hat, und durch die plötzlich aufgesprungene Tür das Lenzesleuchten hereinschaut, der Liebeszwiegesang »Winterstürme wichen dem Wonnemond, in mildem Lichte leuchtet der Lenz; auf lauen Lüften, lind und lieblich, Wunder webend er sich wiegt; durch Wald und Auen weht sein Atem, weit geöffnet lacht sein Aug'; aus sel'ger Vöglein Sange süß er tönt, holde Düfte haucht er aus: seinem warmen Blut entblühen wonnige Blumen, Keim und Sproß entspringt seiner Kraft...«. Zart und anmutig verbindet sich in dem B-dur dieses Liebesgesanges die hoffende Liebe des jungen Paares mit dem Liebesweben der ganzen Natur, ein Motiv, das uns dann im 2. Akt von »Tristan und Isolde« wiederum begegnen wird. Auch darauf kann hingewiesen werden, wie dieses B-dur im 1. Akt der »Walküre« jahreszeitlich dem Teil des Jahresrhythmus entspricht, dem die B-dur-Tonart zugehört, eben jener frühen Vorfrühlingszeit, wo an manchen Tagen schon sich scheinbar ankündigende Frühlingshoffnung sich noch als trügerisch erweist, noch öfter den »Winterstürmen« weichen muß. Auch im ganzen Schicksal von Siegmund und Sieglinde — siehe den 2. Akt — hat dieses, zunächst dem Jahreszeitlichen der B-dur-Tonart Entnommene, dann seine Entsprechung.

Mit jenem »Winterstürme wichen dem Wonnemond« des 1. Aktes ist dann auch für die »Walküre« die B-dur-Tonart im wesentlichen erledigt. Nur inmitten der Traurigkeit des 2. Aktes findet sich noch einmal ein Anklang, eine Reminiszenz daran (wiederum in B-dur), da wo Siegmund die in Ermattung und Kummer eingeschlafene Sieglinde betrachtet: »Leblos scheint sie, die dennoch lebt: der Traurigen kost ein lächelnder Traum«. (Hier bei »Traum« setzt das Orchester zart mit dem B-dur-Motiv des 1. Aktes ein, in seiner Sprache andeutend, daß Sieglindes Traum ein Träumen vom frühverblichenen Wonnemond ist).

Im »Siegfried« gibt es (im 1. Akt) bei Siegfried ein B-dur des jugendlichen Hinausstürmens in die Welt (»Aus dem Wald fort in die Welt ziehn: nimmer kehr' ich zurück! ... Wie der Fisch froh in der Flut schwimmt, wie der Fink frei sich davon schwingt, flieg' ich von hier, flute davon, wie der Wind über'n Wald weh' ich dahin...«), das mit dem B-dur des jugendlichen Parsifal, dem »jugendlichen B-dur« des Parsifal-Motivs, das dann so mancherlei Tonartenmetamorphosen, bis zum abschließenden, siegreichvollendenden D-dur hin durchmacht, sich vergleichen läßt; wie zwischen Siegfried und Parsifal überhaupt verschiedene Vergleichspunkte da sind.

Noch vor diesem jugendlichen hinausstürmenden B-dur finden wir im 1. Akt des »Siegfried« ein »G-moll der jugendlichen Ungeduld«, da wo Siegfried, gleich am Anfang, dem Zwerg Mime die Stücke des unzulänglichen, von ihm geschmiedeten Schwertes, das er am Ambos wieder zerschlägt, zornig vor die Füße wirft. Das Motiv wird dann in weiterer Durchführung musikalisch ausgesponnen. Ernster und bedeutsamer ist dann das G-moll, mit dem der 3. Akt beginnt. Es ist das G-moll des tragischen Schicksalsernstes, wie er in Erda, der Seherin und Schicksalkünderin lebt, ein G-moll, das in großzügiger musikalischer Durchführung dann auch weiterhin die Szene zwischen dem Wanderer (Wotan) und Erda beherrscht. Es ist das G-moll der »Ursorge« (wie Erda am Schlusse der Szene von Wotan, da wo er sie wieder in die Tiefe hinabweist, genannt wird). Ursorge, die auf die nun einmal im Laufe befindliche Tragik des Weltgeschehens, die Tragik des bevorstehenden Götterendes, nur mit Furcht und Bangen, in Hoffnungslosigkeit (und diese gerade ist ja eine wesentliche Nuance von G-moll) hinzuschauen vermag, während Wotan, der im »Rheingold« anfänglich jene Empfindungen noch teilte, jetzt, nach der ganzen dramatischen Entwicklung, die die »Walküre« auch s e i n e m Wesen gebracht hat, jene hoffnungslose Empfindung der Angst und Furcht vor dem Unvermeidlichen, nicht Abzuwendenden ganz überwunden, ein f r e u d i g e s J a s a g e n zu diesem ganzen Schicksal jetzt gefunden hat: man kann durch die ganze Szene hindurch verfolgen, wie Wotans freudig-gehobene Stimmung auch tonartlich mit dem tragischen, trüb-ernsten G-moll der Erda kontrastiert.

In der Götterdämmerung gibt es kein »jugendliches B-dur« mehr, da ist alles alt und grau geworden, dem Vergehen zugewendet, vom Blühen ins Welken gekommen. Da gibt es hauptsächlich noch ein B-dur der bald vom Schicksal enttäuschten Hoffnungen. Ein solches B-dur liegt über dem ersten Sonnenaufgang (nach der Nornenszene), der die erste noch in Liebesglück leuchtende Szene zwischen Siegfried und Brünhilde einleitet. Aber wir wissen ja eben, daß dieses Glück nicht mehr lange Bestand hat, daß herbste Schicksalstragik vor der Türe wartet. So liegt dann noch einmal die B-dur-Tonart über dem Sonnenaufgang im 2. Akt (nach dem finstern Nachtgesicht der Hagen-Alberich-Szene, über der so eindrucksvoll die ganze Stimmung des »Albdrucks« lastet). Das ist dann schon ein recht schicksalsernster Sonnenaufgang, ein recht »blutiges Morgenrot«, das von Blut und Grauen künden zu wollen scheint. Alles das liegt deutlich in der ganzen musikalischen, eigenartig nach Moll hin getrübten Struktur jenes B-dur, in der ganzen charakteristischen Hörnerinstrumentation. So ist auch das »hoffnungsvolle« B-dur in der Begrüßung Siegfrieds durch Gunther im 1. Akt ein Vorspiel schwerer Enttäuschungen. Auch im Blutbrüderschaftsschwur eben dort enthält das sonst »Blühende« der B-dur-Tonart durch tonale Trübung und durch die Tubeninstrumentation eine unheimliche Färbung (»Blühenden Lebens labendes Blut träufelt' ich in den Trank...«) Ebenso ist das B-dur des »Gibichungen-Marsches« im 2. Akt, beim Empfang von Gunther und Brünhilde in der Gibichungenhalle, ein B-dur liebender Erwartungen, die bald in nichts zerrinnen, ein B-dur liebender Hoffnungen, die bald der furchtbarsten Tragik, der furchtbarsten aller Katastrophen Platz machen (rein musikalisch genommen, ist es das hauptsächliche B-dur in der »Götterdämmerung«).

In dem vorübergehenden B-dur beim »Waldvogel-Motiv« vor dem Beginn von Siegfrieds Erzählung aus seiner Jugendzeit im 3. Akt haben wir noch einmal einen Anklang des »jugendlichen B-dur«, wie eine Reminiszenz vergangener Zeiten: vor seinem Tod lebt in Siegfried die Jugenderinnerung noch einmal auf. Wie er dann zuerst von Mime erzählt (»Mime hieß ein mürrischer Zwerg ...«), wandelt sich B-dur in jenes »ungeduldige G-moll«, das wir von den Siegfried-Mime-Szenen des »Siegfried« her kennen. Wie am Schluß des Aktes Brünhilde den Rheintöchtern den Ring, und dem Golde des Urstroms damit in einem gewissen Sinne seine jugendliche Unschuld zurückgibt, erscheinen tief-bedeutsam die Rheines- und Rheintöchtermotive im B-dur der blühenden Jugend, der neu gewonnenen Lebenshoffnung. Doch ist dieses alles hier nur ein vorübergehender Anklang.

Während es dieses letzte der vier Ringdramen, mit seinen tragischen Katastrophen, bei allen mannigfaltigen Anklängen von B-dur doch nie mehr recht zu einer wirklichen Entfaltung dieser Tonart und ihrer eigentlichen Inhalte bringt, hat Richard Wagners liebevollstes Werk, »Tristan und Isolde«, diese liebevollste aller Tonarten im Grunde nur e i n mal; da aber läßt Wagner sie in reichster Poesie die ganze Fülle ihres Inhalts ausströmen. Das ist erst im 2. Akt, im Anfang des 2. Aktes der Fall. Im 1. Akt steht nur das einstimmig, ohne Orchesterbegleitung, von der Bühne her gesungene Seemannslied in B-dur: »Westwärts schweift der Blick, ostwärts streicht das Schiff. Frisch weht der Wind der Heimat zu: mein irisch Kind, wo weilest du? Sind's deiner Seufzer Wehen, die mir die Segel blähen? Wehe, wehe du Wind! Weh', ach wehe, mein Kind! Irische Maid, du wilde, minnige Maid!« Anders, als bei dem in der gleichen Tonart stehenden Seemannslied am Anfang des »Fliegenden Holländer« (»... mein Mädel, wenn nicht Südwind wär ...«) geht wohl etwas von den Motiven, nicht aber von der Tonart dieses Liedes in die Tristan-Musik, in die Musik des 1. Aktes zunächst, über. Da finden wir höchstens einen ganz vorübergehenden Anklang von B-dur in der 5. Szene an der Stelle: »... die Wunde, die seine Wehr mir schuf, die hat sie hold geheilt ...« Zwischen Tristan und Isolde im 1. Akt, wo zunächst noch der Zorn Isoldes, die stille Scheu und Entsagung Tristans das Ganze beherrscht, ist die liebevolle B-dur-Tonart noch nicht am Platze. Erst, nachdem im Abschluß des 1. Aktes durch den Liebestrank, im Grunde durch die schicksalhaft zwischen den Beiden in Seelengründen waltende Liebe die große Wendung sich vollzogen hat, der Zorn besiegt, die Liebe offenbar geworden ist, wird für dasjenige, was die B-dur-Tonart auszusprechen hat, Raum.

Das ist erst im 2. Akt der Fall. Da ist der Anfang ganz von B-dur, der Tonart der liebenden Erwartung beherrscht, da ist alles in diese B-dur-Stimmung der liebenden Erwartung getaucht. Da werden die letzten Tiefen dieser Tonart ausgeschöpft. Doch ist es nicht das mächtige, geistgewaltige B-dur von Bruckners 5. Symphonie, sondern das andere, zarte, das mehr naturhafte, wenn auch zu mächtigen Steigerungen ausholende B-dur.

Dieses B-dur ist nicht nur die Erwartung der beiden, die Nacht und das Verlöschen der am Haustor noch immer brennenden, warnenden »Zünde« herbeisehnenden Liebenden, sondern das Liebesweben der ganzen Natur, der ganze Zauber des Sommerabends, der Sommernacht spricht sich darin aus. Zuerst deutet ein leidenvoller Septimenakkord (es-g-d-g-d) noch auf den flackernden Tagesschein, der der Nacht den vollen Eintritt verwehren möchte; dann tritt ganz, wenn auch überall von zarter Chromatik durchwoben, die B-dur-Tonart ein, da verschmilzt das menschliche Liebesempfinden ganz mit dem Liebesweben der großen Natur. Auch der Hörnerschall der fernen Jagd — in ihr liegt der Grund, warum noch das Warnungszeichen vor dem Hause brennt — mit seiner C-G-F-Harmonie (siehe darüber bei F-dur) wird ganz von diesem B-dur-Weben aufgenommen, für Isoldens Ohr verschmilzt er ganz mit dem Liebesweben der Natur. Der Höhepunkt des B-dur-Liebessehnens, zugleich der Höhepunkt der Entwicklung dieser Tonart in Wagners Musikdrama, ist bei Isoldes Worten: »Das Zeichen, Brangäne! O gib das Zeichen! Lösche des Lichtes letzten Schein! Daß ganz sie sich neige, winke der Nacht! Schon goß sie ihr Schweigen durch Hain und Haus, schon füllt sie das Herz mit wonnigem Graus. O lösche das Licht nun aus! lösche den scheuchenden Schein! Laß meinen Liebsten ein!« Süßeste Heimlichkeit und zugleich etwas fast Zersprengendes liegt in der Musik, die Richard Wagner hier gefunden, die er aus den Tiefen der B-dur-Tonart herausgeholt hat. Nachdem Isolde die Fackel des grellen Tagesscheines endlich in der Todestonart B-moll selbst zum Verlöschen gebracht, tritt noch einmal das (vorher schon durch andere Tonarten übertönte) B-dur der liebenden Erwartung und des Liebeswebens in der Natur mit den Motiven des Aktbeginnes ein, bis es, in der Begegnung der beiden Liebenden, in der die Erwartung ihre Erfüllung gefunden hat, anderen Tonarten weicht. Damit ist B-dur (abgesehen von einem vorübergehenden Anklang bei Kurwenals sonst in F-dur stehendem Kareol-Motiv »Des Hirten Weise hörtest du wieder...«, ein B-dur der Erinnerung) erledigt; weder in diesem, noch im folgenden Akte hat es weiterhin irgend etwas zu sagen.

In den Briefen Richard Wagners an Mathilde Wesendonk findet sich eine

Stelle (Paris, 29. Oktober 1859), wo er von der großen Liebesszene des 2. Aktes so spricht, daß er den Anfang und das Ende dieser Szene in ihrer Gegensätzlichkeit mit zwei Pfeilern vergleicht, am Anfang »das überströmendste Leben in seinen allerheftigsten Affekten«, »der Schluß das weihevollste, innigste Todesverlangen.« Damit meint er nicht den B-dur-Anfang, sondern auf der einen Seite jene Stelle, wo in der Begegnung der beiden Liebenden B-dur schon zu Ende ist. Und als den Gegensatz dieses stürmischen Anfangs der Liebesszene, als den andern der diese Szene rahmenden »Pfeiler« empfindet er dann das ruhevolle As-dur, die Liebesruhe in As-dur (die ja übrigens auch nicht bleibt, sondern zuletzt in die drängenden H-dur-Motive übergeht). Man könnte, in dem von Wagner hier hingestellten Bilde bleibend, von zwei Pfeilern sprechen, die nicht so sehr gerade die Liebesszene, sondern vielmehr den ganzen 2. Akt einrahmen: zuerst das liebevolle B-dur am Anfang, in dem mit der liebenden Erwartung Isoldens das ganze Liebesweben der Natur, der ganze Liebeszauber der Sommernacht sich verbindet, und das starre, steinerne, das ganze Entsetzen der Todeskatastrophe in sich tragende D-moll am Schluß des Aktes. L i e b e und T o d , das sind die beiden gewaltigen, und doch in Urgründen des Seins wiederum verbundenen Gegensätze, die Richard Wagner im Gegensatz der beiden Tonarten, B-dur am Anfang, D-moll am Schlusse des Aktes, wie zwei gewaltige Pfeiler, eine Säule des Lebens und der Liebe, eine Säule des Todes, wie zwei Bilder für Eingang und Ausgang des Erdenlebens hingestellt hat.

Nicht mehr B-dur, aber die ernste Mollparallele G-moll ist es, die im 3. Akt von »Tristan und Isolde«, nachdem Leid aus Liebe geworden ist, noch einen entscheidenden Höhepunkt erlebt. Nachdem, nach anscheinend hoffnungslosem Sehnen und Warten, zuletzt doch das Schiff, das Isolde nach Kareol zu dem an seiner Todeswunde hinsiechenden Geliebten bringen soll, genaht ist, leidet es Tristan nicht mehr auf seinem Lager, allen Warnungen des treuen Kurwenal zum Trotz vom Lager sich erhebend, reißt er sich die Verbände vom Leib, um Isolde entgegenzueilen, sterbend ihr in die Arme zu sinken. Mit einem Anklang an das Motiv »Lösche des Lichtes letzten Schein! Daß ganz sie sich neige, winke der Nacht«, aber nicht mehr in der B-dur-Tonart des 2. Aktes, bricht Tristan sterbend zusammen: das Motiv (des 2. Aktes) »Barg im Busen uns sich die Sonne...« erlischt im finstern F-moll, das im Sehnsuchtsurmotiv verebbende Leben veratmet im letzten Seufzer in F-dur, der Tonart des atmenden Lebens; ein kurzer Übergang (Isolde: »Ha! Ich bin's, ich bin's, süßester Freund! Auf! noch einmal hör' meinen Ruf!«) leitet über nach dem G-moll von Isoldens Totenklage: »Isolde ruft; Isolde kam, mit Tristan treu zu sterben! Bleibst du mir stumm? Nur eine Stunde, nur eine Stunde bleibe mir wach! So bange Tage wachte sie sehnend, um eine Stunde mit dir noch zu wachen: betrügt Isolden, betrügt sie Tristan um dieses einzige, ewig kurze, letzte Weltenglück! Die Wunde? Wo? Laß' sie mich heilen! Daß wonnig und hehr die Nacht wir teilen; nicht an der Wunde, an der Wunde stirb mir nicht: uns beiden vereint erlösche das Lebenslicht! Gebrochen der Blick! Still das Herz! Nicht eines Atems flücht'ges Wehn! . . . Zu spät! Trotziger Mann! Strafst du mich so mit härtestem Bann? Ganz ohne Huld meiner Leidensschuld? Nicht meine Klagen darf ich dir sagen? Nur einmal! ach! nur einmal noch! Tristan!« (Beim folgenden: »Ha! horch! Er wacht! Geliebter!« ändert sich die Tonart, schon derjenigen des »Liebestods« sich annähernd). Wie schon aus dem G-moll von Paminas Klage in Mozarts »Zauberflöte« spricht aus diesem Tristan-G-moll tiefster Schmerz, höchste Hoffnungslosigkeit. Aber während das G-moll Paminas und die ganze Stimmung ihrer Arie noch das Kindliche der Mozart-Seele atmet, eigentlich doch nur die Klage eines vorzeitig verzagenden Kindes ist, haben wir hier in »Tristan und Isolde« ein G-moll des letzten und höchsten Ernstes. Hier wird ein tiefer Schmerz, eine der liebenden Seele entquellende tiefe Todestrauer, wirklich bis zum letzten durchgerungen, bis weiterhin nichts mehr durchzuringen ist, bis dahin, wo der Schmerz sich selbst die Spitze abbricht und in Verklärung übergeht, den Punkt jenseits des Irdischen findet, wo der Schmerz sich verwandelt, aus Trennung wieder Vereinigung wird: Isoldens Liebestod. Wie vor der letzten Gralserlösung im Parsifal (»Erlösung dem Erlöser«) eine letzte, scheinbar hoffnungslose Todestrauer (B-moll) durchzuringen war, so ist es, unter wieder anderen Verhältnissen und mit wieder anderer Nuance, auch in »Tristan und Isolde«. So angesehen, ist das hoffnungslostrauervolle G-moll in Isoldes Totenklage der große Höhepunkt in Wagners Musikdrama unmittelbar vor dem letzten Höhepunkt in »Isoldens Liebestod«, das größte G-moll der dramatischen Musik überhaupt.

In einer mehr heiteren Tagessphäre entwickeln sich die Inhalte von B-dur, als Tonart der liebenden Erwartung und hoffenden Liebe, in den »Meistersingern«. Da sehen wir gleich in der 1. Szene in der Kirche den jungen Ritter Walther Stolzing voll ungeduldiger Liebeshoffnung, wenn er, noch während des Kirchengesangs, Eva, seiner Angebeteten, liebende Blicke zuwirft, und dann beim Ausgang ein Wort von ihr zu erhaschen sucht: »Verweilt! Ein Wort! ein einzig Wort!«... »Eines zu wissen, Eines zu fragen, was müßt' ich nicht zu brechen wagen? . . .« Dieses B-dur des liebenden Hoffens eines jungen Herzens liegt auch über der Szene Pogners mit seiner Tochter Eva im 2. Akt. Auch dort verbindet sich in B-dur mit den liebenden Hoffnungen und Erwartungen des Menschenherzens, ähnlich wie im 2. Akt des Tristan, und doch wieder mit einer ganz anderen Nuance — wir sind jetzt in Nürnberg, nicht mehr in Kornwall — das Liebesweben der Natur, der Zauber des Sommerabends, der Johannisnacht (Pogner:) »...'s ist mild und labend, gar lieblich lind der Abend: das deutet auf den schönsten Tag, der morgen soll erscheinen. O Kind! Sagt dir kein Herzensschlag, welch' Glück dich morgen treffen mag...« Von liebeseligen Jugendempfindungen, wiederum in B-dur, singt Hans Sachs dem Walther Stolzing im 3. Akt: »Mein Freund! in holder Jugendzeit, wenn uns von mächt'gen Trieben zum sel'gen ersten Lieben die Brust sich schwellet hoch und weit, ein schönes Lied zu singen mocht' vielen da gelingen: der Lenz, der sang für sie...« Bei der »Festwiese« im 3. Akt findet dann das Allgemein-Liebeselige der Festesstimmung, des ganzen johannismäßigen Volksempfindens seinen Ausdruck in der Walzermelodie in B-dur beim Lehrjungentanz. Schon über Davids erstem Hereinkommen in B-dur im Anfang des 3. Aktes liegt diese liebeselige Johannisfestempfindung.

Eingeleitet wird dieser Akt in ernstem G-moll, mit einem Motiv, das als solches (nicht aber tonartlich) wiederkehrt in Hans Sachs' Monolog »Wahn! Wahn! Überall Wahn! Wohin ich forschend blick' in Stadt- und Weltchronik...«, ein G-moll, das für alles später folgende liebeselige B-dur die ernste Unterlage bildet. Es ist dieses G-moll hier, bei Hans Sachs, ein besinnliches G moll ernster Resignation, die Stimmung eines ernsten, gütigen und auch weisen Mannes, der sein Auge vor der Tragik des Weltgeschehens, vor den oft so hoffnungslos scheinenden Torheiten der Menschen, vor ihrem ganzen immer wieder sich erneuernden Irren und Wähnen nicht verschließt, und deswegen doch nicht alle Hoffnung, allen Glauben an die Menschheit und an die Zukunft der Menschheit aufgibt, sondern in sich einen Herzensfond, einen echt christlichen Herzensfond trägt, der ihm sagt, daß es doch einen Fortschritt gibt, daß es doch, trotz vieler Katastrophen und Rückfälle, aufwärts gehen muß, daß die Menschheit erhabenen Zukunftszielen entgegenlebt. Darum bleibt dieses G-moll in der Einleitung des 3. Aktes auch nicht lange, sondern findet bald seinen Übergang nach dem hellen, sonnigen G-dur, das schon hier, in dieser Orchestereinleitung, die Weise des späteren Wach'-auf-Chors trägt. Ein in der Hoffnungslosigkeit verbleibendes und versinkendes G-moll kann es, in der Stimmung und geistigen Atmosphäre der »Meistersinger«, nicht mehr geben.

In bemerkenswerter Weise finden wir ein dem allem innerlich schon ganz nahestehendes G-moll in dem Schusterliede Hans Sachsens im 2. Akt, durch das er den Beckmesser zur Verzweiflung bringt, und selbst Eva Pein erweckt, jenes Lied, in dem er durchaus eine kritische, ja vielleicht die urkritische Seite des menschlichen Daseins trifft, aber doch so, daß ein echt-versöhnlicher, tief-liebevoller Humor sich über alles breitet und ihm seinen Stachel nimmt: das Lied: »Als Eva aus dem Paradies von Gott dem Herrn verstoßen...«, das Lied, das, mit seiner Schusterpointe, dann immer, und zwar in der gleichen Tonart, nur mit Änderung des Textes (nicht des Sinnes) wiederkehrt. »Eigentlich ist es schon hoffnungslos mit den Menschen« scheint das G-moll dieses Liedes uns sagen zu wollen: »aber trotzdem — die Liebe weiß es noch anders.« In dem Ganzen, das die G-moll-Tonart bei Richard Wagner ausdrückt, durfte auch diese Nuance nicht fehlen.

Im »Parsifal« endlich ist B-dur, in manchem auch an das bei Siegfried einmal vorkommende »jugendliche (oder: jugendlich hinausstürmende) B-dur« erinnernd, die Tonart des jugendlichen Parsifal, der, nachdem er seine Mutter verlassen hat, jetzt, auf Abenteuer bedacht, in die Welt hinausstürmt. In diesem Sinne erscheint das »Parsifal-Motiv« — dessen mannigfache tonartliche Metamorphosen bis hin zu seiner Vollendung in D-dur (da wo Parsifal Gralskönig wird und den wiedergewonnenen Speer in die Gralsburg zurückbringt) wir schon besprochen haben —, zuerst im »jugendlichen B-dur« (das B-dur des jungen Menschen, von dem noch »viel zu erwarten ist«). Es ist das im 1. Akte da, wo, unmittelbar nach dem Verklingen des Motivs der Weissagung vom reinen Toren, durch die Episode mit dem wilden Schwan, den Parsifal, eben das Gralsgebiet betretend, aus der Luft heruntergeschossen hat, ein Aufruhr, eine Bewegung unter den Umstehenden entsteht. Das B-dur-Motiv wird zuerst gleichsam selbst von dieser Verwirrung ergriffen, um sich erst später klar herauszugestalten (Parsifal auf die Frage des Gurnemanz:) »Gewiß! Im Fluge treff' ich, was fliegt!« In wirksamem Gegensatz zu diesem »jugendlichen B-dur« steht dann im 3. Akt das todesernste B-moll des gleichen Motivs, wenn Parsifal nach Ablauf seiner Schicksalsprüfungen, seiner »Wege der Irrnis und des Leidens«, als der Ritter in der schwarzen Rüstung, mit gesenktem Visier, todesmatt nach der Gralsburg zurückkehrt.

G-moll, die hoffnungslose G-moll-Klage des »Tristan« vor allem, hat im »Parsifal« keine eigentliche Stätte. Nur in ihrer Verführungsszene mit Parsifal im 2. Akt nimmt Kundry, innerlich unwahr, dieses G-moll für sich in Anspruch: »Grausamer! Fühlst du im Herzen nur and'rer Schmerzen, so fühle jetzt auch die meinen!«, und, wie mit einem falschen Anklang an Isoldens »nur eine Stunde!...« bei ihrem letzten verzweifelten: ».... nur eine Stunde mich dir vereinen, und ob mich Gott und Welt verstößt, in dir entsündigt sein und erlöst!«

4.

E-dur, Cis-moll

Mit der B-dur gegenüberliegenden E-dur-Tonart (Parallele Cis-moll) bringen wir die Tonarten des dritten der »drei Kreuze« und damit die »Zwölfheit der Tonarten« selbst zum Abschluß. Wie B-dur dem dunkeln, aber aufsteigenden Teil des Tonartenkreises angehört (und insofern die »positive« Tonart der letzten Kreuzesachse ist), so gehört E-dur dem hellen, aber schon absteigenden Teil dieses Kreises an. Es hat darum, bei immer noch großer Helligkeit und Leuchtkraft), weniger Licht als A-dur. Aber so, wie es auch, auf den Jahreskreis bezogen, dem in unsern Breiten wärmsten Abschnitt des Jahres entspricht (Ende Juli bis Ende August, Sonnenzeichen Löwe ♌), so ist es auch — nicht aus diesem Grunde, sondern für ein davon ganz unabhängiges musikalisches Empfinden — die w ä r m s t e aller Tonarten. Wie dem »Löwen« am Himmelskreis die Sonne, im Menschenwesen das Herz entspricht, so kann sich mit dieser Tonart, wo sie nach dem Geistigen hin entwickelt wird, die tiefste, innerlichste Herzenswärme verbinden; ohne daß damit ihr vielseitiges Wesen — auch das Herz ist ja eben sehr vielseitig, voll verborgener Tiefen und Eigenschaften — schon erschöpfend charakterisiert wäre. Herzenswärme, Herzensinnerlichkeit, Liebeswärme eignen vor allem der E-dur-Tonart, die sich in diesem Sinne gut dem letzten der »drei Kreuze«, dem »Kreuz des Fühlens« einfügt, seinen abschließenden Höhepunkt in einer gewissen Weise bedeutet. Konnten oder können wir die Tonartenachse G-dur — Des-dur (Stier — Skorpion) bis zu einem gewissen Grade als die »kritische Achse« des dritten Kreuzes, des Tonartenkreises überhaupt, empfinden — schon bei G-dur, mehr noch bei Des-dur trat uns ein Moment des »Zweischneidigen«, der Verbindung eines Höheren und eines mehr Niederen, entgegen —, so besteht bei den Tonarten der anderen Kreuzesachse, bei B-dur und E-dur, etwas ähnliches nicht mehr, in ihnen findet die »Sprache der Tonart« noch einmal einige ihrer letzten und höchsten Ausdrucksmöglichkeiten. Beide Tonarten haben etwas stark nach dem Liebevollen, im höchsten Sinne des Wortes, Hingehendes (während wir bei Des-dur eine Möglichkeit des sinnlichen Liebeselements fanden, die auch bei G-dur nicht immer ganz ausgeschlossen ist).

Daß sich E-dur, die »Sonnen-Tonart«, bei aller Helligkeit — es folgt im Quintenzirkel unmittelbar auf A-dur, die lichte Höhe des Tonartenkreises — schon im absteigenden Teil des Tonartenkreises befindet (so wie auch die im Jahresrhythmus ihm entsprechende Sommerszeit dem absteigenden Teil des Jahres angehört), bedingt stark den Charakter dieser Tonart. Wir erinnern uns, wie wir in den »aufsteigenden« Tonarten (Es-dur über C-dur bis D-dur) ein Element des Klaren, Nüchternen, des immer helleren Wachwerdens fanden. Wir kommen da von der Geisteswelt immer mehr in die Sinneswelt. Umgekehrt beginnt schon bei A-dur die Richtung, die immer tiefer hinunter, weg von der Sinneswelt führt, nach der Schwelle hin, die wir im Einschlummern, im Durchgang durch die Todespforte überschreiten (Fis-dur, Ges-dur), bis hinunter in die tiefsten Tiefen der »Nacht« (As-dur, siehe »Tristan«), der Reiche des Übersinnlichen. Wie der Weg von Es-dur bis D-dur in diesem Sinne der Weg eines immer helleren Wachwerdens, ist der Weg von A-dur bis As-dur derjenige eines immer tieferen Einschlummerns, eines immer weitergehenden Herauskommens aus dem gewöhnlichen Tagesbewußtsein. Wie die aufsteigenden Tonarten (Es-dur bis D-dur) darum den Charakter des Klaren und Nüchternen, haben die absteigenden Tonarten (A-dur bis As-dur) den Charakter des R o m a n t i s c h e n und P o e t i s c h e n. Wie im aufsteigenden Teil der Höhepunkt des eigentlich Nüchternen bei C-dur liegt, so liegt auf der andern Seite der Höhepunkt des Romantischen und Poetischen (nicht die äußerste Bewußtseinstiefe, aber eben die Höhe der Poesie und Romantik) vielleicht schon bei E-dur. Können wir bei Des-dur, As-dur von dunkler Romantik, Poesie der Nacht usw. reden, so hat E-dur eine eigenartig helle und farbenreiche Romantik, einen farbenreichen Bilderzauber; es ist darin mit in allererster Linie eine p o e t i s c h e T o n a r t oder d i e poetische Tonart, die Tonart der Märchenpoesie, des Märchens. E-dur ist nicht minder hell, oder vielmehr heller sogar als C-dur. Aber es hat nichts von dessen Nüchternheit. Es hat die Helligkeit einer ganz andern Welt, einer Welt der Träume, des Dichterischen, der höheren Bilderschau, in der wir der gewöhnlichen Tageswelt gänzlich entrückt sind. (Man beachte beim »Waldweben« im »Siegfried« den Übergang von C-dur nach E-dur; es ist musikalisch wichtig, wie in C-dur E-dur As-dur drei Tonarten von gänzlich verschiedenem Farbencharakter in e i n e m Dreieck — siehe die Figur am Anfang — verbunden sind.) Schon an diesem Punkte können wir gut verstehen, warum Richard Wagner das »Schlummermotiv« der schlafenden Walküre in E-dur hat.

Die innerliche Herzenswärme und der leuchtende Farbenreichtum der E-dur-Tonart gehen nicht immer ganz zusammen. Bald tritt in der Musik mehr die eine Seite, bald mehr die andere Seite hervor. Eine letzte Synthese ist vielleicht noch gar nicht gefunden. Die E-dur-Tonart birgt Tiefen und Möglichkeiten in sich, die wohl erst in der Zukunft noch auszuschöpfen sind. Als die »tiefgründigste aller Tonarten« (neben As-dur, vielleicht noch vor As-dur) mag sich E-dur in der Zukunft noch offenbaren. Schauen wir auf den Farbenreichtum, auf das Farbenprächtige dieser Tonart hin, so kann sie uns, wenn der Ausdruck nicht trivial klingt, als die »schönste Tonart« schon heute erscheinen. Das »Schöne« ist eben das »Offenbarende«, und wir können beobachten, wie in dieser leuchtenden Wärme und Farbenpracht alles Melodische und Harmonische der Musik noch anders zur Geltung kommt, als in jeder andern Tonart. Welche Fülle von Wohllaut hat vor allem Anton Bruckner — dem es in seinen Symphonien sonst gar nicht immer einseitig nur auf »Wohllaut«, sondern auf ethische und geistige Momente höchster Art ankommt — in seiner 7. Symphonie aus der E-dur-Tonart herausgeholt! Man kann die Empfindung haben, daß er, ehe er in der achten und neunten Symphonie zu seinen letzten Höhen emporstieg, zuerst noch einmal ganz tief in das Element des rein musikalischen Wohllauts, und darum in die E-dur-Tonart eintauchen wollte. Daß auch dann seine neunte Symphonie, so wie sie uns heute vorliegt, noch einmal in E-dur schließt, ist tief bedeutungsvoll.

Schon bei Bach kann man etwas von dem zum Wohllaut, zur warmleuchtenden Schönheit Hinstrebenden der E-dur-Tonart, und zwar bis in die Fuge hinein, bemerken. Wir denken, neben dem liebenswürdigen E-dur-Präludium im 1. Teil, vor allem an die E-dur-Fuge im 2. Teil des »Wohltemperierten Klaviers«. Wie von der Symphonie kann man erst recht von der Fuge sagen, daß sie gewiß nicht nur der Offenbarung des sogenannten Wohlklangs, sondern der geistigen Gestaltung des Aufbaus, der musikalischen Architektonik und jener höheren Logik dient, die gerade für alles Musikalische so wesentlich ist. Die Fuge hat, kann man sagen, mehr zu tun, als nur, im landläufigen Sinne des Worts, »schön zu klingen«. Sie spricht zum Geistigen, nicht zum Gefühlsmäßigen (dessen höchste und reinste Offenbarung im Musikalischen E-dur ist). Aber an jener Bachschen E-dur-Fuge offenbart sich eben wiederum im »Wohltemperierten Klavier« das Tonartliche in dem Sinne, daß die Schönheit, das Warm-Leuchtende der E-dur-Tonart auch innerhalb der Fugenform eigenartig zur Geltung kommt, daß mitten im Kontrapunktischen auch alles Harmonische und Melodische sich rein offenbaren kann.

Wesentliche Offenbarungen der E-dur-Tonart finden wir dann im Grunde erst wieder bei Beethoven, vielleicht vor allem da, wo er sein Wesen am individuellsten ausspricht (die Symphonien sind viel »objektiver«), in den Klaviersonaten. Bei ihm wird die E-dur-Tonart schon sehr geistig, da zeigt sie die ihr eigene tiefe Herzenswärme. Schon bei der frühen Sonate op. 14 Nr. 1, wie bei der späten Sonate op. 109 (mit den Variationen) kann das gefunden werden. Der in Weichheit zerfließende E-dur-Schlußsatz der Sonate op. 90 bringt stark das Seelisch-Gefühlsmäßige der Tonart zur Geltung.

Unter den Romantikern fühlt sich vor allem Mendelssohn stark zur E-dur-Tonart und ihrer Offenbarung des musikalischen Wohllauts hingezogen, ohne sie in ihren geistigen Tiefen irgendwie auch nur annähernd auszuschöpfen. In den »Liedern ohne Worte« bringt er mehr das Gefühlsmäßige der Tonart, in der leicht-gewobenen Sommernachtstraum-Musik ihre Märchenpoesie und Romantik. Daß E-dur wirklich »Sommer-Tonart« ist, mit dem Zauber der Sommernacht etwas zu tun hat, wird uns da bewußt.

Zu den eigentlichen »Chopin-Tonarten« gehört das helle E-dur nicht, doch gibt es ein bekanntes E-dur-Nocturne (das »Sarasate-Nocturne«), wo die Stimmung der Sommernacht auch ihn zur E-dur-Tonart begeistert; und seine E-dur-Etude (op. 10) ist voll eigenartiger Seelenwärme, eines der schönsten und tonartlich echtesten Stücke seiner Musik. Die warm-leuchtende Schönheit von E-dur durchdringt und überwindet da ganz die sonst übliche Trockenheit der Etudenform (auch bei der noch zu besprechenden Cis-moll-Etude op. 25, wie überhaupt mehr oder weniger bei Chopins Etuden, ist das der Fall; doch bleibt die E-dur-Etude ein Hauptbeispiel). Die aus dem Etudenstil sich ergebende Geschlossenheit der Form trägt hier sogar im Grunde nur dazu bei, die reine Offenbarung des Harmonischen und Melodischen in der E-dur-Tonart noch zu heben.

Eine gewisse Verbindung des Romantischen der E-dur-Tonart und ihrer Herzenswärme finden wir in Webers »Freischütz«, in der Agathen-Szene des 2. Aktes. Die das ganze Stück durchwebende Romantik erreicht hier, in der sommerlichen Mondnacht, nahe schon dem finsteren Wolfschlucht-Ungewitter, einen ihrer Höhepunkte. In Agathens Gebet im Mondschein: »Leise, leise, fromme Weise . . .« ergießt sich dann die ganze Wärme der Tonart, und erst recht ist dieses der Fall, wenn Agathe zuletzt, mit dem

Motiv der siegenden Liebe in E-dur, jubelnd ihrem Geliebten in die Arme eilt. Das von Herzen Kommende, zu Herzen Gehende dieser ganzen Szene und ihrer Musik wird durch die E-dur-Tonart stark gehoben.

Am wunderbarsten sind die Weiten des in E-dur sich erschließenden und offenbarenden Wohllauts, wenn auch noch nicht die letzten Tiefen dieser Tonart — darüber hatte er selber noch ein Wort zu reden — ausgeschöpft in Bruckners siebenter Symphonie. Mehr als jede andere der großen Symphonien Anton Bruckners ist diese E-dur-Symphonie ganz aus dem Geiste der Tonart geschrieben, ganz von der Tonart her inspiriert. Sie ist, in ihren beiden Ecksätzen, das in den reinsten Farben leuchtende E-dur der Musikliteratur. — Auf das E-dur im Schlußsatz der 9. Symphonie kommen wir noch zurück. — Ein wie vom Dufte der Weihnacht selbst umflossenes E-dur von zartester Innigkeit und Herzenswärme hat Bruckner in dem Et incarnatus est seiner F-moll-Messe.

An der in Bruckners E-dur-Symphonie waltenden farbenreichen Lichtfülle nimmt in einer gewissen Weise auch teil der in Cis-dur abschließende Cis-moll-Adagiosatz, den er schrieb, als Richard Wagner zu Venedig starb: die feierlichen Tubenklänge des Hauptmotivs scheinen wie von dem trauervollen Gedenken an den Meister eingegeben. Die in jener Trauer wie im Gedenken an den Meister verborgene Lichtfülle bricht dann, wie Triumph der Auferstehung, mit Allgewalt durch bei jener großen, über H-dur nach C-dur führenden Steigerung, schon nahe dem Schluß des Satzes, der dann mit einer ernsten Wendung wieder nach Cis-moll führt, um in dem höheren Lichte von Cis-dur zu schließen.

Der Satz läßt uns stark empfinden, wie Cis-moll zu den oberen, »hellen« Molltonarten gehört, d. h. zu denjenigen, die, weil sie der Höhe des Tonartenkreises angehören, ein helles Element in das an sich Dunkle der Molltonart aufgenommen haben. Bei E-moll, H-moll, Fis-moll konnten wir dasselbe finden, und bei Cis-moll tritt es uns erst recht entgegen, weil diese Tonart (bei E-moll, H-moll, Fis-moll ist das anders) an dem Ruhevollen, an der stillen Romantik von E-dur teilnimmt. Den eigenartig tiefgehenden Unterschied zwischen Dur und Moll, den wir bei A-dur Fis-moll feststellen konnten (dem schwebenden A-dur steht das stürzende Fis-moll gegenüber, auch bei D-dur H-moll war es noch ähnlich), können wir in dieser Weise bei Cis-moll nicht mehr finden. Etwas von der leuchtenden Schönheit und Wärme von E-dur gießt sich auch über Cis-moll aus, nur ist da alles mehr in ein Element von Schwermut und Sehnsucht getaucht. Stimmt uns der leuchtende Sommertag von E-dur freudig, so eröffnet die linde Sommernacht von Cis-moll alle in unserem Herzen verborgenen Quellen der Sehnsucht. Lebt in E-dur etwas von leuchtendem Sonnenschein, so in der Sehnsuchtstonart Cis-moll etwas von Mondschein.

Nirgendwo sind diese Tiefen der Tonart mehr ausgeschöpft worden als in Beethovens Cis-moll-Klaviersonate op. 27 Nr. 2, die man mit Recht, auch wenn der Name nicht von Beethoven herrührt, die »Mondscheinsonate« genannt hat. Ähnlich, wie die F-moll-Sonate op. 57 (Appassionata), ist auch diese Cis-moll-Sonate, wie wenige Schöpfungen der ganzen Musikliteratur, ganz aus dem Geiste der Tonart heraus geschrieben. Die Tonart selbst (ähnlich wie es unter Beethovens Symphonien bei der Pastoralsymphonie F-dur der Fall ist) hat diese beiden Sonaten inspiriert. Im trauervollen Gedenken an eine ihm hingegangene, ihm unerreichbar gebliebene, aber eben darum so tief in seinen Herzensgründen verankerte Jugendliebe hat Beethoven die Cis-moll-Sonate geschrieben. Die Tiefen seiner Sehnsucht, der Sehnsucht des 18. Jahrhunderts überhaupt, hat er in ihr ausgesungen. In dem Cis-moll dieser »Mondscheinsonate« lebt wirklich ein romantisch-mondenhaftes Element der Sehnsucht, dem wir im Bereich der Dichtung das Sehnsuchtselement in Goethes »Werther«, oder manches bei Heinrich v. Kleist, vergleichen können.

Es kann als für die Cis-moll-Tonart charakteristisch empfunden werden, daß der von jenem »mondenhaften Sehnsuchtselement« gewiß gänzlich unberührte Sonnengeist Johann Sebastian Bachs, wenn er Cis-moll schreibt, doch gelegentlich eine gewisse Nuance der Sehnsuchtsempfindung damit verbindet. Ein Hauptbeispiel ist die Cis-moll-Fuge im 1. Teil des »Wohltemperierten Klaviers«; schon im Thema dieser Fuge (cis his e dis), im his-e-Schritt dieses Themas drückt sich jenes Sehnsüchtige aus. Wie bei der E-dur-Fuge des 2. Teils, kommt auch bei dieser großen fünfstimmigen Doppelfuge des 1. Teils inmitten der reichen Kontrapunktik das Gefühlselement im Harmonischen und Melodischen zu reinster und schönster Offenbarung. Auch in den Cis-moll-Präludien lebt echte Cis-moll-Empfindung.

Ein intimes Verhältnis zur Cis-moll-Tonart, mehr als zur E-dur-Tonart (deren ihm noch nicht recht erreichbare Tiefen er im Präludium zu erschließen suchte), hatte Fr. Chopin. In den Nocturnes konnte diese dem Nachtempfinden, dem Sommernachtempfinden so verwandte Tonart nicht fehlen. Selbst im Scherzo, in den Tänzen (Mazurkas) findet sie sich. Besonders charakteristisch ist die Cis-moll-Etude (in op. 25, es gibt noch eine andere), die trotz des Namens »Etude« ein schwermütiges Cis-moll-Stück, ja vielleicht das schwermütigste aller Cis-moll-Stücke, Chopins sehnsuchtsvollstes Stück überhaupt ist. Etwas ganz anderes, den tieferen Ausdrucksmöglichkeiten der Tonart Verwandteres, etwas von der Romantik märchenhafter Kristallgewölbe lebt in dem kleinen Cis-moll-Präludium. Es ist bemerkenswert, daß auch damit die Cis-moll-Tonart für ihn noch nicht ausgeschöpft war, daß er, außer der Reihe der alle Tonarten umfassenden 24 Präludien, noch einmal anhangsweise ein weite Seelenräume umspannendes, etwas wie die Sehnsucht nach fernen Höhen und kristallenen Formen in sich tragendes Cis-moll-Präludium (op. 45) geschrieben hat, das einen der Höhepunkte dieser Tonart in der Musikliteratur bedeutet.

Wir kommen, das Ganze unserer Betrachtung damit abschließend, noch zur Entwicklung der Tonarten E-dur und Cis-moll im Musikdrama **Richard Wagners**. Bei aller auch hier sich wiederum offenbarenden reichen Vielseitigkeit werden wir finden können, daß Richard Wagner die letzte Tiefe dieser Tonarten, von E-dur vor allem (Cis-moll ist bei ihm nicht so sehr häufig) noch nicht erschlossen hat, wenn er uns auch wahre, echte und bedeutsame Offenbarungen dieser Tonart geschenkt hat. Die Herzenswärme dieser Tonart einerseits, die farbenreiche Romantik auf der anderen Seite gehen auch bei ihm vielfach auseinander.

Im »Fliegenden Holländer« fällt musikalisch die E-dur-Tonart mit dem dramatischen Höhepunkte dieser Oper (von der Mitte des 2. Aktes an) in bemerkenswerter Weise zusammen. Es ist das die Begegnung von Holländer und Senta im 2. Akt, die sogleich beide Herzen in ihren Tiefen aufrührt. In E-moll beginnend (»Wie aus der Ferne längst vergangner Zeiten spricht dieses Mädchens Bild zu mir ...«) wendet sich die Musik dann gleich nach E-dur, um dann lange — für die Verhältnisse des Wagnerschen Musikstils außergewöhnlich lange — und nur mit wenigen, kurzen Unterbrechungen in dieser Tonart zu verweilen. So deutlich wie nur irgendwo haben wir es hier mit einem E-dur der Seelenwärme und der Herzenstiefen zu tun, dem ein Element der Sehnsucht nicht fehlt: (Holländer:) »Die Sehnsucht ist es nach dem Heil, würd' es durch solchen Engel mir zuteil!« (Senta:) »Versank ich jetzt in wunderbares Träumen? Was ich erblicke, ist es Wahn?« Der musikalische Höhepunkt dieses E-dur (das Ganze ist vor allem **tonartlich** bemerkenswert) ist das Motiv (Senta:) »Was ist's, das mächtig in mir lebet ...«, (dazu der Holländer): »Du Stern des Unheils sollst erblassen ...« ... (Senta:) »was mich so hoch erhebet, laß' es die Kraft der Treue sein.« Etwas von Weberschem Freischütz-E-dur lebt und leuchtet und jubelt in diesem E-dur-Motiv, das dann noch in den Anfang der Orchestereinleitung des 3. Aktes hereingenommen wird.

Von ganz anderem Charakter ist die E-dur-Tonart im »Tannhäuser«, wo sie gleich die Ouvertüre und die anschließende Venusberg-Musik (auch deren Wiedererscheinen im 3. Akt) beherrscht. Warum steht der »Venusberg« nicht in Des-dur — so könnte, rein theoretisch, aus den über die Tonarten hier ausgeführten Gesichtspunkten, hier gefragt werden. Daß Des-dur, als Tonart der sinnlichen Liebe, des Erdenschoßes usw. in der Szene zwischen Tannhäuser und Venus im 1. Akt zu seinem vollen Recht kommt, hat die Betrachtung gezeigt. Aber aus irgendwelchen, nur »theoretischen« Gesichtspunkten hat Wagner diese Dinge niemals entschieden, sondern stets aus der vollen Sicherheit unmittelbarer Eingebung. In der Tannhäuser-Ouvertüre und in der Venusberg-Musik hat er ein Tongemälde von höchstem, ja glühendstem Farbenreichtum, von farbenreichster Bilderfülle hingestellt, und dafür bot sich ihm wie von selbst die E-dur-Tonart mit ihren Möglichkeiten farbenreicher Bildgestaltung dar. Das Entscheidende war ihm hier nicht die Sinnlichkeit, sondern die Märchenromantik und Märchenpoesie, die, an das Märchenelement der »Frau Holda« erinnernd, in dieser Bilderwelt des Venusberges leben, die schon die Ouvertüre musikalisch beherrscht. Am Anfang der Ouvertüre, beim Pilgerchormotiv, ist dieses E-dur stark nach Cis-moll hin abgedunkelt. Erst beim Übergang zum »Venusberg« entwickelt E-dur seine eigentliche Leuchtekraft. Das Cis-moll-Element am Anfang, die reuevolle Heilessehnsucht des Pilgerchorgesanges, würde ganz dem Sehnsuchtselement von Cis-moll entsprechen. Vom Gesichtspunkt der Tonart möchte man darum den Anfang der Ouvertüre — in der die Gegensätze reuigen Sündenbewußtseins und wildester Sinnenlust so mächtig herausgearbeitet sind — lieber als Cis-moll empfinden, auch wenn der Musiktheoretiker sich für E-dur entscheiden wird. Jedenfalls haben wir, soweit im Tannhäuser E-dur in Frage kommt, im wesentlichen mit dem farbenreichen E-dur der Romantik und Märchenpoesie, nicht mit dem E-dur der Seelenwärme und der Herzenstiefe zu tun.

Das ist dann wieder anders im »Lohengrin«. Hier entfaltet, beim ersten liebenden Zusammensein von Lohengrin und Elsa in der Brautgemachszene des 3. Aktes, E-dur seine ganze warme Innerlichkeit und Herzenstiefe, da steht ganz die Gemütsseite von E-dur im Vordergrund. (Lohengrin:) »Das süße Lied verhallt; wir sind allein, zum erstenmal allein, seit wir uns sah'n. Nun sollen wir der Welt entronnen sein, kein Lauscher darf des Herzens Grüßen nah'n...«. Nach der Katastrophe, wie Lohengrin die Notwendigkeit des Abschieds erkannt hat, und Elsa vergeblich ihn zu halten sucht, tritt an die Stelle jenes E-dur schwermütiges Cis-moll (hier, wie öfter, die Tonart der »Trennung der Liebenden«). Elsa: ». . . Büßt sie in Jammer ihre schwere Schuld, nicht flieh' die Ärmste deiner Nähe Huld! Verstoß' mich nicht! . . .«, dazu Lohengrin (im Zwiegesang): »Ich muß! Ich muß! Schon zürnt der Gral, daß ich ihm ferne bleib! Nur e i n e Strafe gibt's für dein Vergeh'n! Ach! mich wie dich trifft ihre herbe Pein . . .«

Schon näher einer Synthese der verschiedenen Seiten von E-dur bringt uns die Musik des »Nibelungenrings«. In den, sonst in anderen Tonarten sich bewegenden Rheintöchtergesang leuchtet, nach dem Aufstrahlen des Goldes in der Tiefe, vorübergehend das Sonnengold von E-dur herein: »Wallala! Wallaleialala! Lieblichster Albe! lachst du nicht auch? In des Goldes Schein wie leuchtest du schön! . . .« Ähnlich dann da, wo im Gespräch mit Wotan die Tugend des Goldes Frickas Phantasie beschäftigt: »Gewänne mein Gatte sich wohl das Gold?« Erda, die weise Seherin (»Ur-Wala«), das Göttliche der »Mutter Erde«, hat eine Beziehung zum Göttlichen in E-dur, auf deren Sinn wir noch zurückkommen; als Mutter Brünhildens vielleicht auch zu deren Tonart E-dur. E-dur, die Schlummertonart, ist im »Ring« auch diejenige des höheren, hellsichtigen Schlafes (vgl. im 3. Akt von »Siegfried« die E-dur-Stelle bei Erdas Wort: »Doch wenn ich schlafe, wachen Nornen: sie weben das Seil, und spinnen fromm, was ich weiß . . .«). Wo im »Rheingold« Erda dem Wotan als Warnerin aus unterirdischer Tiefe erscheint, ist ihre Tonart das nächtlich-romantische Cis-moll (»Weiche, Wotan! weiche! Fliehe des Ringes Fluch! . . .« »Wie alles war, weiß ich! wie alles wird, wie alles sein wird, seh' ich auch: der ew'gen Welt Urwala, Erda mahnt deinen Mut«).

Ehe wir uns in der »Walküre« der bekannten E-dur-Romantik des letzten Schlusses zuwenden, haben wir zu betrachten, wie dieses bedeutsamste und umfassendste, dann auch noch tief in den »Siegfried« hineinwirkende, in der »Götterdämmerung« noch einmal wie Reminiszenz erscheinende E-dur im Werke Wagners sich langsam und großzügig aufbaut, und in dieser Richtung schon auf den 1. Akt der »Walküre« einen Blick zu werfen. Dann erst werden wir das Märchenhafte, die »Dornröschen-Romantik« des Walküreschlusses in richtiger Weise mit den tieferen, das Göttliche berührenden Seiten der E-dur-Tonart verbinden. E-dur, die »Sonnen-Tonart«, die als solche vor allen andern Tonarten (»Planeten-Tonarten«) eine Sonderstellung einnimmt, berührt in der innersten, der Herzenstiefe des Menschen auch die »Ich-Tiefe«, d. h. die Tiefe des höheren Ich, in dem das Göttliche des Menschen leuchtet. (Wie und wo sich dieses in der Musik von Bruckner vor allem offenbart, werden wir noch kennenlernen. E-dur, die das »Kreuz des Fühlens« abschließende Tonart, hat darin eine Seite, in der sie weit alles nur Seelisch-Gefühlsmäßige überschreitet, und Tiefen des Geistigen ergreift.) Auch bei Wagner finden sich, gerade in der »Walküre«, an alles dieses schon Anklänge. Das Göttliche, das der Mensch zuletzt im innersten Ich erlebt — Siegfried sollte es dort finden — verbindet sich dort noch mit Wotan und Walhall. Hier sind die schon einmal bei der tonartlichen Entwicklung des »Walhall-Motivs« (siehe unter Des-dur) erwähnten E-dur-Stellen des 1. Aktes wichtig, da wo Siegmund von Wälse, dem Vater (hinter dem sich Wotan verbirgt) erzählt. So in der einen Erzählung: »... den Vater fand ich nicht« (mit dem feierlichen Posauneneinsatz des »Walhall-Motivs« in E-dur). Dann in Sieglindes Erzählung: »... ein Fremder trat da herein: ein Greis in blauem Gewand; tief hing ihm der Hut, der deckt' ihm der Augen eines ... Da wußt' ich, wer der war, der mich Gramvolle grüßte ...«. Hier sind, mit dem feierlichen Zusammenklang von Posaunen, Kontrabaßposaunen, Baßtrompete, die tiefen Oktaven bei E-dur von Bedeutung (während für die Romantik des Feuerzauber-Schlusses gerade die hohen Oktaven, in ihrer Verbindung mit der Tiefe, wesentlich sind). Noch einmal erscheint dieses E-dur an der Stelle: »... so blickte der Greis grüßend auf mich ...«. Auch beim Aufleuchten des Schwertgriffs im Eschenstamm, wie beim Herausziehen des Schwertes durch Siegmund mischt sich in das helle C-dur farbegebend das leuchtende E-dur. Dieses an den genannten Stellen mit dem »Walhall-Motiv« sich verbindende »E-dur des Göttlichen« hat dann noch einen Nachklang bei der »Todverkündigung« im 2. Akt: »... nach Walhall folgst du mir.«

Sonst fehlt E-dur im 2. Akt, auch im 3. Akt tritt es erst gegen den Schluß hin, dann aber immer bedeutsamer hervor. Zuerst in der das Ganze abschließenden Wotan-Brünhilden-Szene da, wo Brünhilde zwar ihren entscheidenden Sieg über Wotans Zorn noch nicht errungen hat, aber diesem Sieg schon innerlich nahe ist, indem sie den Punkt berührt, der sie bald darauf den Sieg gewinnen läßt. Das ist die zukunfttragende Liebe im Ich, aus der heraus wir Brünhilde den ganzen »Nibelungenring« hindurch, bis zum letzten Abschluß der »Götterdämmerung«, handeln sehen. Diese Liebe stellt sie jetzt, in jener Szene des Walküre-Schlusses, vor Wotan hin, als die stärkste Rechtfertigung ihrer Tat, indem sie gleichzeitig betont, daß diese Liebe ihr von Wotan, vom Göttlichen selber, eingegeben war: »Der diese Liebe mir ins Herz gehaucht, dem Willen, der dem Wälsung mich gesellt, ihm innig vertraut — trotzt' ich deinem Gebot.«

Dieses E-dur-Motiv »Der diese Liebe mir ins Herz gelegt ...« erscheint später wieder in der Sprache des Orchesters da, wo der endgültige Sieg errungen ist, und Wotan Brünhilden in tiefer Rührung umfangen hält. Auch alles übrige und weiterhin noch folgende E-dur ist nicht richtig zu verstehen, wird mindestens nicht voll verstanden, wenn wir es nicht mit diesem E-dur des Göttlichen, der Liebe im Ich in Zusammenhang bringen, deren Motiv die ganze weitausgesponnene E-dur-Episode des Walküre-Schlusses einleitet.

»Wotans Abschied« wird dann zunächst von dem von der »Trauer des Göttlichen« kündenden E-moll eingeleitet; auch das bald in der Vorzeichnung erscheinende E-dur trägt noch mehr Moll (Fis-moll, E-moll) in sich. Erst an der Stelle: »... ein bräutliches Feuer soll dir nun brennen, wie nie einer Braut es gebrannt!« kommt wirkliches E-dur zum Durchbruch, mit den Loge-Motiven des »Feuerzaubers« sich verbindend, die es gleich wieder nach anderen Tonarten hin entführen. Erst im Motiv »Der diese Liebe mir ins Herz gelegt ...« besiegelt und befestigt sich E-dur, noch einmal, bei Wotans letzten Abschiedsworten, vom feierlich-erhabenen E-moll unterbrochen. Das Einschlafen der Walküre bringt dann das (vorher noch in Moll durchgeführte) »Schlummer-Motiv Brünhildens« in sanftem E-dur. Auch hier ist E-dur nicht nur »Tonart des Einschlummerns« (was es, nach seiner Stellung im Tonartenkreis, ja gut sein kann), sondern zugleich »Tonart des Göttlichen« (denn es ist ja auch das Göttliche, das jetzt in Brünhilde einschlummert, in andere Daseins- und Bewußtseinsformen hinüberschlummert), und der »Liebe im Ich«, die sie durch alle ihre Schicksals- und Bewußtseinswandlungen weiterträgt. Noch einmal unterbricht Wotans Loge-Beschwörung, der eigentliche »Feuerzauber«, die Ruhe von E-dur, das dann beim Ausbrechen der lichten Lohe wiederum da ist, noch einmal in chromatischen Verschiebungen der Tonart (»Wer meines Speeres Spitze fürchtet, durchschreite das Feuer nie!«) den Siegfried-Gedanken der Zukunft, dann, wie nachklingend, Wotans Abschiedsschmerz in sich aufnimmt, bis ganz zuletzt, indem Wotan sich langsam zum Gehen wendet, die reine Tonalität von E-dur erreicht ist, in der, mit dem Bilde der inmitten des Flammenwalles der »wabernden Lohe« schlafenden Brünhilde, die »Dornröschen-Romantik« des Walküre-Schlusses verklingt.

Den Flammenwall der wabernden Lohe — davon spricht schon der Anklang des »Siegfriedmotivs« in der Musik des Walküreschlusses — durchschreitet nur der furchtlose Eingeweihte. Nur er findet, jenseits dieses Flammenwalles — der im »germanischen Mysterium« zum Bilde der

»Schwelle der geistigen Welt« wird — Brünhilde, das höhere Leben. Das liegt, wie eine Vorahnung des ihm bestimmten Schicksals, tief im Bewußtsein des jungen Siegfried, schon da, wo ihn noch der Nibelungenzwerg Mime in seiner Waldeshaft gefangen hält. Durch Überwindung des Drachen Fafner soll er dem Nibelungen den aus dem Rheingold geschmiedeten Ring gewinnen. Um dem jungen Helden, »der das Fürchten nicht gerlernt hat«, das Abenteuer schmackhaft zu machen, und ihn zugleich von höheren Zielen fernzuhalten, sucht Mime als weiser Lehrmeister ihm das »Fürchten« beizubringen. Die Musik dazu hat Wagner (wie schon vorher an der Stelle, wo Mime nach dem Weggang des »Wanderers« (Wotan) das Grausen der Furcht ankommt) in wirrer Chromatik aus den Logemotiven des Feuerzaubers gewoben, die sich aber dann für Siegfried sanft nach dem E-dur der schlafenden Brünhilde hin gestalten: ». . . gern begehr' ich das Bangen, sehnend verlangt mich's der Lust!« Wo Mime ihm dämonisch Furcht eingeben will, fühlt Siegfried Schauer des Göttlichen im Blute weben.

Das E-dur des »Siegfried« vollendet und erfüllt sich im »Waldweben« des 2. Aktes. Rein künstlerisch-musikalisch ist dieses E-dur-Waldweben der schönste und wirksamste aller Gegensätze zu den finsteren Tonarten der Schwarzalben- und Drachendämonie, die über dem Eingang dieses Aktes lastet, die immer wieder das liebliche Waldweben störend unterbricht, bis endlich, nach dem Untergang Fafners und Mimes, der Weg zum Brünhildenfelsen — nur an Wotan, als dem Hüter der Schwelle dieses Mysteriums, muß Siegfried noch vorüber — frei wird. So wird auch E-dur immer wieder durch die anderen Tonarten unterbrochen, um immer wieder aufs neue und in immer bestrickenderer Art, seinen Reiz zu entfalten. Schon da, wo Mime den jungen Helden bis vor Fafners Nest gebracht und ihn da allein gelassen hat, fängt es leise an: »Daß der mein Vater nicht ist, wie fühl' ich mich drob so froh! Nun erst gefällt mir der frische Wald; nun erst lacht mir der lustige Tag, da der Garstige von mir schied, und ich gar nicht ihn wiederseh!« Es ist die Stimmung, wenn wir, allein in der Natur, wenn alle trüben Schatten des Alltags schwinden, uns plötzlich behaglich fühlen, wie wenn ein höheres Leben in uns erwacht, eine höhere, im Märchenschimmer erglänzende Welt an die Stelle der nüchternen Alltagswelt träte. Diese im Märchenglanz erschimmernde Welt, die immer wieder in uns, wenn ihr nur die Gelegenheit gegeben wird, im jungen Menschen vor allem. erwachen will, das ist im Musikalischen E-dur, im Gegensatz zum C-dur des nüchternen Alltags. Etwas Warm-Wohliges umfängt uns in E-dur, wenn wir jenes Nüchterne in C-dur abgestreift haben. Im »Siegfried« wird das alles noch durch den Eindruck der Szene gehoben, wenn jetzt das über dem Eingang des Aktes noch liegende nächtliche Dunkel der Helligkeit des Sommermorgens gewichen ist, und die Tagessonne das Laub der Waldwipfel vergoldet. Auch dieses alles, das Äußere der Natur mit dem Inneren der Menschenseele zusammenklingend, ist im Musikalischen E-dur, die Sonnentonart. Sie belebt sich aufs neue, wie Siegfried, der noch einmal die störenden Gedanken an Mime verscheuchen mußte, das Bild seiner frühverstorbenen Mutter vor sich hinzustellen sucht: hier erst beginnt das eigentliche »Waldweben«, bis Siegfried durch den Gesang der Waldvögel gefesselt wird und das Motiv dieses Waldvogelgesanges sich mit in das E-dur des Waldwebens hineinwebt. Jede neue Unterbrechung — die wesentlichste geschieht durch das plötzliche Auftauchen des durch Siegfrieds Waldhornweise hervorgelockten Drachen Fafner — steigert die Intimität des E-dur-Waldwebens. Durch den Genuß des Drachenblutes, das er mit dem Mund von den Fingern wischt, versteht Siegfried auf einmal die Sprache der Vögel (die Siege und Überwindungen seines »Einweihungsweges« führen ihn immer tiefer ins Innere der Naturgeheimnisse, bis dahin, wo alles »Sprache wird«), das Waldvogelmotiv wird zu der im Worte vernehmlichen Stimme (auf der Bühne ist es die Frauenstimme, die an dieser Stelle zum erstenmal im »Siegfried« ertönt). Nachdem auch die letzte feindselige Störung durch Mime, der in heimtückischer Absicht sich noch einmal an Siegfried heranmacht, überwunden ist, und die E-dur-Tonart endgültig in ihre Rechte eintreten kann, verkündet dem jungen Helden, dem werdenden Eingeweihten, die Stimme des Waldvogels nunmehr das Geheimnis der schlafenden Brünhilde: »Hei! Siegfried erschlug nun den schlimmen Zwerg! Jetzt wüßt' ich ihm noch das herrlichste Weib: auf hohem Felsen sie schläft, Feuer umbrennt ihren Saal: durchschritt' er die Brunst, weckt' er die Braut, Brünhilde wäre dann sein.« Immer deutlicher ist jetzt geworden (was schon aus »Brünhilds Schlummermotiv« bei der E-dur-Stelle im 1. Akt zu ahnen war), wie hinter dem E-dur des »Waldwebens« und der Waldvogelszene im »Siegfried« letzten Endes das uns aus der »Walküre« bekannte E-dur der schlafenden Brünhilde steht, wie also jene beiden, musikalisch zunächst verschiedenen Motive tonartlich im innigsten Zusammenhang stehen, wie darum alles, was über den Aufbau und die entwicklungsmäßigen Zusammenhänge des E-dur in der »Walküre« zu sagen war, letzten Endes auch für das Waldweben-E-dur und Waldvogel-E-dur im »Siegfried« Bedeutung hat. Es ist die Stimme des Göttlichen, die da, durch den Schleier des Naturgeheimnisses hindurch, in Siegfried zu sprechen anfängt, die ihm den Weg zu Brünhilde, dem höheren Leben, zeigt, das durch ihn und in ihm erweckt werden soll. Auch das E-dur des »Siegfried« führt letzten Endes auf Brünhilde, die schlafende Walküre.

So finden wir es dann wieder im 3. Akt, da wo Siegfried, nach Abgang Wotans, dem Brünhildenstein sich nähert. Charakteristisch ist schon bei der hier einleitenden Instrumentalmusik, wie Siegfrieds Heldentonart D-dur im Schlummermotiv Brünhildes den Übergang sucht und findet zu dem E-dur der schlafenden Walküre. Auch weiterhin beherrscht dann noch eine Weile Brünhildens E-dur die Szene. Eine Hauptstelle ist: »Im Schlafe liegt eine Frau: die hat ihn das Fürchten gelehrt!« Im folgenden ist dann noch die Stelle wichtig, wo, nach Lösung aller dramatischen Spannungen zwischen Siegfried und Brünhilde, jenes ruhevolle E-dur-Motiv eintritt, das Richard Wagner auch im »Siegfried-Idyll« verarbeitet hat (»Brünhildes Miene verrät, daß ihr ein anmutiges Bild vor die Seele tritt, von welchem ab sie den Blick mit Sanftmut wieder auf Siegfried richtet«, lautet hier die szenische Bemerkung).

In der Welt der »Götterdämmerung«, in jener Welt, die im vierten Ringdrama die Gegenwartswelt ist, in jener Welt, in der alles welk und alt geworden, dem endgültigen Verfall nahe ist, hat das höhere Bewußtsein und Märchenbewußtsein von E-dur keinen Platz mehr. Darum kommt E-dur dort in den beiden ersten Akten in Wagners Partitur auch nicht mehr vor. Nur da, wo im »Nornenvorspiel« die erste der Nornen (in der Edda heißt sie Urd, die Walterin des Vergangenen) noch einmal den Blick zurückwendet nach der Urvergangenheit und ihrer entschwundenen Herrlichkeit, da die inzwischen welkgewordene Weltesche (Yggdrasil heißt sie in der germanischen Edda) noch in frischem Grün prangte, wo sie von Wotan spricht, wie er zur Weltesche kommt, und sein eines Auge für den Empfang der Urweisheit hinopfert, erscheint an dieser Stelle noch einmal das »E-dur des Göttlichen«. »Ein kühner Gott trat zum Trunk an den Quell; seiner Augen eines zahlt' er als ewigen Zoll«; besonders beim letzten Halbsatz, von »Quell« an, tritt E-dur am deutlichsten in die Erscheinung. Man sprach in alten Zeiten, schon im Persischen und Ägyptischen (wo der Osirisname diese Bedeutung hat) vom »Sonnenauge des Hellsehens«, und darauf möchte man vor allem an jener Stelle der »Götterdämmerung« die »Sonnen-Tonart« E-dur beziehen; auch für das (im »Rheingold« als die Parallele Cis-moll erscheinende) E-dur der Erda, die ja, als Mutter Erde, auch die »weise Seherin«, die Wala ist, wäre damit eine Erklärung gefunden.

Erst im 3. Akt der »Götterdämmerung«, wo in Siegfried, schon nahe seinem Ende, die Erinnerung an die Vergangenheit und damit auch an das Märchenbewußtsein seiner Jugend, da er hellsichtig noch die Sprache der Vögel verstehen konnte, wieder erwacht, kann E-dur wieder in seine Rechte eintreten. Es ist da aber kein neues E-dur mehr, sondern indem Siegfried mit wiedererwachter Erinnerung vom Waldvöglein und seinen ganzen, im dritten Ringdrama durchlebten Abenteuern erzählt, kehrt, mit den ganzen Motiven des Waldvögleins und des Waldwebens, auch die E-dur-Tonart wieder; das Ganze ist, bis in die Tonart hinein, ein verkürzter Abriß der Musik des 2. Aktes von »Siegfried«, eine Siegfried-Reminiszenz. Auch Brünhildens Schlummermotiv ist zuletzt wieder da, erklingt aber diesmal, durch die Erinnerung verklärt, im A-dur des höchsten Lichtes. Das Brünhilden-E-dur selbst erscheint noch einmal, wie in Brünhilde, da wo sie sich am Schluß in den Scheiterhaufen stürzt, mit der alten Walkürennatur das Göttliche wieder erwacht. Hier nimmt die E-dur-Tonart zuletzt jenes Motiv in sich auf, mit dem die ganze »Götterdämmerung« (da aber steht es dann in Des-dur) und mit ihm der Nibelungenring abschließt, das Motiv, das zuerst im 3. Akte der »Walküre« bei Brünhildes tröstenden Abschiedsworten an Sieglinde erscheint, das Motiv der zukunfttragenden Liebe im Ich. Hier vor allem ist Richard Wagner noch einmal an die eigentlichen Tiefen der E-dur-Tonart, an das höchste Geistige, das hinter ihr steht, herangekommen. Bedeutungsvoll verbindet sich hier, im Schlusse der »Götterdämmerung«, dieses alles auch mit dem Flammentod des Irdischen und der ganzen Vergangenheit, jenem Flammentod, in dem die alten Götter selbst ihren Untergang finden, bis als Letztes und Einziges, im Ewigen Verankertes, nur noch die zukunfttragende Liebe im Ich übrig bleibt. Wie alles dieses sich im Musikalischen mit der E-dur-Tonart verbinden kann, hat Richard Wagner hier schon im Abschluß seiner Ringmusik angedeutet, und wird uns, wenn wir zum Schluß den Blick von Wagners Musikdrama noch einmal auf Bruckners 9. Symphonie wenden, um ein weiteres klarer werden.

In »Tristan und Isolde«, in der sich weit spannenden Chromatik dieses rein-musikalisch bedeutendsten und schönsten der Wagnerschen Musikdramen, sind die Tonartenerlebnisse sparsamer als anderswo, dann aber auch von höchster Bedeutsamkeit und Intimität. So bringt Richard Wagner auch E-dur im ganzen Tristan nur e i n mal, da aber schöpft er auch mit höchster musikalischer Ausdruckskraft das ganze Liebevolle, die ganze leuchtende Schönheit dieser Tonart aus, ihren letzten inhaltlichen Tiefen dabei schon nahe kommend. Es ist die Stelle im 3. Akt, wo Tristan, in seiner Hoffnung, Isoldens Schiff vom Meere her nahen zu sehen, immer wieder enttäuscht, zuletzt, unter Verfluchung des Liebestranks und aller Sehnsuchtsgifte dieses Lebens, in neuer Ohnmacht zusammengebrochen ist, dann aber, in den Armen des treuen Kurwenal aus seiner Ohnmacht wieder erwachend, in einer Traumesvision dasjenige erlebt, was die Erdenwirklichkeit ihm nicht bringen will. Wieder stellt er die Frage an Kurwenal: »Das Schiff? Siehst du's noch nicht?«, und Kurwenal antwortet ausweichend: »das Schiff? Gewiß, es naht noch heut, es kann nicht lang mehr säumen.« Und gleichzeitig, indem die Musik die Wendung aus dem Übertonalen des (schon das Tristan-Vorspiel eröffnenden) Sehnsuchtsurmotivs nach der (wenn auch immer noch von zarter Chromatik durchwobenen) Tonalität von E-dur vollzieht, gestaltet sich in Tristans Bewußtsein die farbenreiche Vision: »Und drauf Isolde, wie sie winkt, wie sie hold mir Sühne trinkt: siehst du sie? siehst du sie noch nicht? Wie sie selig, hehr und milde wandelt durch des Meers Gefilde? Auf wonniger Blumen lichten Wogen (hier vorübergehend F-dur A-dur) kommt sie sanft ans Land gezogen. Sie lächelt mir Trost und süße Ruh', sie führt mir letzte Labung zu. Ach, Isolde! Isolde! Wie schön bist du!« Man kann das alles nur als Erlebnis des liebenden Herzens auffassen — und schon in diesem Sinne wäre die E-dur-Tonart ganz an ihrem Platze —, so wie es überhaupt jedem unbenommen bleibt, den ganzen »Tristan« einfach als »Liebesgeschichte«, als die immer wieder aufs neue die Herzen ergreifende Geschichte von Liebe und Liebesleid auf sich wirken zu lassen. Gerade darum hat das Werk Richard Wagners auf weite Menschenkreise so stark wirken können, weil er auch diesem aus dem Allereinfachsten, Allgemein-Menschlichsten kommenden Verständnis Rechnung trug. Aber ebenso wahr, wie dieses, ist das andere, daß dieses Werk Richard Wagners auch voll verborgener Tiefen, wahrer Mysterientiefen ist, und daß es dem tiefer schürfenden Verständnis erlaubt sein muß, auch diesen Mysterientiefen auf den Grund zu gehen, die im »Ring«, im »Parsifal« (der darum auch »Bühnen-W e i h e festspiel« heißt) schon offener dalegen, während sie in dem sehr auf das Rein-Menschliche abgestimmten Tristan mehr verborgen sind. Aber auch da können sie gefunden werden. Dann ist die Geschichte von Tristan, und so war es ja tatsächlich nach alter Überlieferung, die Geschichte eines Eingeweihten der irisch-hybernischen oder ihnen nahestehenden Mysterien, der im vollen bewußten Ich das Ziel seiner Sehnsucht, das höchste Leben, noch nicht erreichen, noch nicht festhalten kann, der sterbend noch im Anblick des höchsten Lebens zusammenbricht — so wie ja auch, im Germanischen, Siegfried dieses höchste Leben noch nicht festhalten kann, in Schwachheit noch einmal den Truggewalten des Irdischen verfällt, zuletzt nur sterbend das höhere Leben noch einmal erschaut. Erst das christliche Mysterium, der »Parsifal«, bringt die Erfüllung dessen, was im vorchristlichen, im hybernischen wie im germanischen Mysterium, noch unerfüllt blieb.

Wie nun, vom Gesichtspunkt des germanischen Mysteriums im »Nibelungenring«, dieses höchste Leben, diese höchste Seelenkraft B r ü n h i l d e ist, so ist sie im hybernischen Mysterium des »Tristan« I s o l d e. Und Tristans E-dur-Meeresvision im 3. Akt ist das Erlebnis, wie er dasjenige, was er in voller Bewußtseinswirklichkeit nicht fand (denn in der Allgewalt des Liebestrankes liegt dasjenige, was zum vollen, reinen Ich-Erleben noch fehlte), was er darum, als es gefunden schien, auch nicht festhalten konnte, nun zuletzt noch in einer Traumesvision (die aber wiederum kein Ersatz für das volle wachbewußte Ich-Erleben ist) noch schaut: Isolde, das so heiß ersehnte höhere Leben, auf blauen blumigen lichten Meereswogen wandelnd, zu ihm kommend ... Man kann in diesem Sinne E-dur, so wie es die Tonart des sehnend-liebenden Herzens ist, auch verstehen als die Tonart des hellsichtigen Schlummers, der Traumesvision, man kann diese Vielen blau erscheinende Tonart (dann wäre A-dur das lichte Himmelblau, E-dur das tiefere Meerblau) auch mit den »blauen Meereswogen« verbinden. Man kann darauf hinweisen, wie Tristan erst in der wahren, wachen Verbindung mit Isolde, dem höchsten Leben, der höchsten Seelenkraft, sein wahres höheres Ich gefunden hätte, jenes Ich, das dann in Christus zur vollen Erdenwirklichkeit geworden ist. Darum kann uns jene visionäre Episode von Isoldens »Wandeln auf den Wogen« im 3. Akt des »Tristan« so bedeutungsvoll anmuten, wenn wir sie zusammenhalten mit jenem andern »Wandeln auf den Wogen«, wie es im Evangelium von Christus erzählt wird, dem Repräsentanten des wahren Ich, der zu den Jüngern sprechen kann: »Ich bin, fürchtet euch nicht.« Wir stehen hier vor derjenigen Bewußtseinsstufe, die im Mysterium des »Tristan« noch unerreicht, unvollendet blieb, und können von hier aus doch gleichzeitig verstehen, warum, von der »Macht der Mutter« an, ihrer »Gewalt, über Meer und Sturm zu gebieten«, bis hin zur »letzten Labung« und zu Isoldens »Nur eine Stunde bleibe mir wach!« (vgl. das Wort Christi an Petrus in Gethsemane) immer wieder alle möglichen Evangelienmotive bei Richard Wagner im Zusammenhang seines Tristan-Dramas erscheinen. Auch auf die E-dur-Tonart fällt von da aus noch ein letztes Licht, wenn wir sie, auch an jener Stelle im 3. Akt von »Tristan und Isolde«, nehmen können als die Tonart des höchsten Ich, das erreicht wäre, wenn die Verbindung des Eingeweihten-Bewußtseins mit Isolde, dem höchsten Leben, der höchsten Seelenkraft, wirklich in der vollen Wachheit des Ichbewußtseins hätte erfolgen können. So ist E-dur in »Tristan und Isolde« noch die Tonart unerreichter Ideale. Aber rein-musikalisch bleibt es das schönste, ausdrucksvollste E-dur im ganzen Werke Richard Wagners.

In den »Meistersingern«, wo das C-dur des hellen Tagesbewußtseins, oder auch nüchternen Alltagsbewußtseins, die bestimmende Tonart ist, konnte das romantische und poetische E-dur eines höheren Märchenbewußtseins keine sehr wesentliche Rolle spielen, und durfte doch, weil es zum Vollmenschlichen irgendwie mit hinzugehört, nicht ganz fehlen. Die Tiefen des menschlichen Herzens haben auch in der Tageswelt der »Meistersinger von Nürnberg« immer noch mitzureden. So klingt schon im 1. Akt E-dur da ein wenig herein, wo in Pogners Auseinandersetzung vor den Meistern davon die Rede ist, daß schließlich doch nicht das Urteil der Meisterzunft allein den Ausschlag beim Sängerwettstreit geben dürfe, sondern das Herz des Mägdleins, der dem Sieger bestimmten Braut, auch etwas dabei mitzusprechen habe. Vor allen Meistersingern ist es Hans Sachs, der in seiner Herzenswärme und warmen Natürlichkeit, in der Wärme seines Humors nicht zum wenigsten, ein »inneres E-dur« hat, das bei Gelegenheit herauskommt. So im 2. Akte da, wo er Beckmessers Schuhe fertig schustern und gleichzeitig auf dessen zur Laute gesungenes Lied kritisch acht geben soll: »Doch hört! Vielleicht sich's richten läßt: zweieinig geht der Mensch am best! Darf ich die Arbeit nicht entfernen, die Kunst des Merkers möcht' ich erlernen; darinnen kommt euch nun keiner gleich: ich lern' sie nie, wenn nicht von euch!« Der hauptsächliche E-dur-Moment in den »Meistersingern« kommt im 2. Akt, nach der großen nächtlichen Prügelei, wo E-dur, aus dem H-dur des an dieser Stelle mit Hans Sachsens Schustermotiv kontrapunktierten Fliederduftmotivs herauswachsend, das sonst im wesentlichen in G-dur, in der Tonart menschlichen Überschwangs und Übermuts erscheinende »Prügelmotiv« in sich aufnimmt, bis zuletzt, nach dem Verklingen des letzten Nachtwächterhorns, das alles, Prügelmotiv, Fliederduft, Beckmessers Lautenmotiv sogar, in traumhafter Zartheit noch einmal kommt, traumhaft hin und her schwirrt, immer in zartem E-dur, bis ein lauter E-dur-Schlußakkord das Ganze abschließt. Hier, in diesem zarten E-dur, liegen alle jene Motive nicht mehr im Menschlichen, Allzumenschlichen des Alltags, sondern da werden sie gleichsam von der Sommernacht, vom Zauber und Schimmer der Johannisnacht selber aufgenommen, in leichten, elfenhaften »Sommernachtstraum« verwandelt, für den das märchenhaft-romantische E-dur die entsprechende Tonart ist.

In diesem Sinne, und mit Anspielung auf die Schlußmotive des 2. Aktes, kehrt E-dur dann nochmal wieder in Hans Sachsens Wahnmonolog im Anfang des 3. Aktes, da, wo er des Zaubers jener Johannisnacht, ihres »Sommernachtstraumes« gedenkt: »Der Flieder war's: Johannisnacht. Nun aber kam Johannistag!« Der musikalisch bedeutenden und wirksamen Wendung, die sich an dieser Stelle tonartlich von E-dur nach C-dur vollzieht, haben wir schon oben bei dieser Tonart gedacht. So wie wir im Siegfried-Waldweben einmal den Übergang aus der Tages- und Alltagsstimmung von C-dur nach der poesievoll-romantischen Märchenstimmung von E-dur haben, vollzieht sich hier in den »Meistersingern« der Übergang von der »Sommernachtstraum-Stimmung« von E-dur nach dem klaren, taghellen C-dur. In beiden Fällen spielt das trigonal-harmonische Verhältnis von C-dur und E-dur (siehe die Figur am Anfang) eine entscheidende Rolle. Bei aller Verschiedenheit dessen, wovon sie sprechen, ja vielleicht gerade wegen dieser Verschiedenheit, vertragen sich die beiden Tonarten bzw. Harmonien gut, bilden einen schönen, farbenreichen Übergang. Als drittes Element in dem hier waltenden »Tonarten-Dreieck« käme das dunkle As-dur in Frage. Wir finden es, mit diesen Tonarten, zunächst mit E-dur zusammengestellt, dann aber (über-Es-dur) den Übergang nach C-dur suchend, in jener »Morgentraumdeut-Weise« des 3. Aktes (Hans Sachs zu Walther): »Gedenkt des schönen Traums am Morgen: für's andre laßt Hans Sachs nur sorgen.« Hier spricht die Verbindung der drei Tonarten bzw. Harmonien davon, wie das helle Tagesbewußtsein von C-dur auch die Traumesinspiration und den Märchenschimmer eines höheren Bewußtseins in E-dur und zuletzt auch die dunklen Tiefen von As-dur in sich aufnehmen kann. So entsteht »Walthers Preislied«. Es sei dann, zum Abschluß der Tonartenbetrachtung, insoweit sie dem Werke Richard Wagners gewidmet ist, noch kurz des »Parsifal« gedacht, in dem die E-dur-Tonart — denn alles geht hier nach der Tiefe von As-dur oder auch der Höhe von D-dur hin — keine sehr wesentliche Rolle spielt. Es geht im Parsifal alles um höchste Bewußtseinsklarheit, nicht um eigentliche Märchenromantik (die nur in den »Zaubergarten«, aber auch da mit Vermeidung des für diese Sphäre wiederum zu hohen E-dur hereinspielt). Und das Höchste und Letzte von E-dur hat auch die Musik Richard Wagners noch kaum ausgesprochen, wenn er ihm auch am Schlusse der »Götterdämmerung« nahekommt. Nur e i n e wirkliche E-dur-Stelle im »Parsifal« gibt es, diese aber ist vom Zauber höchster Poesie umflossen (wie wir ihn am ehesten bei dieser poetischesten aller Tonarten finden werden), und um so bedeutender, als sie aus der übrigen Parsifalmusik motivisch ganz herausfällt, etwas ganz Einmaliges in dieser Musik darstellt (ähnlich das Es-dur beim Erwecken der Kundry im 3. Akt). Es ist diese Stelle da, wo Parsifal den wilden Schwan erlegt hat, und Gurnemanz ihm deswegen Vorhaltungen macht: »Was tat dir der treue Schwan?« Hier nun beginnt E-dur, mit der Cis-moll- und H-moll-Harmonie, dann wieder mit H-dur ausdrucksvoll verwoben: »Sein Weibchen zu suchen, flog der auf, mit ihm zu kreisen über dem See, den so er herrlich weihte zum Bad. Dem stauntest du nicht?« Es ist mehr, als bloße Naturpoesie, wovon die E-dur-Tonart, ein E-dur, wie es Wagner hier gefunden hat, spricht. Es lebt darin die Empfindung für das Göttlich-Erhabene, das auch in den Offenbarungen der Tierwelt, der geheimnisvollen Vogelwelt vor allem, waltet, ein Geheimnis des Ätherisch-Reinen, das über dem steht, was sich bei dem viel tiefer in den Staub des Irdischen gezogenen Erdenmenschen offenbart. Man müßte mit dem Auge des alten Inders — von dem gerade bei Richard Wagner vieles lebendig war —, mit dem Auge des alten Ägypters auf die Tierwelt, auf die ganze Offenbarung des Göttlichen im Naturleben hinschauen können, um ganz zu verstehen, was Richard Wagner mit dem E-dur dieser ganz einzigartigen Episode seiner Parsifalmusik, in die zuletzt auch das »Gralsmotiv« hereinspielt, sagen wollte.

Von dem hier erreichten Punkte, nachdem wir uns am Werke Richard Wagners, durch die ganze Art, wie in diesem Werk das Musikalische mit dem Dramatischen, dem Wort, dem Bühnenbild sich verbindet, konkret in die Sprache der Tonart eingelebt haben, erscheint es sinnvoll, noch einmal einen Blick auf das symphonische Werk Anton Bruckners zu werfen, das, im Ausklingen der 9. Symphonie, so bedeutungsvoll in der E-dur-Tonart abschließt, von der wir sagten, daß sie Tiefen in sich birgt, die wir auch bei Richard Wagner nur erst angedeutet finden, daß sie, über alles nur Seelisch-Gefühlsmäßige hinaus, die Ich-Tiefe des Menschen berührt, in der das Göttliche sprechen will. Wie kein anderes Werk der reinen Musik ist diese 9. Symphonie Anton Bruckners, deren eine Stelle im 3. Satz er selbst den »Abschied vom Leben« genannt, mit dem Todes-Mysterium in Beziehung gebracht hat, mit den eigentlichen Mysterien-Inhalten und Mysterien-Tiefen der Musik verbunden. Um mit diesen auch von ihm gemeinten Mysterien-Inhalten der Musik in seiner Zeit verstanden zu werden, schuf Wagner eben das musikalische Mysteriendrama, in dem er die Musik, so dem »Rein-Musikalischen« sie entfremdend, dem Worte, dem Bühnenbilde vermählte. Letzten Endes tat er es doch nur aus Gründen des Musikalischen, um dem Höchsten, was die Musik auszudrücken hat, Geltung zu verschaffen, um es den Menschen verständlich zu machen. Begibt man sich von hier auf das Gebiet der »reinen Musik«, d. h. der Instrumentalmusik, des Symphonischen, sucht man da die gleichen Inhalte, und zwar da, wo sie am ehesten und sichersten zu finden sind, bei Anton Bruckner (auch Beethovens 9. Symphonie, in der er zuletzt aber die »reine Musik« verließ, liegt schon bedeutsam in dieser Richtung), so wird man gleich bemerken, wie schwer man es, eben weil es »reine Musik« ist, die n u r musikalisch spricht, auf diesem Gebiete hat; man wird dem Einwande, daß man willkürlich alle möglichen Inhalte in die Musik hineintrage, auf Schritt und Tritt begegnen. Noch ist das Zeitalter zu einem objektiven geistigen Musikverständnis nicht vorgedrungen. Doch kann es gerade bei Bruckner, und mehr als irgendwo in seiner 9. Symphonie, seiner Todessymphonie, die S p r a c h e d e r T o n a r t sein, die uns ein solches objektives Verständnis eröffnet, auf dem schwierigen Gebiet uns weiterhilft; und wer der Darstellung bis hierher gefolgt ist, wird auch dieses Letzte vielleicht noch aufnehmen.

Dem Aufbau des 1. Satzes dieser Symphonie sind wir schon früher, bei der Darstellung der D-moll-Tonart, gefolgt. Diese D-moll-Tonart, in der jener 1. Satz beginnt und schließt, so sahen wir, führt uns gleich heran an die Pforte des Todes, an das Starre, Steinerne der Gruft. Wir stehen vor dem Geheimnis alles Physischen, hinter dem wir den »Vater« ahnen. Besonders der Schluß des 1. Satzes spricht erschütternd von der Vater-Majestät des Todes. Alle im Aufbau, in der Durchführung jenes 1. Satzes an uns vorüberziehenden Tonarten schienen von einer immer wieder anderen Seite das Todesgeheimnis zu beleuchten: F-moll sprach von der Todesfinsternis, Ges-dur von der Feierlichkeit des Hinübergehens, B-moll von der Bitternis des Todeskampfes, eine folgende Übergangsstelle, vor dem schon charakterisierten D-moll-Schluß, vom Lösenden, Erlösenden des Todes.

Dieses Herantreten an die »Pforte des Todes«, hinter der wir das Geheimnis alles Physischen durchschauen, war in alten Mysterien die erste der vier Stufen des stereotypen Mysterien-Erlebens (siehe darüber bei R. Reitzenstein, Die hellenistischen Mysterienreligionen, S. 29). Eine zweite Stufe war das Hindurchgetragenwerden durch die Elemente, die Welt des Ätherischen. So fanden wir im 2. Satz von Bruckners Symphonie das versprühende ätherische Leben, vernahmen im Trio, eines Gedichtes von Albert Steffen uns erinnernd, die Stimme: »Der Tod des Christus hat dich neu geboren«, den Hinweis auf die Kraft, die das sonst im Kosmos versprühende Leben zu neuem Erdenleben zusammenrafft.

Die 3. Stufe brachte das Erlebnis des Mysten, »aus mitternächtigem Dunkel habe ihm leuchtende Sonne gestrahlt« (s. Reitzenstein, a. a. O.), das »Schauen der Sonne um Mitternacht«, wie es auch genannt wird. Sowohl in Beethovens, wie in Bruckners 9. Symphonie, in beiden auf ganz verschiedene Art, können wir diese Stufen des Mysterien-Erlebnisses wiederfinden. Bei Beethoven wäre, was die 3. Stufe anlangt, besonders auf die Des-dur-Stelle des 3. Satzes hinzuweisen. Bruckner versetzt uns in seinem dritten und (weil die Symphonie unvollendet geblieben ist) abschließenden Satz, dem gleich zu Anfang die E-dur-Tonart vorgezeichnet ist, auf die Höhe des Seelisch-Empfindenden. Die Erdensonne, die Tagessonne (C-dur) ist erloschen, eine andere Sonne, eine Mysteriensonne (As-dur) beginnt aus mitternächtigem Dunkel herauszuleuchten, bis zuletzt alles von einer innersten Herzenssonne (E-dur) aufgenommen wird. Wirklich sind es die drei »trigonalen« Tonarten E-dur, C-dur, As-dur und wiederum E-dur, die im wesentlichen diesen Satz beherrschen und bestimmen. Hier, in diesem »Abschied vom Leben«, ist alles in die schmerzlichste Abschiedsstimmung getaucht, eine erhabene Sehnsucht erfüllt den mit Tristan-Klängen beginnenden Satz, die eigentlich schon eine »Sehnsucht von drüben«, von den Gefilden des Geistigen ist, eine »Sehnsucht aus dem Heiligen Geiste«, wie es ein großer Lehrer der Menschheit einmal genannt hat, eine Sehnsucht nach Menschheitszukunft, die keine irdische Sehnsucht mehr ist. So können wir auch die dreifache Offenbarung des Göttlichen, Vater, Sohn, Geist, hinter jenen drei Sätzen Anton Bruckners finden.

Das schon von dieser Sehnsucht erfüllte E-dur der ersten Takte verliert sich bald im Chromatischen, auch die dunklen Tiefen von As-dur spielen viel in den tonalen Aufbau des Satzes herein. Erst gegen den Schluß hin gestaltet sich das eigentliche E-dur wieder heraus, auch da bleibt vieles noch keimhaft, aber schon dieses Keimhafte läßt uns empfinden, daß wir hier vor dem bis jetzt bedeutendsten E-dur der Musikliteratur stehen, daß wir hier zum mindesten mehr, als irgendwo sonst, auf die eigentlichen Ich-Tiefen von E-dur hingewiesen werden. Es ist wirklich, in jenen E-dur-Schlußtakten von Bruckners 9. Symphonie, die höchste und letzte Abklärung und Verklärung, die im Musikalischen bis jetzt erreicht worden ist; und es bleibt höchst bedeutsam, wie Anton Bruckner alles dieses mit der

E-dur-Tonart verbunden hat. Die Symphonie, so sagt man, ist in der Dreiheit ihrer Sätze Fragment geblieben. An Stelle des nicht mehr von ihm geschriebenen 4. Satzes ließ Bruckner das Te Deum singen. Was hätte in jenem 4. Satz, wenn er in Bruckners Zeit überhaupt schon hätte geschrieben werden können, falls unsere Deutung des Ganzen richtig ist, noch kommen müssen? Er hätte dann die 4. Stufe des Mysterienerlebens in sich enthalten müssen, die beschrieben wird als ein »Schauen der Götter der Totenwelt und des Himmels«, der »oberen und unteren Götter« (wie die Griechen es auch nannten), also ein Schauen der schaffenden Wesenheiten, die am Menschen und der Welt bilden, in deren Fülle das Göttliche der Welt sich offenbart. In dieser Schauung liegt zugleich die Vollendung des menschlichen Ich-Erlebnisses, das Finden des Ich, in dem das Göttliche der Welt sprechen will. (Vgl. in Beethovens 9. Symphonie das »Und der Cherub steht vor Gott«.) Dieses Erlebnis, das einzelne Geweihte der Mysterien in der Vergangenheit schon haben mochten, gehört im Grunde noch der Zukunft der Menschheit an; es ist nur natürlich, wenn gerade ein wahrer und tiefer Musiker, ein Tondichter höchsten Ranges, wie Anton Bruckner, von seiner Darstellung noch Abstand nimmt, weil die Zeit noch nicht reif dafür ist. Immerhin, womit beginnt jenes Te Deum, das Bruckner an der Stelle jenes 4. Satzes gesungen wissen wollte? Mit einer Anrufung jener die Fülle der Gottheit offenbarenden himmlischen Hierarchien: »Engel, Gewalten, Cherubim und Seraphim ...« Mehr äußerlich, im Worte, gab Anton Bruckner dasjenige, was in der Mysteriensprache der reinen Musik noch nicht hinzustellen war. Wie Beethoven, ließ auch er sich zuletzt doch zu einem Abgehen von der reinen Musik herbei.

Das führt uns dann noch einmal auf jenen E-dur-Schluß des 3. Satzes zurück. Er konnte das Letzte noch nicht aussprechen und enthält es doch schon im Keim. Nach allen vorangegangenen Sehnsuchtsmotiven, mit ihren gelegentlichen Anklängen sogar an die Musik von »Tristan und Isolde«, hebt sich dieser letzte E-dur-Schluß ganz aus der Sphäre des nur Seelisch-Empfindenden, Gefühlsmäßigen heraus. Hier ist schon die tiefe Ruhe des Geistigen, die »Ruhe im Ich«, in dem dann das Göttliche sprechen will. Nicht nur durch die Stufen des Physischen (im Todeserlebnis), des Ätherisch-Elementarischen, des Seelisch-Empfindenden führt uns die Symphonie in ihren drei Sätzen, sondern ganz zuletzt, in jenen abschließenden E-dur-Takten, berührt sie doch noch jenes Ich, in dem der ganze Aufbau des Menschenwesens sich krönt, jenes höhere Ich, in dem das Göttliche der Welt sprechen, in das herein es sich offenbaren will. Das Göttlich-Ichhafte des Menschen, so können wir auch sagen, kehrt in jenen abschließenden E-dur-Takten von Bruckners letzter Symphonie in seine göttliche Heimat zurück.

Am Schluß von Strindbergs »Traumspiel« sehen wir ein göttliches Wesen, die Indratochter, nachdem sie sich mit Menschenwesen, Menschenschicksal, Menschenleid eine Lebenszeit lang verbunden hatte, im Sterben des Irdischen wieder zu ihrer Göttlichkeit zurückkehren. Es ist das ein uraltes Motiv, das uns u. a. auch in vielen indischen Märchen begegnet. Strindberg hat das alles noch in einem Bilde: er zeigt, wie, indem das »wachsende Schloß« — es ist ein Bild der irdischen Leiblichkeit — abbrennt, die Blumenknospe auf dem Dache des Schlosses zu einem großen Chrysanthemum aufblüht. Im deutschen Volksmärchen ist es die Rose, die wir im Sterben des armen Kindes aufblühen sehen. »Die Blume des höheren Ich, die sich im Flammentod des Irdischen erschließen will« — so können wir auch das geistig-ruhevolle E-dur am Schlusse von Bruckners 9. Symphonie verstehen, vollends wenn wir uns erinnern, wie die dem »Feuerzeichen Löwe« sich zuordnende E-dur-Tonart im Musikdrama Richard Wagners, von dem Anton Bruckner so tief inspiriert war, sich mit dem Feuer der »wabernden Lohe«, zuletzt noch mit dem Feuer des Scheiterhaufens verbindet, in dem Brünhilde, am Schluß der Götterdämmerung, ihre Göttlichkeit wiederfindet, mit jenen Flammen, denen das Feuer der Menschheitszukunft-tragenden Liebe im Ich sich entringt. Sowohl Richard Wagner wie Anton Bruckner verbinden dieses Erlebnis mit der E-dur-Tonart, und hier wie dort spielt die Tuben-Instrumentation eine entscheidende Rolle. Anton Bruckner hat ja die »Nibelungen-Tuben«, die Richard Wagner für seine Tetralogie sich neu erschuf (nur dort hat er sie angewendet), in seine Symphonie herübergenommen, und im Abschluß seiner 9. Symphonie, im letzten E-dur, spielen sie eine entscheidende Rolle. Gerade zum Feuer — das letzte große Beispiel ist der Brand von Walhall in der »Götterdämmerung« — (wie auch zum Blut, zur Erdentiefe, zum Erdenschicksal und Erdentod) haben diese Tuben-Instrumente bei Richard Wagner eine innere Beziehung, und so liegt es nahe, auch bei Anton Bruckner, der sie von Wagner übernommen hat, an diese Zusammenhänge zu denken, besonders da, wo er sie am Schluß der 9. Symphonie mit der Feuertonart und Wärmetonart E-dur verbindet, so verbindet, daß dieses innere Feuer, dieses Wärmefeuer von E-dur uns denken ließ an das Wärmefeuer des Ich, dem die Blume des menschlichen Herzens, die zukunfttragende, zukunftschaffende Liebe entblüht, in der das Göttliche der Welt im Menschen-Ich sich offenbart. Das sind jene Ich-

Tiefen des Menschenwesens, auf deren musikalischen Ausdruck vor allem die E-dur-Tonart uns hingeordnet scheinen konnte, jene Ich-Tiefen, die wir beim Wagnerischen E-dur zuerst nur wenig, zuletzt dann immer deutlicher ahnen, bis im Abschluß von Bruckners 9. Symphonie ein Höhepunkt im Reinmusikalischen hingestellt ist, der auch für die Musik der Zukunft, insoweit sie sich den Mysterieninhalten und Mysterientiefen des Musikalischen hinzugeben gedenkt, richtunggebend sein kann.

Zur Kunst- und Geistesgeschichte Europas

IDEEN ZUR KUNSTGESCHICHTE
Von Gottfried Richter
6., erw. Auflage, 272 Seiten, 79 Abbildungen, 13 Zeichnungen, Leinen

CHARTRES
Die Herrlichkeit der Kathedrale. Von Gottfried Richter
4., erw. Auflage, 160 Seiten, 80 Tafeln, 7 Zeichnungen, Leinen

GOTLAND
Ein geistesgeschichtlicher Quellort. Von Uwe Lemke
72 Seiten Text mit 12 Zeichnungen, 156 Tafeln, 1 Karte, Leinen

MITHRAS-MYSTERIEN UND URCHRISTENTUM
Von Alfred Schütze
260 Seiten, 82 Tafeln, davon 15 farbig, 1 Karte, 11 Zeichn. und 23 Abb. im Text, Leinen

KARLSTEIN
Das Rätsel um die Burg Karls IV. Von Michael Eschborn
210 Seiten, 93 Tafeln, davon 6 farbig, 4 Zeichnungen, Leinen

SCHWÄBISCHE ROMANIK
Baukunst und Plastik im württembergischen Raum. Von Emil Bock
4. Auflage, 320 Seiten, 56 Seiten Text, 369 Tafeln, 1 Karte, Leinen

LANGOBARDISCHE KUNST
Die Sprache der Flechtbänder. Von Rudolf Kutzli
256 Seiten, 215 Tafeln, 78 Zeichnungen, 3 Karten, Leinen

KREUZ UND RUNE
Langobardisch-romanische Kunst in Italien. Von Felix Kayser
Band 1: WERDEZEIT   131 Seiten Text mit 20 Abbildungen, 56 Tafelbildern, Leinen
Band 2: REIFEZEIT   147 Seiten Text mit 6 Abbildungen, 85 Tafelbildern, Leinen

ALTRUSSISCHE KULTURSTÄTTEN
Tausend Jahre Christentum in Kiew – Nowgorod – Wladimir – Susdalj – Moskau
und St. Petersburg. Von Herman von Skerst
240 Seiten, 81 Abbildungen, 12 Zeichnungen, 5 Karten, Leinen

LEONARDO DA VINCIS ABENDMAHL
Von Hans Feddersen. 200 Seiten, 41 teils farbige Abb., 6 Skizzen, bibliophiler Pappband

VERLAG URACHHAUS STUTTGART